Moeders en dochters

Van Erica James verschenen:

Een dierbare tijd
Verborgen talent
Oude vriendschap
Zussen voor altijd
Italiaans voor beginners
Schaduwleven
De kleine dingen
Een nieuw begin
Beloofd is beloofd
Kind van haar vader
Een huis vol vrienden
De zomer aan het meer
De bloemenjaren
De thuiskomst
Een onverwachte wending
Zomerliefde
Het grote huis
Zwaluwzomer
Brieven van vroeger
Moeders en dochters

Erica James

Moeders en dochters

Vertaald door Yolande Ligterink

De Fontein

Eerste druk april 2023

Oorspronkelijke titel *Mothers and Daughters*
Oorspronkelijke uitgever HQ, an imprint of HarperCollins*Publishers* Ltd

Vertaling Yolande Ligterink
Omslagontwerp bij Barbara
Omslagillustratie © Shutterstock/DancingDice
Opmaak binnenwerk Crius Group
ISBN 978 90 261 6454 5
ISBN e-book 978 90 261 6455 2
ISBN luisterboek 978 90 261 6642 6
NUR 302

www.uitgeverijdefontein.nl

Uitgeverij De Fontein vindt het belangrijk om op milieuvriendelijke en verantwoorde wijze met natuurlijke bronnen om te gaan. Bij de productie van het papieren boek van deze titel is daarom gebruikgemaakt van papier waarvan het zeker is dat de productie niet tot bosvernietiging heeft geleid.

Voor Samuel, Edward en Ally, de machtige Mr. T

en de nog machtiger Beanster!

1

Martha trok de badkamerdeur stevig achter zich dicht. Eigenlijk sloeg dat nergens op. De deur was dicht of hij was niet dicht. Net zoals je niet een beetje zwanger kon zijn. Je was het of je was het niet. Ook zoiets waar ze alles over wist. Dat wil zeggen: niet zwanger zijn. Daar wist ze alles van.

Ze maakte het pakje open dat ze onderweg naar huis had gekocht en volgde de instructies tot op de letter op. Niet dat ze de gebruiksaanwijzing in het doosje nog hoefde te lezen; ze wist precies wat ze moest doen.

Later telde ze de seconden af in haar hoofd terwijl ze de wc doorspoelde en haar handen waste en droogde. Toen ze bij honderdtwintig was, voegde ze er nog dertig seconden aan toe in de hoop dat die het verschil zouden maken.

Dat was niet zo.

Net als al die andere keren vertelde het minteken haar dat zij en Tom er weer niet in waren geslaagd een kind te verwekken. Dit keer had ze echt gedacht dat het zover zou kunnen zijn, dat ze in verwachting was. Ze had zichzelf aangepraat dat ze zich deze maand anders voelde, dat er een wonderbaarlijk nieuw leventje in haar lichaam groeide. Maar het was weer vals alarm. De wens was de moeder van de gedachte geweest.

Ze was boos op zichzelf omdat ze te veel hoop had geput uit het feit dat ze acht dagen over tijd was en keek naar haar gezicht in de spiegel boven de wasbak. Het was nog te vroeg om te wanhopen, hield ze zichzelf voor. Ze was pas vijfendertig, ze had nog tijd genoeg om moeder te worden.

Het belangrijkste was om er ontspannen mee om te gaan.

Spanningen zouden alles alleen maar erger maken, bedacht ze

nog maar eens. Bovendien was het niets voor haar om te piekeren.

Zij was Martha Adams.

De koelbloedige en praktische Martha.

De efficiënte Martha.

De betrouwbare Martha.

Zoals haar vader vroeger altijd zei: als je gezond verstand nodig had, moest je Martha hebben.

Tot zover de peptalk. De teleurstelling op haar gezicht maakte plaats voor een vastberaden glimlach en ze stopte de zwangerschapstest weer in het tasje van de drogist, frommelde het in elkaar en deed het in de afvalbak onder de wasbak. Daarna schraapte ze haar schouderlange donkere haar in een gewillige paardenstaart. Zo had haar moeder haar haar beschreven toen ze nog een kind was.

'Je hebt geluk met zulk gewillig haar, Martha,' zei ze altijd als ze het borstelde voordat ze naar school ging. 'Het is zo dik en steil dat het altijd precies doet wat je wilt.'

Haar zus Willow had juist fijn blond babyhaar, dat slordig om haar hoofd viel. Toen zij klein was, zaten haar staartjes tegen lunchtijd al los.

Beneden in de keuken stond Tom geroutineerd uien te snijden. Die handigheid had hij opgedaan bij een kookcursus, die Martha hem eerder dat jaar cadeau had gedaan voor zijn veertigste verjaardag. Hij miste nooit een aflevering van *MasterChef* en hij hield van koken. Hij las kookboeken zoals de meeste mensen romans lezen en verslond elke bladzijde en elk woord.

'Er staat een open fles wijn in de koelkast.' Hij schoof de uien in een grote braadpan.

Toen ze twee glazen Cloudy Bay had ingeschonken, vroeg Martha hoe zijn dag was geweest.

'Ach, je weet wel, een maandag zoals altijd.' Hij plette een knoflookteentje onder het lemmet van zijn mes door er met zijn vuist op te slaan. 'En jij?'

Ze probeerde terug te denken aan de kantoordag, voordat ze was thuisgekomen met de zwangerschapstest en de dag was verpest.

Voordat het zaadje van de hoop, dat de laatste dagen wortel had geschoten, de bodem werd ingeslagen. Voordat ze dat gevoel had... Nou ja, laat maar zitten. 'Net als die van jou, zo'n beetje.' Ze haalde haar schouders op. 'Een dag als altijd.'

Hij gooide met een glimlach de knoflook in de pan. 'Geef me die paddenstoelen even, wil je?'

Ze deed wat hij vroeg en nam een slokje wijn. Haar vrienden en familie zeiden dat ze geluk had met een man als Tom, die een toonbeeld van geduld was en handig in de keuken. Ze hadden gelijk; ze had inderdaad geluk. Een eerder vriendje had haar gedumpt met de kritiek dat ze te georganiseerd en te verstandig was. Ze geloofde niet dat ze zich ooit zo beledigd had gevoeld, maar daarna had ze ingezien dat ze nu eenmaal zo in elkaar zat en dat iedereen het er maar mee moest doen.

Verrassend genoeg hield Tom juist daarom van haar.

'Als ik een onpraktische leeghoofd had gewild, zou ik hier niet zitten,' had hij gezegd toen ze hem bij hun derde afspraakje had gewaarschuwd. Ze had het zinloos gevonden om met hem verder te gaan als hij achter de harde buitenkant een hopeloos incapabel meisje hoopte te vinden, dat niets liever wilde dan een sterke man die haar leven op orde bracht. Want dat was er niet.

En wat haar gevoelens voor Tom betrof: ze hield met haar verstand evenveel van hem als met haar hart. Ze vond het heerlijk dat hij hen net zo zag als zij: gelijkwaardige partners, een sterk team dat samen alles aankon.

Ze streefden zo'n beetje hetzelfde na als alle mensen: bevredigend werk, kinderen en een prettig huis. Twee van die dingen hadden ze relatief gemakkelijk bereikt. Het was alleen nog niet gelukt om een kind te verwekken.

'Wat maak je?' vroeg ze.

'Paddenstoelenrisotto met geroosterde walnoten en een beetje walnotenolie. Is dat goed?'

'Meer dan goed.'

'Wil je er salade bij? Of kool?'

Zorgen voor goed en gezond eten was Toms manier om haar lichaam klaar te maken voor de ontwikkeling van nieuw leven. Hij zocht regelmatig het internet af naar superfoods die de voortplanting zouden ondersteunen. Het eerste wat op hun lijstje had moeten staan, was stoppen met alcohol, maar ze waren het erover eens dat het hielp om zich te ontspannen als ze om de dag een of twee glazen wijn dronken. Zodra Martha zwanger was, zou ze er natuurlijk niet meer aan denken om alcohol aan te raken. Of cafeïne. Of zachte kaas en wat verder nog als schadelijk werd beschouwd.

Als ze ergens goed in was, was het zich aan de regels houden. Ze was dol op regels. En ze was er ook vrij goed in om regels op te stellen.

U zult zich houden aan mijn tien geboden, zo zegt Martha Miller.

Dat zei haar zus altijd als Martha in hun jeugd een spelletje verzon. Het begon altijd heel eenvoudig. Ze deden bijvoorbeeld alsof ze schipbreuk hadden geleden, op een verlaten eiland waren gestrand en voor het donker werd een kamp moesten maken. Het waren fantasiespelletjes: het eiland was het Turkse kleed in de hal en de tent was een oud laken over het wasrek. Maar Willow kreeg er steevast genoeg van als Martha wilde bepalen wat wel en wat niet kon. Waarom Willows grote ijsbeerknuffel niet ook op het eiland kon zitten, bijvoorbeeld.

'Dit is geen eiland in de Poolzee,' legde Martha dan uit. 'We zitten vast op een tropisch eiland. Een ijsbeer zou het hier veel te warm vinden en hij eet geen kokosnoten, of wel soms?'

'Misschien wel, als hij de kans krijgt,' zei Willow dan.

Ze hadden net gegeten en ruimden de vaatwasser in toen Martha een deprimerend vertrouwde kramp in haar buik kreeg. Het was de bevestiging van wat ze al wist – alsof ze die nog nodig had. Het ontlokte haar een verslagen zucht, die ze meteen probeerde te verdoezelen door te hoesten.

'Gaat het?' vroeg Tom.

'Kriebel in mijn keel,' zei ze.

Ze loog bijna nooit tegen Tom en als ze het deed, ging het meestal om een verrassing die ze voor hem geheim wilde houden, zoals het weekend Venetië toen ze een jaar getrouwd waren. Ze had het tot in de puntjes geregeld, zoals ze met alles deed. Het enige waarmee ze geen rekening had gehouden, was dat Tom zelf een verrassing had gepland.

'Daar gaat het tafeltje dat ik had gereserveerd,' had hij lachend gezegd toen ze hem een kaart had gegeven met de gegevens van hun vlucht.

Maar nu ze zwanger probeerden te worden – wat een afschuwelijke manier om het te zeggen! – was ze iemand geworden die regelmatig dingen voor haar man achterhield.

Het ging om kleine dingen; ze vertelde Tom bijvoorbeeld niet over de zwangerschapstests die ze kocht en over de babykleertjes die ze het huis in smokkelde en verstopte in de kast in de logeerkamer.

Ze kon zich er niet toe brengen dit met Tom te delen, uit angst dat hij zou denken dat het een obsessie voor haar werd. Want als hij dat dacht, zou hij ook kunnen denken dat ze nergens anders meer om gaf, ook niet om hem.

Het gebeurde voortdurend dat stellen die geen kinderen konden krijgen uit elkaar groeiden. Ze wilde niet dat het met hen ook zo zou lopen. Ze waren sterk. Zij was sterk. Zo sterk dat ze met haar koppige vasthoudendheid kon afdwingen dat het leven liep zoals zij wilde. Ze was niet voor niets de dochter van haar vader.

Maar ze liep op de zaken vooruit. Ze waren pas tien maanden bezig. Dat stelde nog niets voor. Ze was er alleen aan gewend om dingen gedaan te krijgen, om methodisch de punten op haar lijstje af te vinken. Als verstokte lijstjesmaker begon ze elke dag met een lijst van dingen die ze moest doen, zowel thuis als op het werk. Het gaf haar het gevoel dat ze goed bezig was en dingen bereikte. De woorden 'baby maken' werden nooit echt opgeschreven, maar ze stonden in onzichtbare inkt bovenaan elke lijst.

Over lijstjes gesproken; op dat van vandaag stond nog een belangrijke taak open: met haar zus praten. Ze had Willows hulp nodig om haar moeder ervan te overtuigen dat het tijd werd om verstandig na te denken over de toekomst en actie te ondernemen.

Niet dat Willow ooit verstandig nadacht, en ma was niet veel beter. Tijdens de coronapandemie had Martha haar moeder constant op het hart gedrukt voorzichtig te zijn en thuis te blijven, maar haar moeder had volgehouden dat ze de helpende hand moest bieden. Samen met een team van anderen had ze boodschappen gedaan voor oudere en kwetsbare mensen en hen geholpen met het omgaan met de angst en de eenzaamheid van de lockdown. Martha was ervan overtuigd geweest dat haar moeder het virus zou oplopen, net als Toms moeder.

Ze was een paar maanden voor er iets bekend was over het coronavirus haar vader kwijtgeraakt en de gedachte dat ze haar moeder ook kon verliezen, was ondraaglijk. Die angst zat ook achter Martha's vastberadenheid om haar moeder te doen inzien dat het beter was om Anchor House te verkopen en dichter bij haar dochters te gaan wonen.

Vooral als er een kleinkind was en ze hen tot hulp kon zijn.

Als ze Willow aan haar kant wist te krijgen, had ze een betere kans om haar moeder ervan te overtuigen dat ze er verstandig aan zou doen.

2

Willow sliep toen haar telefoon ging.

Het was een heerlijk diepe slaap, het soort waaruit je niet gemakkelijk wakker werd, maar toen ze versuft naar haar telefoon op het nachtkastje tastte, kwam ze met een schok bij en realiseerde ze zich meteen twee dingen.

Ten eerste lag ze niet in bed, maar in het bad.

Ten tweede had ze bij het graaien naar haar telefoon iets omgestoten dat op het houten krukje naast het bad stond.

Ze had dat grappige krukje in een kringloopwinkel gevonden en triomfantelijk mee naar huis genomen, vol plannen om het op te knappen met een mooie tint krijtverf en het daarna te verkopen op eBay. Het had het begin moeten zijn van een nieuwe, creatieve hobby, zoiets als ma's oude handeltje in oude en bijzondere tuinvoorwerpen. Ze had zich voorgesteld dat ze genoeg spullen zou verzamelen om een winkeltje te openen, dat ze Willow's Emporium zou noemen. Vol enthousiasme had ze blikken verf, kwasten en andere benodigdheden gekocht, maar op de een of andere manier was ze er nooit aan toegekomen het krukje te schilderen.

Als ze ooit een symbool nodig had voor het feit dat ze helemaal niets presteerde in haar leven was die kruk het aangewezen voorwerp.

'Willow, ben je daar nog?'

Toen ze de stem van haar zus hoorde, schudde ze zichzelf helemaal wakker en huiverde in het koude water. Ze boog voorover om de warme kraan open te draaien en zei: 'Ja, ik ben er nog.'

'Zit je in bad?' vroeg Martha boven het geluid van het stromende water uit. Ze zei het alsof ze Willow op iets onfatsoenlijks had betrapt.

'Ja,' zei ze.

'Nou, wat denk je ervan?'

'Wat denk ik waarvan?'

'Wat ik je net heb verteld.'

Nee hè, dacht Willow, ze had aan die houten kruk liggen denken en daardoor had ze geen woord gehoord van wat Martha had gezegd. De aandachtsboog van een goudvis. Dat had haar vader altijd over haar gezegd. Het ene oor in en het andere oor uit.

'Sorry,' improviseerde ze, 'de verbinding is erg slecht. Ik heb je niet goed verstaan.'

Er klonk een gefrustreerde zucht in haar oor.

'Misschien moet je de kraan eens uitzetten, dan hoor je vast een stuk beter.'

Willow deed wat haar zus zei en Martha hervatte haar verhaal.

'Ik had dus het idee om dit weekend naar ma te gaan, met haar te gaan lunchen en haar ons plan voor te leggen.'

'Welk plan?'

Weer een zucht. 'We willen ma toch overhalen om Anchor House te verkopen?'

Willow fronste. Ze had gehoopt dat Martha dat was vergeten. Haar zus was er een paar maanden geleden al eens over begonnen, maar Willow had het niet serieus genomen en er verder niet meer aan gedacht. Ze kon zich niet voorstellen dat haar moeder weg wilde uit Anchor House en afscheid wilde nemen van al haar vrienden in Tilsham. En dan was het ook nog het huis zelf.

Niet zomaar een oud huis, maar hun thuis. Willow en Martha waren er opgegroeid en Willows gelukkige jeugdherinneringen draaiden om Anchor House en het mooie havenstadje tussen Bosham en Chichester.

Herinneringen aan hele dagen spelen op het strand, aan krabben vangen in de rotspoelen, aan rondsoppen op het wad in haar regenlaarzen, aan liggen in de zandduinen en aan uren lopen door de tarwevelden en over smalle weggetjes tussen stenen muren met mooie huisjes erachter. Als ze haar ogen dichtdeed, hoorde ze de meeuwen krijsen en rook ze de zilte zeelucht.

Hoe kon haar zus denken dat hun moeder dat allemaal zou achterlaten om bij Martha en Tom in de buitenwijken van Cobham te gaan wonen? Er was niets mis met Surrey, natuurlijk niet, maar het was niet Tilsham. Het was niet waar haar moeder aan was gewend, niet waar ze gelukkig was.

'Dus kun jij dit weekend een dag naar ma toe komen?' vroeg Martha.

'Voor zover ik weet, heb ik niets gepland...' Haar stem stierf weg. 'Ruik jij ook een brandlucht?' vroeg ze aan haar zus.

'Hoe bedoel je, een brandlucht? Natuurlijk ruik ik geen brandlucht!'

'Een brandlucht,' herhaalde Willow en ze trok haar neus op. 'Ik ruik echt...' Ze brak haar zin weer af en leunde over de zijkant van het bad.

'O!' riep ze uit. Nu zag ze wat ze van de kruk had gestoten toen ze haar telefoon had gepakt. Boven op de handdoek die ze had klaargelegd had een blad gestaan met aromatherapiekaarsen.

'O, o, o!' zei ze nog eens. 'Zo te zien staat de boel hier in brand.'

Er kwam inderdaad rook van een geblakerd stuk handdoek, de eerste flakkerende vlammetjes staken de kop op en overal liepen stroompjes gesmolten was.

'Wat?' vroeg Martha, terwijl Willow aarzelend bleef toekijken. 'Hoe bedoel je, de boel staat in brand?'

Eindelijk gooide Willow haar telefoon van zich af en ze hoorde hem met een pijnlijk vertrokken gezicht over de tegelvloer stuiteren. Ze schepte een handvol water uit het bad en doofde de vlammetjes. Toen stapte ze uit het bad, maar toen ze een andere handdoek wilde pakken, verloor ze haar evenwicht; ze viel opzij en kwam bijna met haar hand in de wc-pot terecht toen ze op de been probeerde te blijven. Al die tijd hoorde ze haar zus vanonder de radiator roepen of ze er nog was.

Toen ze een handdoek om zich heen had geslagen raapte Willow haar telefoon op.

'Alles is goed, Martha,' zei ze. 'Je hoeft geen knappe brandweermannen te bellen, ik heb het vuur uitgemaakt.'

'Hoe groot was dat vuur?'

'Een paar vlammetjes maar.'

'In een badkamer? Hoe krijg je dat nou voor elkaar?'

'Dat vertel ik je wel als we elkaar bij ma zien. Zaterdag of zondag? Ik vind het allebei best.'

'Ik vraag ma wel even wat haar het beste uitkomt en dan bel ik je terug. Als je intussen maar geen andere plannen maakt.'

Toen ze het gesprek hadden beëindigd, liet Willow het bad leeglopen, droogde zich af en trok haar pyjama aan. Daarna vouwde ze de verbrande handdoek op om hem beneden in de afvalbak te gooien, blij dat dat alles was wat er kapot was. Toen ze zich voorstelde dat ze haar vrienden Lucy en Simon zou moeten vertellen dat ze hun huis had laten afbranden, zwoer ze dat ze er nooit meer een kaars zou aansteken.

Ze woonde hier niet helemaal gratis; ze betaalde haar vrienden een kleine huur, op voorwaarde dat ze goed op het huis paste tijdens hun afwezigheid. Toen er eindelijk weer veilig gereisd kon worden, hadden ze besloten een wereldreis van een jaar te maken voordat ze aan kinderen zouden beginnen. Ze hadden hun baan opgezegd en waren gewoon vertrokken. Op dat moment zaten ze in het Japanse Kyoto en vandaar zouden ze doorreizen naar Vietnam.

Zoiets zou Willow ook graag doen als ze het geld had. Maar haar kennende zou ze waarschijnlijk hopeloos verdwalen.

'Behoorlijk riskant, als je het mij vraagt,' had haar vriend Rick gezegd toen ze hem had verteld waarom ze ondanks haar geldgebrek het geluk had om in een groot huis vlak bij het Victoria Park te wonen.

Lucy en Simon hadden veel geld kunnen verdienen door het huis via een makelaar te verhuren, maar dan hadden ze hun twee geliefde Siamese katten, Sirius en Cedric, weg moeten doen.

Willow moest Lucy elke week een update sturen over de katten en haar grootste angst was dat een van hen zou ontsnappen door een per ongeluk opengelaten deur. Het waren binnenkatten, te verwend en kostbaar om door de buurt te zwerven.

Nu ze erover nadacht, zou het veel gemakkelijker zijn om Lucy te bekennen dat ze bijna het huis in de fik had gestoken door in het bad in slaap te vallen dan om toe te geven dat ze een van de katten was kwijtgeraakt.

Met het oog op deze verantwoordelijkheid ging ze op zoek naar Sirius en Cedric, die samen in de ondiepe houtmand voor de radiator in de zitkamer bleken te liggen. Ze hadden natuurlijk een echte kattenmand, maar die gebruikten ze zelden; ze gaven de voorkeur aan de lege houtmand met een deken erin.

Wanneer Rick hier kwam, moest ze de katten bij hem uit de buurt houden, omdat hij allergisch voor ze was. Ze bezorgden hem niesbuien en tranende ogen. Daarom wilde hij liever dat ze naar hem toe kwam of dat ze uitgingen.

Ze hadden elkaar bijna vier maanden eerder ontmoet op de manier waarop zoveel mensen elkaar tegenwoordig leerden kennen, namelijk door op Tinder naar rechts te swipen.

Hij had dat het eerst gedaan en toen ze zijn profiel had bekeken en op zijn foto had gezien dat hij een mooie glimlach had, die zijn ogen deed oplichten, had ook zij naar rechts geswipet. Daarna hadden ze elkaar berichtjes gestuurd en een paar weken later hadden ze afgesproken in een bar. De rest was geschiedenis, zoals ze zeggen.

Maar ze was niet goed in langdurige relaties (ze leek nooit verder te komen dan zes maanden), dus misschien was Rick eerder voorbestemd om deel uit te maken van Willows geschiedenis dan van haar toekomst.

Het was nog te vroeg om er iets over te zeggen.

Vrienden die Rick hadden ontmoet zeiden dat hij een goede vangst was en zelfs Martha, die nog nooit een vriendje van Willow had goedgekeurd, vond dat ze hem moest houden. Haar moeder mocht hem ook graag en als haar vader nog had geleefd, zou hij ongetwijfeld ook zijn duim hebben opgestoken.

Waarom kon Willow dan niet geloven dat ze de kans om gelukkig te worden met Rick had verdiend?

3

Het was een prachtige voorjaarsochtend en nu het eb was, waren op het wad de waadvogels druk op zoek naar kokkels, die ze met hun lange, spitse snavels openbraken.

Met een kop koffie in de hand beschutte Naomi Miller haar ogen tegen het aprilzonnetje, terwijl ze het zich gemakkelijk maakte op de bank aan het eind van de tuin. Ze had pijn op plekken waar een vrouw van drieënzestig geen pijn hoorde te hebben. Het wit uitgeslagen houten bankje gaf haar het beste zicht op de kust; van hier kon ze het komen en gaan op het strand en de vogels in het oog houden.

Zij en Colin hadden Anchor House tweeëndertig jaar geleden gekocht, kort voordat Willow was geboren en toen Martha drie was. Ze hadden haast niet kunnen geloven dat ze dit grote huis uit het begin van de twintigste eeuw met zijn vijf slaapkamers en grote tuin, die zich uitstrekte tot aan het strand, hadden kunnen kopen. Het was een enorme vooruitgang geweest ten opzichte van hun rijtjeshuis in Zuid-Londen en ze hadden zich hier in Tilsham Harbour meteen als een vis in het water gevoeld.

Dat had Colin altijd gezegd als iemand vroeg hoe hun nieuwe leven buiten Londen beviel. 'O, we voelen ons als een vis in het water.'

Niet dat Colin hier al die tijd was geweest. Van maandag tot vrijdag verbleef hij in een kleine studio in Londen voor zijn werk in de City, en op vrijdag was hij na de lunch meteen naar Naomi en de kinderen in Sussex gereden. In het weekend was hij vaak gaan zeilen; hij had het heerlijk gevonden op het water. Hij had vooral genoten van het gevoel van vrijheid en de strijd tegen de elementen.

Het was een grote teleurstelling voor hem geweest dat zijn vrouw zijn liefde voor de zeilsport niet deelde. Naomi was af en toe bereidwillig met hem het water op gegaan, maar meestal had hij dan een of ander bevel geschreeuwd dat ze niet goed begreep, waardoor ze precies het verkeerde had gedaan. Ze gaf er de voorkeur aan om in het haventje, dat eigenlijk niet meer was dan een inham, rond te varen in hun roeiboot. Ze had geen aanleg voor zeilen en Colins teleurstelling was nog groter geworden toen dat ook voor hun dochters bleek te gelden.

Het had hem mateloos geërgerd dat ze de ene zeilboot niet van de andere kon onderscheiden. Voor haar waren het gewoon boten met zeilen. Ja, ze wist het verschil tussen de oudere houten boten en de nieuwe polyester exemplaren, maar ze wist niet hoe de verschillende types heetten. En ze had ook nooit reden gezien om dat te leren. Misschien was ze te koppig en te tegendraads, want ze wist dat ze dat in zich had.

Ze had meer belangstelling voor de vaste grond onder haar voeten, in het bijzonder voor de tuin van Anchor House. De tuin was door de eerdere eigenaren aan zijn lot overgelaten, omdat het oudere echtpaar niet meer in staat was geweest om het allemaal bij te houden.

Een groot deel ervan was overwoekerd en onbruikbaar geweest en zelfs ronduit onveilig door de rondslingerende stukken glas van de oude kas en de op instorten staande schuren. Langzaam maar zeker had Naomi er een tuin van gemaakt die haar toevluchtsoord en een speelplek voor de kinderen was, als die tenminste niet op het strand hadden gespeeld.

Door haar liefde voor tuinieren had Naomi ook een andere hobby ontwikkeld, namelijk het verzamelen van oud tuingereedschap. Ze had veilingen en kringloopwinkels afgezocht naar spulletjes – oude terracotta potten, gegalvaniseerde gieters en wastobbes, gereedschap met houten handvatten, rieten manden en ondiepe tuinmandjes, stenen troggen en urnen en sierlijke metalen tafels en stoelen.

Aanvankelijk had ze alleen dingen gekocht voor haar eigen tuin, maar toen ze veel meer had verzameld dan ze nodig had en waar ze ruimte voor had, had ze besloten er haar broodwinning van te maken en een winkeltje in het dorp gehuurd.

Ze had het All Things Gardenalia genoemd en had er ontzettend van gehouden. Omdat recycling en vintage spulletjes in de mode waren, had het verrassend goed gelopen. Ze had voortdurend op zoek gemoeten naar nieuwe voorraad.

Het was een zwarte dag geweest toen ze vanwege de wereldwijde coronacrisis had moeten besluiten de winkel te sluiten. Ze had een deel van de overblijvende spullen online verkocht, maar er stond nog een heleboel in de garage. Op een dag zou ze alles uitzoeken en verkopen wat ze nog overhad.

Colin zou ontzet zijn als hij kon zien hoe zijn eens zo keurige garage er nu aan toe was. Die was altijd zijn domein geweest, de plek waar hij hun auto's stalde om ze te behoeden tegen de zilte lucht. Naomi was daar niet zo mee bezig en liet haar auto regelmatig buiten staan.

'De boel gaat hier hollend achteruit,' kon ze Colin bijna horen zeggen.

Meer dan twee jaar na zijn overlijden hoorde ze zijn stem nog net zo duidelijk alsof hij naast haar stond.

Dat zou altijd wel zo blijven, vermoedde ze.

Ze waren met vrienden in Chichester uit eten geweest ter ere van zijn zesenzestigste verjaardag en toen ze wilden vertrekken en hun jas aantrokken, had Colin haar met een vreemde, verwarde blik in zijn ogen aangekeken, alsof hij opeens bedacht dat hij haar nog iets belangrijks moest vragen. Daarna had hij met een hand tegen zijn borst geslagen, met een pijnlijke grimas zijn ogen dichtgedaan en naar adem gehapt.

Hij was een grote man – een beer van een man, zo werd hij vaak beschreven – en het was onmogelijk geweest om hem op te vangen toen hij tegen de tafel viel waaraan ze hadden gegeten. De tafel kwam boven op hem terecht toen hij zwaar tegen de vloer sloeg.

De herinnering aan Colin tussen hun lege wijnglazen en koffiekopjes had haar nog dagen achtervolgd. Het was zo'n onwaardig eind van een mannenleven geweest.

Hij was door hun huisarts, een familievriend, gewaarschuwd dat hij minder moest drinken. En dat hij moest opletten met wat hij at. Maar hij was van de oude stempel en had geweigerd zich te matigen, hoe Naomi ook had gezeurd. Het soort man dat geloofde dat de normale regels op hem niet van toepassing waren, dat niets hem kon raken.

'Ik moet ergens aan doodgaan,' had hij gezegd als ze probeerde hem enig gezond verstand bij te brengen, 'en ik hoop maar dat dat gebeurt voordat ik dement raak!'

In slaap vallen in de serre na een dag zeilen in zijn geliefde boot, de *Marlow*, dat was zijn volmaakte einde geweest. De naam was een voorstel geweest van Naomi, een combinatie van Martha en Willow.

Het had na zijn overlijden lang geduurd voordat ze gewend was geraakt aan het feit dat hij er niet meer was, maar haar hart was niet gebroken geweest. Haar leven was niet tot stilstand gekomen, zoals de mensen misschien hadden verwacht toen ze haar bij de uitvaart kwamen condoleren. Ze hadden hun medeleven uitgesproken alsof ze dachten dat ze niet zonder Colin zou kunnen, dat hij alles voor haar was geweest.

In werkelijkheid had ze toen de uitvaart eenmaal achter de rug was een geleidelijke transformatie doorgemaakt en was ze een nieuwe en sterkere persoon geworden. Haar echte ik, vond ze zelf.

Hoewel Colin alle financiële beslissingen had genomen, omdat hij daar als compagnon van een internationale beleggingsmaatschappij nu eenmaal verstand van had, was zij degene geweest die thuis de scepter zwaaide.

Ja, op het toneel was hij de hoofdrolspeler geweest, degene die zich had omringd met mensen en zijn talloze collega's en cliënten had onthaald, maar zij was de regisseur geweest die achter de schermen aan de touwtjes trok. Ze had lang geleden geaccepteerd dat er in hun huwelijk maar één hoofdrolspeler kon zijn en dat dat Colin was. Zo ging dat in sommige relaties.

Inmiddels was ze iets meer dan twee jaar weduwe en er ging geen dag voorbij dat ze niet aan Colin werd herinnerd, maar ze weigerde in het verleden te leven. Het leven verandert en als je dat kon aanvaarden, kon je jezelf ook aanpassen en zelf ook veranderen. Misschien zelfs ten goede.

Toen ze haar koffie ophad, zag ze dat de wulpen op het wad gezelschap hadden gekregen van een stel tureluurs, die er vlijtig op los groeven met hun snavels.

Tureluurs deden Naomi altijd denken aan haar oudste dochter, Martha. Dat zat hem in de doelbewustheid van de vogels, de manier waarop ze vol overtuiging deden wat ze moesten doen. Precies zoals Martha: vastberaden en geconcentreerd. Ze stelde zich een doel en ging daar zonder aarzelen op af. Ze was een doener, net als haar vader was geweest. Willow was meer een winterkoninkje, dat sierlijk rondhipte zonder echt ergens heen te gaan.

De zussen leken totaal niet op elkaar. Het bleef Naomi verbazen dat kinderen van dezelfde ouders zo van elkaar konden verschillen. Martha was lang en had donker haar, een ovaal gezicht, hazelnootbruine ogen en een neus die ze zelf te lang vond, terwijl Willow kleiner en tengerder was en een hartvormig gezicht had, omlijst door blond haar. Ze had blauwe, ver uit elkaar staande ogen, net als Naomi. Als kind had ze altijd een engel moeten spelen bij het kerstspel, een rol waarin Martha nooit geïnteresseerd was geweest. Zij had altijd de waard willen zijn, die op autoritaire toon meldde dat er geen plaats was in de herberg.

'Ahoi!'

Naomi boog naar voren en keek naar links, waar de stem vandaan kwam. Maar ook zonder hem te zien wist ze dat het Ellis Ashton was, de nieuwe huurder van Waterside Cottage en haar buurman.

Ellis was er iets meer dan twee maanden geleden komen wonen, aan het eind van februari. Hij was vierenzestig, een weduwnaar met een volwassen stiefzoon in Los Angeles, die had gewerkt bij een vermogensbeheerder, maar nu met pensioen was. Hij had voor zijn werk in Frankfurt, Brussel, New York en onlangs nog in Londen gezeten, waar hij tijdelijk een huis had gehuurd in Richmond. Daarna was hij dichter bij zijn moeder gaan wonen, die hier in het verzorgingstehuis zat.

'Ook ahoi,' zei ze met een glimlach.

'Toestemming om aan boord te komen?'

'Toegestaan.'

Hij tilde de grendel van het houten hek op en duwde het open.

Nu hij voor haar stond, zag Naomi dat zijn denimblauwe ogen pasten bij de kleur van zijn shirt en de hemel boven hem. Hij bukte zich en gaf haar zeer hoffelijk een zoen op haar wang. Daarna haalde hij met een glimlach – een glimlach die ze nog kende van lang geleden – een bos roze en roomwitte tulpen achter zijn rug vandaan.

'Ik ben bang dat ik ze heb gestolen uit de tuin van mijn huurbaas,' zei hij, 'maar ik wilde je iets geven omdat je me zo'n bijzondere nacht hebt bezorgd.'

'Dank je.' Ze bloosde als een tiener toen ze terugdacht aan het door hem klaargemaakte diner en wat er daarna was gebeurd. Dat was de reden waarom ze vanmorgen overal pijn had.

Lieve hemel, wat zou Colin ervan hebben gevonden?

En nog belangrijker, wat zouden Martha en Willow ervan vinden?

4

Tom Adams was onderweg naar zijn werk. Het was twee dagen geleden dat Martha stiekem een zwangerschapstest had gedaan.

Hij wist dat zijn vrouw dingen voor hem verzweeg, maar hij hield ook dingen voor haar achter. Volgens hem had elk stel geheimen voor elkaar. Mensen die zeiden van niet, waren niet eerlijk tegen zichzelf. In zijn ogen was het gewoon niet doenlijk of verstandig om elke bezorgde gedachte er maar uit te gooien.

Hij hield zo veel van Martha dat hij haar niet wilde belasten met wat er allemaal in hem omging. Ze had al genoeg op haar bordje met haar kinderwens. Ze waren er pas tien maanden mee bezig en ze begon er nu al onder te lijden.

Net als hij.

Ze hadden altijd als team geopereerd, trots op de kracht van hun relatie. Waar ze ook aan begonnen, ze gaven het samen tweehonderd procent van hun aandacht. Voor hen bestonden er geen halve maatregelen. Alles of niets. En dat was precies wat hem steeds meer zorgen baarde.

Hij wilde net zo graag een kind als Martha, echt, maar hij wilde niet dat ze al doende zichzelf kwijtraakten. Hij had online gelezen hoe gemakkelijk dat kon gebeuren en daar werd hij bang van.

'We worden niet een van die verschrikkelijke stellen die hun relatie kapotmaken door een obsessief verlangen naar een baby,' had Martha gezegd voordat ze erachter waren gekomen dat alles niet zo gemakkelijk op zijn plek viel als ze hadden aangenomen. Ze was er niet aan gewend dat iets niet lukte en hij wist dat ze het feit dat ze niet in verwachting was geraakt zodra ze dat wilden door haar als falen werd gezien.

Hoelang zou het duren voordat ze elkaar de schuld gingen geven?

En waarom zat hij er zo mee dat hij de schuldige kon zijn?

Een gezin had voor hen altijd deel uitgemaakt van hun plannen. Toen ze elkaar pas kenden, hadden ze het al vroeg over kinderen gehad. Het was beter om dealbreakers zo snel mogelijk boven tafel te krijgen en de puntjes op de i te zetten voordat ze een serieuze relatie aangingen, hadden ze allebei gevonden. Hij wist nog hoe opgelucht ze beiden waren geweest toen ze hadden gehoord wat ze wilden horen.

Ze waren vier jaar geleden getrouwd en hadden besloten eerst hun weg als echtpaar te vinden voordat ze ouders werden. Ze hadden alles gepland, alles zorgvuldig uitgedacht.

Maar door de gebeurtenissen van de laatste paar jaar wist Tom opeens niet meer of het wel zo'n goed idee was om een kind op een wereld te zetten die zo gemakkelijk overhoop kon worden gehaald. Eerdere generaties hadden zich zorgen gemaakt over oorlogen of een kernbom die de mensheid zou vernietigen, maar nu leek dat ook op een veel sluipender manier te kunnen gebeuren.

Zijn moeder had het virus opgelopen in het eerste stadium van de pandemie, voordat iemand wist hoe erg het zou worden. Ze had vijf verschrikkelijke weken in een ziekenhuis aan de beademing gelegen voordat ze was overleden. In al die tijd hadden Tom en zijn zus Lynn haar niet kunnen opzoeken. Evenmin als zijn vader. Ze was alleen gestorven, met slechts het uitgeputte verpleegteam om zich heen.

Zijn vader was vijftien jaar ouder dan zijn moeder en had altijd gezegd dat hij de eerste zou zijn die de pijp aan Maarten gaf. Bij haar dood was zijn hart gebroken en hij was het verlies nog steeds niet te boven. Omdat hij een slechte gezondheid had, was hij op aandringen van Lynn dichter bij haar gaan wonen.

Tom voelde zich er schuldig over dat zijn zus zo snel de zorg voor hun vader op zich had genomen, maar dat was eigenlijk bepaald door de geografie. Het ouderlijk huis stond in Harrogate en omdat zijn zus en haar man in het naburige Northallerton woonden, had het meer voor de hand gelegen dat zijn vader in Yorkshire bleef dan helemaal naar het zuiden te verhuizen.

Tom had dat zelf wel gedaan toen hij was afgestudeerd aan Leeds University en Yorkshire had verlaten voor een baan als accountant in opleiding in Londen. Hij had zich vervolgens gespecialiseerd in forensische accountancy, wat met zijn aandacht voor detail precies bij hem paste.

Iets meer dan drie jaar geleden waren hij en Martha uit Londen vertrokken en had hij de gok genomen en zijn eigen bedrijf opgestart. Hij had in de buurt van Guildford een kantoorruimte gehuurd waar hij en zijn kleine team konden werken. Sinds die tijd was het aantal cliënten in een aangenaam tempo toegenomen, ondanks de uitdagingen van de pandemie, en ze waren net ingehuurd door een prestigieus advocatenbureau om bewijzen aan te leveren tegen een verzekeringsmaatschappij die ervan werd beschuldigd haar klanten af te zetten.

Martha had vierkant achter hem gestaan toen hij zijn relatief zekere en goedbetaalde baan in Londen wilde opgeven om voor zichzelf te beginnen. Hij zou haar er altijd dankbaar voor blijven dat ze hem het risico had laten nemen. Een risico dat tot dusver goede resultaten had opgeleverd.

In ruil voor die steun en aanmoediging zou hij niets liever willen dan haar babydroom te laten uitkomen. Maar hoe ver wilde hij daarvoor gaan?

Stel dat over een tijdje de wanhoop toesloeg en Martha voorstelde om ivf te proberen?

De gedachte joeg hem angst aan. Niet alleen om de hoge kosten, maar ook om de ellende die het proces met zich mee kon brengen. De hoop die bij elke mislukte poging de bodem in werd geslagen.

Hij bad dat hij Martha die pijn kon besparen.

Toen hij de laatste zwangerschapstest had gevonden die Martha voor hem had achtergehouden, had hij er geen woord over gezegd. Het was niet de eerste keer dat het gebeurde. Ze wilde hem kennelijk niet alles meegeven door zich in het geheim te testen en hem alleen het goede nieuws over te brengen als de test positief was.

Om eerlijk te zijn, wilde hij bij haar zijn als ze de test deed en het moment van de uitslag samen meemaken.

Hij had niet opzettelijk in de afvalbak gesnuffeld waar hij de test vond, maar eerder die avond was zijn argwaan gewekt doordat ze bij thuiskomst van haar werk meteen in de badkamer was verdwenen. Hij had haar met een tasje horen ritselen. Haar routine was hem zo vertrouwd dat elke afwijking daarvan een alarm deed afgaan.

Dus ja, hij had in de afvalbak in de badkamer gekeken toen hij voor het naar bed gaan zijn tanden stond te poetsen. Maar alleen omdat hij wilde bevestigen wat hij al dacht te weten.

Om een uur of drie was hij wakker geworden omdat Martha lag te huilen. Ze had beweerd dat ze menstruatiepijn had en misschien was dat ook wel zo, maar hij vermoedde dat ze om iets anders huilde. Hij had aangeboden een kruik voor haar te maken en toen hij beneden stond te wachten tot het water kookte, had hij op de kalender aan de muur gekeken.

Nu hij door het vroege ochtendverkeer reed, dacht Tom vol schaamte aan de reden waarom hij op de kalender had gekeken.

Hij had de dagen geteld tot Martha weer een ovulatie zou hebben.

Hij had de dagen geteld die hij nog vrij zou hebben.

Hij had de dagen geteld tot alles weer opnieuw zou beginnen en de druk weer zou worden opgevoerd.

5

De trein van 07.57 uur van Cobham & Stoke D'Abernon naar London Waterloo zat vol en had dertien minuten vertraging. Dat kwam vaker voor, maar toch ergerde Martha zich; ze had een hekel aan te laat komen.

De grote man naast haar nam te veel plaats in beslag en bezette een deel van haar plek. De inbreuk op haar persoonlijke ruimte deed haar bijna terugverlangen naar de verplichte afstand in de coronatijd. Omdat ze geen ruimte had voor haar laptop, pakte ze haar telefoon om haar e-mails te lezen. Ze scrolde erdoorheen, zette een vlaggetje bij de mails die ze later zou beantwoorden en wiste alles wat niet belangrijk was. Bij het opschonen van haar elektronische apparaten was ze meedogenloos. Ze was de Marie Kondo van de beeldschermtechnologie!

Ze was een fan van de KonMari-methode en in de tijd dat die populair was geworden, had ze er thuis samen met Tom goed gebruik van gemaakt. Ze waren beiden van nature nette mensen, nog een reden waarom ze zo goed bij elkaar pasten, en op een keer hadden ze een lang weekend met veel regen gebruikt om systematisch al hun kasten en zelfs de zolder op te ruimen. Ze hadden alles weggegooid wat ze niet nodig hadden in hun leven. Kleren die ze in geen tijden hadden gedragen, boeken die ze nooit meer zouden lezen, goedkope badmintonrackets die ze nooit meer zouden gebruiken, dozen vol… nou ja, vol spullen die niet meer relevant waren voor de mensen die ze waren geworden. Alles werd in zakken gestopt en naar de vuilnisbelt gebracht of klaargezet voor de plaatselijke kringloopwinkel. Geen van hen was sentimenteel van aard, dus het was geen moeilijke opdracht. Toen ze klaar waren, had ze een enorm gevoel van kracht en welbevinden gehad. Ze had zich gezuiverd gevoeld en meer meester over haar omgeving.

Toen de trein eindelijk Waterloo Station in reed en ze zich over het drukke perron naar de ondergrondse haastte, dacht ze eraan hoe erg ze laatst in bed over haar toeren was geweest, hoe nutteloos ze zich had gevoeld, en ze vroeg zich af of ze het KonMari-proces niet eens moest herhalen. Zou ze dan het gevoel hebben dat ze alles weer in eigen hand had? Want ze voelde zich machteloos nu ze maar niet zwanger werd. Ze haatte het groeiende gevoel dat ze zich gesteld zag tegenover een onbekende macht, die voorkwam dat ze het kind kreeg waar ze zo naar verlangde.

Zoals altijd kocht ze een latte in het koffiezaakje in de hal van het gebouw waarin Brand New Designs kantoor hield en nam de lift naar de tiende verdieping.

Ze ging aan haar bureau zitten, zette haar computer aan en was klaar voor de dag. Hier kon ze haar energie tenminste richten op iets anders dan het uitblijven van een zwangerschap.

Maar het mocht niet zo zijn. Om kwart voor twaalf werd haar verzocht een teamvergadering bij te wonen om te praten over de pitch voor een nieuwe cliënt, die behoefte had aan rebranding. Niemand wist wie de cliënt was tot Jason Dawson, de CEO van het bedrijf, met zijn pen klikte – altijd drie keer – en de vergadering opende.

'Topolino,' zei hij. 'Oorspronkelijk vooral een onlinewinkel die zich specialiseerde in dure baby- en zwangerschapsproducten, maar die die artikelen ook verkocht via een aantal exclusieve winkels als Harrods en Harvey Nichols. Ze hebben bredere bekendheid gekregen toen het eerste kind van Meghan en Harry, Archie, werd gefotografeerd met een van hun blauw met wit gestreepte jasjes met het opvallende logo van de muis op de kraag. Topolino is Italiaans voor "muisje", voor het geval je het nog niet wist.'

Op het scherm achter Jason verscheen de foto van de kleine Archie en het bewuste jasje.

Er klonk een instemmend gemompel rond de tafel.

'Dit had tot gevolg dat de verkoop van hun babykleertjes, zwangerschapskleren en accessoires omhoogschoot,' ging Jason verder, 'en sinds die tijd hebben ze een aantal winkels geopend in Londen,

Bath en Cambridge. Maar hier is het probleem: ze hebben onlangs de fout gemaakt om...'

Martha keek naar de foto van de schattige kleine Archie en wist precies wat het probleem was, en ze kon zichzelf er niet van weerhouden om te zeggen: 'Ze zijn beschuldigd van onethische productiemethoden.'

Jason keek naar haar en klikte driemaal met zijn pen. 'Ga door.' Zijn blik bleef als een laserstraal op haar gericht.

Martha wist dat Jason graag spontane input kreeg, maar ze ergerde zich aan zichzelf omdat ze had laten blijken dat ze iets over baby's wist terwijl ze er zelf geen had. Ze had aan geen van haar collega's verteld dat ze een kind wilde. Had ze dat wel gedaan, dan had ze zeker niet onlangs promotie gekregen. De andere mensen om de tafel zouden óf nooit een gezin hebben, óf hadden jaren geleden al kinderen gekregen en hadden de baby- en kleuterfase allang achter zich.

'Er werd beweerd dat ze gebruikmaakten van kinderarbeid in Bangladesh voor een nieuwe serie zwangerschapskleding,' zei Martha. 'Zodra dit aan het licht kwam, zeiden ze de samenwerking met die fabriek op en hevelden alle productie over naar een bestaande fabriek in de Midlands, waar ze alles beter onder controle konden houden.'

'Precies,' zei Jason met een glimlach.

'De fabriek in Bangladesh was zeker goedkoper?' zei Steve, de creative director.

'En dat is hun duur komen te staan,' zei Jason. 'Dus nu hebben ze behoefte aan rebranding.'

'Hebben ze echt een dip in populariteit en in de verkoop gehad?' vroeg James, hun designconsulent. 'Wat mensen zeggen dat ze zullen doen als ze boos zijn is vaak niet wat ze in werkelijkheid doen.'

'Goed punt,' zei Jason met drie klikjes van zijn pen, 'maar hoewel de daling in de verkoop minimaal was, draait alles om het image of de perceptie daarvan. Wij moeten de cliënt er dus van overtuigen dat we de gevreesde smet van hun blazoen kunnen verwijderen.'

De volgende drie kwartier werden er ideeën uitgewisseld, tot Jason een eind maakte aan de vergadering.

'Jij was goed op de hoogte over Topolino,' zei hij toen hij achter Martha aan de zaal uit liep. 'Heb je naar babyspullen zitten kijken?'

'Ik moest een cadeautje kopen voor een vriendin die is bevallen,' loog ze met een pokergezicht. Als dit Jasons niet al te subtiele manier was om te vragen of ze zwanger was of wilde worden, een vraag die hij volgens de wet niet mocht stellen, ging hij over de schreef. Maar mannen als Jason waren daar buitengewoon handig in en wisten er bijna altijd mee weg te komen. Hij was slim, dynamisch en opvallend knap, en hij leek altijd te weten wat ze dacht. In een ander leven had Martha voor hem kunnen vallen, maar nu niet. Nu kon ze door het rookgordijn van zijn enorme charme heen kijken.

'Ik hoop dat je iets moois hebt gevonden,' zei hij met een trage glimlach voordat hij zijn kantoor in liep.

Dat heb ik zeker. Ze dacht terug aan het prachtige jasje dat ze had gekocht en dat ze thuis in de logeerkamer had verstopt. Ze had het aangeschaft voordat de beschuldigingen over Topolino bekend waren geworden en ze hoopte dat het net zo ethisch was geproduceerd als al hun kledinglijnen volgens het bedrijf nu waren.

De lunch bestond uit een haastige beker misosoep, opgewarmd in de magnetron van het kantoor, en daarna was er een vergadering met een bestaande klant, een onlinegokwebsite die wilde doen voorkomen dat ze voor verantwoord gokken was, terwijl het bedrijf tegelijkertijd de doelgroep – mensen die het zich niet konden veroorloven om geld te vergokken – wilde overhalen om nog meer te gokken.

Het was niet de meeste creatieve of inspirerende dag, dacht ze toen ze die avond in de volle trein naar huis zat. Als je een bedrijf draaiende moest houden, kon je niet kieskeurig zijn bij het aannemen van cliënten, zei Jason vaak. Daar was Martha niet zo zeker van. Moesten ze tegenwoordig niet meer oog hebben voor ethiek? Jason had de mond vol van 'realistisch blijven,' maar intussen speelde hij het spelletje volgens elke nieuwe regel die hij kreeg opgelegd.

Haar vader zou het helemaal met Jason eens zijn geweest. Zaken waren zaken. Je deed je best voor de cliënt en voor je werknemers en je oordeelde niet. De wereld was hard en meedogenloos.

Martha had van jongs af aan tegen haar vader opgekeken en had net zoals hij willen worden, vol energie en doorzettingsvermogen. Hij had alles leuk en mogelijk gemaakt. 'Kan niet bestaat niet,' had hij haar altijd voorgehouden. 'Je kunt in het leven alles bereiken. Je moet alleen geloven dat je het kunt.'

Martha had hem geloofd en had al het mogelijke gedaan om het succes te worden dat hij had gewild dat ze was. Hij was enorm trots op haar geweest toen ze cum laude was geslaagd voor haar studie bedrijfskunde en nog trotser toen ze daarna een master in marketing had afgerond.

'Zo mag ik het zien,' had hij tevreden gezegd. 'Nu heb je officieel een hogere opleiding dan je oude vader.'

Met plotseling verdriet bedacht ze hoe erg ze hem miste. Ze miste zijn rotsvaste geloof in haar, de manier waarop hij haar zelfvertrouwen had opgekrikt als ze ooit twijfelde aan haar kunnen.

De trein was nog tien minuten van Martha's bestemming toen haar telefoon trilde. Het was een appje van Jason.

Ik wilde jou graag de pitch voor Topolino laten doen.

Fijn, schreef ze terug, ik verheug me erop.

Ze vroeg zich af waarom hij haar had gekozen.

Wilde hij haar op de proef stellen? Zo ja, dan zou het wel eens op een fiasco kunnen uitdraaien, want op dat moment zou ze absoluut niet weten hoe ze de kwestie moest aanvliegen. Haar vader zou zeggen dat dat een teken was dat ze een stap achteruit moest doen en het probleem van een andere kant moest bekijken.

Ze reed het parkeerterrein bij het station af en bedacht dat haar moeder nog geen antwoord had gegeven op haar WhatsAppberichtje over het weekend. Dat was heel vreemd, maar ma was al een tijdje laks met contact houden. Vroeger had je er altijd op kunnen rekenen dat ze snel antwoordde, maar die tijd was voorbij.

Martha hoopte maar dat haar moeder niet zweeg omdat er een probleem was waar ze niets over wilde zeggen. Dat zou net iets voor ma zijn. Ze wilde nooit dat er drukte om haar werd gemaakt.

6

Willow had van haar leidinggevende bij Acts of Kindness – AoK – te horen gekregen dat ze het in zich had om een van hun beste medewerkers te worden.

'Je komt heel natuurlijk over op mensen,' had Kyle tijdens haar training gezegd. 'Ze praten tegen je. Weet je waarom? Omdat je luistert en met ze meeleeft. En dat is iets wat je niet kunt leren. Zorg ervoor dat je er goed gebruik van maakt.'

Het probleem was dat dit zogenoemde medeleven van Willow haar tegenwerkte en ze daardoor niet haar doelen haalde. Het was slechts een fase, hield ze zichzelf voor; daar hadden ze allemaal wel eens last van. Ze was pas drie maanden geleden bij AoK gaan werken, vol enthousiasme om deel te gaan uitmaken van een organisatie die de wereld verbeterde. Het had de ideale baan voor haar geleken – flexibele werktijden, een kantoor op loopafstand van waar ze woonde en een team dat geloofde in wat het deed. Maar er was ook een nadeel: ze had te vaak medelijden met de mensen die ze moest bellen. Soms schaamde ze zich zelfs een beetje.

'Je moet het grote plaatje voor ogen houden,' had Kyle gezegd toen ze had verteld over haar zorgen. 'Dit zijn mensen die echt geven om wat wij doen. Je hoeft ze alleen een beetje op te porren om een grotere donatie van ze los te krijgen. De meeste mensen zijn blij dat ze dat kunnen doen.'

Hij had gelijk. De meeste vaste donoren vonden het hun morele plicht om het geldbedrag af en toe te verhogen. Al was het alleen maar vanwege de inflatie. Zo kon je het ook bekijken.

Maar er zat ook een andere kant aan. Zoals een teleurgestelde exwerknemer online had gezegd, was het werk bij AoK niet veel anders dan in een callcenter voor telemarketing, waarbij het niet uitmaakte hoe je geld loskreeg van het publiek, zolang je dat maar deed. Kyles antwoord hierop was: 'Je moet geloven in het goede doel en dat het doel de middelen heiligt.'

Willow kwam er langzaam achter dat het er bij goede doelen harder aan toeging dan ze zich had voorgesteld. Je moest je erop concentreren waarvoor je belde. Zieke kinderen gingen dood aan kanker en moesten behandeld worden, en de enige manier om dat voor elkaar te krijgen, was meer geld inzamelen voor onderzoek. Miljoenen mensen op de wereld gingen dood van de honger. En dan had je nog al die daklozen. En de dieren die hulp nodig hadden, de in de steek gelaten honden en katten en de wreed mishandelde ezels die moesten werken tot ze erbij neervielen. Goed, voor sommigen was de zorg voor dieren niet zo belangrijk, maar bij AoK werd er geen onderscheid gemaakt tussen de goede doelen waarvoor ze geld los moesten zien te peuteren. Lijden was lijden. Een wantoestand was een wantoestand. En bij AoK moesten ze meewerken aan de oplossing.

Die avond moest Willow samenwerken met een heleboel mensen die ze kende, voornamelijk prikkelbare mensen uit de stad met creatieve beroepen, die zichzelf zagen als moderne Robin Hoods omdat ze geld inzamelden bij de rijken en het uitdeelden aan de armen. Er waren ook een paar beginnende actrices bij. Dit was een ideale baan voor deze meisjes. Omdat ze zelf hun uren konden indelen, konden ze tijd vrijhouden voor audities en ze verdienden hier meer dan als serveerster. Aan de telefoon konden ze naar hartenlust toneelspelen, zodat ze regelmatig hun doelen haalden.

Willow moest ophouden met zeuren en meer resultaat gaan boeken, anders kon ze op zoek naar een andere baan. Er zat veel verloop in het personeel. Als je niet aan de eisen voldeed, lag je eruit en werd je plek aan iemand gegeven die het beter deed. Het was hier tenslotte geen liefdadigheidsinstelling! Dat was een grapje dat Kyle vaak maakte.

Kyle had haar laatst gewaarschuwd omdat ze zich aan de telefoon niet aan het script hield en niet doorzette. 'De lichtste aarzeling van jouw kant geeft de donor een kans om het gesprek naar zijn hand te zetten en nee te zeggen,' had Kyle gezegd. 'Je moet assertiever worden.'

Met assertiviteit zou haar zus geen probleem hebben. Als Martha hier zou werken, zou ze regelmatig haar doelen voorbijschieten en al doende ook nog Kyle op zijn nummer zetten. Maar het was tijdverspilling om te wensen dat ze meer zoals haar zus was. Ze waren altijd tegenpolen geweest en daar ging niets aan veranderen.

Tante Geraldine, de oudste vriendin van haar moeder en de peetmoeder van Willow en Martha, had het verschil tussen de twee zussen eens kort omschreven. Martha verlangde naar orde en perfectie en was het type dat niemand een boek zou lenen, omdat ze bang was dat ze het beduimeld of helemaal niet zou terugkrijgen. Willow was volgens tante Geraldine juist het type dat een boek leende en er zonder erbij na te denken ezelsoren in maakte, of er per ongeluk op morste, het in het bad liet vallen of het gewoon kwijtraakte. Nooit met opzet, weliswaar.

Nou, daar kon Willow niets tegen inbrengen. Ze was hopeloos slordig en wist nooit wat er het volgende moment zou gebeuren.

Toen ze zag dat Kyle op het oorlogspad was en hun voortgang controleerde, wat hij elk uur deed, zette Willow haar headset goed en belde het volgende nummer op haar lijst. Ze hield er niet van als Kyle achter haar kwam staan of zelfs meeluisterde; het gaf haar een ongemakkelijk gevoel en dan maakte ze sneller fouten. Voorlopig leek hij zich echter bezig te houden met Stefan, het nieuwste lid van het team.

Toen mevrouw Tate uit Matlock, Derbyshire, de telefoon opnam, ging Willow aan de slag met het script. Maar na vijf minuten wist ze niet meer wat ze zich meer aantrok, de slechte behandeling van de arme ezels in India, die werden geslagen en uitgehongerd en stervend aan de kant van de weg werden achtergelaten, of de verontschuldigende, trillende stem van de donor, een oude dame die het zich niet kon veroorloven om meer geld te geven.

'Een extra pond per week zou zo veel schelen voor die afschuwelijk mishandelde ezels,' drong Willow aan. Ze had zich niet slechter kunnen voelen wanneer ze de vrouw op straat van haar handtas had beroofd.

'Ik wou dat ik het kon doen,' zei mevrouw Tate. 'Echt, maar ik heb alleen maar mijn staatspensioentje en er zijn altijd zo veel rekeningen te betalen. Ik heb niet eens het geld om de wasmachine te laten repareren.' Ze klonk alsof ze elk moment in tranen kon uitbarsten en Willow kon het niet over haar hart verkrijgen om haar nog erger van streek te maken. Als ze had gekund, had ze de oude dame het geld gestuurd om een nieuwe wasmachine te kopen en misschien zelfs aangeboden om het strijkwerk voor haar te doen.

'Het spijt me vreselijk dat ik u heb gestoord, mevrouw Tate,' zei ze, bijna zelf in tranen. 'Maak u alstublieft geen zorgen om de ezels; u doet al heel veel voor ze en ik weet zeker dat ze blij zijn met uw hulp. Nog een goede dag.'

'Jij ook een goede dag. En bedankt voor je begrip.'

Met een brok in haar keel verbrak Willow de verbinding. Ze moest zich vermannen voordat ze het volgende nummer kon bellen. Waarom kreeg zij altijd de donoren die geen geld hadden? Het zou voor de verandering wel eens leuk zijn om iemand aan de lijn te krijgen die geld zat had en dat graag wilde delen met minder fortuinlijke mensen.

Misschien was dat precies het probleem met deze wereld: mensen die geld hadden, wilden het zelf houden en mensen die geen geld hadden, wisten hoe dat was en wilden helpen, maar konden het niet.

Willow had niets tegen mensen die rijk en succesvol waren. Ze was niet zo'n type dat iedereen van alles misgunde, verre van dat. Veel geluk ermee, vond ze. Haar eigen familie was tenslotte altijd redelijk welgesteld geweest en veel mensen zouden vinden dat ze een beschermde jeugd had gehad.

Ze dacht er niet graag aan wat haar vader van haar werk zou vinden. 'Niet echt een carrière, hè?' Ze hoorde het hem gewoon zeggen, met een van zijn toegeeflijke glimlachjes. 'Wat kun je beter doen in je leven dan de wereld een beetje mooier maken?' stelde ze zich voor dat ze zou antwoorden.

Grappig dat Martha nooit de behoefte voelde zichzelf te rechtvaardigen, terwijl Willow dat voortdurend deed. Maar ja, pa had nooit begrip gehad voor wat hij twijfelachtige keuzes noemde en hij zou deze baan beslist twijfelachtig hebben gevonden. 'De toekomst,' had hij altijd gezegd. 'Je moet altijd naar de toekomst kijken en je afvragen hoe je wilt dat die van jou eruitziet.'

Dat was nog een verschil tussen Willow en Martha. Martha had altijd geweten wat ze wilde: een fantastische carrière en een fantastische echtgenoot, en op het juiste moment een paar fantastische kinderen. Willow had zelf nooit echt geweten wat ze wilde. Dat wist ze nog steeds niet.

'Zit je weer te dagdromen, Willow?'

'Nee, ik zit te wachten tot de donor de telefoon opneemt,' loog ze tegen Kyle, die opeens naast haar stond.

Toen hij naar iemand anders was gelopen, draaide ze het volgende nummer en wachtte tot juffrouw Evans uit Penarth opnam. Toen ze dat deed, begon Willow energiek aan de eerste zinnen uit haar script.

'Goedenavond, juffrouw Evans, ik hoop dat u een fijne avond heeft en dat ik u niet stoor, maar ik vroeg me af of u erover zou willen denken...'

De verbinding werd meteen verbroken.

Oké, zei ze tegen zichzelf, de volgende zal wel beter gaan. Gelukkig was dat ook zo, net als het telefoontje daarop, waarbij een vaste donor zei dat hij een aanzienlijke schenking wilde doen aan het goede doel dat hij al jaren steunde.

Om halfnegen was ze klaar met haar werk en kwam ze tot de ontdekking dat Rick voor het gebouw op haar stond te wachten. Zoals altijd als ze zijn knappe gezicht, netjes geknipte haar en mooie pak zag, moest ze zichzelf knijpen om te kunnen geloven dat hij echt haar vriend was. Ze was ervan overtuigd dat ze niet het type was waar Rick Falconer normaal gesproken mee uitging, net zoals hij niet haar type was. Haar laatste vriend was motorkoerier geweest; hij had de hele dag door Londen geracet om pakjes af te leveren en 's avonds had hij basgitaar gespeeld in een band. Zijn haar was bijna net zo lang geweest als dat van Willow. De vriend daarvoor was kok geweest en had een eigen foodtruck gehad, waarmee hij op muziekfestivals stond en waarin hij vegan burgers maakte. Daar had ze hem ook ontmoet. Rick was met zijn achtendertig jaar een heel ander type, meer het soort man voor een slimme, goed geklede vriendin die net zo ambitieus was als hij. Het tegenovergestelde van Willow.

'Wat doe jij hier, Rick?' vroeg ze.

'Ik neem je mee uit eten.'

'Maar daar heb je helemaal niets over gezegd toen we elkaar gisteravond spraken.'

Hij glimlachte. 'Dat is ook precies de bedoeling als je je vriendin wilt verrassen en een mijlpaal wilt vieren. Dat kondig je niet van tevoren aan.'

'Een mijlpaal?' herhaalde ze. Jeetje, wat was ze nu weer vergeten?

'Het is vandaag vier maanden geleden dat we elkaar hebben ontmoet en ik neem je mee naar een bijzonder restaurant.'

'O, wat leuk.' Wat was hij toch lief en romantisch. 'Maar ik ben er niet echt op gekleed,' voegde ze eraan toe en ze trok aan haar wijde werkbroek en spijkerjasje.

'Dat is geen probleem. Kom op, we gaan. Ik heb nog een verrassing voor je. En ik hoop echt dat je daar ja tegen zegt.'

'Vertel het nu meteen maar,' zei ze, terwijl hij haar hand pakte en haar naar zijn BMW dirigeerde, die op de dubbele gele streep stond.

'Nee,' zei hij, 'je zult moeten afwachten.'

Hij deed het portier voor haar open en toen ze eenmaal veilig zat, deed hij het zachtjes dicht. Zo zat hij in elkaar: een volmaakte heer. Het was tevens zijn discrete manier om ervoor te zorgen dat ze het portier niet te hard dichtsloeg, waar ze nogal toe geneigd was. Het was nooit haar bedoeling, maar er waren zo veel dingen die nooit haar bedoeling waren en die ze toch deed. Zoals laatst, toen ze bijna het huis van haar vrienden in brand had gezet. Ze dacht er ook nooit aan dat Rick geen thee dronk en ook geen melk in zijn koffie wilde.

Het was jammer dat hij dat persoonlijk opnam, maar ze had tegen hem gezegd dat ze hopeloos was met zulke onbelangrijke details.

Hij had gelachen toen ze had toegegeven dat haar hersenen een zeef waren en dat ze nooit een datum kon onthouden, laat staan een telefoonnummer. Toevallig was hij heel goed met getallen, had hij gezegd, en nadat ze had toegegeven dat haar financiën niet helemaal op orde waren (een eufemisme voor het feit dat ze rood stond), had hij aangeboden haar creditcardafrekeningen en bankoverzichten met haar door te nemen. Hij was een enorme hulp geweest door vaste betalingen en automatische overschrijvingen te vinden die ze was vergeten op te zeggen en die soms al jaren liepen. Ze was hem enorm dankbaar geweest, maar ze had het ook een beetje dom gevonden dat ze die dingen zelf niet had gezien.

Ze had een bescheiden trustfonds, dat haar vader haar had nagelaten. Aan Martha ook, maar tot haar vijfendertigste kreeg ze alleen de rente uitgekeerd. Dat was haar vaders manier geweest om ervoor te zorgen dat ze het geld niet meteen uitgaf. Hij had waarschijnlijk gehoopt dat ze op haar vijfendertigste een verantwoordelijke volwassene zou zijn. Een verantwoordelijke volwassene als Rick, dacht ze met een glimlach.

Rick werkte als IT-operations manager bij een financiële instelling. Ze had geen idee wat dat precies betekende, maar hij leek het leuk te vinden. Van maandag tot vrijdag liep hij in pak en hij verdiende kennelijk een enorme hoeveelheid geld. Haar vader zou blij met hem zijn geweest. Ze had het gevoel dat haar moeder en Martha stilletjes opgelucht waren dat ze iemand had gevonden die goed was met geld, iemand met zekerheden en een behoorlijke toekomst. Iemand die haar onder zijn vleugels kon nemen.

Dat had haar vader een keer gezegd. 'Martha zal altijd voor zichzelf kunnen zorgen, maar Willow moet iemand hebben die voor haar zorgt.'

Dat had ze hem tegen haar moeder horen zeggen en die had gezegd: 'Volgens mij zal blijken dat het andersom is. Het enige wat Willow nodig heeft, is iemand voor wie ze kan zorgen.'

Toen ze bij het restaurant kwamen, haalde Rick een duur uitziend tasje uit de kofferbak van zijn auto en gaf het aan haar. Tot haar verbazing zaten er een prachtige zwarte jurk en een paar sexy hoge hakken in. 'Ik zei toch dat het een bijzondere avond was,' zei hij toen ze in de jurk en op de schoenen terugkwam uit het damestoilet. 'En jij ziet er heel bijzonder uit in die jurk. Dat wist ik wel.'

'Ik heb nog nooit zoiets gedragen.' Ze genoot van zijn bewondering. 'Het voelt zo anders. Alsof ik mezelf niet ben.'

'Je ziet er perfect uit,' zei hij. 'En heel sexy. Ik vraag me af of we het diner niet moeten skippen en meteen terug moeten gaan naar mijn huis, zodat ik je kan uitkleden.'

Ze giechelde. 'Dat zou zonde zijn na al die moeite die je hebt gedaan,' zei ze. 'Bovendien barst ik van de honger.'

Het was al veel later en ze had Rick inmiddels verteld over de gulle donor die ze aan het eind van haar dienst aan de telefoon had gehad, wat betekende dat ze niet alleen haar weekdoel had gehaald, maar daar ver bovenuit was gekomen. Op dat moment vertelde hij wat zijn verrassing was. Hij had haar laten wachten tot het dessert was geserveerd, ondanks haar smeekbeden om het te vertellen.

Toen zijn hand over de tafel gleed en die van haar pakte, dacht ze één krankzinnig moment dat hij een ring tevoorschijn zou halen en haar ten huwelijk zou vragen.

'Ik wil dat je bij me intrekt,' zei hij. Zijn hand ging naar haar haar en streek het achter haar oor. 'Ik denk dat we allebei wel weten dat onze relatie dat stadium heeft bereikt, waar of niet?'

7

Samen met een kleine groep mensen uit het dorp was Naomi bezig met een voorjaarsschoonmaak in St. Saviour's. Ze hadden afgesproken te wachten tot Veronica Carlyle, de dominee, naar een driedaagse conferentie over christelijk leiderschap was voordat ze aan het karwei begonnen. Als de kat van huis is, dansen de muizen op tafel, daar kwam het op neer. Met Veronica erbij konden ze niet opschieten, omdat die zich voortdurend zorgen maakte over gezondheids- en veiligheidsregels. Ze wilde altijd alles volgens het boekje doen.

St. Saviour's trok niet zoveel toeristen als de Holy Trinity in Bosham, die de eer had om de oudste kerk in West Sussex te zijn, maar volgens de gegevens was de kerk waarschijnlijk gebouwd aan het eind van de elfde eeuw. Ondanks de veertiende-eeuwse ramen en mooi besneden elizabethaanse banken was het een eenvoudige plattelandskerk, maar hij had een bijzonder plekje in Naomi's hart. Willow was hier gedoopt, Martha en Tom waren hier getrouwd en ook de uitvaart van Colin had hier plaatsgevonden voordat zijn lichaam naar het crematorium was gebracht. Er waren veel mensen op afgekomen en de elizabethaanse banken hadden vol gezeten, wat hem veel plezier zou hebben gedaan. Hij had altijd graag in het middelpunt van de belangstelling gestaan. Doug van de zeilclub had gesproken en gezegd dat het net iets voor Colin was om er op het hoogtepunt tussenuit te knijpen. 'Voor iedereen die hem kende,' had Doug gezegd, 'past zo'n dramatisch vertrek precies bij de man die hij was. Hij heeft zich tot het eind prima vermaakt. We zullen hem allemaal missen.'

In de tijd daarna had Naomi zich vaak afgevraagd hoe Colins leven eruit had gezien als zij als eerste was overleden. Alles van huishoudelijke aard zou een probleem voor hem zijn geweest. Naomi had vaak geklaagd over zijn schijnbare onvermogen om de vaatwasser of de stofzuiger te lokaliseren. Niks modern huwelijk, waarin de man zijn aandeel leverde aan het koken of het wassen; die taken waren vanaf het begin voor Naomi geweest, hoewel ze moest toegeven dat ze een keer per week een huishoudelijke hulp had gehad toen ze haar winkel had geopend.

Ze was blij dat Martha en Tom anders dachten over het evenwicht in hun relatie en de rollen evenrediger hadden verdeeld. Ze hoopte maar dat Willow net zoveel geluk had met degene met wie ze haar leven wilde delen.

Voorlopig zag het ernaar uit dat Rick die man was. Hij zag er goed uit, hij was zorgzaam en hij had een nuchtere kijk op het leven, allemaal dingen die een ouder wilde voor zijn dochter. Maar zou Willow, die zo wispelturig was als het om mannen ging, bij hem blijven? Of zou ze zich gaan vervelen bij iemand die een veilige optie leek in vergelijking met eerdere vrienden?

In de loop der jaren had Naomi geleerd zich niet te veel te hechten aan de vriendjes die Willow mee naar huis bracht. Colin had ze allemaal afgeschreven als losers met de prestatiedrang van een natte papieren zak. Naomi had zich vaak afgevraagd of Willow met opzet zulke vriendjes koos om haar vader te ergeren. Had ze gewacht tot na het overlijden van haar vader om de juiste man te vinden, zodat hij er niet triomfantelijk over kon doen? 'Aha, eindelijk brengt ze iemand mee die af en toe naar de kapper gaat en vooruitzichten heeft!'

Naomi gaf het niet graag toe, maar ze had min of meer hetzelfde gedacht toen ze Rick had ontmoet. Het klonk oppervlakkig, maar ze was meteen tevreden geweest met de auto waarin hij reed en de doos Lindt-chocolade die hij haar had gegeven, samen met een fles prosecco. Bij de lunch had hij haar complimentjes gegeven over het eten en hij had een ontspannen gesprek gevoerd met Martha en Tom. Kennelijk had hij een goede indruk willen maken en daar was hij ten volle in geslaagd.

'Niet te geloven, ze heeft een echte volwassene aan de haak geslagen!' had Martha na die eerste kennismaking met Rick gezegd.

Ze waren het erover eens dat Rick een welkome aanwinst in de familie zou zijn als hij het met Willow uithield. Zouden ze het ook zo met elkaar eens zijn als Naomi Ellis aan haar dochters voorstelde?

Tot op heden wisten ze niets van hem af. En de mensen in Tilsham wisten alleen dat Naomi en Ellis elkaar van vroeger kenden. Als het aan haar lag, hield ze dat het liefst zo; het was eenvoudiger als niemand het naadje van de kous wist, want als de geest eenmaal uit de fles was en ze Martha en Willow eenmaal over Ellis had verteld, werd alles anders.

Gewapend met een lange plumeau klom ze op de ladder die ze voor een van de zijramen had gezet. Ze stond net op de bovenste tree toen ze achter zich bij het doopvont stemmen hoorde. Een ervan was die van Jennifer Kingsbury, een van de organisatoren van de stiekeme voorjaarsschoonmaak.

'Hallo, meneer Ashton, komt u helpen?'

Ze durfde niet om te kijken en concentreerde zich op het grote gotische spinnenweb aan de stenen tracering boven het raam.

'Inderdaad,' hoorde ze Ellis antwoorden. 'Ik heb gehoord dat het hier alle hens aan dek is.'

'Wat aardig van u.'

'Wat kan ik doen? Uw wens is mijn bevel,' zei hij nogal hoogdravend.

Opeens werd Naomi licht in het hoofd en liep ze gevaar van de ladder te vallen. Hij had gisteravond, toen hij haar opnieuw bij de hand mee naar zijn slaapkamer had genomen, precies hetzelfde gezegd. Hij had de gordijnen dicht willen trekken, maar ze had hem tegengehouden. 'Ik weet niet hoe het met jou is,' had ze gezegd, 'maar ik kan me niet herinneren wanneer ik voor het laatst bij maanlicht heb gevreeën.'

'Uw wens mijn bevel,' had hij gezegd.

Naderhand hadden ze in elkaars armen gelegen bij het schijnsel van de maan, die zijn hopeloos romantische zilveren licht door het raam liet vallen.

'Ik wou dat het altijd zo kon zijn,' had ze gezegd.

'Waarom zou dat niet kunnen?'

'Omdat... Omdat alles altijd verandert. Dat is toch zo?'

'Misschien verandert het in iets wat nog mooier is.'

Toen ze terugdacht aan de intensiteit van zijn woorden, aan de tederheid van zijn mond op die van haar en aan de manier waarop haar lichaam op dat van hem reageerde, moest ze zich nog steviger aan de ladder vasthouden.

Op Ellis' vraag volgde een koor van gretige vrouwenstemmen – waarvan er sommige heel meisjesachtig klonken – om zijn hulp in te roepen bij de aan hen toegewezen taken. Vooral Katie Murdoch en Linsey Bales lieten van zich horen en beweerden dat ze een sterke man nodig hadden om de twee kasten in de boekenhoek te verplaatsen.

Jennifer sprak haar veto uit en stelde voor dat Ellis hielp met de meubels in de sacristie.

'Met alle liefde,' zei hij opgewekt. 'O, hallo, Naomi,' voegde hij eraan toe toen hij langs de trap liep. 'Ik had je niet gezien daarboven. Hoe is het met je?'

'Prima, dank je. En met jou?'

'Het kan niet beter. Moet ik die hoge stukken voor je doen?'

'Nee, het lukt wel. Het is aardig van je om ons te helpen.'

'Ik doe het met plezier.'

Jennifer had geen geduld voor loze praatjes. 'Hop, hop, meneer Ashton,' zei ze kordaat, 'mee naar de sacristie. Ik ga goed gebruik van u maken.'

'Is dat zo?' Hij knipoogde naar Naomi. 'Maar noem me alstublieft Ellis.'

Naomi had moeite haar lachen in te houden.

Die avond zat ze op een kruk in Ellis' knusse keuken, terwijl hij twee biefstukken in de pan op het fornuis legde en daarna een dressing met limoen en honing ging maken. Ze kon uren kijken als hij in de keuken in de weer was. In zijn gezelschap voelde ze iets in haar losser worden, alsof er een wirwar van knopen werd losgemaakt.

Hij gaf haar het gevoel dat ze het grootste deel van haar leven had geslaapwandeld.

Het verbaasde haar nog steeds dat hij hier in Tilsham was, dat hij van alle onwaarschijnlijke plekken op de wereld juist deze had uitgekozen. Ondanks zijn vierenzestig jaar was hij nog steeds een aantrekkelijke man in goede conditie. Hij had al zijn haar nog, dat een aangename lichtgrijze tint had, en een kort geknipte baard in dezelfde kleur, met hier en daar iets donkerder strepen. Ze veronderstelde dat ze hem tegenwoordig een zilvervos zouden noemen.

Hij keek op van zijn werk en wierp haar een lange, doordringende blik toe.

'Wat is er?' vroeg ze.

'Ik dacht eraan hoe je vandaag in de kerk op die trap stond en aan ons toneelspelletje.'

'En?'

'Het is slechts een kwestie van tijd voor we ons verraden en als mensen één en één bij elkaar hebben opgeteld, zullen ze zich afvragen waarom we zo geheimzinnig hebben gedaan. Ze zullen denken dat we iets te verbergen hebben.'

'Dat hebben we ook.'

Hij fronste om haar toon, die strenger was dan haar bedoeling was geweest. 'We doen niets verkeerds,' zei hij.

Nog niet, dacht ze en de knopen in haar buik werden onmerkbaar strakker.

'Wil je niet dat je vrienden en familie het weten van mij, van ons?'

'Natuurlijk wel,' zei ze. 'Maar ik geniet gewoon van wat we hebben. Het is zo heerlijk ongecompliceerd. Alleen jij en ik.'

'Wat bedoel je daarmee?'

'Ik bedoel dat alles anders wordt zodra ik het aan Martha en Willow vertel. Je zult onder een vergrootglas komen te liggen. Al je motieven zullen in twijfel worden getrokken.'

Hij sprenkelde de dressing over de slabladeren die hij al in een grote aardewerken kom had gedaan. 'Ik heb niets te verbergen,' zei hij. 'En ik verwacht niet anders dan dat je dochters er argwanend tegenover staan. Ze moeten weten of hun moeder wel in veilige handen is bij deze vreemde.'

'Je bent geen vreemde,' zei ze zwakjes.

'Voor hen wel.'

'Maar ze hoeven toch niet de hele waarheid te weten, we kunnen toch wel een paar details verdoezelen? Ik wil niet dat ze denken...'

'Je wilt niet dat ze slecht over je denken,' concludeerde hij. 'Dat wil ik ook niet. Ik dacht dat we het daar wel over eens waren.'

'We moeten ook nog aan je stiefzoon denken,' ging ze koppig verder. Ze wilde niet accepteren dat hij gelijk had. 'Hij zou er ook iets van kunnen vinden dat je met iemand anders bent dan zijn moeder.'

'Ik heb je al eerder verteld dat Lucas in Los Angeles zijn eigen leven heeft en dat hij er altijd duidelijk over is geweest dat ik niet in het verleden moet blijven hangen.' Hij kwam naar haar toe en sloeg zijn armen om haar heen. 'Maar dat wil niet zeggen dat ik je zorgen niet begrijp. Dat doe ik heus wel. Je woont al meer dan dertig jaar in een hechte gemeenschap, waarin iedereen je kent als de helft van een echtpaar, de vrouw van een man die iedereen mocht en bewonderde. Wie ben ik om te denken dat ik in zijn voetsporen zou kunnen treden?'

'Zeg dat niet.'

'Maar ik weet zeker dat veel van je vrienden het zullen denken. Je dochters in elk geval. Maar vroeg of laat zullen we eerlijk moeten zijn.' Hij gaf haar een lichte zoen op haar mond. 'Ik wil dat er een echt ons is.'

'In tegenstelling tot een geheim ons?' Ze hield haar hoofd iets achterover, zodat ze hem kon aankijken.

Hij glimlachte. 'Precies. Tenzij je vindt dat ik het overhaast, dat dit te snel gaat. Als dat zo is, moet je het zeggen, dan kunnen we het rustiger aan doen. Ik heb er altijd spijt van gehad dat ik je al die jaren geleden door mijn vingers heb laten glippen en die fout wil ik niet nog eens maken.'

'Dat wil ik ook niet, maar ik ben bang dat de betovering wordt verbroken als ik mijn dochters over ons vertel.'

'Dan moeten we alles doen wat we kunnen om ervoor te zorgen dat de magie overeind blijft. Maar dat is van later zorg,' zei hij opgewekter. 'Je moet me er eerst van overtuigen dat je niet alleen mijn lijf wilt, maar ook de rest.'

Ze lachte. Ze vond het heerlijk dat hij dat voor elkaar kon krijgen. Dat hij al haar zorgen moeiteloos weg kon wuiven met zijn humor. Ze sloeg haar armen om zijn nek en vergat Martha en Willow, die haar die zondag zouden komen opzoeken. Ze wilde vooral niet denken aan hun reactie als ze hun vertelde over deze fantastische man, die haar weer het gevoel gaf dat ze jong en vrij was. Uit lafheid had ze het zo lang mogelijk uitgesteld om antwoord te geven op het appje van haar oudste dochter dat ze naar Anchor House kwamen, want ze voelde dat het een keerpunt zou worden. Hun laatste bezoek dateerde van vlak voordat Ellis naast haar was komen wonen en in de weken daarna had ze het onderwerp van de nieuwe buurman zorgvuldig vermeden.

Het vooruitzicht om Ellis te delen stond haar helemaal niet aan, hoewel ze onwillig accepteerde dat het moest. Ze vond het fijn om hem helemaal voor zichzelf te hebben. Het was alsof dit de eerste keer was dat ze echt iets voor zichzelf had.

Het was ook de eerste keer dat ze een goed geheim moest bewaren, een geheim waarvoor ze zich niet hoefde te schamen.

8

Ellis had zichzelf altijd gezien als een zachtaardige man. Hij wist dat die karaktertrek onveranderlijk werd aangezien voor zwakte. Als je jezelf probeerde te verkopen en in een cv of op een onlinedatingsite zulke termen gebruikte, kon je het waarschijnlijk wel vergeten. Het klonk niet opwindend genoeg, het gaf mensen het idee dat je geen ruggengraat had.

Grappig eigenlijk dat gelijkmoedigheid gezien werd als een negatieve karaktertrek, maar hij was gewoon een van die mensen die zich zelden kwaad lieten maken. Of misschien had hij gewoon zo veel geluk gehad in zijn leven dat hij nooit zodanig op de proef was gesteld dat hij gevaar liep zijn zelfbeheersing kwijt te raken. Niet dat hij over zich heen liet lopen; verre van dat. Hij was er alleen goed in om een netelige situatie rustig op te lossen. Hij kon natuurlijk niet weten hoe hij zou reageren als hij werd aangevallen of als iemand om wie hij gaf gevaar liep. Misschien zou het monster dat in hem schuilde dan eindelijk de kop opsteken.

Hij was ervan overtuigd dat het feit dat hij zijn emoties onder controle kon houden hem vier jaar geleden had geholpen om voor zijn vrouw te zorgen toen ze kanker had gekregen en uiteindelijk was overleden.

Ze hadden een gelukkig huwelijk gehad, waarin amper een onvertogen woord was gevallen. Ze waren aan elkaar gekoppeld door wederzijdse vrienden, die vonden dat Diana lang genoeg had gerouwd om haar man, die drie jaar eerder was omgekomen bij een auto-ongeluk. Ook vonden ze het hoog tijd dat Ellis zich settelde. Tot ieders tevredenheid had het meteen geklikt tussen hem en Diana en voor de avond voorbij was, hadden ze telefoonnummers uitgewisseld.

Diana's zoon Lucas was destijds tien geweest. Ellis was achter in de dertig en had helemaal geen ervaring met kinderen. Een relatie met Diana had dus een mijnenveld vol ingewikkelde uitdagingen kunnen worden, maar zo was het helemaal niet gegaan. Lucas was een gemakkelijk kind en had Ellis al snel geaccepteerd. Het was de vraag of alles zo goed was verlopen als hij dat niet had gedaan.

Ellis' moeder Rose had het fantastisch gevonden om eindelijk een kleinkind te hebben en ze hield van Lucas alsof hij Ellis' eigen zoon was. Net als hij. Onder de vele ingelijste foto's die Rose had meegenomen om haar kamer in het verpleeghuis huiselijker te maken, waren er verscheidene van Lucas, die zijn jaren van jongen en tiener tot volwassene illustreerden. Ze was enorm trots op hem.

Terwijl Ellis in de bedompte, oververhitte kamer zat waarin Rose in diepe slaap lag verzonken, hoopte hij dat ze troost vond in de foto's. Voor hem waren ze een pijnlijke herinnering aan het feit dat haar leven ten einde liep. Met haar zesennegentig jaar was ze heel tenger, alsof het lichtste briesje haar weg kon waaien.

In lichamelijk opzicht was ze nooit een grote vrouw geweest, maar geestelijk was ze een reus geweest, een inspiratie voor velen. Ze was haar hele werkende leven schooljuf geweest en had na haar pensioen probleemjongeren begeleid, in de volle overtuiging dat iedereen niet slechts een tweede kans verdiende, maar ook een derde en een vierde of hoeveel er ook nodig mochten zijn om zijn plek op de wereld te vinden. Wie Rose Ashton had gekend, had niets dan respect voor haar.

Het verplegend personeel van West View Care Home was fantastisch en het kon Ellis niets schelen hoeveel het hem kostte om Rose zo goed te laten verzorgen. Het was een trieste dag geweest toen ze had moeten erkennen dat ze niet langer voor zichzelf kon zorgen en angstaanjagend onvast op haar benen stond. Maar met haar pragmatische instelling had ze regelrecht geweigerd bij hem in Richmond te komen wonen.

'Als je denkt dat ik me door jou op de wc ga laten zetten, heb je het lelijk mis,' protesteerde ze. Haar lichaam mocht het dan begeven, dat gold niet voor haar geest en het vermogen om voor zichzelf op te komen. 'Geen zoon verdient zo'n straf.'

Het maakte niet uit hoe vaak hij haar verzekerde dat hij het niet erg vond om haar te helpen, dat hij het ook voor Diana had gedaan. Ze bleef volhouden dat dat iets anders was. 'Diana was je vrouw, jullie band hield intimiteit in. Zoiets mag niet bestaan tussen moeder en zoon en daarmee uit.'

Ze was niet te overtuigen geweest en omdat ze ook precies had geweten waar ze haar laatste dagen wilde doorbrengen, was hij verpleeghuizen aan de kust van West Sussex gaan zoeken. Daar had ze als kind gewoond en daar had ze Ellis' vader ontmoet. Het was kennelijk geen optie voor haar geweest om in Borehamwood te sterven, waar ze de laatste zestig jaar had doorgebracht.

De enige zorginstelling waar in zijn ogen goed genoeg voor Rose zou worden gezorgd, was onvermijdelijk ook de duurste. Hij nam haar mee om er rond te kijken en zij keurde hem goed. Nu was ze daar sinds begin februari en ondanks de kwaliteit van de geboden zorg was duidelijk dat ze snel achteruitging.

Daarom was hij naar West Sussex verhuisd, om zo veel mogelijk tijd met haar door te brengen zolang het nog kon. Zijn pensioen had toch al in het verschiet gelegen, dus hij had besloten dat een paar jaar eerder te laten ingaan. In financieel opzicht had hij alles op orde en omdat hij na zijn terugkeer uit New York geen echte plannen had, zocht hij een bescheiden huurhuis, niet te ver weg van Rose. Waterside Cottage had in al zijn behoeften voorzien.

Op een bitterkoude ochtend in februari, twee dagen na zijn verhuizing, had hij aan het eind van zijn nieuwe tuin staan kijken naar het prachtige uitzicht over de haven. Het was hoogtij en dat betekende dat er maar een smalle strook tussen hem en het water was. Aan zijn rechterkant had hij in de verte de eenzame gestalte van een vrouw met een rode hoed en met haar handen in de zakken van een rode donsjas over het strand zien lopen. Hij had het vreemde gevoel gehad dat hij haar herkende. Het kwam door de manier waarop ze zich bewoog, hoe ze met hooggeheven hoofd en gelijkmatige tred, maar zonder enige haast zijn richting uit liep, alsof ze alle tijd van de wereld had. Uit nieuwsgierigheid was hij blijven staan tot hij erachter was waarom hij dat gevoel had. Ze stevende af op het huis naast dat van hem toen het hem inviel.

'Naomi?' riep hij uit. Hij kon zijn ogen niet geloven. 'Jij bent het, toch?'

Ze vertraagde haar pas en keek naar hem. 'Neem me niet kwalijk, ken ik...' Toen stokte haar adem en sloeg ze een hand voor haar mond. 'Ellis? Wat doe jij hier?'

'Ik woon hier.' Hij tikte tegen het hek, alsof hij het wilde claimen. 'Ik ben twee dagen geleden verhuisd.'

Ze bleef hem aanstaren. 'Ik... Ik ben weggeweest,' zei ze. 'Ik ben gisteravond pas thuisgekomen. Ik zag licht branden in het huisje en vroeg me al af of de nieuwe huurder was gearriveerd. Ik... O, lieve hemel, ik kan het gewoon niet geloven!' Ze schudde haar hoofd. 'Het spijt me, ik sta maar te ratelen. Het komt door de schok.'

'Haal even diep adem.' Hij maakte met een glimlach het hek open en kwam bij haar op het kiezelstrand staan.

Dat was twee maanden geleden. Twee buitengewone maanden, waarin het was alsof ze de klok terug hadden gedraaid. Hij had lang niet zoveel geluk gekend. Daardoor was hij gaan beseffen dat hij sinds de dood van Diana alleen maar had overleefd en elke dag had genomen zoals hij kwam. Nu had hij het gevoel dat hij een tweede kans had gekregen om voluit te leven.

Zijn gedachtegang werd onderbroken doordat zijn moeder haar keel schraapte. Hij draaide zich om van de muur met foto's en zag tot zijn verrassing dat Rose' ogen wijd open waren en dat ze hem strak aankeek.

'Hoelang ben je al wakker?' Hij boog naar voren en pakte haar hand.

'Lang genoeg om me af te vragen waar je aan denkt.' Haar stem was verrassend vast, in weerwil van haar broze lichaam.

'Ik dacht aan Naomi,' zei hij.

'Dat dacht ik al.'

Hij glimlachte. 'Waar zag je dat aan?'

'Het geluk op je gezicht. Waarom neem je haar niet een keer mee? Als ze wil tenminste.'

'Ik weet zeker dat ze je graag wil ontmoeten.'

'Nou, vraag het haar dan voordat het te laat is.'

Hij kneep zachtjes in haar hand. 'Zo moet je niet praten.'

Ze negeerde zijn woorden, zoals ze altijd deed als hij haar verweet dat ze over haar dood praatte. 'Weten haar dochters al van je af?' vroeg ze.

'Nee.'

'Dus je bent nog steeds haar geheime liefde.'

'Dat klinkt veel interessanter dan ik ben.'

'En Lucas, heb je het hem al verteld?'

'Ik heb nog niet het goede moment gevonden.'

Ze kneep haar ogen een beetje dicht, zodat hij het gevoel kreeg dat hij weer een kind was en op een leugentje was betrapt.

'Ben je aan het wachten tot Naomi de eerste stap neemt en dit officieel maakt?' vroeg ze.

'Wat ben je weer bijdehand.'

Ze klakte met haar tong. 'Jullie moeten het verleden achter je laten om de toekomst niet in gevaar te brengen. Als ik doodga, wil ik weten dat je gelukkig bent.'

'Het is nog maar een paar maanden, mam. En praat alsjeblieft niet over doodgaan, je weet dat ik daar niet tegen kan.'

'We weten allebei waarom ik hier ben, dus het heeft weinig zin om er moeilijk over te doen. Wees eerlijk tegen me. Ben je bang dat Naomi dit kapot laat maken omdat ze zich schuldig voelt over wat jullie in het verleden hebben gedaan? Want als dat zo is, moet je haar ervan overtuigen dat het geen zin heeft om je druk te maken om fouten die je in het verleden hebt gemaakt. Je moet geen oude koeien uit de sloot halen. Ze mogen je toekomst niet verpesten.'

'Je bent vandaag wel op dreef.'

'Ik heb veel tijd om over van alles na te denken.'

Toen hij later die middag terugreed naar Tilsham, dacht Ellis na over wat zijn moeder had gezegd over oude koeien. Iedereen had wel iets verkeerd gedaan in zijn leven. Het ging erom of je dat los kon laten. En dat was vooral afhankelijk van hoe sterk je geweten was.

9

Tom was klaar in de badkamer en deed het licht uit. Martha lag al in bed en hoewel het al ruim middernacht was geweest, zat ze aandachtig naar het scherm van haar laptop te staren.

'Ben je nog aan het werk?' vroeg hij, terwijl hij het dekbed aan zijn kant van het bed opensloeg en ging liggen.

'Nee, ik ben op huizenjacht,' zei ze.

'Hoezo? Je denkt er toch niet over om weer te verhuizen?'

'Niet voor ons, sufferd. Voor ma.'

'Heeft ze je gevraagd om een huis voor haar te zoeken?'

'Nog niet.'

'Martha, wat voer je in je schild?'

Ze draaide haar hoofd naar hem om. 'Als we zondag naar haar toe gaan, wil ik ma ervan overtuigen dat het tijd wordt om kleiner en dichter bij ons te gaan wonen. Sinds je vader dichter bij Lynn is gaan wonen, wil ik dat mijn moeder ook zoiets doet, dat weet je. Ik voel me er gewoon fijner bij als ze niet zo ver weg zit.'

'Zo ver is het niet.'

'Wel zo ver dat het lastig is als er problemen zijn. Ze weet wat ik ervan denk. Toen jij je moeder verloor, heb ik ma al verteld dat ze erover moest gaan denken om Anchor House te verkopen en het ons allemaal gemakkelijker te maken. Ze zal het een keer moeten doen voordat ze te oud is om nog op zichzelf te wonen.'

Toms gezicht vertrok. 'Volgens mij is het nog lang niet zover. En nog belangrijker, ze is dol op haar huis. Dat weet je.'

'Maar het zou zoveel praktischer zijn als ze dichtbij zou wonen. Vooral... Nou ja, je weet wel, wanneer we een baby hebben.'

Hij wist waarom ze had geaarzeld: ze had 'als we een baby hebben' willen zeggen. 'Maar zul jij Anchor House dan niet missen?' vroeg hij. 'Het is je ouderlijk huis. Je hebt altijd gezegd dat je het zo heerlijk vond om daar op te groeien.'

'Natuurlijk zal ik het missen, en ma ook, daarom is het belangrijk om iets voor haar te vinden waar ze net zoveel van zal houden.'

Tom was niet overtuigd. 'Weet je zeker dat het een goed idee is om al iets voor haar te zoeken? Dan is het net alsof ze er zelf niets over te zeggen heeft. Zou het niet beter zijn om het zaadje te planten en het haar verder te laten uitzoeken?'

'Maar dat duurt een eeuwigheid. Je weet hoe traag en koppig ze kan zijn. Als ze wil, kan ze echt haar hakken in het zand zetten.'

Hij glimlachte. 'Zo iemand ken ik ook.'

Zij glimlachte ook. 'Maar je ziet toch wel dat ik het beste met haar voorheb? Bovendien geloof ik echt dat dit is wat pa zou willen: dat ik voor ma zorg.'

'Dat kan wel zijn, maar in tegenstelling tot mijn vader is jouw moeder kerngezond. Ze heeft nog nooit geklaagd dat ze Anchor House te groot voor haar alleen vindt en voor zover ik weet, heeft ze ook nog nooit gezegd dat ze de afstand tussen ons onhandig vindt.'

'Maar dat wordt allemaal anders als ze eenmaal oma is. Dan zal ze zo veel mogelijk tijd met de baby willen doorbrengen. Daarom is het beter als ze in de buurt woont.'

'Ik wil alleen maar zeggen dat we niet te veel op de feiten vooruit moeten lopen.'

Martha klapte haar laptop dicht. 'Sinds wanneer loop je op de feiten vooruit als je plannen maakt? Plannen waar we allemaal van zouden profiteren, mag ik wel zeggen.'

Tom wist wanneer hij moest ophouden en stak een hand op om zich over te geven. 'Oké. Het is jouw moeder. Jij zult het wel het beste weten.'

In wezen had Martha gelijk, wist hij. Ze waren altijd plannen aan het maken voor de toekomst. Dat vonden ze allebei verstandig. Maar in dit geval wist hij niet of hij het eens was met haar mening over de situatie van haar moeder. Hij vond ook dat het jammer zou zijn als hun kind – of hopelijk hun kinderen – geen bezoekjes kon brengen aan hun oma in Anchor House en aan het prachtige havenstadje Tilsham. Het zou iets zijn waarop ze zich konden verheugen: idyllische dagen waarop ze krabben zochten in de rotspoelen, peddelden en zwommen en misschien zelfs leerden zeilen. Maar misschien was dat een beetje sentimenteel en was Martha verstandiger met haar pragmatische aanpak.

Ze zou hier waarschijnlijk niet zo snel over zijn begonnen als er niet twee dingen waren gebeurd: de dood van haar vader aan een hartaanval en Covid-19. Het verlies van zijn eigen moeder aan dat verschrikkelijke virus had Tom ervan doordrongen hoe snel het leven kon veranderen, dus hij had wel begrip voor Martha's zorgen om haar moeder en haar wens om haar te beschermen en haar over te halen te doen wat volgens haar het verstandigste voor haar was nu haar vader er niet meer was. Maar hij betwijfelde of het zo gemakkelijk zou lopen als zij geloofde. Ze moesten ook nog rekening houden met Willow. Hoe zou zij het vinden om haar ouderlijk huis vaarwel te zeggen?

10

Toen zij en Tom bij Anchor House arriveerden, zag Martha dat Ricks BMW al op de oprit stond, precies op het plekje waar zij meestal parkeerden. Gezien de verwachte discussie met haar moeder had ze liever gehad dat Willow deze keer alleen was gekomen. Hoewel Martha vond dat Rick een heel goede invloed op haar zus had, was hij nog geen echt lid van de familie en hoefde hij dus niet bij elk gesprek te zijn. Familiezaken waren familiezaken.

Ze stapte uit, hing haar tas over haar schouder, waarin folders zaten van een selectie te koop staande huizen, pakte het grote boeket pioenen, een van de favoriete bloemen van haar moeder, en ging Tom voor naar de achterkant van het huis. Aan beide zijden van het keienpad, waar ma stukken wrakhout langs had gelegd, groeiden blauwe druifjes, sneeuwklokjes en narcissen. Sommige waren al bijna uitgebloeid, maar ze zorgden voor wat lentekleuren.

Op het terras, in de beschutting van een veranda met glazen dak, die uitzicht bood op de zee en de hele breedte van het huis besloeg, was Rick een fles prosecco aan het openmaken, terwijl Willow glazen op de tafel zette, die gedekt was voor de lunch. Haar moeder zat graag met haar gasten op de veranda zodra het warm genoeg werd. Ze had er op haar onnavolgbare manier een heel uitnodigende plek van gemaakt, niet alleen met de lange, rechthoekige tafel, waaraan tien mensen konden zitten en waarvan ze het blad met veel moeite had ingelegd met een mozaïek van gebroken potscherven en oude tegels, maar ook met oude rieten stoelen, waarin voor het comfort dikke kussens en kleurige plaids lagen. Aan de ene kant van het terras stond een oude stenen urn met een bougainville erin; haar moeder had hem meer dan tien jaar geleden geplant en hij deed het uitstekend op die beschutte, zonnige plek.

'Hallo Tom! Hoi Martha!' zei Willow vrolijk. 'O, wat een prachtige bloemen! Veel mooier dan de rozen die Rick en ik hebben meegebracht. Dat je die hebt kunnen vinden.'

Martha liet Tom achter bij Willow en Rick en stapte door de openslaande deuren de keuken in. Haar moeder stond aan het aanrecht sperziebonen schoon te maken.

'Hallo, mam.' Ze gaf haar een zoen op haar wang. 'Wat zie je er leuk uit. Is dat een nieuwe jurk? O, en je haar! Je hebt je haar laten knippen!'

'Jij ziet ook altijd alles.' Haar moeder gaf haar op haar beurt een zoen op haar wang. 'Ik heb het gisteren laten doen. Ik had behoefte aan iets anders, om de boel een beetje op te schudden, zou je kunnen zeggen.' Ze lachte. 'Vind je het mooi?'

'De jurk of het haar?'

'Allebei, natuurlijk. Ik heb die jurk in Chichester gekocht, en de ketting ook. Je vindt hem toch niet te jeugdig voor me? Niet te kort?'

'Helemaal niet. Ik... Ik geloof niet dat ik je ooit in die zachtgele kleur heb gezien, en die dikke parels staan er goed bij. Aan het haar moet ik even wennen.'

'Nou ja, zoals ik al zei, ik had zin in iets anders. Zijn die prachtige pioenen voor mij?'

Martha glimlachte. 'Uiteraard. Zal ik ze in het water zetten?'

'Alsjeblieft. Wat leuk dat je er altijd aan denkt hoeveel ik ervan hou. Als je die grote kan van het dressoir pakt, zal ik er water in doen.'

'Is deze ook nieuw?' Martha pakte de verrassend zware glazen kan en gaf hem aan haar moeder. 'Ik kan me niet herinneren dat ik hem al eerder heb gezien.'

'Je kent me, een koopje kan ik nooit laten staan. Ik zag hem in een kringloopwinkel en ik vond hem echt mooi. En ideaal voor grote losse bloemen als pioenen en hortensia's.' Ze gaf hem weer aan Martha. 'Je kunt ze er gewoon in zetten, ik schik ze later wel. Ga jij maar naar de tuin. Ik maak deze bonen even af en dan kom ik ook een glas bubbels drinken. Ik ben uitgedroogd.'

Terwijl ze het cellofaan van de bloemen haalde, bedacht Martha dat niet alleen het uiterlijk van haar moeder anders was. Haar stem klonk ook anders, boordevol vitaliteit. Haar hele gezicht straalde zelfs een eigenaardige, vrolijke energie uit, die Martha niet echt wist thuis te brengen. Had haar moeder soms al een paar glazen bubbels gehad? Zo ja, dan kon dat een voordeel zijn als het moment was gekomen om over de verkoop van Anchor House te beginnen.

Of was het soms mogelijk, dacht ze toen ze het terras op ging, dat Naomi mijlenver op Martha voor lag? Dat haar behoefte om dingen te veranderen een teken was dat ze al aan de toekomst dacht?

Hoe heerlijk het eten ook was – het lamsvlees met knoflook en rozemarijn was mals en nog een beetje roze, de nieuwe aardappels glansden van de boter, de sperziebonen en gekaramelliseerde babyworteltjes waren perfect gegaard en de jus was zijdezacht – Naomi kon er toch niet echt van genieten.

In haar hoofd had ze precies uitgewerkt wat ze allemaal wilde zeggen, maar het juiste moment kiezen om de meisjes op de hoogte te stellen van haar nieuws bleek moeilijk. 'Je moet het niet forceren,' had Ellis gezegd. 'Laat het gesprek gewoon gaan, dan komt het er heel natuurlijk uit.'

Het had echt niet veel om het lijf. Ze had iemand ontmoet, en wat dan nog? Dat gebeurde zo vaak. Waarom niet bij haar? Omdat kinderen kinderen bleven, hoe oud ze ook waren, en ze het zich gewoon niet konden voorstellen dat een ouder niet saai en oud hoefde te zijn. Het was niet de bedoeling dat ouders veranderden en zich anders gingen gedragen.

Dat bleek wel uit de reactie van Martha op haar kapsel. Toen Naomi haar kapster gisteren had gevraagd eens iets heel anders te doen, had Sandy, die haar al meer dan acht jaar knipte, gevraagd of ze het echt zeker wist. 'Heel zeker,' had Naomi gezegd. 'Ik wil een nieuw uiterlijk.'

Terwijl het meisje haar haar had geverfd en daarna het ongewenste haar had afgeknipt, had Naomi geboeid zitten toekijken. Toen ze met een mooie gladde bob de salon uit was gelopen, had ze zich veel opgewekter en twintig jaar jonger gevoeld. Haar schouderlange haar – hoe Colin het altijd graag had gezien – behoorde tot het verleden. Met verende pas ging ze rechtstreeks een boetiek in en paste de linnen jurk die ze eerder in de etalage had gezien. Toen ze in de paskamer in de spiegel had gekeken en haar hoofd naar rechts en naar links had gedraaid om te kijken hoe de jurk zat, was ze belachelijk blij met zichzelf geweest.

Eenmaal thuis kwam Ellis haar opzoeken, zoals hij had beloofd als hij terug was van zijn moeder. 'Wauw!' had hij uitgeroepen. 'Je ziet er fantastisch uit!'

Ze had hem niet hoeven vragen of hij het meende, want ze zag het aan zijn gezicht en merkte het aan de manier waarop hij zijn hand in haar nu blote nek legde en haar een zoen gaf.

Het was alsof de nieuwe jurk en het nieuwe kapsel haar de nodige moed hadden gegeven en ze vertelde Ellis dat ze had besloten haar dochters over hem te vertellen.

'Daar ben ik blij om,' had hij gezegd. 'Ik wil me niet meer verstoppen. Ik wil dat we plannen maken voor de toekomst. Onze toekomst.'

'Ik ook,' had ze blij gezegd.

Maar hier zat ze nu en ze had Martha en Willow nog steeds niet verteld van Ellis. Het probleem was dat ze het niet zag zitten om het te vertellen waar Tom en Rick bij waren. Ze wilde dat hun reactie privé bleef, iets tussen hen drieën. Maar hoe moest ze dat voor elkaar krijgen? Misschien kon ze vragen of de meisjes haar wilden helpen met het afruimen van de tafel en ze dan in de keuken apart nemen. Maar dat zou Tom nooit toelaten; hij zou meteen zeggen dat Naomi al had gekookt en dat ze het opruimen aan hen moest overlaten.

Ze werd zich weer bewust van haar omgeving en toen ze langs de grote, met klimop versierde kandelaar naar de andere kant van de tafel keek, zag ze opeens dat Rick een brede glimlach op zijn gezicht had en zijn hand stevig om die van Willow had geklemd. 'Ik heb Willow gevraagd bij me in te trekken,' zei hij, 'en tot mijn blijdschap heeft ze ja gezegd.'

Naomi wist niet goed hoe ze hierop moest reageren. Wat was de etiquette in deze situatie? Rick had het gezegd op een manier alsof hij verwachtte dat ze gefeliciteerd zouden worden.

'Maar Willow, hoe moet het dan met het huis van Simon en Lucy?' vroeg Martha voordat Naomi iets kon zeggen. 'Dat kun je toch niet gewoon leeg laten staan? En je kunt ook hun katten niet in de steek laten.'

'Geloof het of niet, maar ze hebben hun plannen gewijzigd en komen eerder thuis dan ze oorspronkelijk dachten.'

'De timing is echt perfect.' Rick zat nog steeds te glimlachen.

Er viel een stilte en Naomi vroeg zich af of ze die moest benutten toen Martha zei: 'Over perfecte timing gesproken. Ik heb iets te...'

Willow hapte naar adem. 'Je bent in verwachting!'

Naomi hoorde Tom scherp ademhalen en aan haar andere kant keek Martha over de tafel naar haar zus. 'Nee,' zei ze koel, 'ik ben niet in verwachting. En ik begrijp niet waarom je dat zou denken.'

Willows gezicht betrok. 'O, sorry. Ik dacht dat jij en Tom... Ik dacht gewoon dat jullie misschien... O echt, ik en mijn grote mond. Let maar niet op mij.'

'Dat zou ik doen als je je bek eens zou houden,' mompelde Martha.

Naomi wist dat haar oudste dochter aan kinderen wilde beginnen en bij haar was dezelfde gedachte opgekomen als bij Willow. Het was geen onderwerp waar Martha openlijk over praatte. Ze had alleen gezegd dat zij en Tom hadden besloten dat ze nu in de positie waren om een kind te kunnen krijgen. Naomi was er nooit op teruggekomen en ging ervan uit dat Martha van zich zou laten horen als er iets te vertellen was.

Om de plotseling omgeslagen sfeer wat op te peppen nodigde Naomi iedereen uit nog eens op te scheppen voor alles koud werd, en terwijl Tom en Rick haar te hulp schoten en zich bedienden van het aangeboden lamsvlees en de aardappelen, vroeg ze: 'En, Martha, wat wilde je zeggen?'

Met een strak gezicht zei Martha: 'Willow en ik hebben het hierover gehad, en jij en ik een tijdje terug ook, mam. We denken echt dat dit een goed moment zou zijn om dichter bij ons te komen wonen. Je weet hoeveel zorgen we om je hebben gehad toen pa was overleden en we daarna allemaal in lockdown zaten.'

'Ik heb je al eerder gezegd dat je je om mij geen zorgen hoeft te maken.' Naomi's gezicht bleef even neutraal als haar stem. 'Maar dat wil niet zeggen dat ik het niet waardeer,' voegde ze eraan toe.

Martha zou wel degene zijn geweest die hierover was begonnen en Willow hebben meegesleept, maar Naomi werd toch boos op haar dochters omdat ze dit achter haar rug om hadden bekokstoofd.

'Maar zou je niet liever een kleiner en praktischer huis willen?' vroeg Martha.

'Nee. En als er misschien eens kleinkinderen komen, is het juist goed om meer ruimte te hebben, neem dat maar van mij aan.'

'Maar zou je straks niet dichter bij je kleinkinderen willen wonen?' hield Martha vol.

Geen twijfel mogelijk: dit meisje was de dochter van haar vader. Als ze zich eenmaal iets had voorgenomen, kreeg je het niet meer uit haar hoofd. Colin was precies hetzelfde geweest. Hoe vaak was het niet voorgekomen dat hij en Martha om heel verschillende redenen als boze bromvliegen door het huis hadden gezoemd en zich onophoudelijk tegen het raam hadden geworpen, op zoek naar een uitweg.

'Maar dit is mijn huis,' stelde Naomi vast. 'En dat van jullie.'

'Ja, natuurlijk. Maar net in de keuken zei je nog dat je behoefte had aan iets anders. Hoe kun je dat beter bereiken dan door naar een nieuwe plaats te verhuizen, waar je nieuwe horizonnen kunt ontdekken met een heleboel nieuwe mogelijkheden? En dan heb je tegelijk het voordeel dat je dichter bij Willow en mij zit.'

Naomi vertrouwde haar stem niet, dus ze vulde haar waterglas en nam een slokje.

'Ik denk dat je geen overhaaste beslissingen moet nemen, mam,' zei Willow. Ze meed de blik van haar zus en haar toon was verzoenend.

'Misschien moet je er over een paar jaar eens over nadenken,' zei Tom, diplomatiek als altijd. 'Gewoon iets om in gedachten te houden. Het heeft geen haast.' Hij wendde zich tot Martha. 'Toch?'

'Ik weet dat ik een nieuwkomer ben in deze familie,' deed Rick een duit in het zakje, 'dus misschien kan ik beter niets zeggen, maar dit is een buitengewoon mooi huis op een schitterende locatie.' Hij draaide zich om op zijn stoel en gebaarde naar de tuin en het uitzicht op de zee, die glinsterde in het heldere zonlicht. 'Als het van mij was, zou ik het alleen opgeven als het echt niet anders kon.'

Naomi glimlachte dankbaar naar Rick. 'Dank je,' zei ze. 'Ik had het zelf niet beter kunnen zeggen.'

Links van Naomi ging Martha langzaam rechtop zitten. 'Nou, Rick,' zei ze zacht, 'zoals je heel terecht zegt, ben jij een nieuwkomer in deze familie, strikt gesproken een buitenstaander, dus misschien zou je op dit punt je mening voor je moeten houden.'

'Martha,' waarschuwde Tom, 'dat is toch niet nodig.'

'Nee,' viel Willow hem bij. 'Je hoeft niet zo bot tegen Rick te doen. Hij biedt alleen een ander gezichtspunt.'

Rick stak zijn handen op. 'Hé, het geeft niet. Ik had mijn mond moeten houden. Neem me niet kwalijk. Wat zeggen jullie ervan als Tom en ik de tafel afruimen, zodat jullie even onder elkaar kunnen praten? Hoe klinkt dat?'

'Goed idee.' Tom stond al overeind en stapelde de lege borden op. Hij kon waarschijnlijk niet wachten om weg te komen.

Terwijl de twee mannen alles naar binnen brachten, wachtte Naomi af. Ze moest grote moeite doen om niet fel uit te vallen en haar woede en teleurstelling onder controle te houden. Hoe oud dachten haar dochters eigenlijk dat ze was? Hadden ze ook al een verzorgingshuis voor haar uitgezocht? Het was zo absurd dat ze bijna moest lachen. Toen ze de openslaande deuren discreet dicht hoorde gaan, haalde ze diep adem.

'Ik vind het fijn dat jullie je zo bezorgd maken om mijn welzijn,' begon ze, 'en ik ben ervan overtuigd dat jullie dachten dat jullie er goed aan deden om na te denken over hoe het moet als ik oud ben, maar...'

'Het gaat er niet om dat je oud wordt, mam,' viel Martha haar in de rede, ‘het gaat erom dat je moet accepteren dat het leven verandert.’

‘Daar ben ik het volkomen mee eens.’

‘Nou, wil je dan niet dicht bij ons wonen als je oma wordt, zodat je tijd kunt doorbrengen met je kleinkind?’

Naomi fronste. ‘Ik dacht dat je zei dat je niet in verwachting was?’ Ze had meteen spijt van het commentaar; het was onnodig kwetsend voor haar oudste dochter.

‘Dat ben ik ook niet,’ zei Martha effen. ‘Maar ik hoop dat ik het op een dag in de niet al te verre toekomst wel zal zijn. En aan die dag denk ik. Want er komt een tijd waarin je niet meer zo fit bent, mam, en ik wil dat je dan bij ons in de buurt woont zodat we voor je kunnen zorgen. Dat zou pa toch ook hebben gewild?’

Naomi keek naar Willow. ‘Is dit ook wat jij voor mij voor ogen hebt?’

In Willows gezicht was niets van de zekerheid van haar zuster te lezen. ‘Ik wil gewoon dat je gelukkig bent, mam,’ zei ze.

‘Ik ben gelukkig. Hier, in het huis waar jullie allebei zijn opgegroeid en waar ik van hou.’

‘Maar je zou toch ook gelukkig kunnen zijn in een lief klein huisje met een behapbaarder tuin?’ Martha ging door, alsof haar zelfvertrouwen groeide. ‘Je moet niet boos op me worden, mam, maar ik heb online een paar prachtige huizen voor je gevonden. Een ervan staat letterlijk maar een paar kilometer van Tom en mij. Het zou perfect zijn. Het heeft een heel behoorlijke tuin die je snel naar je eigen zin kunt maken en vier slaapkamers, dus je zou ruimte zat hebben voor bezoek. Ook voor kleinkinderen,’ voegde ze er met een glimlach aan toe.

Hoewel ze ondanks Martha’s redelijkheid het gevoel had dat ze werd overrompeld, dwong ze zichzelf om rustig te blijven. ‘Je had voor mij geen huizen hoeven zoeken,’ zei ze, ‘en denk alsjeblieft niet dat je me kunt intimideren, zoals je vader deed.’

‘Pa heeft nog nooit iemand geïntimideerd!’ protesteerde Martha.

Naomi zuchtte en had ook dit keer spijt van haar woorden. Ze staarde uit over de zee, waar een aantal boten naar de scherpe lijn van de horizon zeilden, en besloot dat er maar één manier was om haar dochters ervan te overtuigen dat ze gelukkig was waar ze was, en meer nog, dat ze zelf plannen had. Het was niet hoe ze het nieuws had willen brengen, maar ze was in een hoek gedreven.

'Meisjes,' begon ze, 'ik moet jullie iets vertellen. Zie je, ik heb iemand ontmoet. Zijn naam is Ellis en dit is misschien een schok voor jullie, maar we zijn heel erg verliefd. Dus jullie hoeven je echt geen zorgen om mij te maken.'

11

Het was inmiddels mei en er was een week voorbijgegaan sinds ze allemaal in Anchor House waren geweest en ma de bom had laten vallen.

In de dagen daarop werd Willow overspoeld met appjes en e-mails van Martha. Ze weigerde erop te antwoorden tot haar zuster zich had verontschuldigd voor haar botte opmerking tegen Rick. Wat ze uiteindelijk deed. Het klonk onwillig over de telefoon, maar Willow hield niet van ruzie en aanvaardde de excuses. Rick had beweerd dat hij zich niet beledigd voelde door wat Martha tegen hem had gezegd, maar dat kon niet waar zijn. Ze had hem het gevoel gegeven dat hij er niet bij hoorde. 'Hoe kan ik het goedmaken?' had ze een aantal keer tegen hem gezegd.

Zijn antwoord was steeds hetzelfde. 'Het enige wat ik wil, is dat je bij me komt wonen.'

Het was lief dat hij daar zo naar uitkeek; hij kon niet wachten tot Simon en Lucy terug waren.

In plaats van af en toe een nacht met haar door te brengen, deed Rick dat inmiddels bijna elke nacht. Hij bewaarde zijn kleren op het bed in de logeerkamer en zorgde ervoor dat hij de deur dichthield om de katten van Simon en Lucy buiten te houden.

Die ochtend waren ze naar Victoria Park gewandeld en nu genoten ze van een luie zondagse brunch op het terras van haar favoriete café met uitzicht op het meer. Ze had Rick net gevraagd of hij die middag wilde meegaan naar wat Martha nogal dramatisch een familieconferentie noemde.

'Maar ik ben geen familie.' Hij nam een slokje van zijn zwarte koffie. 'Martha wil me er niet bij hebben. Dat heeft ze heel duidelijk gemaakt.'

'Maar ik wil je er wel bij hebben.'

Hij schudde zijn hoofd. 'Je zus heeft haar eigen agenda en familiezaken zijn familiezaken. Dat moet ik respecteren.'

'Er zijn niet veel mannen die er zoveel begrip voor zouden hebben,' zei Willow.

'Hopelijk vindt je zus dat ook en scoor ik nog wat punten. Maar weet je, ik weet niet of het wel een goed idee is dat jij gaat. Martha zal waarschijnlijk alleen maar zitten zeuren dat je moeder niet weet wat ze doet. Ik zou weleens willen weten wat haar het recht geeft om voor iedereen te willen beslissen.'

'Dat is gewoon haar overdreven manier van bezorgdheid tonen. Zo is ze altijd geweest. Het is een karaktertrekje dat ze van onze vader heeft.'

'Terwijl jij meer op je moeder lijkt, hoop ik,' zei Rick met een glimlach.

Willow glimlachte terug. 'Ik lijk inderdaad meer op haar.'

'Nou, zoals ik al zei, waarom zou je naar je zus gaan en de hele middag dat gezeur aanhoren? Daar heeft toch niemand iets aan?'

'Nou, het is wel belangrijk, toch? Het komt niet elke dag voor dat je moeder vertelt dat een oude vriend naast haar is komen wonen en dat ze verliefd zijn geraakt. Pa is pas twee jaar dood; het is allemaal een beetje plotseling. Hoe zou je het vinden als het om jouw moeder ging?'

De glimlach week van Ricks gezicht.

'O, het spijt me,' zei Willow. 'Dat was ongevoelig van me.' Rick praatte nooit over zijn ouders; hij had alleen verteld dat ze dood waren. Ze had vaak geprobeerd meer over hen los te krijgen, maar daar was hij nooit op ingegaan.

'Het geeft niet,' zei hij.

'Het geeft wel. Ik moet leren na te denken voor ik wat zeg. Kijk maar hoe ik Martha heb gekwetst door zomaar de conclusie te trekken dat ze zwanger was. Echt, ik zou mezelf af en toe wel kunnen schoppen.'

Hij leunde over de tafel, legde een hand tegen haar haar en wond een lok ervan om zijn vingers. Ze hield ervan als hij dat deed, zo zachtjes en zo onbekommerd. 'Ik vond het lief dat je liet zien hoe blij je was bij de gedachte dat je tante zou worden,' zei hij. 'Ik neem dus aan dat je zelf ook graag kinderen wilt.'

Ze probeerde nu eens geen onbezonnen antwoord te geven; dit was lastig en kon haar haar relatie kosten. Tot op heden was het onderwerp nooit ter sprake gekomen, maar nu het zover was, kon ze het niet meer uit de weg gaan, hoe graag ze dat ook zou willen. 'Ik denk van wel,' zei ze met een licht schouderophalen. 'Als het juiste moment is aangebroken. En jij?'

'Ik zou het heerlijk vinden om vader te zijn. Ik kan niets leukers bedenken. En weet je, soms is het niet goed om over zulke dingen te lang na te denken.' De glimlach keerde terug op zijn gezicht. 'Soms moet je de natuur gewoon haar gang laten gaan.'

Willow dacht aan haar zus. 'De natuur is niet altijd aardig voor ons. Ik weet vrij zeker dat Martha en Tom al een tijdje kinderen willen, maar het lijkt maar niet te lukken.'

'Ze doen waarschijnlijk te veel hun best. Ik vermoed dat je zus eraan gewend is dat dingen gebeuren zodra zij dat wil.'

Hij had gelijk. Zo was het precies voor Martha. Alles was haar altijd gemakkelijk afgegaan. Evengoed leefde Willow oprecht mee met haar zus. Het moest afschuwelijk zijn voor iemand als Martha om zo graag iets te willen en het niet te kunnen krijgen. Misschien was ze daarom afgelopen zondag zo bot geweest. Het kon best zijn dat het organiseren van haar moeders leven een soort vervanging was. Willow zag wel in dat handig was als hun moeder dichter bij hen kwam wonen, maar het was nog veel te vroeg.

En nu was er opeens ene Ellis Ashton in ma's leven. Daarom had ze waarschijnlijk haar haar laten knippen en die leuke nieuwe jurk gekocht, en het moest gezegd worden: ze had er stralend uitgezien. Willow had gedacht dat haar moeder er zo goed uitzag door de kleur van de jurk, maar nu dacht ze dat het kwam omdat ze verliefd was. Of dacht dat ze verliefd was. Daar wist Willow alles van, denken dat ze verliefd was.

Ze wist echt niet wat ze ervan moest vinden. Haar moeder had nooit iets onbezonnens gedaan, iets wat niet bij haar paste. Ze was altijd gewoon ma geweest, een zorgzame, lieve, attente en geduldige moeder, die er altijd was voor haar gezin. Dat was wat een moeder deed, volgens Willow. Het was een van de redenen waarom ze zo omzichtig had geantwoord op de vraag van Rick. Ze geloofde niet dat ze ooit zo'n goede moeder zou kunnen zijn als die van haar was geweest.

Rick onderbrak haar gedachtegang en zei: 'Waarom stuur je Martha niet even een appje dat je het vanmiddag niet redt, dat je hebt besloten vandaag iets met mij te gaan doen? Dan maak je meteen duidelijk dat ze je moeder ook met rust moet laten.'

'O, ik geloof niet dat ik dat kan doen. Trouwens, ik wil de situatie met Martha bespreken. We moeten meer te weten komen over de man die uit het niets is opgedoken, en we moeten ook besluiten wanneer en hoe we kennis met hem gaan maken.'

'Dat kun je ook wel via de telefoon regelen. Wil je vanmiddag dan niet samen iets gaan doen? Ik dacht dat we die nieuwe sportschool zouden kunnen uitproberen. Ze hebben op het moment een goede aanbieding.'

Het laatste wat Willow wilde, was lid worden van een sportschool; dat was gewoon niets voor haar. 'Waarom ga jij hem niet uitproberen terwijl ik naar Martha ga?' zei ze. 'Als ik het niet doe, blijft ze me alleen maar lastigvallen.'

Rick liet haar haar los, perste zijn lippen op elkaar en keek opeens vreselijk teleurgesteld, alsof hij zich er echt op had verheugd samen iets te doen.

Ze wilde net toegeven en zeggen dat ze Martha zou bellen, zoals hij had voorgesteld, toen hij zijn schouders ophaalde. 'Nee,' zei hij, 'ga jij maar fijn naar je zus. Maar pas er wel voor op dat je je niet laat overhalen tot dingen waar je het niet mee eens bent. Beloof je dat?'

Ze was opgelucht omdat hij er niet meer zo teleurgesteld uitzag en zei: 'Jij denkt ook altijd het eerst aan mij, hè?'

'Iemand moet het doen.'

'Heb je ma de laatste dagen nog gesproken?'

Het klonk als een beschuldiging, alsof Willow een ongeschreven regel had gebroken.

'Ja.'

'En?'

'Nou, ze wilde natuurlijk weten wat ik van haar nieuwtje vind nu ik erover heb kunnen nadenken.'

Martha klakte met haar tong. 'Alsof een paar dagen en een paar slapeloze nachten het anders maken.'

Willow had geen slapeloze nachten gehad, maar nu ze in de keuken stonden te wachten tot het water kookte, vermoedde ze dat haar zus wel wakker had gelegen. Ze zag er niet zo onberispelijk uit als anders; haar haar kon een wasbeurt gebruiken, er zaten barstjes in haar nagellak en ze zag er echt moe uit. 'Is alles goed met je, Martha?' vroeg ze.

'Wat een absurde vraag! Natuurlijk is niet alles goed. Ik maak me enorme zorgen om ma. Ik bedoel, wat heeft ze ineens? Pa is nog geen twee minuten dood en ze heeft al een nieuwe man in haar bed liggen.'

'Hij is twee jaar dood,' zei Willow mild, 'en we weten niet dat hij... dat ze...' Ze brak de zin af, omdat ze niet het ongewenste beeld wilde oproepen van haar moeder die hartstochtelijke seks had.

'Twee jaar zonder pa voelt voor mij als twee minuten,' hield Martha vol. 'En ze heeft hem vervangen door een man van wie we helemaal niets afweten.'

Het water kookte en ze zette twee bekers instantkoffie. Voor Willow was dat nog een teken dat Martha niet zichzelf was. Anders zette ze altijd echte koffie met een cafetière en hield ze precies bij wanneer ze de zeef omlaag moest drukken. Of ze gebruikte Toms dure apparaat, precies hetzelfde dat Rick had.

'Waar is Tom?' Willow zocht naar een normaal onderwerp terwijl ze de tuin in liepen om hun koffie op te drinken.

'Hij is gaan hardlopen. Hij vindt dat ik van een mug een olifant maak en moet kalmeren. En omdat dat me niet lukt, rent hij in zijn hardloopkleren over de wegen om de rust te zoeken die ik hem thuis niet geef.'

'Denk je niet dat hij gelijk zou kunnen hebben? Stel dat ma was overleden en pa iemand anders had gevonden?'

'Hij zou het anders hebben aangepakt. Hij zou er helemaal eerlijk over zijn geweest en ons meteen aan de vrouw hebben voorgesteld. Maar ma... Ma zegt dat ze al sinds eind februari iets met die kerel heeft en dat heeft ze gewoon verzwegen. Ze heeft hem opzettelijk geheimgehouden. Waarom?'

'Misschien om te vermijden wat er nu gebeurt.'

Martha klakte weer met haar tong en schudde haar hoofd, alsof Willow iets bijzonder doms had gezegd. 'Kan het je dan niets schelen? Zit je er niet mee dat ze tegen ons heeft gelogen?'

'Zo had ik het helemaal niet gezien. Je vindt het vast niet leuk, maar ik ben eerder nieuwsgierig. Ik vind dat we met hem moeten afspreken. Hoe eerder, hoe beter.'

'Ja duh, natuurlijk moeten we dat doen. Daar heb ik al op aangedrongen. We moeten hem heel duidelijk maken wat we ervan denken en dat we willen weten wat zijn plannen zijn.'

Dat was niet echt hoe zij erin stond en Willow vroeg: 'Stel dat hij heel aardig is en we hem graag mogen?'

Martha snoof. 'Jij hebt ook nooit willen geloven dat de Kerstman en de tandenfee niet echt bestaan.'

Opeens moest Willow denken aan de dag dat Martha er met haar voor was gaan zitten om haar de waarheid te vertellen over Kerstmis; dat de Kerstman niet bestond en dat hun moeder en vader haar kous vulden en op kerstavond de cadeautjes aan het voeteneind van haar bed zetten. Ze dronk haar koffie op en zei niets. Maar ze was nu wel blij dat Rick niet was meegegaan. Ze wilde niet dat hij haar zus zo zag. Dat vond ze zelf trouwens ook niet aangenaam; het was naar om Martha zo boos en van streek te zien. Zo niet zichzelf.

'En wat bedoelde ma er in godsnaam mee toen ze zei dat ze zich niet liet intimideren, zoals pa deed? Pa heeft haar nooit geïntimideerd. Hij had alleen niet altijd evenveel geduld.'

'Hij had wel de neiging om zijn stem te verheffen en geringschattend te doen,' zei Willow. 'Misschien bedoelde ma dat.'

'Hij deed niet geringschattend, hij wilde alleen dat er iets gebeurde. Iemand moest de belangrijke beslissingen nemen en eerlijk, als hij dat aan ma had overgelaten, had ze eeuwen getwijfeld aan wat ze moest doen. Jij bent precies zo.'

'Dank je.'

'Je weet wat ik bedoel, jullie willen zo graag iedereen tevreden stellen dat jullie nergens een besluit over kunnen nemen. Daarom heb je zo veel vriendjes gehad; het ene moment vind je ze leuk en het volgende moment besluit je dat dat over is. Zo zal het met Rick ook wel gaan als er wat tijd overheen gaat, toch? En over Rick gesproken, het verbaast me dat hij niet is meegekomen om zich ermee te bemoeien, net als hij bij ma heeft gedaan.'

Het stak dat haar zus haar frustratie op haar botvierde en Willow zei: 'Begin daar nu niet nog eens over. Hij wilde alleen objectief naar de situatie kijken.'

Martha negeerde Willows verdedigende woorden. 'Ik zou me beter voelen als ma was gevallen voor iemand die we kenden. Een van pa's oude vrienden, die al jaren bij ons thuis kwam, bijvoorbeeld. Dan zouden we hem tenminste kunnen vertrouwen, toch?'

12

'Wat ik zo vreemd vind,' zei Naomi, die triest door het keukenraam naar buiten staarde, 'is dat het volgens mij helemaal niet bij hen is opgekomen dat ik iemand zou kunnen ontmoeten. Of dat ik een eigen leven heb.'

Ellis stond achter haar en masseerde zacht haar schouders. 'Dat komt omdat ze een heel beperkte kijk op je hebben,' zei hij. 'Je bent hun moeder en daarom heb je voor hen maar één dimensie.'

Ze draaide zich naar hem om. 'Dat weet ik. Ik had alleen niet verwacht dat Martha me zo zou kwetsen met haar oordeel. Het is misschien dom van me, maar ik koesterde enige hoop dat ze blij voor me zouden zijn, en nu die hoop zo grondig de kop is ingedrukt, vrees ik het ergste.'

'Zo moet je het niet zien. Hij is niet de kop ingedrukt, hij is alleen een beetje gehavend. Ze hebben tijd nodig om je nieuws te verwerken, dat is alles.'

'Je hebt natuurlijk gelijk, maar wat ik niet uit mijn hoofd kan krijgen, is die blik in Martha's ogen van ontzetting, gevolgd door opperste afkeer. Het was alsof ik had bekend dat ik een kindermoordenaar ben of zoiets afgrijselijks. En dan nu dat appje met de eis dat zij en Willow je willen ontmoeten.'

'Is het een eis?' vroeg Ellis. 'Of heb je haar verzoek te onvriendelijk opgevat? En is het niet beter dat ze me willen ontmoeten? We hebben altijd geweten dat dit moment zou komen.'

Ze gaf hem een speelse por tegen zijn borst. 'Moet je altijd zo redelijk zijn?'

Hij glimlachte. 'Zou het helpen als ik dat niet was?'

'Enorm. Dan had ik tenminste het gevoel dat ik alle recht heb om over te lopen van heilige verontwaardiging!'

Hij lachte en kuste haar. 'Wat dacht je ervan om niet over te lopen, maar zelf een eindje te gaan lopen en bij de pub te gaan eten?'

'Gaan we openbaar?' vroeg ze.

'Waarom niet? Je hebt gezegd dat we het de mensen in het dorp konden laten weten als de meisjes het eenmaal wisten.'

'Weet je zeker dat je dit echt wilt?'

'Honderd procent zeker. En om je angst weg te nemen; ik ga me niet gedragen als een verliefde tiener die je per se wil zoenen waar iedereen bij is.'

Ze huiverde. 'Wat een afgrijselijke gedachte.'

'Ik zou het niet afgrijselijk noemen dat ik je wil kussen,' zei hij.

'Sorry, dat was niet helemaal wat ik bedoelde.'

'Dat weet ik. Ik weet ook hoe een heer zich gedraagt. Dus wat denk je ervan? Zullen we het dorp iets geven om over te praten?'

'Zo meteen. Ik moet eerst Martha antwoorden en dat betekent dat we een dag moeten vinden waarop we allemaal vrij zijn en moeten besluiten waar we elkaar zullen treffen.'

'Ik pas me wel aan bij wat jou uitkomt. Waarom stel je niet voor om naar Martha toe te gaan? Dan heeft ze het gevoel dat ze alles in de hand heeft. En het betekent ook dat we kunnen vertrekken als je vindt dat het kruisverhoor een beetje te agressief wordt.'

Naomi slaakte een zucht. 'Dit is precies waar ik bang voor was. Dat je overal over na moet denken.'

'Dat is maar voor even. Een kortdurende maatregel om je dochters te helpen met het besef dat hun moeder een zeer begerenswaardige vrouw is, die nog wat lol in haar leven wil hebben. Ze trekken wel bij. Je zult het zien.'

'Ik wou dat ik daar ook zo zeker van kon zijn.' Ze glimlachte om hoe hij haar had beschreven. 'Maar ik vermoed dat het niet zo gemakkelijk wordt als jij denkt.'

'Als je iets heel erg graag wilt, is het de moeite waard om ervoor te vechten. En ik zal heel zeker voor jou vechten,' voegde hij eraan toe.

De late middagzon had zijn warmte verloren, dus ze hadden allebei een fleece aan toen ze langs het strand liepen. Er waren een paar dagjesmensen, onder wie een jong stel met twee kleine kinderen en een speelse spaniël aan de riem. Toen ze verderop het pad naar Bosham wilden nemen, zag Naomi Jennifer Kingsbury op hen af komen lopen. Naast haar waggelde Bentley, haar te dikke labrador.

'Daar gaan we,' zei Naomi zacht.

'Ik zie de volgende opties,' zei Ellis. 'Omdraaien en het op een rennen zetten, of doorzetten. Wat gaat het worden?'

Als antwoord pakte ze zijn hand. 'Tijd om door te zetten.'

Toen de afstand tussen hen en Jennifer kleiner werd, kneep hij in haar hand. 'Neem jij het voortouw maar,' fluisterde hij. 'Ik doe wel mee.'

'Hallo.' Jennifer keek strak naar hun gezichten, alsof ze de handen probeerde te negeren. 'Een wandelingetje aan het maken?'

'Ja, dat klopt,' antwoordde Naomi.

'En daarna even eten bij The Ship,' zei Ellis.

'Leuk,' zei Jennifer. Ze kreeg het voor elkaar om het te laten klinken alsof het helemaal niet leuk was. Maar net als een heleboel andere vrouwen in het dorp had Jennifer altijd een hoge pet opgehad van Colin. Ze waren allebei steunpilaren geweest van talloze goede doelen binnen de gemeente en van de gemeenschap als geheel.

Privé had Colin vaak de draak gestoken met Jennifer, die hij een van zijn groupies noemde. Hij had de mensen, en vooral vrouwen, heel gemakkelijk om zijn vinger kunnen winden, zodat ze deden wat hij wilde. Zelfs een berucht onverzettelijk type als Jennifer, die niets moest hebben van gladde charmeurs. Naomi ging er helemaal van uit dat Jennifer niet zou willen accepteren wat nu overduidelijk was – dat Naomi en Ellis hand in hand liepen en wat dat inhield – laat staan dat ze het zou goedkeuren. Dit was slechts het begin van wat hun te wachten stond.

Toen Bentley kwispelde en naar Ellis opkeek, liet Ellis Naomi's hand los en bukte hij zich om de hond over zijn kop te aaien. Op dat moment veranderde er iets in Jennifers gezicht. Haar lippen strekten zich tot een brede glimlach en ze knipoogde zelfs naar Naomi.

Een knipoog! Naomi was niet minder geschokt geweest als Jennifer haar had gebeten!

Ellis kwam overeind en pakte Naomi's hand weer.

'Nou,' zei Jennifer kordaat. 'Een prettige avond samen.' Ze trok even aan Bentleys riem en liep verder. Maar na een paar stappen riep ze over haar schouder: 'Het werd tijd dat jullie stopten met dat geheimzinnige gedoe. Veel geluk!'

'Ik zei het toch?' zei Ellis toen ze buiten Jennifers gehoor waren. 'Ik wist dat we ons hadden verraden.'

'Ik vraag me af wie het nog meer weet.'

'Wat maakt het uit!' riep hij opgewekt. Hij nam haar in zijn armen, draaide haar naar zich toe en omhelsde haar. 'Wat maakt het uit wat de mensen denken?'

Zijn blijdschap was aanstekelijk en ze lachte onwillekeurig. Misschien kwam alles toch nog goed.

Haar optimisme was niet van lange duur. Later die avond, toen ze terug waren uit de pub, waar ze de nieuwsgierige blikken van een handvol dorpelingen hadden doorstaan, en ze gezellig in de zitkamer met een glas wijn een herhaling van *Endeavour* zaten te kijken, ging de telefoon. Naomi nam op en kreeg weer een verrassing. Het was haar oudste vriendin, Geraldine.

'Nou,' zei Geraldine na een vluchtige poging om over koetjes en kalfjes te praten, 'wanneer was je van plan me te vertellen over die vriend van je?'

'Lieve hemel, hoe weet jij dat nou weer?'

'Hoe denk je? Martha belde me.'

'En ik veronderstel dat ze het nodig vond om je, als haar peetmoeder en eretante, in vertrouwen te nemen, zodat jij me op jouw beurt tot bezinning kunt brengen. Heb ik gelijk of niet?'

'Min of meer.'

'Wat heeft ze je precies verteld?'

'Dat je stiekem een verhouding hebt met een kerel die het huis naast dat van jou huurt.'

'Wat maak je er een geweldig sensationeel verhaal van.'

'Je ontkent het niet?'

'Zeker niet. En als je wilde vragen waarom ik het je niet heb verteld, dan kan ik je zeggen dat het niemand iets aanging tot ik er klaar voor was om ermee naar buiten te treden.'

'Dat is helemaal niets voor jou.'

'En misschien is dat juist het punt. Ik wil een nieuw en ander iemand zijn.'

'Martha vertelde ook dat je een soort make-over had gehad.'

'Hou nou toch op. Ik heb een ander kapsel genomen en een nieuwe jurk gekocht!'

'Dat wijst er allemaal op dat er iets aan de hand is.'

'Ja, dat ik niet meer alleen als weduwe gezien wil worden. Je hebt geen idee hoe vermoeiend dat is.'

'Maar ik begrijp nog steeds niet waarom je het me niet hebt verteld. Ik snap dat je de meisjes niet van streek wilde maken door de indruk te wekken dat je Colin nu al hebt vervangen, maar waarom mocht ik, je oudste en beste vriendin, er niets van weten?'

'Omdat ik iets helemaal voor mezelf wilde hebben. En eerlijk gezegd vond ik het spannend om het geheim te houden. Dat zul jij wel niet begrijpen.'

'Nee, dat geloof ik niet.'

'En heeft Martha je ook verteld dat ze heeft besloten dat het tijd wordt dat ik kleiner ga wonen, in een petieterig huisje bij haar om de hoek, zodat ik een handige oppas ben als het zover is? Nou? Ik snap niet waarom ze niet gewoon een verpleeghuis voor me zoekt, of beter nog, een begrafenisondernemer, dan hebben we het maar gehad!' De opgekropte boosheid kwam naar het oppervlak. Opeens was ze woedend omdat ze zichzelf moest verdedigen tegenover haar oudste vriendin.

'Nou moet je niet zo hysterisch doen,' zei Geraldine. 'Echt, zou het zo'n slecht idee zijn om kleiner en dichter bij Martha en Tom te gaan wonen?'

'Hoe zou jij reageren als jouw dochter je zo behandelde?'

Geraldine had het fatsoen om te lachen. 'Ik zou tegen Hilary zeggen dat ze weg moest wezen en een au pair moest nemen als ze goedkope kinderopvang wilde hebben! Maar dat doet er allemaal niet toe. Vertel me over die man.'

'Heeft Martha zijn naam niet genoemd?'

'Nee, dat heeft ze niet gedaan. Ik moest het gesprek beëindigen voordat ze daaraan toekwam, omdat er iemand bij me voor de deur stond. Hoezo? Ken ik hem?'

Naomi sloot haar ogen en haalde diep adem. 'Het is Ellis.'

Er viel een lange stilte en toen zei Geraldine: 'Wil je me vertellen dat je een verhouding hebt met Ellis Ashton?'

'Ja, en ik voel nog precies hetzelfde voor hem als al die jaren geleden.'

'Weten de meisjes iets van jullie voorgeschiedenis?'

'Nee. En zo blijft het ook.'

'Ja,' zei Geraldine, 'ik denk dat dat het beste is.'

13

Willow was doodongerust. Cedric was al een week weg en Simon en Lucy konden elke dag terugkomen. Wat moest ze in vredesnaam tegen hen zeggen? Ze kon ze in elk geval niet de waarheid vertellen: dat een van de katten weg was toen ze terugkwam van Martha, met wie ze de situatie van hun moeder had besproken. Met Sirius op haar hielen had ze in het hele huis naar hem gezocht. Rick kon niet met zekerheid zeggen wanneer hij Cedric voor het laatst had gezien, maar hij gaf wel toe dat hij de voordeur op een kier had laten staan toen hij terug was gekomen van de nieuwe sportschool.

'Hij heeft niet meer dan een paar seconden opengestaan,' zei hij. 'Ik heb alleen mijn sporttas even gepakt, want die had ik in de kofferbak van de auto laten staan.'

Bij zijn bekentenis was het koude zweet haar uitgebroken. Simon en Lucy hadden de vaste regel ingesteld dat de voor- of achterdeur nooit open mocht als de katten niet veilig waren opgesloten in een kamer.

'Sorry,' had hij gezegd. 'Ik dacht niet dat een paar seconden iets zou uitmaken. Maar als je er goed over nadenkt, is het best wreed om een stel katten opgesloten te houden en ze de kans te ontnemen om naar buiten te gaan en te genieten van wat ze het beste kunnen: vogels en muizen vermoorden.'

Willow had geprobeerd hem uit te leggen dat het geen gewone katten waren, maar bijzondere Siamese katten, die haar vrienden veel geld hadden gekost. En dan rekende ze hun gehechtheid aan Cedric en Sirius nog niet eens mee.

'Zo gehecht kunnen ze er niet aan zijn als ze ze maanden in de steek laten om een wereldreis te maken,' had Rick tegengeworpen.

'Maar ze vertrouwden erop dat ik tijdens hun afwezigheid goed voor de katten zou zorgen,' had Willow bijna in tranen gezegd. 'En ik heb beloofd dat ze niets zou overkomen.'

'Dan had je niet naar je zus moeten gaan en mij op de katten laten passen. Vooral niet omdat ik allergisch ben voor die beesten.'

Zo'n opmerking had ze niet van hem verwacht, maar misschien had hij gelijk. Als ze haar zus had afgezegd en met hem naar de sportschool was gegaan, zoals hij had voorgesteld, zou ze nu niet in de problemen zitten. En eigenlijk had ze er niet veel aan gehad om de middag met Martha door te brengen, want haar zus had de hele tijd lopen klagen dat hun moeder tegen hen had gelogen. Eerst had ze al dat gezeur moeten aanhoren en daarna had ze tot haar schrik moeten ontdekken dat Cedric weg was. Ze had betere dagen gehad.

Sinds die tijd had ze voortdurend door de buurt gelopen om Cedric te zoeken en bij mensen aangeklopt en ze op straat aangesproken om te vragen of ze een Siamese kat hadden gezien. Zonder resultaat. Hij was van de aardbodem verdwenen.

'Ik denk dat we de feiten onder ogen moeten zien,' zei Rick toen ze na de zoveelste vruchteloze zoektocht aan de keukentafel zat. 'Cedric had geen enkele ervaring met de openbare weg en zal wel bijna meteen onder een auto zijn gekomen. Weet je of hij was gechipt?'

'Ja, allebei de katten.'

'Dan is er misschien een kans dat je iets hoort van een dierenarts.'

'Maar die zou contact opnemen met Simon en Lucy, niet met mij. O, wat moet ik nu?' zei ze verdrietig.

Hij ging op zijn knieën voor haar zitten. 'We vertellen ze gewoon de waarheid, dat het mijn fout is, omdat ik de deur heb laten openstaan.'

'Nee,' zei ze, 'dat wil ik niet. Cedric was mijn verantwoordelijkheid. Ik kan de schuld niet op jou afschuiven.'

Hij pakte haar handen, bracht ze naar zijn lippen en gaf er een zoen op. 'Ik had geen idee dat je zo dapper kon zijn. Maar het goede nieuws is dat je hier binnenkort weggaat en bij mij komt wonen. Dan hoef je je geen zorgen meer te maken om katten. Alleen om mij.' Met een glimlach voegde hij eraan toe: 'En ik geloof dat je het met me eens zult zijn dat ik veel netter ben dan een kat. Geen haren op de meubels en geen kattenbak om schoon te maken.'

Ze dacht eraan hoe netjes hij was en dat hij nooit troep maakte in de keuken, zelfs niet bij het koken, en glimlachte zwakjes. 'Weet je wat jou echt anders maakt dan alle andere mannen met wie ik iets heb gehad?'

Hij keek zogenaamd geschokt. 'Mijn god, wil je zeggen dat ik niet de eerste man in je leven ben?'

Ze schudde haar hoofd en zei: 'Ik ben bang van niet.'

'Vertel dan maar waarom ik anders ben.'

'Je laat nooit de wc-bril omhoog staan.'

Hij lachte. 'Wat kan ik daarop zeggen? Behalve dat ik dus perfect ben.'

'Misschien wel.' Ze verwonderde zich erover hoe knap hij was en kon nog steeds niet geloven dat hij zo veel om haar gaf.

'Dat "misschien" kun je wel weglaten,' zei hij. 'En dat betekent dat we samen het perfecte stel zijn.'

Ze zette Cedric en haar vrienden uit haar hoofd, sloeg haar armen om Rick heen en kuste hem. 'Dank je,' zei ze.

Hij keek haar verrast aan. 'Waarvoor?'

'Voor... Voor alles.'

'Dat doet me eraan denken; ik heb iets voor je. Een cadeautje.'

Ze fronste. 'Je kunt niet steeds cadeautjes voor me blijven kopen.'

'Maar ik vind het leuk om je dingen te geven. Wil je me dat plezier ontzeggen?'

'Nee, maar ik voel me schuldig als je zo veel prachtige dingen voor me koopt terwijl ik het me niet kan veroorloven iets terug te doen.'

'Ik kan je verzekeren dat ik daar totaal niet mee zit.' Hij kwam overeind en liet haar achter in de keuken, terwijl Sirius haar dreigend aankeek. Wat heb je met Cedric gedaan? leken zijn starende, verwijtende ogen te vragen.

'Hier is het,' zei Rick toen hij terugkwam.

Ze nam het mooi ingepakte doosje van hem aan. Net als die avond in het restaurant, toen hij had gevraagd of ze bij hem wilde intrekken, vroeg ze zich één krankzinnig moment af of hij haar een ring zou geven. Maar te oordelen naar het platte doosje kon ze dat met enige opluchting uitsluiten. Het was een gevoel waar ze niet te veel bij stil wilde staan.

'Maak dan open,' drong hij aan.

Ze deed wat hij zei en trok het lint los dat het inpakpapier op zijn plek hield. Toen ze het doosje had opengemaakt, zag ze dat hij een ketting voor haar had gekocht.

Ze bekeek het sierlijke gouden kettinkje en het prachtige klavertjevier dat eraan hing, eveneens van goud. 'Geweldig,' fluisterde ze.

'Vind je het wat?' vroeg hij.

'Rick, ik vind het fantastisch, het is zo mooi.'

'Net als jij. Wacht, ik zal het bij je omdoen.'

Ze hield haar haar omhoog en hij hing het kettinkje om haar hals. Daarna draaide hij haar naar zich om. 'Volmaakt,' zei hij. 'Precies zoals ik me had voorgesteld. En het klavertje moet ons geluk brengen.' Hij glimlachte. 'Niet dat we dat nodig hebben.'

'Iedereen heeft geluk nodig,' zei ze. Zij nog meer dan de meesten nu ze zich erop moest voorbereiden om Simon en Lucy over Cedric te vertellen.

14

Na het douchen droogde Tom zich af en veegde hij de spiegel boven de wastafel schoon om zijn baard bij te knippen, hoewel dat niet echt nodig was. Het was een vertragingstactiek. Een manier om nog niet naar bed te hoeven gaan.

Hij wist dat hij niet de eerste man was die het gevoel had dat de lol uit de seks verdween nu er een baby verwekt moest worden, maar hij was er niet trots op. Heimelijk verlangde hij terug naar de dagen waarin vrijen gewoon vrijen was. Waarin de lust spontaan kon opkomen en even spontaan en vol hartstocht kon worden bevredigd. Waarin hij en Martha zich konden verliezen in het moment en zich nergens zorgen over hoefden te maken. Behalve dat zij eraan moest denken elke ochtend een pilletje te nemen om te voorkomen dat er een ongewenst kind werd verwekt.

Hij was hun huidige strenge en totaal niet erotische seksleven meer dan zat, maar hoeveel negatieve emoties hij er ook bij voelde, hij was vastbesloten er niets van te laten merken. Hij moest in gedachten houden wat ze wilden bereiken. Uiteindelijk zou het het allemaal waard zijn. Hij hoopte maar dat het deze maand zou gebeuren. Als het weer niet lukte, was de volgende stap – de enige logische volgende stap – het inroepen van medische hulp.

Volgens Martha en wat hij online had gelezen waren de meeste stellen inmiddels al bij een dokter geweest. Het was niets voor Tom om zo te treuzelen, in dat opzicht was hij precies zoals Martha, maar in dit geval was hij doodsbang om Martha teleur te stellen. Zijn gezonde verstand vertelde hem dat het best mogelijk was dat hij prima functioneerde en dat Martha's lichaam het probleem was, maar als dat zo was, wilde hij niet zien hoeveel verdriet ze daarvan zou hebben. Als er een kogel moest worden opgevangen, wilde hij dat liever zelf doen, want hij was er zeker van dat hij het veel beter aan zou kunnen dan Martha. Ze was een van de sterkste en nuchterste mensen die hij kende, maar hij was bang dat ze een dergelijke diagnose niet objectief zou kunnen aanvaarden. Hij wist dat het haar kapot zou maken.

Het was niets voor Martha om zich irrationeel te gedragen, dat was meer iets voor Willow, maar hij kon er niet omheen dat Martha's reactie op het nieuws van haar moeder wel degelijk irrationeel was. Ze stond er veel feller in dan hij had verwacht. Niet dat hij er eerder aan had gedacht wat er zou gebeuren als zijn schoonmoeder zou vertellen dat ze iemand had ontmoet, misschien omdat hij niet had verwacht dat ze ooit een ander zou vinden; ze leek zo tevreden met het leven na Colin.

Tom had Colin altijd beschouwd als het middelpunt van de familie Miller, degene waar alles om draaide. Zo had Martha hem in elk geval gezien, dat stond vast. Een ander in Toms positie zou hebben kunnen denken dat hij de leegte die na Colins dood in het gezin was ontstaan gedeeltelijk zou kunnen opvullen. Maar ook al had Naomi hem af en toe om advies gevraagd, hij wist heel goed dat Martha zichzelf zag als Colins plaatsvervanger en het hoofd van het gezin. Van zijn kant had Tom met liefde een ondersteunende rol vervuld voor zijn vrouw en voor Naomi en Willow. Uiteindelijk was het kennen van je rol in een huwelijk – en binnen een familie – de sleutel tot het huwelijksgeluk.

Voor zover hij kon beoordelen was het succes van het huwelijk van Naomi en Colin daaraan te danken: ze hadden allebei hun eigen rol gehad en waren daar gelukkig mee geweest. Op dezelfde manier had Tom geaccepteerd dat Martha een hekel had aan koken en dat hij er juist van hield. In ruil daarvoor had ze het nooit erg gevonden dat hij hopeloos was met klussen en dat zij beter overweg kon met de inhoud van een gereedschapskist dan hij, omdat haar vader haar op jonge leeftijd de basisvaardigheden had bijgebracht. Vrienden hadden hem er weleens mee geplaagd, maar hij voelde zich helemaal niet ontmand door de handigheid van zijn vrouw met een boor en een Engelse sleutel. 'We hebben allemaal onze talenten en moeten weten waar we wel en niet goed in zijn,' zei hij altijd. En Martha zou de eerste zijn om erop te wijzen dat zij een roux niet kon onderscheiden van een bechamelsaus en dat verschil ook helemaal niet wilde kennen.

Toen zijn baard was geknipt, zijn tanden waren gepoetst en hij een knielange pyjamabroek had aangetrokken, hing hij de vochtige handdoek over de radiator in het besef dat hij het niet langer kon uitstellen. Het was showtime.

Maar toen hij de deur opendeed, zag Martha eruit alsof seks het laatste was wat ze in gedachten had.

'Dit is toch niet te geloven.' Ze zwaaide met haar telefoon. 'Nu zegt Willow weer dat ze zaterdag niet kan komen. Ze heeft besloten om dan bij Rick in te trekken in plaats van ma's lover te ontmoeten.'

Het woord 'lover' viel niet goed bij Tom, maar hij liet het gaan. Voorlopig was de man met wie ze nog steeds geen kennis hadden gemaakt de vijand en het zou dom zijn van Tom om er anders over te denken.

'Kunnen we het niet verzetten naar zondag?' vroeg hij.

'Nee, want Willow zegt dat ze dan haar spullen een plekje moet geven bij Rick. Waarom moet zij altijd alles verpesten? Nu moeten we wachten tot het volgende weekend.'

'Nou ja, er is weinig aan te doen, toch?' Hij ging naast haar liggen. 'Waarom stellen we dan niet een doordeweekse avond voor?'

'Dat heb ik ook al geprobeerd, maar Willow zegt dat ze de hele week avonddienst heeft.'

'Dan zit er niets anders op dan geduld te hebben en te wachten tot je zus tijd heeft. Zo erg is dat niet.'

Martha fronste. 'Hoe kun je dat nou zeggen? Het is enorm belangrijk. We hebben het over mijn moeder, die zich laat paaien door een vreemde kerel. Echt, af en toe zou ik mijn zus wel kunnen wurgen. Ik ben er zeker van dat ze gewoon moeilijk doet om de kennismaking uit te stellen.'

'Waarom zou ze dat doen?'

'Om haar kop in het zand te steken. Als zij het probleem niet ziet, bestaat het volgens haar ook niet.'

'Waarom spreken wij dan niet zonder Willow af met je moeder en haar vriend?'

'Nee. Ik wil een eensgezind front vormen: jij, ik en Willow. Samen.'

'En Rick dan?' Het was een beladen vraag, maar hij waagde het erop.

'Hmm... Nou ja, het zal wel moeten. Ik heb niet veel keus, hè?'

'Het zou een uitgestoken hand zijn na...'

'Je hoeft het niet te zeggen,' viel Martha hem in de rede. 'Een uitgestoken hand om goed te maken wat ik bij ma tegen hem heb gezegd. Ik snap het.'

'Van de andere kant zou het minder op een confrontatie lijken als het alleen om ons zou gaan. Voor je moeder, bedoel ik.' Tom probeerde behulpzaam te zijn, maar hij wist heel goed dat Martha het onvermijdelijk op een confrontatie zou laten uitlopen, met of zonder Willow.

Haar enige antwoord was een zucht. Ze legde haar telefoon op het nachtkastje en deed haar lamp uit. Daarna draaide ze zich naar hem om. 'Volgens mijn temperatuurgrafiek zijn dit mijn vruchtbaarste dagen.'

'Oké.' Hij trok een hopelijk enthousiaste glimlach en deed tegelijkertijd zijn lamp uit. 'Dan kunnen we maar beter aan de slag gaan.'

'Ik weet niet of het me lukt,' zei ze in het donker, toen ze naar elkaar toe gedraaid lagen. 'Ik maak me zo veel zorgen om ma en...'

Hij hoorde hoe ongelukkig ze klonk en legde haar met een zoen het zwijgen op. 'Laat het maar aan mij over.' Hij wilde haar wanhopig graag geven wat ze zo graag wilde hebben. Als hij dat voor elkaar kreeg, zou ze zich misschien niet zoveel zorgen maken om het feit dat haar moeder een vriend had. Misschien zou ze zelfs blij voor haar kunnen zijn.

Het was bijna middernacht en Rick was diep in slaap. Willow sloot zich op in de badkamer.

Ze was een beetje in shock, want ze kon haar ogen niet geloven. Het moest een vergissing zijn. Dit kon niet waar zijn. Echt niet. De test deugde niet. Of anders had ze natuurlijk iets verkeerd gedaan.

Maar zelfs terwijl ze zichzelf ervan probeerde te overtuigen dat ze niet zwanger kon zijn, dacht ze terug aan haar vermoedens en de redenen waarom ze de test had gekocht: twee gemiste menstruaties en steeds terugkerende misselijkheid.

Een paar dagen geleden was haar grootste zorg nog hoe ze Simon en Lucy moest vertellen dat Cedric weg was. En nu dit!

Maar hoe bestond het? Hoe kon dit zijn gebeurd? Ze was hier altijd zo voorzichtig mee. Altijd! Wat zou Rick wel niet zeggen als hij het hoorde? Nog erger, wat zou Martha zeggen als ze erachter kwam?

Het was eerder op de avond erg genoeg geweest dat Martha haar aan de telefoon de les had gelezen omdat ze dit weekend niet kon komen vanwege haar verhuizing naar Rick. Maar als Martha erachter kwam dat Willow zo slordig was geweest om zwanger te raken terwijl zij en Tom het al maanden probeerden, zou ze dubbel zo boos op haar zijn. Niet alleen boos, maar van streek. Heel erg van streek.

En dat betekende dat er niets anders opzat: Willow moest haar zwangerschap geheimhouden. Dan had ze tijd om na te denken. Maar wat schoot ze daarmee op? Ze kon de baby niet houden, of wel soms? Ze kon nooit voor een kind zorgen zolang ze zo veel moeite had om zich te gedragen als een verantwoordelijke volwassene. Een verantwoordelijke volwassene met spaargeld en een pensioenplan. Behalve het geld dat pa haar had nagelaten, had ze alleen een bankrekening, die net zo gemakkelijk van zwart naar rood ging als de wind van richting veranderde.

Geen verstandig mens zou haar een kind laten grootbrengen.

Maar ze was niet alleen, toch? Ze had Rick. In tegenstelling tot haar eerdere vriendjes was Rick fatsoenlijk en betrouwbaar en hij probeerde onophoudelijk te laten zien hoeveel hij om haar gaf. Wat had hij ook alweer gezegd over kinderen? Ze dacht terug aan het gesprek dat ze hadden gehad.

Ik zou het heerlijk vinden om vader te zijn. Dat had hij gezegd. Of iets wat erop leek.

Maar zou hij dat nu al willen worden? De gedachte dat ze hem moest vertellen dat ze zwanger was, maakte haar nog misselijker dan ze al was.

Wat maakte ze een rotzooi van haar leven. Leerde ze het dan nooit?

15

Ellis zag het gezicht van zijn moeder opklaren toen ze de kleurige anemonen zag die Naomi die ochtend in de tuin had geplukt.

'Prachtig,' zei Rose. 'Wat lief van je. Zullen we Ellis wegsturen om een vaas te zoeken terwijl wij kennismaken?'

'Het heeft zeker geen zin om te vragen of ik er ook nog iets over te zeggen heb?'

Zowel Naomi als zijn moeder zei nee.

Met een glimlach liep Ellis de kamer uit om iemand te zoeken die hem een vaas kon verschaffen. Het was wel duidelijk dat de ontmoeting tussen Naomi en Rose veel beter zou gaan dan die van hem met haar dochters, als het daar eindelijk van kwam.

Toen Naomi Martha en Willow eenmaal over hem had verteld, had Ellis meteen een confrontatie verwacht, maar zo te horen konden ze het niet voor elkaar krijgen om op dezelfde tijd op dezelfde plek te zijn, dus de datum werd steeds verschoven. Hij wist door het gedrag van zijn stiefzoon dat dit heel gewoon was bij de jongere generatie. Ondanks alle beschikbare technologie leek het te moeilijk voor ze om een datum in een agenda te zetten en zich daaraan te houden.

Als hij probeerde Lucas te spreken te krijgen, belde hij nooit op het juiste moment. 'Sorry, pa,' zei hij dan. 'Ik moet ervandoor, ik heb een vergadering. Ik bel je later wel terug.' Soms deed hij dat, verscheidene dagen later, maar vaak vergat hij het. Ellis probeerde al een tijdje Lucas over Naomi te vertellen. Uit respect voor Diana, Lucas' moeder, wilde hij het goed aanpakken. Een appje of een e-mail voelde niet juist. Misschien was hij daar te ouderwets voor. Een oude sukkel.

Maar ironisch genoeg voelde hij zich helemaal niet zo. Hij was juist weer helemaal tot leven gekomen, alsof het bestaan vol heerlijke kansen zat. Kansen die hij wilde pakken en waar hij ten volle van wilde genieten. Samen met Naomi.

Het leek nog steeds onmogelijk dat hun paden elkaar weer hadden gekruist. Godzijdank had zijn moeder erop gestaan om haar laatste dagen hier aan de kust van West Sussex door te brengen. Als hij dacht aan het wonderlijke toeval dat hij een huis had gehuurd naast dat van Naomi, zou hij bijna gaan geloven dat het lot tussenbeide was gekomen en dat het zo had moeten zijn, dat het altijd de bedoeling was geweest.

Zo had hij zich jaren geleden ook gevoeld bij het huwelijk van Geraldine en Brian, waar hij tussen de gasten Naomi had opgemerkt, die hij uit het oog was verloren. Het was een enorm toeval dat hij daar aanwezig was; een nieuwe vriendin had hem uitgenodigd met haar mee te gaan en had hem niet eens verteld wie er ging trouwen, behalve dat de bruidegom een neef van haar was. Hoewel de trouwerij zelf een blijvende herinnering was geworden, kon hij zich de naam van het meisje niet meer herinneren. Het was een kortstondige relatie geweest, als je het al zo kon noemen. Hij had er zelfs de volgende dag al een eind aan gemaakt.

Pas toen de ceremonie was afgelopen en de gasten de kerk uit liepen en in de winterse kou bleven rondhangen terwijl de fotograaf er een eeuw over deed om de verlangde foto's te maken, kreeg Ellis Naomi in de gaten onder de extravagant brede rand van een marineblauwe hoed, die ze probeerde vast te houden in de vlagerige wind. Vanaf het moment dat hij had gezien wie de bruid was – Naomi's beste vriendin uit haar studententijd – had hij voortdurend om zich heen gekeken om te zien of ze er was, maar tevergeefs. Later had ze hem verteld dat ze vooraan had gezeten, verborgen achter een pilaar.

Terwijl de fotograaf nog steeds mensen bij elkaar riep om foto's van hen te maken, liet Ellis de vriendin met wie hij was gekomen achter bij een groep andere gasten en ging Naomi gedagzeggen. Hij was zo verrukt om haar weer te zien dat hij in de verleiding kwam van achteren op haar af te lopen, zijn handen voor haar ogen te slaan en te zeggen: 'Raad eens!' Maar hij hield zich in bedwang en zei in plaats daarvan: 'Hallo, Naomi. Dat is lang geleden.'

'Ellis!' riep ze uit. 'Wat een verrassing om je hier te zien.'

'Een leuke verrassing, hoop ik.'

Ze glimlachte. 'Heel erg leuk.'

Ze kusten elkaar op de wang, wat geen geringe prestatie was gezien de omvang van haar hoed, zeiden dat de ander geen haar was veranderd en vroegen hoelang het precies geleden was dat ze elkaar voor het laatst hadden gezien.

'Dat moet vijf jaar geleden zijn,' zei ze.

'Zeven,' zei hij.

'Echt?'

'Echt,' herhaalde hij. 'Dat is een flinke hoed die je daar ophebt,' voegde hij eraan toe toen een windvlaag hem bijna van haar hoofd rukte en ze hem met een hand moest vasthouden.

'Een absurde keus, vooral in dit weer,' zei ze.

'Ik vind hem fantastisch. Hij bestempelt je meteen tot de mooiste en opvallendste vrouw die hier aanwezig is.' Tot zijn tevredenheid zag hij dat ze bloosde.

'Laat de bruid het maar niet horen,' zei ze. 'Niemand hoort meer aandacht te krijgen dan zij.'

'Over de bruid gesproken: ik had geen idee wie er ging trouwen tot ik de liturgie las en Geraldine met haar vader naar het altaar liep.' Hij legde uit hoe hij daar terecht was gekomen.

'Waar is je vriendin?' vroeg ze.

Wat kan mij dat nou schelen nu jij hier bent, had hij willen zeggen. Hij wees over zijn schouder naar de plek waar hij haar had achtergelaten.

'Knappe meid,' zei Naomi. 'Maar jij hebt altijd oog gehad voor een mooi gezichtje.'

Hij negeerde het commentaar en zei: 'Het is echt fantastisch om je weer eens te zien. Waarom hebben we geen contact gehouden?'

'Jij bent een jaar eerder afgestudeerd dan ik, dus ik neem aan dat we gewoon allebei een andere kant uit zijn gegaan.'

'Ik wou dat dat niet was gebeurd,' zei hij zacht. 'We hebben altijd zoveel lol met elkaar gehad.' Er kwam een stortvloed aan herinneringen bij hem terug. Aan studentenfeestjes die duurden tot het weer licht werd, aan onbegrijpelijke schatzoektochten waarbij ze bijna allemaal hopeloos verdwaalden, aan een skivakantie waarbij een lid van de groep met een gebroken pols en been naar het ziekenhuis was afgevoerd.

Ze glimlachte, maar het was een trieste glimlach. Of was het spijt? Of wilde hij dat graag geloven?

'Nu ik je weer zie, besef ik dat ik meer moeite had moeten doen om...' Hij maakte de zin niet af.

'Om wat?'

'Om ervoor te zorgen dat we meer werden dan vrienden,' zei hij stoutmoedig.

'Je hebt nooit laten merken dat je dat wilde.' Haar stem was zacht en haar blik gleed weg.

'Het was nooit het juiste moment. Óf jij had verkering, óf ik. Mag ik hopen dat het juiste moment nu is gekomen?' Weer waagde hij het erop.

Voordat ze de kans had om antwoord te geven, klonk er een luide stem achter Ellis. 'Schat, het spijt me dat ik je zo in de steek heb gelaten, maar een getuige blijkt vele plichten te hebben. Herinner me eraan dat ik die rol nooit meer op me neem!'

De eigenaar van de stem stond inmiddels naast Naomi en leek zeer ingenomen met zichzelf. En dat mocht ook wel, dacht Ellis toen Naomi hem voorstelde als haar man Colin. Omdat ze handschoenen had gedragen tegen de kou had hij haar ringvinger niet kunnen zien.

'Bij wie hoor jij?' vroeg Colin, terwijl hij hem het soort al te stevige handdruk gaf dat bedoeld was om de basisregels vast te stellen. 'Bij de bruid of de bruidegom?'

'De bruidegom, zo'n beetje. Naomi en ik zijn studievrienden,' antwoordde Ellis vriendelijk.

'Echt waar?'

'Ellis is een jaar voor mij afgestudeerd,' deed Naomi een duit in het zakje. 'Dit is de eerste keer dat we elkaar terugzien.'

'Volgens mij hebben we elkaar voor het laatst gezien bij dat gemaskerde bal. Jij was verkleed als Frida van Abba...'

'En jij als Johnny Rotten.'

Ze lachten allebei. Net als vroeger. Maar een blik op Colin waarschuwde Ellis dat het geen goed idee was om oude herinneringen op te halen. Als hij moest afgaan op de bezitterige arm om Naomi's schouders, tenminste. Dat gebaar was duidelijk bedoeld om het terrein af te bakenen. Ellis vroeg zich af waarom. Waarom voelde die man zich bedreigd door een oude vriend die een praatje maakte met zijn vrouw?

Onder normale omstandigheden zou Ellis het eind van de receptie in een chic plattelandshotel niet hebben afgewacht, maar hij wilde nog eens met Naomi praten. De blik van verdriet – of spijt – in haar ogen bleef hem bezighouden.

Toen de maaltijd voorbij was en de disco begon, danste hij met de vrouw met wie hij was gekomen. 'It's Raining Men' van de Weather Girls werd gevolgd door David Bowies 'Let's Dance' en vervolgens door 'Karma Chameleon' van de Culture Club. Hij verontschuldigde zich om naar het toilet te gaan en toen hij terugkwam, zag hij dat zijn vriendin met iemand anders danste. Toen kreeg hij Colin in het oog, die met een groep andere mannen aan de bar stond, en hij greep zijn kans om Naomi op te zoeken. Ze stond te praten met de bruid, Geraldine, die behoorlijk aangeschoten was en haar verrassing uitsprak omdat het toeval hem naar haar bruiloft had gebracht.

'Nu zijn we allemaal weer samen, net als vroeger!' verklaarde ze.

Maar het was niet net als vroeger. Alles was anders.

'De dansvloer wenkt.' Ellis stak zijn hand naar Naomi uit. 'Zullen we?'

Ze aarzelde.

'Phil Collins roept,' drong hij aan.

'Ga maar, Naomi.' Geraldine gaf haar een duw. 'Colin gaat niet meer met je dansen; hij en Brian komen de rest van de avond niet meer bij de bar vandaan.'

Ze kwamen net de dansvloer op toen 'You Can't Hurry Love' overging in het rustiger 'I Just Called to Say I Love You' van Stevie Wonder.

'Ben je al lang getrouwd?' vroeg hij toen ze elkaar voorzichtig vastpakten.

'Twee jaar,' zei ze.

'Kinderen?'

Ze schudde haar hoofd. 'Nog niet.'

'Dus dat komt nog?'

Ze gaf geen antwoord.

'Ik wil me nergens mee bemoeien, maar je lijkt niet zo blij als ik me je herinner. Is er iets mis?'

Hij voelde dat ze verstrakte en dat vatte hij op als een bevestiging. Heel voorzichtig trok hij haar iets dichter naar zich toe. 'Je kunt altijd met me praten,' zei hij met zijn lippen dicht bij haar oor. 'Dat blijft vertrouwelijk.'

Toen hij een gesmoorde snik hoorde, keek hij naar de bar om te controleren of Colin daar nog stond en fluisterde in Naomi's oor dat ze hem moest volgen.

Het was Naomi die voor hem uit de tuin in liep. Ze pakte een van de vele lantaarns met een kaars erin die langs de paden stonden, terwijl hij een fles champagne meegriste en haar volgde naar het zomerhuisje. Ze sloot de deuren, zette de lantaarn op de tafel, pakte de fles uit zijn handen en nam een slok, gevolgd door een tweede. Daarna ging ze op de krakende rieten bank zitten, waarop wollen dekens en een paar grote kussens lagen. Hij ging ook zitten, nam de fles van haar aan en dronk eruit.

'Het gaat om Colin,' zei ze. 'Hij... Hij is vreemdgegaan.'

'Weet hij dat jij dat weet?'

'Ja. Om een of andere reden had hij de behoefte om te bekennen dat hij met zijn secretaresse naar bed was geweest. Hij heeft me verzekerd dat het niets betekende en dat het nooit meer zal gebeuren.'

'Geloof je hem?'

Ze wierp hem een blik toe in het flakkerende kaarslicht. 'Ik wil hem geloven.'

'Het zal tijd kosten om hem weer te leren vertrouwen,' zei hij. 'Of eigenlijk moet hij je vertrouwen terugwinnen.'

'Jij bent de enige aan wie ik het heb verteld.'

Hij was verbaasd. 'Heb je het dan niet aan Geraldine verteld? Vroeger had je geen geheimen voor haar.'

'Ik kon niets tegen haar zeggen, ze stond op het punt te gaan trouwen. Zij en Brian zijn dol op Colin, vooral Brian. Ze hebben samen op school gezeten.'

'Ik hoop dat Brian het aankan om met Geraldine getrouwd te zijn,' zei Ellis. 'In mijn herinnering is ze nogal angstaanjagend.'

'Ze is niets veranderd. Jij ook niet, merk ik tot mijn blijdschap.'

Dat kon hij van haar niet zeggen; hij kon zich niet herinneren dat hij haar ooit zo triest had gezien. Hij gaf haar de fles terug. Het was net een doorgeefspelletje.

Toen ze nog een slok had genomen en de bubbels over haar kin schuimden, zei ze: 'Heb jij ooit een vriendin bedrogen?'

'Nee.' Zijn handen jeukten om haar kin af te vegen.

'Ik ook niet. Maar...'

'Maar wat?'

'Ik geloof dat ik beter niets kan zeggen.'

Hij slikte en zag hoe ze haar kin afveegde met haar hand. 'Misschien niet.'

De stilte tussen hen werd steeds langer. 'We hebben elkaar nooit gezoend in onze studententijd, hè?' zei ze na een tijdje.

'Niet dat ik me kan herinneren,' zei hij luchtig, met zijn blik op de gloeiende lantaarn. 'Ik weet zeker dat ik het me herinnerd zou hebben.'

'Ik heb altijd willen weten hoe het zou zijn,' fluisterde ze.

Hij keek naar haar. 'Echt waar? Waarom heb je dat nooit gezegd?'

'Zoals je eerder al zei, was het nooit het juiste moment.'

Al zijn instincten zeiden dat hij moest stoppen met dit gesprek, dat de woorden die ze wisselden te beladen waren met verlangen en behoefte, die alleen maar tot spijt konden leiden.

Maar een sterker instinct zorgde dat hij de fles uit haar hand nam en hem op de tafel naast de lantaarn zette. Toen streelde hij haar wang en kuste haar. Precies zoals hij had gewild toen ze nog studeerden. En vandaag toen hij haar had ontdekt onder die grote hoed. Gek dat zijn verlangen naar haar nooit was weggegaan.

Ze hadden na de eerste kus moeten stoppen, en na de tweede en de derde. Maar tegen die tijd waren ze in de greep van een onhoudbare macht. Ze gooiden de wollen dekens op de grond en hij maakte de rits van zijn broek open terwijl zij haar kousen en zijden ondergoed uitdeed. De rok van haar jurk zat zo strak dat hij voor de grap zei dat het was alsof hij haar een rubberhandschoen moest uittrekken toen hij hem omhoogschoof. Hij vrijde met haar in een glorieuze explosie van ademloze hartstocht, zonder zich iets aan te trekken van de gevolgen. Het kon hem niet schelen waarom Naomi haar man met hem wilde bedriegen. Wat maakte het uit of het haar manier was om wraak te nemen? Hij gaf er niets om.

Als hij ervoor moest boeten, en dat was meestal zo, dan moest dat maar.

Toen een verpleeghulp hem vroeg of ze hem kon helpen, kwam Ellis met een schok terug in het heden. Hij deed zijn verzoek, er werd snel een vaas voor de bloemen gevonden en gevuld met water en hij keerde ermee terug naar de kamer van zijn moeder.

'Daar ben je,' zei Rose toen hij de vaas op de kast zette, naast de televisie waar ze zelden naar keek. 'We dachten al dat je een beter iemand had gevonden om mee te praten.'

'Ik wilde jullie de tijd geven om over me te roddelen,' zei hij.

'Denk maar niet dat we dat niet hebben gedaan,' lachte Naomi.

Een halfuur later zei Rose met een licht handgebaar: 'Het was heerlijk om jullie te zien, maar nu ben ik moe en ik wil graag slapen. Kom snel weer, Naomi.'

'Dat doe ik. Beloofd.'

'Ik vond het leuk om eens met iemand anders te praten.'

'Bedankt voor die motie van vertrouwen, mam.' Ellis gaf haar een zoen.

'Ga lekker ergens lunchen met Naomi.' Haar hoofd viel al opzij toen ze overmand werd door uitputting. 'En ga plannen maken voor de rest van jullie leven.'

'We zullen het proberen.' Hij gaf haar nog een zoen.

16

'Alles in orde, Martha?'

Martha schrok van de stem van Jason, die opeens in de deuropening van haar kantoor stond, en probeerde dat te verhullen door haar keel te schrapen en te hoesten. Hoelang stond hij daar al? Waarschijnlijk lang genoeg om te weten dat ze niet aan het werk was geweest, maar had zitten staren naar een duif die een nest bouwde op een richel van het kantoorgebouw naast haar. De ruimte tussen de twee gebouwen was niet meer dan een paar meter en Martha had zich vaak afgevraagd hoe moeilijk het zou zijn om een plank van het ene raamkozijn naar het andere te leggen en die te gebruiken als geheime ontsnappingsroute. Als je daar zin in had.

Jason kwam haar kantoor in en was kennelijk in de stemming voor een van zijn 'praatjes', dus ze wenste met heel haar hart dat ze kon ontsnappen. Of dat ze net als haar zus kon doen toen die klein was. Willow had een fase gehad waarin ze geloofde dat ze onzichtbaar was als ze haar ogen dichtdeed. Martha was er gek van geworden, want hoe vaak ze Willow ook vertelde dat ze haar kon zien, haar zusje had geweigerd haar te geloven. Zelfs als Martha haar kneep, dwong ze zichzelf niet te reageren. Het vermogen dat Willow als kind had gehad om de waarheid te ontkennen en de voorkeur te geven aan haar fantasie was een vroeg teken dat ze altijd haar kop in het zand zou steken en zou weigeren iets onder ogen te zien wat ze onaangenaam vond.

Als geharde realist glimlachte Martha naar Jason toen hij ging zitten en ze wachtte rustig af tot hij vertelde waarom hij haar kantoor binnen was komen lopen. Alsof ze dat niet kon raden.

'Hoe gaat het met de pitch voor Topolino?' vroeg hij.

Ja hoor, daar had je het al.

'Op dit moment heb ik nog niets concreets,' zei ze. 'Ik ben nog ideeën aan het opdoen.'

'Wil je ze met me delen?'

'Nou, voor zover ik kan zien, is het goed dat ze zo snel hebben ingegrepen en de schade aan hun reputatie tot een minimum hebben beperkt. Dat is dus waarop ik wil voortborduren, de snelheid waarmee ze alles in orde hebben gemaakt. Ik denk dat ze moeten uitweiden over hun inspanningen om alle aspecten van hun bevoorradings- en productieketen in beeld te krijgen. De onderste steen boven, dat soort dingen.'

'Klinkt goed.' Hij stond op. 'Laat me weten als je iets specifiekers hebt. O, en hou me op de hoogte van het nestenbouwproject daarbuiten,' voegde hij er met een blik door het raam aan toe.

Shit! Ze moest aan de bak. En snel ook. Er werd niet meer naar buiten getuurd en ze kon zich niet meer laten afleiden door de wens om zwanger te raken.

En ze mocht ook niet meer aan haar moeder denken en wat er in godsnaam met haar aan de hand was. Met een beetje geluk was dat idee dat ze verliefd was een bevlieging, een trucje om te overleven. Waarschijnlijk was het een vorm van uitgestelde shock na de plotselinge dood van haar man, een behoefte om de leegte te vullen die zijn dood had achtergelaten. Dus misschien moesten ze haar maar gewoon even laten gaan, het op zijn beloop laten tot ze tot het besef kwam dat ze zich had vergist. Of op het punt stond zich te vergissen. Ze was tenslotte een goede partij: een weduwe die in een prachtig huis woonde en dankzij de werklust van haar man een aanzienlijke financiële portfolio tot haar beschikking had. Maar als die Ellis een opportunist was, op zoek naar een rijke weduwe, dan was hij aan het verkeerde adres!

Dit weekend zouden ze hem eindelijk ontmoeten en dan zou dat allemaal wel duidelijk worden. Willow had eindelijk toegegeven dat ze komende zondag wel even tijd kon vrijmaken, maar ze had tegelijk een spaak in het wiel gestoken door te zeggen dat het heel warm werd en dat het veel leuker zou zijn om naar Anchor House te gaan, waar ze konden genieten van het strand, dan bij Tom en Martha bij elkaar te komen, zoals aanvankelijk het plan was geweest. Rick wilde kennelijk ook graag de dag in Tilsham doorbrengen. Tom had Martha herinnerd aan de handreiking die ze moest doen, dus ze had ermee ingestemd.

Maar het had haar zacht gezegd enorm geërgerd. Ze was er nog steeds boos over en nu er een nieuwe golf van irritatie in haar opwelde, dwong ze zichzelf om te ontspannen. Alle artikelen die ze had gelezen over het verwekken van een kind waren het erover eens dat piekeren het meest contraproductieve was wat je kon doen. Diep ademhalen, hield ze zichzelf voor, langzaam in, langzaam uit. Toen ze uitademde, stond ze op en liep naar het raam. De duif was druk bezig met een snavel vol twijgjes, die ze toevoegde aan het nest in aanbouw, zodat het perfect zou zijn voor een ei of misschien wel twee.

Toen ze zag hoe de plichtsgetrouwe vogel zijn kop op en neer bewoog om alles gereed te maken, voelde Martha opeens de tranen prikken. De gedachte aan die vogel, die zo zorgvuldig, maar op zo'n precaire plek voorbereidingen trof voor de komende nazaten, vervulde haar met verdriet.

Naast het pijnlijke verdriet was er nog de wetenschap dat ze een lichtgeraakt kreng werd doordat ze geen moeder leek te kunnen worden. Elke gedachte die bij haar opkwam was negatief. Erger nog, ze werd verteerd door de behoefte om iedereen om haar heen te bekritiseren en te veroordelen. Ze kon in niemand meer iets goeds zien. Zeker niet in zichzelf. Eigenlijk haatte ze op dit moment de hele wereld.

Tom had voorgesteld om een paar dagen weg te gaan, een minivakantie. Maar ze kon geen greintje enthousiasme opbrengen voor het idee. Er was geen enkele plek waar ze naartoe wilde. Geen enkele. Ik wil alleen een baby, had ze inwendig gegild toen Tom met het voorstel was gekomen om een paar dagen naar Florence of misschien Venetië te gaan, of wat dacht ze van New York, een terugkeer naar Central Park, waar ze zich hadden verloofd?

Ze zag de duif wegvliegen om nog meer takjes te halen en ze haatte zichzelf nog meer toen ze eraan dacht hoe Tom zijn best deed om haar een genoegen te doen, om te laten zien hoeveel hij van haar hield. Met haar armen over elkaar bedacht ze hoe gemeen ze gisteravond via de telefoon tegen Willow was geweest. Ze had het geweten zodra ze de woorden eruit had gegooid: 'O, in godsnaam, zeur toch niet altijd zo dat Rick zo afschuwelijk netjes is! Wees blij dat hij geen viespeuk is, die zijn afgeknipte teennagels op het vloerkleed en lege pizzadozen onder het bed laat liggen!'

'Ik zeur helemaal niet,' had Willow gezegd.

'Ja, dat doe je wel, en ik heb eerst al die saaie verhalen moeten aanhoren over de kat die je bent kwijtgeraakt en hoe opgelucht je was dat Simon en Lucy niet zo van streek waren als je had gevreesd, omdat Lucy zwanger was en dat ze daarom eerder thuis waren gekomen dan gepland. Nou, hoera!'

Dat was natuurlijk de echte reden voor haar woede en frustratie, dat ze had moeten horen dat iemand anders wel een kind kon krijgen. Niet dat Willow echt veel verteld had over haar zwangere vriendin. Dat had Martha zelf uit haar zus moeten trekken.

'Nou, waarom zijn ze nou eigenlijk eerder thuisgekomen?' had ze gevraagd, omdat ze voelde dat Willow iets voor haar achterhield. Ze merkte het altijd als haar zus iets voor haar verzweeg.

Uiteindelijk had Willow verteld dat Lucy in verwachting was. De manier waarop ze het had verteld, met een soort gemompeld excuus dat ze dat liever niet had gedaan omdat ze bang was dat Martha erdoor van streek zou raken, maakte Martha's irritatie alleen maar groter. Het feit dat Willow niet tegen het zere been wilde schoppen was juist het ergste. Martha voelde zich honderd keer slechter nu haar zus zo gevoelig bleek te kunnen zijn.

Waarom had ze Willow gedwongen het te vertellen? Waarom had ze niet gewoon haar mond gehouden? Haar moeder zei het vroeger altijd al: 'Martha, soms ben je echt zelf je ergste vijand. Je moet eens leren je niet altijd zo in te graven.'

Nu Rick naar zijn werk was, was Willow alleen in zijn flat, nog steeds in pyjama. Ze speelde met het gouden klavertjevier om haar hals en zocht op haar laptop naar babykleertjes.

Het was stom om dat te doen, maar ze had zichzelf er niet van kunnen weerhouden en hoe meer ze zag, hoe schattiger het allemaal leek. Aanvankelijk had ze alleen willen uitzoeken wat haar te wachten stond, wanneer de misselijkheid zou verdwijnen bijvoorbeeld. Maar voor ze het wist was ze in een zwart gat gezogen en scrolde ze door de Bugaboo-kinderwagens met prijzen die pijn deden aan je ogen, en daarna door de piepkleine pakjes en pyjamaatjes en de liefste omslagjasjes die je kon bedenken. O, en dan waren er nog de wantjes, de mutsjes, de leggings en de maillots en die grappige kleine slabbetjes.

Maar baby's betekenden niet alleen lieve slaappakjes, waarin ze eruitzagen als donzige konijntjes, waarschuwde ze zichzelf. Er zat veel meer aan vast. Echte verantwoordelijkheid en volwassen gedrag, een leven lang. Kon ze dat wel?

Volgens haar was ze een week of negen zwanger. Ze had het nog steeds niet aan Rick verteld; ze kon zich er gewoon niet toe brengen. Als ze het hem vertelde, was het meteen echt en daar was ze nog niet klaar voor. Eigenlijk wilde ze niet dat het echt was. Ze wilde geloven dat ze niet zwanger was, dat ze er niet zo'n spectaculaire rotzooi van had gemaakt.

De gedachte dat het beter was om er meteen een eind aan te maken, om het probleem te laten verwijderen en haar leven fijn, eenvoudig en zorgeloos te houden, was altijd in haar achterhoofd aanwezig. Rick hoefde het nooit te weten. Het zou haar geheim zijn.

Ze klapte haar laptop dicht, stond abrupt op van de zwartleren sofa waar ze al een uur op zat en liep door de kamer naar de keuken. Ze had voordat ze bij hem was ingetrokken al geweten dat Rick alles graag netjes hield, maar nadat ze vorig weekend hiernaartoe was verhuisd, was ze erachter gekomen dat het bijna een obsessie voor hem was. Hij hield er niet van dat er meer op het aanrecht stond dan de waterkoker. Als een kopje, glas, bord of stuk bestek eenmaal was gebruikt, ging het meteen de vaatwasser in en vandaar verdween het weer in de kast of de la.

Willow was van nature niet netjes en georganiseerd, maar ze was vastbesloten om er beter in te worden. Zoals Rick zei: hoe moeilijk was het nou helemaal om het blik koffie weg te zetten nadat ze het had gebruikt? Van de andere kant, wat was het probleem als je het bij de waterkoker liet staan, omdat je wist dat je het een uur later weer zou gebruiken? Hetzelfde gold voor de doos met theezakjes. Maar dit was Ricks flat en ze moest zich gewoon aanpassen aan zijn manier van doen. Dat deed je als stel. En ze moest toegeven dat zijn open, loft-achtige appartement behoorlijk cool was. Het had zelfs een balkonnetje met precies genoeg ruimte voor twee stoelen en een metalen tafeltje. Daar hadden ze gisteravond gegeten, nadat Rick had gekookt. Dat had hij helemaal zelf gedaan; ze had niet mogen helpen. Hij zei dat ze de avond daarvoor te veel troep had gemaakt en dat hij het risico niet kon nemen dat ze dat nog eens deed. Ze had gelachen en gezegd dat dat de hele tijd haar sluwe plannetje was geweest, zodat ze niet meer voor hem zou hoeven koken.

Terwijl ze een kop instantkoffie voor zichzelf maakte – ze durfde zijn dure apparaat niet te gebruiken, uit angst dat er troep van zou komen of erger nog, dat ze het ding kapot zou maken – dacht ze weer aan de baby die zij en Rick hadden gemaakt en die nu langzaam maar zeker in haar buik groeide. Opeens bedacht ze dat het net een tijdbom was, die in haar lichaam tikte en een explosie van emoties zou kunnen ontketenen als ze bekendmaakte dat ze zwanger was.

Het was gisteravond al erg genoeg geweest om haar zus te vertellen dat Lucy in verwachting was. Ze moest er niet aan denken hoe Martha zou reageren als Willow toegaf dat ze zelf ook een kind verwachtte. Het was natuurlijk helemaal haar eigen schuld. Ze had Martha niet moeten vertellen hoe opgelucht ze was dat Simon en Lucy niet boos op haar waren geworden omdat Cedric was weggelopen. Dat had er alleen maar toe geleid dat ze had moeten uitleggen waarom.

In tegenstelling tot Willows paniek en angst om haar zwangerschap waren Simon en Lucy opgetogen nu ze eerder dan gepland een baby verwachtten. Ze was blij voor hen en hun geluk was zo aanstekelijk dat ze bijna haar eigen nieuws eruit had gegooid. 'Raad eens, ik ben ook zwanger en ik heb geen idee wat ik moet doen!'

En dat was helemaal waar.

17

Vanaf het grote balkon dat grensde aan haar slaapkamer keek Naomi naar een zeilboot die op de motor de haven uit voer. Er stond geen zuchtje wind en in de verrassend zwoele stilte van de meiochtend droeg het sputterende geluid van de motor met gemak over het gladde wateroppervlak.

Op zo'n dag waren Naomi, de meisjes en Tom uitgevaren in Colins boot, de *Marlow*, om zijn as uit te strooien. Om de beurt hadden ze wat as uit de urn gestrooid tot die leeg was en omdat er geen wind was, hoefden ze niet bang te zijn dat ze Colins as in hun gezicht kregen – iets wat in films altijd leek te gebeuren. Zo hadden ze rustig afscheid genomen. Naderhand waren ze met Tom aan het roer en op de motor om de kaap naar de haven van Bosham gevaren en hadden ze geluncht bij de Anchor Bleu. Toen ze terugkwamen in Tilsham was de hemel donker geworden en begonnen de eerste zware regendruppels te vallen. Binnen een paar minuten had de donder geknald en het volgende uur had het gestormd. Naomi had gekeken naar de lichtflitsen langs de hemel en ze had zich voorgesteld dat Colin, die altijd dol was geweest op grote gebaren, had gezorgd voor het vallen van het laatste gordijn van zijn leven.

Ze wendde zich af van het uitzicht en de herinnering aan die dag en ging naar binnen om zich klaar te maken, hopend dat de dag niet met storm zou eindigen. Maar dit keer een storm van woorden en emoties.

Ze arriveerden tegelijk, iets na twaalven, net toen Naomi als laatste een vaas seringen op de tafel op de veranda had gezet en Ellis een open fles witte wijn in de wijnkoeler deed. Het was precies het soort tafereel dat Tom en de meisjes talloze malen eerder had begroet, alleen zou dan hun vader voor de wijn hebben gezorgd. En dan zou Naomi geen bonk zenuwen zijn geweest. Ze was zelfs zo nerveus dat ze een glas omstootte toen ze zich haastte om hen tegemoet te lopen, dat op de grond kapotviel. In de hierop volgende chaos bukte Ellis om haar te helpen de scherven op te rapen en botsten ze niet alleen met hun hoofden tegen elkaar, maar sneden ze zich ook nog aan het gebroken glas.

Het was niet de ontspannen kennismaking die Naomi voor ogen had gehad, maar het zorgde er wel voor dat het ijs meteen was gebroken. Toen er pleisters waren geplakt en drankjes waren ingeschonken was een formele introductie inmiddels overbodig en gingen ze aan tafel. Op dat moment zei Naomi er iets van dat Rick niet was meegekomen. 'Ik dacht dat hij zich had verheugd op een dagje aan zee,' zei ze, 'Een kans om Londen uit te kunnen.'

'Hij eh... Hij heeft zich op het laatste moment bedacht,' zei Willow met een blik op haar zus.

'Willow bedoelt dat hij het beter vond dat wij vandaag met zijn drieën kwamen,' zei Martha.

'Echt waar?' zei Naomi. 'Waarom?' Ze kon het wel raden, maar ze voelde een knorrige behoefte om haar oudste dochter te laten uitleggen waarom er een veto was uitgesproken over Ricks aanwezigheid.

'Dit is een familieaangelegenheid, toch?' zei Martha. 'Het gebeurt tenslotte niet elke dag dat we worden uitgenodigd om kennis te maken met de nieuwe vriend van onze moeder.'

'Inderdaad,' zei Naomi mild, 'en ik kan jullie verzekeren dat ik niet van plan ben jullie regelmatig zo'n beproeving te laten doormaken.'

'Het is geen beproeving, mam,' zei Willow. 'Integendeel.'

Ellis glimlachte naar Willow. 'Ik ben blij dat te horen,' zei hij. 'Ik hoop maar dat ik jullie gerust kan stellen en dat ik jullie ervan kan overtuigen dat mijn bedoelingen ten opzichte van jullie moeder strikt eerbaar zijn, hoe ouderwets dat ook mag klinken.'

'Wat een teleurstelling,' zei Naomi lachend, maar ze had meteen spijt van het ongepaste grapje toen ze de geschokte uitdrukking op Martha's gezicht zag. O jee, dacht ze met een bezwaard gemoed toen ze zich excuseerde om naar het eten te gaan kijken, dit werd nog lastiger dan ze had verwacht. Hoe ter wereld kon ze zorgen dat Martha bijtrok?

Willow had altijd meer open gestaan voor nieuwe mensen, maar Martha, die enorm zwart-wit was in alles wat ze dacht en zei, was een lastiger noot om te kraken. Die vastberadenheid van haar was zowel een kracht als een zwakte. Colin was ook zo geweest. Door resoluut aan zijn overtuiging vast te houden, liet hij geen ruimte om van gedachte te veranderen of toe te geven dat hij het mis had.

Ze was nog maar net in de keuken en deed de oven open om te kijken of het brood met olijven en rozemarijn klaar was toen Tom binnenkwam.

'Kan ik helpen?' vroeg hij.

'Wilde je er even tussenuit?' vroeg ze. 'Of is dit afgesproken tussen jullie drieën?'

'Afgesproken?' herhaalde hij.

'Ja, dat de meisjes Ellis een kruisverhoor afnemen, terwijl jij mij ondervraagt.'

Haar bitse toon overviel Tom kennelijk en ze verontschuldigde zich meteen. 'Het spijt me,' zei ze. 'Ik ben nogal gespannen nu jullie kennismaken met Ellis en daar word ik kribbig van.'

'Ik geloof dat we allemaal een beetje gespannen zijn.'

'Precies. Maar is het zo moeilijk voor jullie drietjes om je voor te stellen dat ik de rest van mijn leven niet alleen wil blijven? Dat ik zelfs gelukkig ben met Ellis?'

'Is dat hoe je het voor je ziet? Dat jullie samen blijven tot...' Hij maakte zijn vraag niet af en fronste, misschien omdat hij niet goed wist hoe hij verder moest gaan.

Zijn onhandigheid ontroerde haar en ze zei: 'Bedoel je voor altijd, tot ik doodga?'

'Blijvend.' Zijn gezicht klaarde op, alsof hij opgelucht was dat hij een betere manier had gevonden om zich uit te drukken.

'Blijvend is precies de goede manier om te beschrijven wat ik voel voor Ellis.' Ze meende het.

‘En voelt hij hetzelfde voor jou?’

‘Ja. Ik kan je niet vertellen hoe bevrijdend dat is.’ Ze zag dat hij een kleur kreeg bij haar bekentenis en kreeg het gevoel dat hij doodsbang was dat ze op het punt stond het ondenkbare met hem te delen, namelijk dat ze weer een rijk en actief seksleven had, dus ze voegde er haastig aan toe: ‘Maar als Martha je heeft gevraagd met me te praten om te achterhalen hoe het met mijn geestelijke gesteldheid is en of ik nog bij mijn volle verstand ben, verzeker haar dan alsjeblieft dat dat zo is.’

‘Geen redelijk mens zou denken dat er iets mankeert aan jouw verstand, Naomi.’

‘Nou, dat is al iets.’ Ze schoof het hete brood op een verwarmd bord. ‘Als je echt wilt helpen, Tom, kun je dan dat schaaltje hummus op een blad zetten, met dat potje olijfolie en het potje met rotszout?’

Toen hij dat voor haar had gedaan en ze naar de paella op het fornuis had gekeken, zei hij: ‘Je weet dat we gewoon willen dat je gelukkig bent, hè?’

‘Die indruk geeft Martha niet. Ik geloof dat ze veel liever heeft dat ik me ellendig voel.’

Hij schudde zijn hoofd. ‘Dat is helemaal niet waar. Je weet hoe ze is. Ze houdt niet van verandering, tenzij zij degene is die aan het roer staat, en jij en ik weten allebei dat ze Colin aanbad. Iedereen die hem probeert te vervangen, kan dus op tegenstand rekenen.’

‘Het gaat er niet om om Colin te vervangen,’ zei Naomi. ‘Echt niet. Het gaat erom dat ik de kans grijp om een nieuw leven op te bouwen.’

‘Natuurlijk, maar het draait om de perceptie. Ik kan niet voor Willow spreken, maar ik zou je willen meegeven dat Martha van streek raakt door de gedachte dat Ellis of wie dan ook de herinnering aan haar vader zal laten vervagen.’

Naomi zuchtte. ‘Ik ben blij met jou als schoonzoon, Tom. Je bent zo nuchter en je leeft zo mee met de mensen om je heen.’

‘Dat werkt beide kanten op. Ik heb altijd gevonden dat ik geluk had met jou als schoonmoeder.’

Nu ze zo open en vertrouwelijk met elkaar spraken en ze niet bang hoefde te zijn Martha van streek te maken, durfde Naomi het aan om te vragen of er nog een andere reden was voor de onbuigzaamheid van Martha. Ze wist dat Tom meteen zou begrijpen wat ze eigenlijk wilde weten.

'Als je je afvraagt of ze in verwachting is, dan zou je dat nog steeds werk in voorbereiding kunnen noemen.'

'Aha,' zei Naomi. 'Dat kan voor geen van jullie gemakkelijk zijn.'

'Nee,' zei hij zacht en hij pakte het blad op om een eind aan het gesprek te maken.

Ze zette het bord met brood op het blad, pakte een kan water met ijs en zei: 'Kom op, we gaan Ellis redden. De hemel mag weten wat de meisjes met hem aan het doen zijn.'

Toen ze de keuken uit liepen en Naomi de onverholen vijandige blik van Martha zag, zonk de moed haar in de schoenen. Willow zat echter te spelen met het mooie gouden kettinkje dat ze omhad en luisterde glimlachend naar Ellis, die vertelde hoe hij genoot van het leven in Tilsham.

'Misschien omdat je zulke goede buren hebt,' zei Naomi.

'Of buren die je heel gemakkelijk om je vinger kunt winden,' mompelde Martha.

'Ik zal maar doen alsof ik dat niet heb gehoord,' zei Naomi geforceerd vrolijk, alsof ze Martha's opmerking beschouwde als een grapje. 'Nou, blijf daar niet zo zitten, meiden, maak even wat ruimte op tafel, zodat Tom en ik dit neer kunnen zetten.'

Martha zat zich de hele avond kapot te ergeren aan de overdreven vrolijkheid van haar moeder. Maar van de andere kant haatte ze zichzelf omdat ze zo slecht over haar dacht. Dat maakte haar ergernis over het feit dat ze weer eens afschuwelijk onaardig deed des te groter.

In elke andere situatie zou ze Ellis Ashton waarschijnlijk best aardig hebben gevonden. Ze kon niet ontkennen dat hij een ontspannen manier van doen had. Hij was niet opdringerig en probeerde niet te hard om een goede indruk achter te laten, maar hij was heel vriendelijk, alsof hij niets te bewijzen had. In haar ogen moest hij echter van alles bewijzen.

Ze keek toe vanaf de andere kant van de tafel toen hij Willow naar haar werk vroeg en wat dat inhield, en bedacht dat hij een stem had die de aandacht opeiste. Er lag warmte in en hij had een geruststellende cadans, die bijna hypnotisch werkte. Terwijl ze naar hem zat te luisteren, zag ze hem opeens voor zich als bemiddelaar bij gijzelingen, zo iemand die de gewapende gijzelnemer in alle rust overhaalde om zijn gijzelaars te laten gaan en hem zijn wapens te geven.

Mensen die pa hadden gekend zeiden altijd dat Martha precies op hem leek: vasthoudend, doelbewust en scherpzinnig. Ze was er altijd trots op geweest dat ze die karaktertrekken van haar vader had geërfd, maar wat ze niet bezat, was het vermogen tot empathie, en ze was zich heel goed bewust van dat gebrek. Mam had het wel, en Willow ook. Ellis waarschijnlijk ook.

Tom kon weleens subjectief zijn, maar meestal bekeek hij het leven met dezelfde objectiviteit als Martha. Hij hield zijn gevoelens vastberaden buiten beschouwing. Gevoelens kleurden je oordeel, daar waren ze allebei van overtuigd. Ze had het altijd fijn gevonden dat hij op dezelfde rechtlijnige manier met dingen omging als zij. Daarom hadden ze ook zelden ruzie. Ze waren allebei volkomen rationeel. Het probleem was dat ze zich de laatste tijd had laten leiden door haar gevoelens. Ze moest accepteren dat ze terug was in haar kindertijd, toen ze een wervelwind van heftige emoties was geweest als ze haar zin niet kreeg. Ze had enorme haast gehad om volwassen te worden en toen ze dat eenmaal was, was de wereld opeens anders en onderging ze een transformatie, in het besef dat ze haar energie beter kon gebruiken als ze haar emoties stevig onder controle hield. Dat betekende het om volwassen te zijn, dat je logisch en objectief kon nadenken. Willow had juist altijd een kind willen blijven en het leven ook zo willen blijven zien.

Toen ze Ellis antwoord hoorde geven op een vraag van Tom werd Martha weer aangetrokken tot het zoetvloeiende geluid van zijn stem, nu vergezeld van een uitbarsting van vogelgezang uit de sering. Ze vroeg zich af of hij die overredende stem van hem had gebruikt om zich met mooie woorden in het leven van haar moeder te dringen. En zo te zien deed hij nu hetzelfde bij Willow. En misschien ook wel bij Tom, dacht ze met een blik in zijn richting.

Maar gladde praatjes of niet, hoe kon haar moeder nu denken dat het prima was om haar man zo snel te vervangen? Het was een belediging voor al die huwelijksjaren. Hoe konden die zo gemakkelijk opzij worden geschoven? Stelden die dan niets meer voor? En waarom moest ze zo aanbiddend naar Ellis kijken? Wanneer had ze ooit zo gekeken?

Ze gedroeg zich in elk geval niet als de moeder die Martha kende. Het was alsof er een vreemde bij hen aan tafel zat. Een bedrieger die constant met haar haar zat te spelen en zonder enige reden glimlachte. Als haar vader er was geweest, had hij haar waarschijnlijk niet eens herkend.

Ze trok nog een stuk van het brood, doopte het in de hummus en toen het gesprek even stokte, besloot ze dat het tijd werd om haar mond open te doen. 'Nou, Ellis,' begon ze, 'vertel eens hoe jij en ma elkaar hebben ontmoet.' Er waren tientallen vragen die ze Ellis wilde stellen, maar deze was prima om mee te beginnen en om te achterhalen wie hij precies was en waar hij vandaan kwam.

'Ik heb je eerder al verteld waar we elkaar van kennen,' zei Naomi met een onnodig lachje. 'We hebben elkaar eeuwen geleden ontmoet, toen we studenten waren.'

'Ja, maar hoe hebben jullie elkaar ontmoet? En waren jullie toen gewoon vrienden? Of,' voegde ze er met zware nadruk aan toe, 'waren jullie meer dan vrienden?'

18

'Ik wil alleen maar zeggen dat iemand dit tot op de bodem moet uitzoeken,' zei Martha. 'Ik kan er de vinger niet op leggen, maar ergens klopt het niet helemaal. Het is niet zozeer wat ma en Ellis zeggen, maar wat ze níét zeggen.'

Ze waren op de terugweg naar Tom en Martha, waar Willow de trein naar Londen zou nemen. Voor haar was het een lange en vermoeiende dag geweest en ze was te moe om op haar zuster te reageren, dus ze staarde door het autoraampje naar het fluitenkruid, dat in het vroege avondlicht over de smalle weg hing. Als haar moeder aan het stuur zat – zij reed altijd minder hard dan pa – had Willow als kind zo ver ze kon uit het autoraampje geleund om de begroeiing aan de kant aan te raken. Ze had genoten van het gevoel van de lichte bloembladeren tegen haar hand. Hoewel ze op een dag was gestoken door een bij. Martha had haar verteld hoe stom ze was geweest en haar verweten dat ze de bij eigenlijk had gedood door ervoor te zorgen dat hij haar stak en zo zijn dood te veroorzaken. Haar zus deed natuurlijk nooit iets zonder erbij na te denken. Dat was Willows specialiteit. Haar hand schoof naar haar buik, waar het bewijs van haar laatste stommiteit zich bevond.

Het had haar de hele dag enorm veel moeite gekost om te doen alsof er geen wolkje aan de lucht was. Ze wist niet of ze haar moeder echt om de tuin had weten te leiden.

'Je ziet er wat pips uit,' had ze gezegd toen ze even alleen in de tuin waren geweest. Willow vond het prachtig dat haar moeder het woord 'pips' had gebruikt. Was zij de enige in het universum die dat woord nog bezigde?

'Gek dat je dat zegt, mam,' had Willow het liefst willen zeggen. 'Ik ben al zo'n negen weken pips.'

In plaats daarvan mompelde ze dat ze de nacht ervoor niet goed had geslapen. En dat was waar. Net toen zij en Rick naar bed gingen, had hij haar verteld dat hij had besloten niet mee te gaan. Hij had uitgelegd dat hij ertegen opzag om Martha weer onder ogen te komen. 'Ik wil haar niet nog erger tegen me in het harnas jagen,' had hij gezegd. 'Ik denk dat het beter voor onze relatie is als ik haar voorlopig uit de weg ga.'

Willow had geprobeerd hem op andere gedachten te brengen, maar hij had volgehouden. Ze vond het vreselijk dat hij zo gekwetst was door Martha's woorden en ze zou haar zus er echt op moeten aanspreken. Maar ze had geen zin om ruzie te maken met Martha.

Volgens een onlinepersoonlijkheidstest die Willow een keer had ingevuld was ze een echte pleaser. Dat betekende, zo las ze op de site, dat ze extreem veel moeite deed om conflicten te vermijden. En ze zou ook zelden zeggen wat ze echt dacht, uit angst dat iemand er aanstoot aan zou nemen.

Maar ze was wel eerlijk geweest toen ze tegen haar moeder had gezegd dat Ellis een aardige man leek. Van de andere kant had ze dat misschien alleen gezegd omdat ze instinctief haar moeder een genoegen wilde doen en haar blij wilde maken.

Voor in de auto zei Martha: 'Ik zal tante Geraldine eens bellen als we thuis zijn.'

'Waarom?'

Dat kwam van Tom.

Ze keek weg van de langsschietende heggen, die langzaam plaatsmaakten voor de huizen van de buitenwijk, en verschoof een stukje, zodat ze Toms ogen kon zien in de achteruitkijkspiegel. Ze wilde kijken of ze iets aan zijn gezicht kon aflezen.

'Omdat ik je kan garanderen dat Geraldine licht zal kunnen werpen op onze geheimzinnige Ellis Ashton,' antwoordde Martha. 'Hij en ma zeiden dat hij bij de trouwerij van Geraldine en Brian is geweest, dus waarom hebben we nog nooit van hem gehoord? Waarom is zijn naam nooit genoemd door ma of door haar oudste vriendin, terwijl blijkt dat ze Ellis allebei kennen van de universiteit?'

‘Er zullen ongetwijfeld talloze mensen zijn die ze toen kenden en van wie de naam nooit ter sprake is gekomen waar jij en Willow bij waren,’ zei Tom.

Dat klonk Willow heel plausibel in de oren. Maar Martha niet.

‘Ik krijg het idee dat ik de enige ben die echt bezorgd is om ma,’ stelde ze vast. ‘En ik blijf bij wat ik eerder heb gezegd, dat ik ervan overtuigd ben dat we niet het hele verhaal te horen krijgen. Noem het mijn zesde zintuig als je wilt, maar ik zweer je dat ze allebei heel ontwijkend deden toen ik doorvroeg over hoe goed ze elkaar echt kenden. Hij viel meteen stil.’

Bij zichzelf dacht Willow dat zelfs de onschuldigste mensen een ontwijkende indruk zouden maken als Martha hun het vuur aan de schenen legde. ‘Ik vind dat we Ellis de kans moeten geven om zichzelf te bewijzen,’ stelde ze voor. ‘Wat denk jij ervan, Tom?’ Willow wist dat ze hem in het nauw dreef, maar als iemand Martha kon intomen, was het Tom.

‘Misschien is het een goed idee om even met Geraldine te praten,’ zei hij diplomatiek. ‘Ik zie niet dat dat kwaad kan.’

Zolang ma er niets over hoort, dacht Willow.

‘Stel dat hij ma ten huwelijk vraagt? Hebben jullie er wel aan gedacht wat dat voor ons zou betekenen?’

Inwendig kreunde Willow. Hield Martha dan nooit op? ‘Dat we een stiefvader zouden hebben?’ zei ze impulsief.

‘Daar zou jij blij mee zijn? Dat hij Anchor House krijgt als er iets met ma gebeurt?’

‘Hé, laten we niet op de zaken vooruitlopen, Martha,’ zei Tom. ‘Ik zie Naomi niet zomaar trouwen. Daar is ze veel te verstandig voor.’

Er klonk gesnuif op de voorbank, wat Willow interpreteerde als onvrede over Toms redelijkheid. En waarschijnlijk ook over het idee dat haar moeder veel te verstandig was om met Ellis te trouwen.

Na een lange stilte en net toen Willow haar ogen dichtdeed om even te slapen zei Martha: ‘Ik wou nu dat we eerder in actie waren gekomen. Als ik meteen na pa’s overlijden of in de tijd van het coronavirus had voorgesteld dat ma Anchor House verkocht om dichter bij ons te komen wonen, had ze Ellis nooit meer gezien.'

Willow had nooit geloofd dat Martha hun moeder kon overhalen om in te stemmen met haar plannen en weg te gaan uit Anchor House, nog niet in elk geval. Maar nu Willow zich in deze positie bevond – negen weken pips – zag ze wel in dat het voordelen had om ma dichter in de buurt te hebben als ze besloot het kind te houden.

'Je weet het nooit,' zei Tom. 'Als je moeder en Ellis hun relatie echt willen bestendigen, willen ze misschien wel een huis zoeken dat voor hen allebei nieuw is, zodat Ellis niet in de schaduw van je vader hoeft te leven.'

'Ja,' viel Willow hem bij. 'En als dat zo is, kunnen we ze misschien aanmoedigen dichter bij ons te komen wonen. Ergens tussen ons in, bijvoorbeeld.'

'Jij tapt ineens uit een ander vaatje,' zei Martha.

'Ik probeer alleen alles vanuit een nieuw perspectief te zien,' zei Willow luchtig, maar ze merkte dat haar hand onbewust weer naar haar buik was gedwaald.

Op hetzelfde moment zag ze dat Tom naar haar keek via de achteruitkijkspiegel. Ze liet haar hand meteen naar haar schoot zakken, voor het geval hij iets achter het gebaar zocht en haar geheim raadde. Als dat zo was, vertelde hij het natuurlijk aan Martha en dan wist de hemel alleen wat er ging gebeuren.

19

Naomi kon die nacht niet slapen, omdat ze steeds weer alle ongemakkelijke momenten van die dag – inmiddels van gisteren – met Tom en de meisjes aan zich voorbij zag trekken. Ze zat beneden te wachten tot het water kookte. Het was al drie uur geweest; over een uur of wat begon het ochtendkoor.

Ze zette een mok thee, trok het kastje open waarin ze het blik met chocoladebiscuitjes bewaarde en haalde er een koekje uit. En voor de volledigheid nog maar een. Ze moest troosteten hebben en zoals iedereen wist, telden calorieën niet als je ze 's nachts of in de tuin at. Dat was een van haar vaste grapjes. Ze ging op de schommelstoel naast het fornuis zitten, de stoel die van haar grootmoeder en van haar moeder was geweest en die nu van haar was. Wie van haar twee dochters zou hem later krijgen? Zou Martha vinden dat zij er recht op had omdat ze de oudste was, of zou Willow hem willen om sentimentele redenen?

Met plotselinge heimwee dacht ze aan alle keren dat ze de meisjes in deze stoel de borst had gegeven en hen daarna zachtjes in slaap had geschommeld. Willow was altijd de gemakkelijkste geweest om te voeden en weer in slaap te krijgen, misschien omdat ze de tweede was. Ze was nooit knorrig, huilend en met een boos vertrokken gezicht wakker geworden. Zoals de bezoekende verloskundige een keer had gezegd, was ze een droom van een baby. Een droom van een baby die was uitgegroeid tot een dromer met een zonnige aard, die zich genoeglijk liet meedrijven, als een veer op een briesje.

Terwijl Colin tot wanhoop was gedreven door wat hij beschouwde als Willows luchthartigheid en gebrek aan gerichtheid, had Naomi de innerlijke goedheid van haar jongste dochter gekoesterd, want dat was hoe zij het zag. Nu vroeg ze zich echter af of dat fout was geweest.

Had ze Willow te veel weggehouden van de echte wereld, zodat ze nu niet meer kon vechten om zich daar een plekje in te veroveren? Er was gisteren iets vreemds geweest aan Willow. Ze had moe geleken en was af en toe afwezig geweest. Nog meer luchthartigheid, zou Colin met rollende ogen hebben gezegd.

In tegenstelling tot haar zachtaardige zusje was Martha met zwaaiende vuistjes ter wereld gekomen, klaar om het op te nemen tegen de wereld. Maar naarmate Martha ouder werd, zag Naomi ondanks al haar hardheid en zelfvertrouwen af en toe een zachter en kwetsbaarder kind, dat haar best deed nooit gezichtsverlies te lijden of zwakte te tonen. Aangemoedigd door Colin had ze al heel jong grote ambities gehad. Maar was dat ook fout geweest? Hadden ze te veel druk op haar schouders gelegd?

Kinderen waren zo kostbaar en het ouderschap was zo lastig. Was er ooit iemand die dacht dat hij het honderd procent goed had gedaan?

Ze nam een slok van haar thee en dacht met liefhebbende nostalgie aan haar dochters in alle verschillende stadia van hun leven. In het schemerdonker zag ze ze als kinderen door de keuken dansen. Ze hoorde hun verrukte kreetjes als ze de taart zagen die ze voor hun verjaardag had gebakken, hun gehuil als ze zich pijn hadden gedaan en hun verontwaardigde uithalen als ze iets niet eerlijk vonden. Ze hoorde ook hun gelach als Colin een grapje met hen uithaalde. Bij een van hun favoriete spelletjes nam hij de rol van de reus uit *Jaap en de bonenstaak* op zich. Voor zo'n grote man was hij verrassend lichtvoetig geweest en ze hadden hem nooit aan horen komen. Als hij dan vlak achter ze stond, gilden ze van schrik bij de woorden 'ting-tang-teisje, ik ruik een sappig meisje', zijn versie van het klassieke liedje.

Ze nam nog een slokje thee en een hapje van een koekje en dacht weer aan gisteren, vooral aan het moment dat iedereen weg was en Ellis haar hielp met opruimen. Het plan was geweest dat hij die nacht bij haar zou doorbrengen, maar ze had zich opeens bedacht en tegen hem gezegd dat het een vermoeiende dag was geweest en dat ze liever alleen was, als hij het niet erg vond. Ze zei er niet bij dat ze tijd nodig had om na te denken. Tijd om zichzelf ervan te overtuigen dat ze hier goed aan deed en dat ze niet te snel ging met Ellis.

Als hij teleurgesteld was, had hij er niets van laten merken. Hij had haar een zoen gegeven en gezegd dat hij het begreep. Maar was dat zo? En had hij gelijk toen hij zei dat Martha en Willow gewoon aan het idee moesten wennen?

Of zou de liefde voor Ellis haar te veel gaan kosten, zoals ze vreesde. Had ze nog niet genoeg geboet? Had ze al die jaren offers gebracht om nu te verliezen waar ze de meeste waarde aan hechtte, de liefde van haar kinderen?

Het grootste deel van haar leven als volwassene had ze haar ware gevoelens verborgen achter een ondoordringbare laag van rustige acceptatie, die haar in staat had gesteld het schip – haar gezin – op koers te houden. Het was heel toepasselijk dat hun huis Anchor House heette, een plek die veilig verankerd was om de stormen van het alledaagse gezinsleven te doorstaan. Misschien leek ze hierdoor te inschikkelijk, maar was dat zo erg als ze daarmee kon zorgen dat Anchor House hun veilige haven was, het enige wat altijd bleef?

Naomi kon er nog steeds niet bij dat Martha er zo op had aangedrongen om het familiehuis te verkopen. Ze had natuurlijk best willen accepteren dat ze op een dag te oud zou zijn om in haar eentje zo'n groot huis te onderhouden, maar dat lag nog ver in de toekomst en bovendien, wie zei dat ze de rest van haar leven alleen zou blijven? Maar Martha plande altijd alles, net als haar vader had gedaan; ze wilde alle puntjes op de i hebben staan, in elke eventualiteit hebben voorzien. Maar zo ging het niet in het leven en zoals vaak werd gezegd: de mens wikt, God beschikt.

Ze doopte het laatste stukje koek in haar thee en stak het in haar mond, terwijl ze bedacht dat er talloze momenten waren die een leven veranderden of bepaalden. Sommige daarvan waren beslist belangrijker dan andere.

Voor haar zou de dag dat Geraldine en Brian waren getrouwd voor altijd het moment zijn waarop haar rol als vrouw en moeder was vastgelegd. Hoewel ook beweerd kon worden dat Naomi's rol in hun huwelijk bepaald was door Colins bekentenis dat hij met zijn secretaresse naar bed was geweest.

Hoewel de bekentenis de grond onder haar voeten vandaan had geslagen, had ze zich later verwonderd over zijn behoefte om schoon schip te maken. Hij beweerde dat het was omdat hij last had van zijn geweten en niet kon leven met de leugen. Dat kon allemaal wel zijn, maar waarom had hij niet aan de gevolgen gedacht? Stel dat ze had gezegd dat zijn bekentenis alles van waarde in hun relatie kapot had gemaakt en ze niet langer met hem getrouwd kon blijven. Of had hij dat risico ingecalculeerd en was hij ervan uitgegaan dat haar vergevingsgezindheid was opgewassen tegen zijn misstap?

Waar hij geen rekening mee had kunnen houden, was dat Ellis een paar dagen nadat hij met Naomi was gaan zitten, haar handen had gepakt, had opgebiecht dat hij iets verschrikkelijks had gedaan en haar om vergeving had gevraagd, bij de bruiloft van Geraldine zou opduiken. Ze was ziek geweest van ontzetting en had hem amper kunnen aankijken, laat staan dat ze hem kon vergeven, en ze had erop gestaan dat hij in de logeerkamer ging slapen.

Omwille van haar vriendin had ze op het laatste moment de grootste hoed gekocht die ze kon vinden om zich eronder te verstoppen, haar schouders rechtgetrokken, één front gemaakt met Colin en zich glimlachend door de trouwerij van Geraldine en Brian geslagen, terwijl ze aldoor alleen maar wenste dat die voorbij was.

Maar toen had Ellis haar in het oog gekregen, waren de radertjes van het noodlot onherroepelijk gaan draaien en had ze zich gedragen op een manier die ze nooit voor mogelijk had gehouden.

Er was zo veel dat ze die dag niet had moeten doen. Ze had niet zoveel medelijden met zichzelf moeten hebben en niet zo op Ellis moeten reageren. Ze had hem niet moeten gebruiken om Colin te kwetsen, om het hem betaald te zetten dat hij haar had gekwetst. *Kijk, Colin*, had ze naar hem willen schreeuwen toen ze Ellis kuste, *zo veel pijn doet het*. Maar het had geen pijn gedaan toen Ellis in haar was klaargekomen en haar lichaam onder hem had gekronkeld van extase in een explosie van woedende hartstocht.

O, het was duizelingwekkend geweest! Daar op de vloer van dat zomerhuis was ze één euforisch, prachtig moment elke controle verloren, maar had ze zich tegelijkertijd oppermachtig gevoeld.

Ze had gedacht dat het een eenmalig moment van krankzinnige wraak zou worden, maar dat had ze mis gehad. In de week daarop had ze Ellis nog twee keer ontmoet. Ze had een lange lunchpauze genomen en met hem afgesproken in een hotel tussen hun kantoren in. Het toeval wilde dat hij nu ook in Londen werkte, na een tijdje in Manchester te hebben verbleven. Naderhand ging ze weer aan het werk met zijn geur op haar lichaam, wat haar verlangen aanwakkerde om hem nog eens te zien en zich door zijn aanraking in vuur en vlam te laten zetten.

Ze had heel goed haar hoofd kunnen verliezen, maar ze had nog iets van een geweten gehad. Terwijl Colin nog steeds verbannen was naar de logeerkamer, lag zij midden in de nacht vol berouw wakker. Ze was niet zo. Dit was niet de vrouw die ze ooit had gedacht te zijn. Leugenachtig. Wraakzuchtig. Roekeloos.

Ze kwam tot bezinning toen ze een paar dagen later besefte dat ze drie weken over tijd was. In de emotionele beroering van de laatste paar weken had ze haar menstruatiecyclus niet bijgehouden, maar toen ze in haar agenda keek, kon ze berekenen dat ze vóór Colins bekentenis al zwanger had moeten zijn. De wetenschap dat ze in verwachting was, dwong haar te aanvaarden dat ze zich niet langer kon gedragen als een verwend kind dat wraak nam op Colin. Ze werden ouders; het werd tijd om dat kinderachtige gedrag achter zich te laten.

De enige die een vermoeden had van wat er tussen haar en Ellis speelde, was Geraldine. Ze had hen op de avond van haar trouwreceptie in het donker zien wegglippen en hen later stiekem weer binnen zien komen. Ze beweerde dat ze onmiskenbaar schuldig hadden gekeken toen ze weer opdoken en dat hun gezicht van de daken had geschreeuwd dat ze net seks hadden gehad. Of dat nu waar was of niet, Colin was te dronken geweest om er iets van mee te krijgen.

Geraldine had pas na haar huwelijksreis laten merken dat ze had geraden wat er tussen Naomi en Ellis was gebeurd. Tegen die tijd had Naomi Ellis uitgelegd waarom ze elkaar nooit meer konden zien.

'Weet je zeker dat de baby van Colin is en niet van mij?' had hij meteen gevraagd, en zij had verteld dat er geen twijfel aan kon bestaan.

'Geloof me, Ellis,' had ze gezegd, 'het kan niet van jou zijn, de timing klopt niet.'

Dat gesprek had over de telefoon plaatsgevonden; ze was opzettelijk en ongewoon wreed geweest en had hem verteld dat ze alleen met hem naar bed was gegaan om wraak te nemen op Colin.

'Ik geloof er niets van,' had hij gezegd. 'Ja, op de avond van de trouwerij was dat misschien waar, maar niet in de dagen daarna. Dat was echt.'

'Je hebt het mis. Er was niets echts aan. We speelden allebei een rol. Ik als bedrogen vrouw en jij als...'

'Nee,' zei hij zacht, 'hou op. Maak het niet kleiner. Verdraai niet wat deze laatste week voor me heeft betekend. Of wat ik dacht waar het toe zou kunnen leiden.'

'Als dat waar is, als je echt om me geeft, laat dit dan het einde zijn. Laat me proberen iets te maken van mijn huwelijk. Omdat het niet meer dan juist is. Je bent een fatsoenlijk man, Ellis, dus ik weet dat je mijn besluit zult respecteren.'

Het zei veel over hem dat hij dat deed. Ze had hem nooit meer gezien, tot de dag op het strand in februari.

Nu ze in de keuken van Anchor House zat, de hemel lichter begon te worden en de eerste vogeltjes begonnen te fluiten, was Naomi bang dat ze weer een moeilijke beslissing zou moeten nemen.

Moest ze het geluk van de kinderen boven het hare stellen, of was er een manier om het allebei te hebben?

20

In de week nadat ze met Tom en Martha bij haar moeder was geweest, had Willow verschrikkelijk veel last van ochtendmisselijkheid. Dat maakte het bijna onmogelijk om voor Rick te verbergen dat ze zwanger was.

Ze veegde haar mond af nadat ze maar net op tijd in de badkamer had kunnen komen, ging op de rand van het bad zitten en drukte een koud washandje tegen haar gezicht. Haar maag was nog steeds van streek en ze voelde zich licht in het hoofd en totaal futloos. Waarom deden vrouwen zich dit aan? Niet slechts eenmaal, maar keer op keer.

'Duurt het nog lang daarbinnen?'

Ze schrok van de ongeduldige klank van Ricks stem aan de andere kant van de deur en de kracht waarmee aan de klink werd gemorreld.

'Bijna klaar.' Ze had het nog niet gezegd of haar maag draaide om, en ze moest snel van de rand van het bad springen om zich weer over de wc te buigen.

Het afschuwelijke geluid waarmee ze overgaf was niet te maskeren en toen het was opgehouden, klonk Ricks stem weer.

'Gaat het, Willow?'

'Ik geloof dat ik een of ander virus heb opgelopen,' zei ze zacht, terwijl ze onwillig de deur van het slot deed.

'Wat voor virus?' Hij keek haar strak aan. Soms kon hij haar heel ondoorgrondelijk aankijken, waar ze in haar huidige staat helemaal de zenuwen van kreeg.

Ze haalde haar schouders op alsof het niet veel te betekenen had. 'Zo een waarvan je gaat spugen.'

Hij keek haar nog scherper aan en nam toen de badkamer in zich op, alsof ze daar iets verborg. 'Weet je het zeker?'

Niets zeggen, hield ze zichzelf voor. Niets zeggen, niets zeggen, niets zeggen!

'Ik ben zwanger,' stootte ze uit. En toen barstte ze in tranen uit. Geen lief traantje over haar wang, maar een snuivend gejammer met schokkende schouders.

Verrassend teder nam hij haar mee naar zijn slaapkamer – ze kon die nog steeds niet zien als hún slaapkamer – en zette haar op het bed. Ondanks de huilbui zag ze dat hij het bed al had opgemaakt; het dekbed was volmaakt glad en de kussens waren uitnodigend opgeschud en netjes neergelegd. Ze voelde zich schuldig omdat ze alles weer kreukelig maakte door erop te zitten.

Hij ging in zijn pak voor haar op zijn hurken zitten en depte haar ogen met een tissue. Ze trok er een uit de doos die hij naast haar op het bed had gezet en snoot haar neus, terwijl hij de prullenbak pakte, zodat ze de gebruikte tissues erin kon gooien.

'Waarom ben je zo van streek?' Hij klonk zo bezorgd dat ze meteen weer wilde gaan huilen.

'Omdat ik er niet klaar voor ben om moeder te worden.' Ze knipperde met haar ogen en wendde haar blik af. 'Misschien ben ik er wel nooit klaar voor. En... En ik was bang voor wat jij zou zeggen.'

'Bang?' herhaalde hij met zijn handen op haar knieën. 'Waarom dat?'

Ze keek naar hem. 'Omdat het een ongelukje is, niet iets wat we hebben gepland, en het is veel te vroeg. We weten nog niet eens of we wel samen blijven. Ik bedoel, we zijn nog maar net...'

'Stil,' zei hij vastberaden. 'Je moet jezelf niet zo van streek maken. Dat is niet goed voor de baby.'

Nu de aap uit de mouw was, was ze helemaal overstuur; ze had het liefst willen gillen en schreeuwen omdat het allemaal zo oneerlijk was. Waarom had zij altijd pech? Ze zou er alles voor willen geven om van het bed te kunnen springen en weg te kunnen rennen. Het op een lopen zetten tot... tot waar precies? Waar dan ook! Ergens waar ze zich kon verstoppen en waar deze rotzooi zou verdwijnen. 'Maar ik weet niet wat ik moet doen,' zei ze gesmoord.

'Hoe bedoel je? Je denkt er toch niet over om de baby weg te laten halen?'

'Willen we wel een baby?' vroeg ze zonder antwoord te geven. 'Wil jíj een baby? Een echte baby, geen hypothetische baby ergens in de toekomst. Ik ben nú zwanger.'

'Hé, ik meende het toen ik tegen je zei dat ik kinderen wil, dus ik vind dit fantastisch nieuws. Ik ben er dolblij mee.'

Ze keek hem weifelend aan. 'Je weet toch wel dat baby's heel veel troep geven, hè? Je onberispelijke appartement wordt binnen de kortste keren een vuilnisbelt. Je zult het verschrikkelijk vinden.' Ze dacht aan alle keren dat hij met zijn tong had geklakt of had gezucht omdat zij troep had gemaakt of omdat ze was vergeten iets op te ruimen. Hoe zou hij ooit kunnen omgaan met de rotzooi van een baby? Ze wist niet veel van kinderen af, maar ze wist wel dat er een krankzinnige hoeveelheid spullen voor nodig was: kleren, luiers, flesjes, dekentjes, speelgoed, kinderwagens en ledikantjes.

Maar hij lachte alleen maar om haar vraag. 'Ons kind wordt het netste kind ooit!'

Niet als hij of zij op mij lijkt, dacht Willow verdrietig.

De druk van Ricks handen op haar knieën nam toe. Hij zei: 'Ik zie dat je doodsbang bent voor mijn reactie, maar je moet me geloven als ik zeg dat ik nog nooit in mijn leven zo zeker van iets ben geweest.'

Ze fronste bij de gedachte dat zij haar hele leven nog nooit minder zeker van iets was geweest. En het was allemaal haar schuld. Ze had de pil moeten blijven slikken, ook al maakte die haar cyclus in de war en was ze er soms ziek van. Rick had gezegd dat dat waarschijnlijk kwam omdat ze hem al zo lang slikte en had erop aangedrongen dat ze daar een tijdje mee stopte en later een andere probeerde. Intussen had hij voor de anticonceptie gezorgd en zoals bij alles was hij daar heel nauwkeurig mee omgegaan en had hij nooit risico genomen. Maar op de een of andere manier was een van zijn verraderlijke zaadcellen ontsnapt en ervandoor gegaan.

Het was alsof hij haar gedachten las, want hij zei: 'Geen enkel anticonceptiemiddel is honderd procent veilig, Willow. Het is nu eenmaal zo. We moeten het maar beschouwen als een gelukkig ongelukje,' voegde hij er met een glimlach aan toe. 'Hoe ver denk je trouwens te zijn?'

'Een week of tien.'

'Zo veel? En zonder mij iets te vertellen?'

Ze slikte. 'Ik wilde het juiste moment afwachten.'

'Ben je al bij een dokter geweest?'

Ze schudde haar hoofd.

'Nou, dat moeten we meteen rechtzetten. Maar nu moet ik eerst naar mijn werk. Ik heb een belangrijke videoconferentie. Zullen we vanavond uit eten gaan om het te vieren?'

'Ik heb weer avonddienst,' zei ze.

'Bel dat maar af. Zeg maar dat je een virus hebt opgelopen.' Hij haalde zijn handen van haar knieën en legde ze op haar buik. 'Ons Virusje,' zei hij blij. 'Zo noemen we hem voortaan.'

Hij stond al op toen zij opeens ergens aan dacht. 'Rick,' zei ze, 'we moeten dit voorlopig geheimhouden.'

Hij fronste. 'Waarom?'

Zij ging ook staan en zei: 'Omdat ik niet wil dat mijn zus te horen krijgt dat ik zwanger ben terwijl zij dat niet is.'

Zijn frons werd dieper. 'Hoor eens, je moet iets doen aan je familie. Je kunt niet altijd Martha naar de mond blijven praten en je zorgen maken over hoe zij zich voelt. Je zou jezelf eens moeten afvragen of zij hetzelfde voor jou zou doen.'

'Misschien niet, maar dat betekent niet dat ik...'

'Je moet jezelf eens op de eerste plek zetten, Willow,' viel hij haar in de rede. 'Je moet je niet meer door je zus op je kop laten zitten.'

'Ze zit me niet op mijn kop.'

Hij trok een lelijk gezicht. 'Dat doet ze voortdurend. Ze kan het gewoon niet helpen en ik vind het echt vreselijk om te zien hoe jij altijd rekening met haar houdt. Zei je niet dat ze precies op je vader lijkt?'

'Nou, ja, maar wat heeft dat ermee te maken?'

'Toen Martha je moeder vorige maand bij de lunch onder druk

zette om Anchor House te verkopen, zei je moeder dat ze niet moest proberen haar te intimideren, zoals jullie vader had gedaan.'

Willow was die opmerking van haar moeder alweer vergeten. 'Pa was gewoon zo,' zei ze. 'Hij was eraan gewend om bevelen uit te delen op het werk en daarom deed hij dat thuis ook. Het was niet meer dan een gewoonte.'

'Dat kan wel zijn, maar je moet goed begrijpen dat ik niet werkeloos ga toezien als Martha voorschrijft hoe jij, of belangrijker nog, hoe wij moeten leven. Ik heb me coulant opgesteld door niet mee te gaan toen jullie kennis gingen maken met de nieuwe vriend van je moeder, maar dat blijf ik niet doen. Vooral niet nu ik de vader word van je moeders eerste kleinkind. Het wordt tijd dat iemand tegen je zus opstaat en dat jij dat ook doet, Willow.'

'Oké, maar kunnen we het feit dat ik zwanger ben nog even voor ons houden?' Ze schonk hem haar innemendste glimlach. 'Alsjeblieft?'

'Hoe kan ik daartegenin gaan?' Hij gaf haar een zoen op haar voorhoofd. 'En nu moet ik echt weg. Denk eraan je avonddienst af te zeggen. Ik neem je mee uit eten en daarmee uit.'

21

Geraldine stond in de regen met een rolkoffertje en een fles Bollinger op de stoep van Anchor House. Daar zat Naomi niet bepaald op te wachten.

'Heb je weer met Martha gepraat?' vroeg ze aan haar oudste vriendin. Ze maakte geen aanstalten een stap achteruit te gaan en haar binnen te laten.

'Dat zou kunnen.'

'En je denkt zeker dat een fles bubbels een zoethoudertje is, of een goedmakertje voor de ruzie die je met me wilt maken? Zo ja, dan kan ik je meteen vertellen dat je voor niets komt.'

Er vonkte een ondeugend lichtje in Geraldines ogen toen ze glimlachte. 'Nou nou, wat hebt u een grote mond, grootmoeder. Ik ben helemaal niet van plan om ruzie met je te maken, laat staan hier op de stoep, waar iedereen het kan horen.' Ze knikte in de richting van het naastgelegen Waterside Cottage. 'Dus misschien moet je ophouden je te gedragen als een dwarse tiener en me binnenlaten.'

Geraldine was altijd de meest assertieve van hen tweeën geweest, maar dit keer eiste Naomi die dubieuze eer op. 'Alleen als jij ophoudt je te gedragen als een bazige schooljuffrouw,' zei ze.

'Dat lukt natuurlijk nooit; ik ben er mijn hele werkende leven voor betaald,' zei Geraldine lachend. Ze duwde de Bollinger in Naomi's handen en drong naar binnen. 'Maak die maar open en laten we in je prachtige serre gaan praten over deze argwanende stemming van jou.'

Het was gemakkelijker om te doen wat haar vriendin opperde en trouwens, wat kon ze anders, haar het huis uit schoppen? Gezien Geraldines omvang was dat godsonmogelijk. Colin had altijd enigszins onvriendelijk gezegd dat Geraldine de bouw en de subtiliteit had van een Panzer-tank.

Toen de fles ontkurkt was, er ook een pot gevulde olijven was opengemaakt en Geraldine terug was van de badkamer, waar ze zich had opgefrist, gingen ze in de serre zitten. De regen tikte op het glazen dak boven hun hoofd.

'Waarom heb je niet laten weten dat je kwam?' vroeg Naomi.

Geraldine hief haar glas en nam een flinke, dorstige slok. Gevolgd door een nog grotere slok. 'Dat is beter,' zei ze met het smakkende genot van een alcoholist na een periode van gedwongen onthouding. 'Als ik had gevraagd of ik na het bezoek aan mijn zus in Brighton langs kon komen, wat had je dan gezegd?'

'Ik zou gevraagd hebben waarom.'

'Precies! Voor ons laatste telefoongesprek zou je nooit hebben gevraagd waarom ik langs wilde komen. Je zou alleen hebben gevraagd wanneer en voor hoelang en dan zou je het in je agenda hebben geschreven. Maar nu denk je kennelijk dat ik een reden moet hebben om mijn oudste vriendin te bezoeken.'

'Heb je die dan niet?'

'Natuurlijk wel! Ik wilde zelf zien wat al die drukte te betekenen heeft.'

'De drukte die Martha maakt?'

'Gedeeltelijk. Ik hoop je loverboy te ontmoeten. Ik moet zeggen dat ik nieuwsgierig naar hem ben na al die jaren.'

'Alsof ik je kan tegenhouden.'

'Wat klink je verdedigend. Dat is meestal een sterke aanwijzing dat je iets te verbergen hebt. Is hij erg veranderd? Of is hij nog steeds de knappe kerel die hij altijd was? Ik wil wedden dat hij mooier oud is geworden dan Brian.' Ze lachte. 'Maar laten we er geen doekjes om winden: dat is niet zo moeilijk!'

'Ik ben bang dat ik je moet teleurstellen,' zei Naomi rustig. 'Ik heb besloten om het uit te maken met Ellis.'

Geraldine schoof met een ruk naar voren. Als haar glas niet bijna leeg was geweest, had ze de inhoud over zich heen gekregen. 'Nu al? Waarom?'

'Het gaat nooit werken.'

'Wie zegt dat?'

'Nou, jij was niet echt een en al blijdschap en aanmoediging toen je het hoorde, toch?'

'O, dat was alleen omdat ik krankzinnig jaloers ben. Ik kan het niet hebben dat jij spetterende seks hebt terwijl Brian en ik een saai stel van middelbare leeftijd zijn, dat liever naar *Newsnight* kijkt dan elkaar alle hoeken van de kamer te laten zien.'

Uit het niets borrelde een lach omhoog in Naomi.

Met een stalen gezicht zei Geraldine: 'Ik ben blij dat je mijn saaie seksleven om te lachen vindt.' Maar toen glimlachte ze. 'Nou, kom op, vertel me alles. Al het goede, tenminste. Daarna hebben we het er wel over waarom je koudwatervrees hebt gekregen.'

'Wie zegt dat ik koudwatervrees heb gekregen?'

Geraldine klakte met haar tong. 'Dat zie ik aan je frons. Trouwens, ik vind je haar leuk. Het lijkt een beetje op hoe je het had toen we nog studeerden. En daar kunnen we van maken wat we willen,' voegde ze er met een opgetrokken wenkbrauw aan toe voordat ze haar glas leegdronk en het Naomi voorhield. 'Tijd om bij te schenken, en daarna wil ik alles horen over de seksuele prestaties van je loverboy. O, kijk niet zo preuts. Je weet heel goed dat je barst van afgrijselijke zelfgenoegzaamheid en het ziedende verlangen om op te scheppen over wat jullie hebben uitgehaald.'

Naomi haalde de fles uit de koelemmer op de tafel naast haar, schonk Geraldine nog eens in en goot een bescheidener hoeveelheid in haar eigen glas. 'Je hebt je oordeel al helemaal klaar, nietwaar?'

'Daar sta ik om bekend, zou ik zeggen. Heb ik het mis?'

'Nou en of! Ten eerste ga je er zomaar van uit dat ik intieme dingen met je zou willen delen.'

'Dat deed je vroeger ook.'

'Ja, toen we jong en dom waren en alles tot in de finesses wilden vertellen. Maar nu weten we beter.'

'Is dat zo?'

'Ja. Nu we volwassen zijn, weten we dat er grenzen zijn die je niet kan overschrijden.'

Geraldine haalde haar schouders op. 'Ik kan niet zeggen dat ik die zogenaamde grenzen ooit in acht heb genomen. Ik ben altijd eerlijk tegen je geweest.'

Ja, dacht Naomi, af en toe veel te eerlijk. Geraldine was altijd prat gegaan op haar eerlijkheid, maar die viel niet bij iedereen in goede aarde. Ze had een keer tegen Naomi gezegd dat ze was aangekomen en dat het haar niet stond. Naomi had het verschrikkelijk gevonden, maar zonder terug te slaan – door te constateren dat Geraldine nodig iets moest zeggen! – was ze afgevallen tot haar vroegere omvang en daarna had ze complimentjes gekregen van andere vriendinnen over haar uiterlijk. Dat was het kenmerk van een echte vriendin, had Naomi geconcludeerd; de enige persoon op de wereld bij wie je ervan op aan kon dat ze de waarheid zei.

Maar in haar huidige gemoedstoestand wist ze niet zeker of ze Geraldines waarheden wel wilde horen. De vorige week was ze tot aan de zandduinen met Ellis over het strand gelopen en ze had hem gevraagd of hij het echt had gemeend toen hij had gezegd dat hij het zou begrijpen en haar de ruimte zou geven als ze dacht dat ze te snel gingen. Met een behoedzame blik in zijn ogen had hij gezegd dat hij dat zeker had gemeend.

'Het gaat om je kinderen, hè?' had hij vervolgd. 'Je bent van slag door hun reactie op mij.'

'Ja,' had ze gezegd. 'Ik wil niet hoeven kiezen tussen jou en de meisjes.'

'Maar je mag je er niet door hen van laten overtuigen dat je moet kiezen.'

'Dat is het niet, het gaat erom dat ik rekening moet houden met hun gevoelens.'

'Ik dat geval zal ik je de ruimte geven om uit te vinden wat je precies wilt.'

Toen ze weer thuis waren, had hij haar bij het tuinhek een afscheidszoen gegeven en daarna had ze hem niet meer gezien. Hij had niet gebeld en ook geen appjes gestuurd. De appjes die ze vooral miste, waren de berichtjes die ze 's ochtends kreeg als ze wakker werd en hij de nacht niet bij haar had doorgebracht. Ze miste het ook om met elkaar in bed te liggen. Maar ze miste vooral de kameraadschap tussen hen, de gemakkelijke, natuurlijke manier waarop ze met elkaar omgingen. Hoe vaak gebeurde het dat mensen zo goed bij elkaar pasten? Wilde ze dat echt opgeven?

'Weet je, ik heb me altijd afgevraagd hoe het nu echt zat tussen jou en Colin.' Geraldine stond op van haar stoel en keek door het met regen en zout besmeurde raam naar de doorweekte tuin.

Naomi schrok op uit haar gedachten en zei: 'Wat bedoel je daarmee?'

Geraldine draaide zich om. Haar bewegingen waren abrupt; ze had geen enkele elegantie of finesse. Die had ze nooit gehad. 'Geen enkel huwelijk is volmaakt,' zei ze, 'maar hoe zou je dat van jou en Colin willen beschrijven?'

'Waar komt dat nou weer vandaan?'

'Uit een leven van vriendschap. Dus wat zeg je erop?'

'Ik zal maar aannemen dat jij al denkt te weten wat het antwoord is.'

'Ik weet wat het gemakkelijke antwoord zou zijn, maar ik weet niet of ik dapper genoeg ben om het echte antwoord hardop te zeggen.'

'Is iemand ooit dapper genoeg? Hoe zou je dat van jou beschrijven?'

'O, dat is niet moeilijk. Brian en ik irriteren elkaar mateloos en we lopen constant op elkaar te vitten. Het is een gewoonte geworden en we kunnen niet meer anders. Het maakt deel uit van onze relatie en is, als ik het zo zeggen mag, doorgesijpeld tot in de bakstenen en het cement en zelfs tot in het fundament van ons huwelijk. Het bindt ons. Het helpt natuurlijk dat hij doet wat hem gezegd wordt en dat ik nooit klaag over de hoeveelheid tijd die hij op de golfbaan doorbrengt of de uren dat hij op de tv naar dat ellendige spelletje kijkt.'

Het was interessant dat Geraldine na al die tijd naar haar huwelijk met Colin vroeg. Waarom nu? En wat nog belangrijker was, waarom was haar vriendin er nooit eerder over begonnen? Niets anders was onbespreekbaar voor haar. 'Je zei net dat er geen grenzen tussen ons waren waar je volgens jou niet overheen kon gaan,' zei Naomi.

Geraldine nam een slok uit haar glas. 'Dat is gelogen,' zei ze. 'Er is altijd één grens geweest die ik voor mijn gevoel in acht moest nemen en waar niet over gediscussieerd kon worden: je huwelijk.' Ze ging weer zitten en vervolgde: 'Jij en Colin maakten nooit ruzie, hè?'

'Nee,' zei Naomi. 'Ik ben niet zo'n ruziemaker.'

'Je bent te volgzaam, dat is het.' Geraldine nam een gevulde olijf van het schoteltje op de salontafel. 'Maar toen je even eerder de deur voor me opendeed, was je klaar voor de strijd, en zeker voor een goedmoedig ruzietje.'

'Dat is waar,' zei Naomi met een glimlach.

'Er moeten momenten zijn geweest waarop je zin had om Colin te zeggen wat je van hem dacht. Ik heb zulke momenten gekend, in elk geval. En Brian ook.'

Verbaasd vroeg Naomi: 'Echt?'

Haar vriendin keek haar aan. 'Eerlijk?'

'Jeetje, bedoel je dat je nog niet eerlijk was?'

Na nog een olijf zei Geraldine: 'Colin was fantastisch. Alles draaide om hem. Het was nooit saai met hem. Altijd bereid om een handje te helpen. Altijd klaar om het voortouw te nemen. Een dynamo van een man, die zich de kaas niet van het brood liet eten.'

'Dat laatste lijkt wel kritiek.'

'Dat is het ook.'

Naomi voelde zich ongemakkelijk bij de wending die het gesprek nam en bedacht dat ze misschien liever ondervraagd werd over Ellis, dus ze zei: 'Weet je zeker dat je hier verder op in wilt gaan?'

'O, volgens mij wordt het hoog tijd dat ik dat doe. Zie je, als ik echt heel eerlijk ben, tolereerde ik Colin omdat hij jouw man was. Als ik hem in een andere gedaante had gekend, zou ik snel klaar met hem zijn geweest.' Ze stak een hand op. 'Nee, nee, laat me uitpraten. Ik moet dit zeggen en ik ben ervan overtuigd dat jij het moet horen.'

'Het klinkt niet alsof ik een keus heb.'

'Hij was dominant,' ging haar vriendin verder, alsof Naomi niets had gezegd, 'en verschrikkelijk neerbuigend, vooral tegen jou. Elke keer dat ik hoorde hoe hij je kleineerde, moest ik op mijn tong bijten. O, hij deed het niet heel opvallend, maar op allerlei slinkse manieren. Hij gaf bijvoorbeeld commentaar op een nieuwe jurk die je had gekocht en dan zei hij iets als: "Weet je zeker dat deze kleur geschikt voor je is?" Of hij...'

'Is dat niet precies wat jij ook zou kunnen zeggen?' viel Naomi haar in de rede.

'Nee. Ik zou rechtstreeks zeggen dat de kleur je niet stond en ook waarom. En herinner je je nog dat we een paar dagen nadat jullie een jaar getrouwd waren bij jullie op bezoek zijn geweest en de soufflé die je had gemaakt niet was gerezen? Ik zal nooit vergeten hoe hij met zijn tong klakte en voor de grap zei dat het een fiasco was en dat hij je beter een fietspomp kon geven als je er nog eens een wilde maken.'

'Dat was een grapje.' Het verbaasde Naomi dat Geraldine zoiets kleins van zo lang geleden had onthouden.

Haar vriendin schudde haar hoofd. 'Je hebt zijn gezicht niet gezien toen je de kamer uit ging en ook niet gehoord wat hij over je zei. Ik kon hem wel slaan, ik zweer het je. Zelfs Brian zei er iets over toen we later naar huis reden.'

'Wat zei hij dan?'

'Dat hij hoopte dat de rest van het huwelijk met jou niet zo'n fiasco zou zijn. Ik was woedend en stond op het punt om er iets van te zeggen toen Brian mijn blik ving en gekscherend zei dat jij waarschijnlijk hetzelfde hoopte over Colin.'

Naomi slikte. 'Herinner je je die avond na al die tijd nog zo goed?' De enige herinnering die zij eraan had, was haar schaamte omdat ze iets oneetbaars had klaargemaakt.

'Zou jij dat niet doen als Brian zoiets over mij had gezegd?'

'Ja,' zei ze zacht. 'Ja, dat wel.' Ze kon haar vriendin niet aankijken en wendde haar blik af naar het boekenkastje rechts van haar, dat ze vele malen had kaal geschuurd en geschilderd. Op dat moment had het een diep blauwgroene kleur met glanzende koperen accenten. Op het middelste plankje stond een ingelijste foto van Colin en de meisjes. Hij knielde tussen hen in en had zijn armen om hun schouders geslagen.

Naomi wist nog dat ze die foto had gemaakt. Martha en Willow waren toen tien en zeven geweest en hadden met plezier geposeerd, met open, lachende gezichten vol zorgeloze vreugde, nog niet behept met de behoefte van tieners om camera's uit de weg te gaan.

Hoe blij ze er ook uitzagen, Naomi herinnerde zich de enorme ruzie die erop was gevolgd. Colin had erop gestaan de meisjes mee te nemen in de boot. Willow wilde niet, de arme meid had niets met zeilen, maar Colin duldde geen tegenspraak. Willow was er alleen toe te bewegen geweest mee te gaan als Naomi ook ging. Ze waren in de richting van West Wittering gezeild en niet lang daarna was de wind aangewakkerd, zodat er witte golven over het kolkende wateroppervlak raceten. Martha had het prachtig gevonden, die rook het avontuur en misschien het gevaar. Maar Willow had zich aan Naomi vastgeklampt, doodsbang dat de *Marlow* zou omslaan. De zee was niet echt heel ruw, maar voor een jong kind met een levendige fantasie, dat regelmatig nachtmerries had als ze iets enigszins spannends op de televisie had gezien, leek het maar al te goed mogelijk en zelfs onvermijdelijk dat een enorme golf de boot in stukjes zou breken. Het hielp ook niet dat ze zeeziek werd en lang voor ze het veilige water van Tilsham Harbour hadden bereikt moest overgeven, niet over de zijkant van de boot, zoals Colin had gezegd, maar erin.

Colin had geen moeite gedaan zijn woede te verbergen en had zelfs gezegd dat Willow de troep zelf moest opruimen. Toen Naomi zei dat dat niet ging gebeuren en dat ze Willow meteen mee naar huis nam om haar in bad te stoppen, was hij razend geweest. Op de een of andere manier had hij zijn woede in bedwang gehouden om hem later, toen hij terugkwam in Anchor House nadat hij de boot zelf had schoongemaakt, de vrije teugel te geven. Hij had zich laten gaan en onder andere gezegd dat Naomi Willow in bescherming nam.

'Ze groeit nooit fatsoenlijk op als jij haar blijft behandelen als een baby!' had hij geschreeuwd. 'Het is jouw schuld dat ze zo timide is, je weigert haar los te laten, zodat ze avontuurlijker kan worden, zoals Martha.'

'Je kunt niet van haar verwachten dat ze net als Martha is, ze lijken totaal niet op elkaar,' had Naomi tegen hem gezegd.

'En wiens fout is dat?' wilde hij weten.

Hij was doof geweest voor redelijke argumenten en had niet willen accepteren dat zijn jongste dochter niet kon voldoen aan zijn verwachtingen.

Zijn heftige beschuldigingen hadden bij Naomi de vraag doen rijzen of ze Willow echt klein hield, of ze in haar onderbewuste wilde dat Willow altijd haar baby zou blijven. Ze had Willow inderdaad anders behandeld dan Martha. Net zoals Colin Martha anders had behandeld dan Willow. Ouders vonden altijd dat ze hun kinderen precies hetzelfde en even eerlijk behandelden, maar dat was zelden waar.

'Brian en ik wisten dat Colin driftig kon zijn.' Geraldine onderbrak haar gedachten. 'Dat hij een van die mannen was die moeite moeten doen om die drift in bedwang te houden. Weet je, hij werd er waarschijnlijk gek van dat jij nooit je zelfbeheersing verloor. Ik wed dat hij dat fijn had gevonden, al was het maar om voor zichzelf te rechtvaardigen dat hij zich niet meer in de hand had.'

'Je praat over hem alsof hij een monster was,' zei Naomi.

'Dat zijn jouw woorden, niet de mijne.' Geraldine haalde haar schouders op. Toen vroeg ze, zo nonchalant alsof ze vroeg hoe laat het was: 'Heeft Colin je ooit geslagen?'

22

Ellis had op veel plekken gewerkt en als gevolg daarvan had hij over de hele wereld kennissen, van wie sommigen nog werkten en anderen net als hij met pensioen waren. Echte vrienden kon hij echter op de vingers van één hand tellen. Dat gold waarschijnlijk voor veel mensen. Maar sinds de dood van Diana had hij niet zo goed contact met hen gehouden.

Toen hij ondanks de lichte vochtigheid van de regen van gisteren tegen een zandduin lag, zijn ogen dichtgeknepen tegen de felle zon aan de smetteloos blauwe hemel, dacht hij eraan hoe fijn hij het zou vinden om een praatje te maken met een van die goede vrienden. Maar wat moest hij zeggen? 'Hallo! Je hebt in geen tijden van me gehoord, maar kan ik nu even tegen je aan praten?'

Hij had het geprobeerd met Lucas en had eindelijk een behoorlijk gesprek met hem kunnen voeren, maar Lucas bleek vol van zijn eigen nieuws. Hij had net promotie gemaakt op zijn werk en in zijn nieuwe rol zou hij naar Europa moeten reizen, vertelde hij. 'Het plan is dat ik binnenkort naar Londen kom, dus dan kan ik jou en oma komen opzoeken.' Ellis was blij voor hem, echt blij, maar hij kreeg er geen woord tussen. Bovendien wilde hij het gesprek niet bederven door Lucas op te zadelen met zijn eigen problemen.

Probleem, want het was er maar een.

Naomi.

Hij zag nu wel waarom ze hun relatie geheim had willen houden. Had ze hem niet gewaarschuwd dat alles anders zou worden, en niet bepaald beter, zodra ze iemand en in het bijzonder haar dochters erover vertelde?

Maar het was onzin dat ze dacht dat ze een keus moest maken

tussen hem en haar familie. Dat was gewoon een overdreven reactie op het feit dat de kinderen niet erg enthousiast waren geweest over de nieuwe man in het leven van hun moeder. Alle kinderen zouden meteen op hun hoede zijn om hun moeder of vader te beschermen.

Toch was dat niet helemaal waar. Lucas had Ellis nooit beschouwd als een bedreiging voor zijn relatie met zijn moeder. Maar hij was nog maar een klein kereltje geweest toen Ellis en Diana elkaar hadden ontmoet, dus misschien had hij meer open gestaan voor het idee van een nieuwe vader. Als Lucas een tiener was geweest, was het misschien een heel ander verhaal geworden.

Maar wat konden Martha en Willow er nu op tegen hebben dat hun moeder gelukkig was? Konden ze niet begrijpen dat ze haar ongelukkig maakten door zich te verzetten tegen deze verandering?

Ellis had er meteen mee ingestemd om Naomi de tijd en de ruimte te geven die ze volgens haar nodig had, maar hij besefte nu dat hij het niet had gemeend. Hij had alleen maar gezegd wat hij wist dat ze wilde horen en zich daarmee net zo geduldig en meegevend opgesteld als ze wilde dat hij was. Maar dat bleek hij helemaal niet te zijn. Hij wilde verder, hij wilde hun relatie een meer permanente basis geven. Hij wist precies hoe onzeker het leven kon zijn – Naomi zou dat ook moeten weten – en hij wilde deze onverwachte kans op geluk niet verspelen. Op een bepaalde leeftijd kon je gaan denken dat je beste jaren achter je lagen, maar dan kon er uit het niets iets geweldigs gebeuren dat alles overhoopgooide en besefte je opeens dat het beste eigenlijk nog moest komen.

Trouwen. Dat was wat hij voor zich had gezien toen hij en Naomi meer dan een week geleden samen over het strand hadden gelopen. Dat was de laatste keer dat hij haar had gezien. Hij had op het punt gestaan tegen haar te zeggen dat hij van haar hield en dat hij haar wilde vragen zijn vrouw te worden. Hij had zelfs voor zich gezien hoe ze samen ringen gingen kopen en toekomstplannen maakten. In zijn hoofd was alles op zijn plaats gevallen. Tot op het moment waarop ze zei dat ze niet gedwongen wilde worden te kiezen tussen hem en haar dochters.

Was het niet beter om nu meteen afstand te nemen, voordat hij nog meer tijd verloor door te blijven hopen dat Naomi de door hem gewenste beslissing nam? Ze had hem al een keer weggestuurd; wat weerhield haar ervan om dat nog eens te doen?

Nee, dat was niet eerlijk. Ze was zwanger geweest van Colin en had een onzelfzuchtig besluit genomen en gedaan wat zij het beste vond. Te oordelen naar wat Naomi hem had verteld, had ze geen spijt gehad van die beslissing en wat nog belangrijker was, ze had er nooit aan getwijfeld dat Colin de vader was. Ook Ellis had daar niet aan getwijfeld, want hij wist dat ze hem nooit zo zou verraden, daar was ze gewoon het type niet voor. En nu hij in Anchor House foto's had gezien van Colin en Martha, wist hij dat de gelijkenis tussen vader en dochter onmiskenbaar was.

Hoe moeilijk het al die jaren geleden ook was geweest om Naomi los te laten, hij had niet de rest van zijn leven met een gebroken hart zitten treuren. Hij was daarna vele relaties aangegaan, maar tot hij Diana had ontmoet, was het nooit echt serieus geworden.

Bij de plotselinge luide kreet van een overvliegende zeemeeuw deed hij zijn ogen open en ging overeind zitten. Het werd vloed en het water kroop steeds verder naar hem toe. Toen hij langs de kust terugliep, zag hij dat het wad bijna was verdwenen en dat de waadvogels nergens meer te bekennen waren.

Zou hij op een dag ook weg zijn? Waarom zou hij blijven als Naomi koos voor haar familie? Het probleem was dat hij het hier fijn vond. Hij voelde zich thuis in dit kleine havenstadje en genoot ervan deel uit te maken van een gemeenschap waarin hij hartelijk was ontvangen. Voor zijn gevoel was dit een plaats waar hij zou kunnen aarden. Hij vond het ook heerlijk om de zee voor de deur te hebben, iets wat hij nog niet eerder had gehad. De waterige schoonheid van de kust en de horizon bezat een geruststellende continuïteit en hij verwonderde zich er vaak over hoe weinig die kon zijn veranderd sinds de dagen dat de Romeinen bij het naburige Fishbourne Palace hun kamp hadden opgeslagen.

Het huurcontract van Waterside Cottage gold maar voor zes maanden en liep binnenkort af. Wat Naomi ook besloot, hij zou snel een eigen beslissing moeten nemen. Blijven of weggaan.

23

Martha had sinds het bezoek aan Anchor House van meer dan een week geleden niets meer van haar moeder of haar zus gehoord. Op haar appjes en voicemailberichten had ze geen enkele reactie gekregen. Ze was ervan overtuigd dat ze haar allebei opzettelijk links lieten liggen. Of dacht ze dat omdat ze zich schuldig voelde of zelfs licht paranoïde was?

Hun moeder was geen vrouw om lang boos te blijven. Willow trouwens ook niet, maar Martha vond het niet onwaarschijnlijk dat ma in dit geval nog steeds nijdig was om het kruisverhoor dat ze Ellis had afgenomen. Voor Martha was het echter volkomen logisch geweest om hem al die vragen te stellen; ze wist gewoon dat haar vader dat had gewild. Met een trieste glimlach dacht ze eraan hoe hij ieder vriendje dat ze mee naar huis had genomen het vuur aan de schenen had gelegd. Niet dat dat er veel waren geweest. Maar Tom had meteen de goedkeuring van haar vader gekregen en had bij een biertje en een rugbywedstrijd op de tv een band met hem gesmeed.

Door het keukenraam zag Martha Tom in de avondzon rondrijden op de zitmaaier waarop hij zichzelf dat voorjaar had getrakteerd. Het was zijn favoriete nieuwe speeltje en ze maakte er grapjes over dat hij haar er een dezer dagen misschien eens mee zou laten rijden. Niet dat ze er bijzonder op gebrand was om het gras te maaien; dat liet ze met liefde aan hem over. Zij moest die avond het avondeten klaarmaken. Het werd een gemakkelijk maaltje: biefstuk met gepofte aardappelen en een salade van waterkers.

Ze wilde dat haar dag net zo gemakkelijk was geweest. Jason was naar een bestaande klant geweest en zij had haar pitch voor Topolino gegeven en was zich er pijnlijk van bewust geweest dat het hele verhaal geen pit had. Ze had het gebruikelijke riedeltje afgestoken dat een merk de belofte aan de klant is dat het product en de service van de allerhoogste kwaliteit zijn en was daarna overgegaan op de kern van het verhaal, die neerkwam op een eenzijdige actie om de schade te beperken. Topolino zou beloven om voor onbepaalde tijd voor elk boxpakje dat werd verkocht een exemplaar aan een kind te geven dat in armoede in Bangladesh woonde.

Te oordelen naar de gereserveerde reacties – een reserve die gewoon verstikkend was – had ze het verknald, en toen de vergadering voorbij was, had ze zich teruggetrokken in haar kantoor, de deur dichtgedaan en een schop tegen haar bureau gegeven. Met de gedachte aan Jason had ze dat voor de volledigheid drie keer gedaan.

Toen het eten klaar was en ze met een vork in de aardappels had geprikt voordat ze ze in de oven zette, had ze Willow nog eens gebeld. De telefoon bleef maar overgaan en Martha wilde het net opgeven toen ze een stem hoorde die beslist niet die van Willow was. Ze nam aan dat ze het verkeerde nummer had ingetoetst en wilde het gesprek al beëindigen toen de stem in haar oor vroeg: 'Ben jij dat, Martha?'

'Ja,' antwoordde ze voorzichtig. 'Met wie spreek ik?'

'Met Rick.'

'O,' zei ze. 'Is Willow er?'

'Nee,' zei hij.

Martha wachtte op uitleg, maar toen die niet kwam, vroeg ze of hij wist waar haar zus was en wanneer ze haar zou kunnen spreken.

'Ze is aan het werk,' zei hij.

De abrupte manier waarop hij het zei, stond haar niet aan; ze vermoedde dat hij nog steeds boos op haar was omdat ze hem er niet bij had willen hebben toen ze familiezaken gingen bespreken. Ze probeerde hem gunstig te stemmen door het gesprek luchtig te houden. 'Willow is zeker in alle haast vertrokken zonder haar telefoon mee te nemen?'

'Zoiets,' zei hij effen. 'Was er verder nog iets?'

Wauw, hij was echt boos op haar. 'Eh… ja.' Ze erkende onwillig dat ze misschien meer moeite moest doen om het goed met hem te maken. 'Ik denk dat ik je per ongeluk heb beledigd, Rick.'

Er viel een stilte en toen zei hij: 'Denk je dat of weet je dat?'

'Oké.' Ze wuifde terug naar Tom op de maaier. 'Ik weet dat ik die dag bij mijn moeder bot tegen je ben geweest.'

'Als het alleen die ene keer was, zou het me niet uitmaken. Maar je doet het steeds weer.'

Nu was het haar beurt om even te zwijgen voor ze reageerde. 'Wat doe ik steeds weer?' vroeg ze.

'Me opzettelijk buitensluiten. Mag je me soms niet?'

Even had ze geen antwoord op die directe vraag. Niet lang geleden zou ze niet hebben geloofd dat hij haar dat ooit zou vragen of dat ze zou moeten liegen. 'Natuurlijk mag ik je wel,' zei ze. 'Ik vind je fantastisch voor Willow. Je bent precies het soort vriend dat ze nodig heeft.'

'Je hebt een vreemde manier om dat te laten blijken.'

'Het spijt me dat je het zo ziet,' zei ze.

'Je moet je niet tegenover mij verontschuldigen, maar tegenover je zus. Dit keer heb je haar echt boos gemaakt.'

Dit keer? Martha ergerde zich aan zijn beschuldigende toon. Maar tegelijkertijd moest ze erkennen dat er iets van waarheid zat in wat hij had gezegd. Ze wilde het alleen niet van hem horen. Het verklaarde echter wel waarom Willow niet reageerde op haar berichten.

'En het punt is,' vervolgde Rick net op het moment dat ze nogmaals sorry wilde zeggen, 'ik wil niet dat iemand Willow van streek maakt nu ze...' Hij brak zijn zin af.

'Ga door,' zei ze. 'Nu Willow wat?'

'Laat maar, ik had niets moeten zeggen. Ik heb het Willow beloofd.'

Meteen gingen bij Martha alle alarmbellen af. 'Als er iets mis is met mijn zus, vind ik dat je het me moet vertellen, Rick.'

Toen hij geen antwoord gaf, groeide haar bezorgdheid. 'Willow is toch niet ziek?'

Er klonk geritsel in haar oor, gevolgd door een zucht. 'Als ik het je vertel, moet je zweren dat je niet zult laten merken dat je het van mij hebt.'

'Dat ik wat van jou heb?'

'Dat ze zwanger is.'

Martha greep het aanrechtblad en drukte de telefoon hard tegen haar oor. Weer zag Tom haar achter het raam staan en hij zwaaide met een jongensachtige grijns van tevreden blijdschap in het gouden zonlicht. Hij zag er volkomen gelukkig uit met zijn wereld. Terwijl hier in de keuken haar wereld opeens uit het lood was geraakt.

'Ben je er nog, Martha?' vroeg Rick.

'Ja,' zei ze zwakjes. 'Dat is...' Haar stem stierf weg toen ze probeerde de juiste woorden te vinden.

Rick grinnikte. 'Ik denk dat je probeert te zeggen dat het een hele verrassing is.' Hij grinnikte weer en scheurde haar zenuwen in flarden. 'Een schok is misschien een beter woord. We kunnen nog steeds niet wennen aan het idee dat we een baby krijgen. Een echte baby! Er gaat een heleboel voor ons veranderen.'

'Ja,' wist Martha eindelijk uit te brengen. Ze slikte. 'Nou, ik neem aan dat ik jullie moet feliciteren.' Ze had meteen spijt van haar woordkeuze.

'Ja, dat neem ik ook aan,' zei hij. 'Maar ik vind dat je moet weten waarom Willow niet wilde dat je het wist van de baby. Ze was bang dat je er moeite mee zou hebben omdat je zelf zo graag een kind wilt. Ze is echt een van de liefste, aardigste en zorgzaamste mensen die er bestaan. Maar dat hoef ik jou niet te vertellen.'

'Nee,' zei Martha. 'Willow is altijd heel attent en hartelijk geweest. Daar kan ik nog iets van leren.'

Hij deed geen poging haar tegen te spreken. In plaats daarvan vroeg hij of hij nog iets aan Willow kon doorgeven.

'Zeg maar gewoon dat ik heb gebeld,' zei Martha.

'Maar je belooft toch wel dat je haar niet zult vertellen dat ik mijn mond voorbij heb gepraat, hè? Ik heb geen zin om de kwaaie pier te zijn.'

'Natuurlijk,' mompelde ze. Haar keel zat dicht van de pijn die zijn vrolijkheid haar bezorgde. 'Ik zal wachten tot Willow het goede nieuws zelf met me deelt, als zij er klaar voor is.'

'Dank je. O, en geen woord tegen je moeder. Nog niet. Laten we dit onder ons houden.'

Martha stemde ermee in en maakte een eind aan het gesprek.

Ze was halverwege haar tweede glas wijn – zonder zich er iets van aan te trekken dat het een alcoholvrije avond was – toen Tom binnenkwam. Zijn blik ging naar het glas in haar hand. Toen naar haar gezicht.

'Gaat het?' vroeg hij.

'Nee.' Ze had moeite het te zeggen. Haar stem trilde en ze beet op haar onderlip. Dus wendde ze zich af en deed haar uiterste best om haar tranen te bedwingen.

'Martha, wat is er?' Hij liep door de keuken en draaide haar naar zich toe.

'Het gaat om Willow,' zei ze. 'Ze is zwanger. Rick heeft het me net verteld.'

'Heeft Rick het je verteld?'

Haperend vertelde ze over het gesprek dat ze met Rick had gehad. 'Het was niet zijn bedoeling om het te vertellen. Hij zei dat Willow niet wilde dat ik het wist, dat ik erdoor van streek zou raken. En ze heeft gelijk, Tom. Ik voel me ellendig. Ik weet dat ik blij voor haar moet zijn, maar dat lukt niet. Ik word verscheurd door jaloezie. Ik hoor degene te zijn die zwanger is, niet zij! En dus ben ik een egoïstisch kreng dat niet blij kan zijn voor haar eigen zus. Ik haat mezelf!'

Hij nam het glas uit haar trillende handen en sloeg zijn armen om haar heen. 'Zo moet je niet over jezelf praten. Het is volkomen normaal dat je jaloers bent. Ik kan het mis hebben, maar ik denk dat ze dit niet hebben gepland.'

'Willow heeft nog nooit in haar leven iets gepland,' snoof Martha verontwaardigd.

Tom liet haar los en tilde Martha's hoofd op, zodat hij haar kon aankijken. 'Nou, dat is waar,' zei hij met een glimlach. 'Misschien is dat bij ons het probleem: we hebben te veel gepland. Misschien moeten we het meer aanpakken zoals Willow doet, gewoon kijken wat er gebeurt.'

'Je weet dat dat nooit gaat gebeuren, hè?'

Zijn glimlach werd breder. 'Het was het proberen waard.'

'Ik hou zo veel van je, Tom. Ga daar alsjeblieft nooit aan twijfelen als ik me als een kreng gedraag.'

'Ik hou van je zoals je bent,' zei hij. 'Dat betekent dat ik accepteer dat je soms niet op je best bent. Net zoals ik hoop dat je van mij houdt met al mijn fouten.'

Ze liet zich weer in zijn armen zakken, legde haar hoofd tegen zijn borst en luisterde naar het trage, vaste kloppen van zijn hart. Daardoor vertraagde haar eigen hartslag, die tot op dat moment zo snel was geweest alsof ze aan het hardlopen was.

Met zijn kin op haar hoofd zei hij: 'Was Rick blij met de baby?'

'Ja.' Ze dacht terug aan zijn lach en hoe die haar op de zenuwen had gewerkt. 'Hij beweerde dat ze allebei in shock waren, maar die indruk gaf hij niet. Het was bijna alsof hij erover opschepte. Maar om eerlijk te zijn, kan mijn mening gekleurd zijn door mijn jaloezie.' Ze zei er niet bij dat haar beeld van Rick ook was beïnvloed door de manier waarop hij tegen haar had gesproken, alsof ze een ondeugend kind was dat een standje had verdiend en op haar plek moest worden gezet. Wie dacht hij wel niet dat hij was?

'Ze zijn nog maar heel kort samen,' zei Tom. 'Dit zal hun relatie zwaar op de proef stellen. Ik weet dat het onaardig klinkt, maar denk je dat Willow het opzettelijk heeft gedaan?'

Martha tilde haar hoofd op. 'Wat?'

'Dat ze opzettelijk zwanger is geraakt om...'

'Om Rick aan zich te binden?' vulde ze aan toen hij aarzelde.

'Ja. Jij en je moeder hebben er grapjes over gemaakt dat hij er een was om te houden, dat hij het eerste vriendje van Willow was dat betrouwbaar was en zijn zaakjes financieel op orde had. Stel dat zij dat ook vindt en heeft besloten dat een baby haar kans was op een beter leven?'

Martha schrok ervan dat Tom zo cynisch kon zijn. Dat was niets voor hem. Ze sprong meteen voor haar zus in de bres. 'Willow is niet in staat om zoiets achterbaks te verzinnen. Ik kan niet geloven dat je dat kunt denken.'

'Het spijt me,' zei hij, 'maar de hele situatie lijkt gewoon zo onwaarschijnlijk. Het rare is,' ging hij verder, 'dat er beslist iets anders was aan Willow toen we de laatste keer terugkwamen van Anchor

House. Ik heb een paar keer gezien dat ze haar hand op haar buik legde terwijl ze zat te praten. Op dat moment dacht ik dat ze zich niet lekker voelde, maar nu begrijp ik wat erachter zit.'

Martha wist precies wat hij bedoelde. Ook zij had zwangere vriendinnen hetzelfde zien doen: onbewust een hand op hun buik leggen om hun ongeboren kind te beschermen. Ze had het zelf weleens gedaan als ze hoopte dat ze zwanger was.

Toen ze terugdacht aan die dag in Anchor House kon Martha zich niet herinneren dat er iets anders was geweest aan haar zus, behalve dat ze zich bij de terugrit kennelijk had bedacht over de wenselijkheid dat hun moeder dichter bij hen kwam wonen. Die plotselinge ommekeer had ze gerechtvaardigd met de uitspraak dat het beter zou zijn als ma en Ellis niet in pa's schaduw bleven leven nadat ze getrouwd waren.

Maar nu begreep Martha die omslag van haar zus beter; Willow had geweten dat ze zwanger was en wilde haar moeder laten helpen met de zorg voor het kind. Precies wat Martha van plan was geweest. Misschien had ze haar zus onderschat. Misschien was Willow toch in staat iets te plannen en dat heel sluw aan te pakken.

24

Geraldine bleef maar één nachtje, maar zoals ze zelf vaak zei, kon je met een kort bezoekje van haar heel lang toe. Sinds ze gistermiddag was vertrokken, voelde Naomi zich geïrriteerd en rusteloos. Ze was nog meer uit haar doen dan voor het logeerpartijtje.

Niet dat ze boos was op Geraldine; ze ergerde zich aan zichzelf. Omdat ze niet eerlijk was geweest tegen haar vriendin. Als Geraldine vermoedde dat Naomi loog toen ze zei dat Colin haar natuurlijk nooit had geslagen – wat een belachelijk idee! – had ze het fatsoen gehad niet verder aan te dringen. In plaats daarvan was ze vragen gaan stellen over Ellis. Dat was een veel veiliger onderwerp geweest, dacht Naomi nu ze de aardappels opgroef die naar boven kwamen.

Ze had haar oude tuinhoed stevig op haar hoofd gezet, maar de middagzon aan de kristalheldere hemel brandde op haar rug en schouders. Het was bijna eind mei en het was een van die late lentedagen waarop de lucht trilde van de hitte, vol beloften voor de zomer. Af en toe kwam er een welkom briesje van zee, dat een ziltige scherpte met zich meebracht. Haar armen waren bloot en ze had deze mouwloze top eigenlijk moeten verwisselen voor iets met lange mouwen, maar ze had te veel haast gehad om naar buiten te gaan toen ze na de zoveelste slapeloze nacht had ontbeten.

Vóór het bezoek van haar vriendin had ze ook al moeite gehad met slapen, maar de vorige nacht had ze uren liggen woelen. Ze had nooit moeten toestaan dat Geraldine het verleden oprakelde. Als ze op haar strepen was gaan staan, had ze nu niet het gevoel gehad dat haar hele leven nep was. Een web van leugens en bedrog. En vernedering. Ze had zo lang met zo veel halve waarheden geleefd – de mythe die ze zelf in het leven had geroepen – dat ze erin was gaan geloven.

Niet dat zij de enige was die met die leugens had geleefd. Geraldine en Brian hadden kennelijk hetzelfde gedaan. In alle jaren dat ze bevriend waren had Naomi nooit geweten wat ze echt van Colin vonden. Hoeveel andere vrouwen hadden Colin minder hoog aangeslagen dan zij altijd had gedacht? Waren de condoleances die ze na zijn overlijden had gekregen oprecht gemeend geweest, of slechts in meelevende clichés verpakte onwaarheden?

Waar ze nu behoefte aan had, bedacht ze toen ze rechtop ging staan om zich even uit te rekken, was zich verstoppen. Ze voelde zich zo dom. Dom en idioot om haar eigen leugens te geloven. De leugens die ze had verteld door te zwijgen.

Het was natuurlijk niet Geraldines bedoeling geweest om Naomi te vernederen en in verlegenheid te brengen, maar zo voelde het wel. Alle schone schijn was weg. Ze had gedacht dat iedereen de man met wie ze was getrouwd aardig had gevonden en had gerespecteerd, en in één klap had dat plaatsgemaakt voor het vermoeden dat iedereen de waarheid kende en medelijden met haar had.

En wat was de waarheid eigenlijk? Dat Colin niet de volmaakte echtgenoot was geweest waarvoor iedereen hem aanzag? Dat hij achter gesloten of soms zelfs open deuren een neerbuigende bullebak was geweest? Niemand was volmaakt, zei ze vroeger altijd tegen zichzelf; iedereen had zijn fouten. Ze kon een lange lijst maken van die van haar. In haar hoofd zag ze een stoffige papyrusrol in gestaag tempo uitgerold worden terwijl met een galmende, veroordelende stem fout na fout werd opgelezen.

Bovenaan, in vette letters, stond **ZELFBEDROG**.

Daar was ze goed in, want ze had zichzelf gedwongen het als een kracht of zelfs een deugd te zien. Omwille van het gezin. Maar eigenlijk was het een teken van zwakte en lafheid. En daar was ze niet trots op. Ze zou nooit toestaan dat haar dochters zich zo gedroegen.

Het gebeurde voor het eerst toen Colin een promotie miste die hij al in zijn zak had gedacht te hebben.

'Ik ben precies de goede man voor die baan,' had hij gezegd. 'Iedereen is ervan overtuigd dat hij me niet meer kan ontgaan.'

Maar toen werd er iemand van buiten voor aangenomen en Colin was rechtstreeks verantwoording schuldig aan die persoon. Hij was razend. Toen hij die vrijdagavond terugkwam uit Londen was zijn humeur om op te schieten. Hij was hard in zijn trots geraakt en Naomi deed haar best zijn teleurstelling te absorberen. Zo zag ze haar rol in die periode, als een spons die de bitterheid van zijn gekwetste ego moest opzuigen.

Zijn humeur werd nog slechter toen de nieuwe man, een vrijpostige Amerikaan (volgens Colin), aan de baan begon. En in een weekend, toen de meisjes al een paar dagen ziek waren geweest (ze waren toen vijf en twee) en Naomi ze net in bed had gelegd, draaide Colin door. Vanwege de afstandsbediening. Toen ze beneden kwam, was hij in de zitkamer met spullen aan het smijten terwijl hij ernaar zocht.

'Wat een puinhoop is het hier!' riep hij terwijl hij een mand vol boeken en speelgoed omschopte. 'Denk je nou echt dat ik na een stressvolle werkweek zo thuis wil komen?'

'En denk jij dat ik erop zit te wachten dat jij je gedraagt als een peuter met een driftbui nadat ik een week in mijn eentje voor de kinderen heb gezorgd?'

Op dat moment sloeg hij haar hard op haar wang. De klap kwam zo onverwachts dat haar hoofd naar achteren schoot en ze bijna omviel. Ze hapte naar adem van schrik. Toen ze haar evenwicht had hervonden, keek ze hem verbijsterd en ongelovig aan. Haar hart ging tekeer in haar borstkas.

'Je hebt me geslagen,' fluisterde ze ongelovig. Ze ging met haar hand langs haar gezicht, keek ernaar en zag bloed. Het was afkomstig van haar mond.

Hij stond haar met grote ogen en openhangende mond aan te staren. En toen leek hij voor haar ogen te verschrompelen. Opeens was hij niet meer de Colin die ze kende, maar een bang jongetje dat wist dat hij iets verschrikkelijks had gedaan.

Ze was eerder getuige geweest van zijn woede: toen hij het scherm van zijn laptop kapot had geslagen omdat hij een document waaraan hij zat te werken was kwijtgeraakt, toen hij woedend in de telefoon schreeuwde tegen een arme ziel in een callcenter die het probleem niet naar Colins zin oploste. En er waren genoeg andere gelegenheden waarbij hij een rood waas voor ogen kreeg – wanneer zijn innerlijke duivel, waarvan hij weigerde te erkennen dat hij hem had, hem de baas werd – maar iets als dit had hij nog nooit gedaan.

'Het spijt me. Het spijt me. Het spijt me!' zei hij steeds weer en de tranen sprongen hem in de ogen. 'O mijn god, dat was niet de bedoeling. Vergeef het me alsjeblieft. Dat is niet wie ik ben. Ik zweer het je. Het komt door de stress op het werk. Het...'

Boven hoorden ze Martha roepen om iets te drinken.

'Ik ga wel,' zei Naomi zacht. Ze slikte de schrik weg en wreef elk spoortje bloed van haar gezicht. 'Ruim jij de rommel op die je hier hebt gemaakt.'

Toen ze klaar was met Martha en ook Willow een beker water had gegeven, was Naomi weer helemaal rustig. Beneden trof ze Colin in de keuken, waar hij voor het aanrecht naar de donkere tuin stond te staren. Of misschien keek hij naar de man in de spiegelende ruit.

'Ik weet niet wat ik moet zeggen,' zei hij hees, maar zonder haar aan te kijken.

'Ik ook niet. Behalve dit: je mag nooit meer zo je zelfbeheersing verliezen. Zeker niet waar de meisjes bij zijn.'

Hij draaide zich naar haar om. 'Ik zweer je dat het nooit meer zal gebeuren. Daar heb je mijn woord voor.'

Maar het was wel weer gebeurd. En niet één keer.

Naomi legde haar schep weg, zette haar tuinhoed af en veegde met haar onderarm het zweet van haar voorhoofd. Met een hopeloos gevoel bekeek ze de onkruidvrije moestuin. Ze vroeg zich af waar ze het allemaal voor deed.

Die vraag was niet zozeer gericht op haar inspanningen van die ochtend, maar op haar leven in het algemeen en in het bijzonder op wat ze tijdens dat leven had bereikt. Was het niet beter geweest als ze altijd eerlijk was geweest en de waarheid had gesproken?

En waar had ze moeten beginnen met die eerlijkheid? Bij Colins verhouding, zijn drift en zijn gewelddadigheid? Of bij haar verhouding met Ellis?

Waarom had ze niet de moed gehad om haar ontrouw te bekennen, net zoals Colin had bekend dat hij met zijn secretaresse naar bed was geweest? Met die bekentenis had ze hem een koekje van eigen deeg gegeven. Kijk, dit spelletje kunnen we allebei spelen!

Maar ze had het niet gedaan, om de eenvoudige reden dat ze er te laf voor was. Erger nog, ze had willen vasthouden aan haar morele verontwaardiging. Als ze dat niet meer kon, was ze niet beter dan Colin.

Eigenlijk was ze ook niet beter dan hij, dus als hij af en toe een woedeaanval kreeg en haar sloeg, aanvaardde ze dat als haar straf voor haar ontrouw en de leugens die ze zichzelf vertelde.

Zo klonk het alsof ze een ongelukkig huwelijk had gehad. Dat was absoluut niet waar. Gedreven door schuldgevoelens hadden ze zich allebei enorm ingespannen om het te laten werken. En dus hadden ze zich laten meevoeren door het dagelijkse tij van het gezinsleven en hadden ze heel goed samengeleefd, misschien niet zo liefhebbend als de meeste echtparen, maar beter dan een heleboel. Hoewel ze tederheid, hartstocht en eerlijkheid had gemist in hun huwelijk, had Naomi geaccepteerd dat het in de bestaande situatie beter was om bij elkaar te blijven en de schijn op te houden, al was het maar voor de kinderen.

De gedachte aan wat er had kunnen gebeuren als ze na Colins bekentenis meteen een eind had gemaakt aan haar huwelijk werd steevast door haar verdrongen. Ze wilde er ook niet over denken hoe het zou zijn gelopen als ze niet zwanger was geweest van haar eerste kind toen ze met Ellis naar bed ging.

Wat is het leven toch ingewikkeld, dacht ze toen ze de kruiwagen met onkruid over het pad duwde en de inhoud op de composthoop gooide. Ze trok haar handschoenen uit en besloot het planten van de sperziebonen uit te stellen tot het koeler was geworden, want ze moest nu eerst iets drinken.

Een paar minuten later liep ze met een verfrissend glas sinaasappelsap naar de houten bank met uitzicht op het strand. Ze had al een tijdje niet op die bank gezeten, omdat ze bang was geweest dat Ellis langs zou komen en ze met hem zou moeten praten.

Dat was weer een voorbeeld van haar lafheid, dat ze zich verstopte voor Ellis.

Hij had precies gedaan wat ze had gevraagd en haar de ruimte gegeven om tot een besluit te komen. Ze wist inmiddels wat ze wilde, maar ze was bang voor zijn reactie.

Toen het glas leeg was, zette ze het naast de bank op de grond en sloot haar ogen. Het duurde niet lang voor ze onbedoeld in slaap sukkelde en de kreten van de zeemeeuwen en de vrolijke stemmetjes van de spelende kinderen op het strand langzaam wegstierven.

Ze werd uitgerust wakker van het blikkerige geluid van muziek in de verte. Het was het verlokkende getinkel van 'Greensleeves', afkomstig van de ijskar op de pier in de haven. Het rustige deuntje stond symbool voor lange, trage zomerdagen.

Toen ze op haar horloge keek, besefte ze dat ze een halfuur had geslapen. Tijd voor de lunch, dacht ze en ze stond op. Op dat moment zag ze Ellis voorbijlopen, die zich naar haar omdraaide.

Haar onzekere glimlach werd beantwoord door een voorzichtige van zijn kant en ze wist meteen dat dit het moment was om haar moed bij elkaar te schrapen en hem te vertellen welk besluit ze had genomen.

25

'Martha,' riep Tom. 'Je moeder aan de telefoon!'

Met de rinkelende telefoon, met duidelijk Naomi's naam op het scherm, ging hij op zoek naar Martha. Hij had haar voor het laatst gezien toen ze terugkwam van het hardlopen en boven een douche ging nemen.

Ze ging tegenwoordig hardlopen zodra ze van haar werk kwam. Dat was drie weken geleden begonnen, de dag nadat ze hadden gehoord dat Willow in verwachting was. Tom had voorgesteld om samen te gaan, maar Martha had gezegd dat ze tijd voor zichzelf nodig had om het werk uit haar hoofd te zetten. Hoewel hij zich afgewezen had gevoeld en had geweten dat ze niet alleen het werk uit haar hoofd moest zetten, had hij niet aangedrongen. Eigenlijk hadden ze er allebei waarschijnlijk behoefte aan: een uurtje waarin ze op adem konden komen en niet hoefden te denken over het werk. Of over hun pogingen om een kind te verwekken.

Toen Tom bovenkwam en de douche hoorde, vroeg hij zich af of hij zelf moest opnemen. Maar ze waren het erover eens dat ze elkaars telefoon niet opnamen, net zomin als ze elkaars post openmaakten en elkaars e-mails of appjes lazen. Sinds de dood van zijn moeder en daarvoor die van Colin was Tom bij het aanhoudende gerinkel van een telefoon echter altijd bang dat het slecht nieuws of een of ander noodgeval betekende. Was dit een noodgeval? Had Naomi een probleem en had ze hun hulp nodig?

Terwijl er talloze mogelijkheden door hem heen gingen, viel de telefoon stil. Als het belangrijk was, belde Naomi nog wel een keer, hield hij zichzelf voor. Waarschijnlijk was er een veel prozaïscher reden voor haar belletje en wilde ze alleen even bijpraten.

Hoewel er de laatste maand niet veel was bijgepraat in de familie Miller, in tegenstelling tot zijn eigen regelmatige FaceTime-gesprekken met zijn zus en zijn vader. Het leek erop dat de Miller-meiden – zoals Colin zijn vrouw en dochters vaak had genoemd – om verschillende redenen afstand van elkaar hielden. Het zou de combinatie wel zijn van Willows zwangerschap, waar ze niemand over wilde vertellen, en Naomi's relatie met Ellis; dat alles zette de communicatie onder spanning.

Tom vond het naar voor Naomi. Hij wenste haar heimelijk veel geluk als Ellis de leegte kon opvullen die was ontstaan door de dood van Colin.

Zo zag Martha het natuurlijk niet. In haar ogen zou niemand ooit goed genoeg zijn om haar vader te vervangen. En dat was begrijpelijk. Wat Willow van Ellis vond, was een raadsel. Ze was altijd heel vaag over van alles en kon zonder duidelijke reden heel gemakkelijk van mening veranderen. Hoewel haar nieuwe mening over Martha's voorstel dat Naomi Anchor House verkocht en dichter bij hen kwam wonen een overduidelijke reden had.

Tom was altijd heel erg gesteld geweest op zijn schoonzus. Hij voelde zich vaak een beschermende grote broer, ook al ging dat gepaard met momenten van ergernis omdat ze geen echt doel had in haar leven. Maar hij vond het prijzenswaardig dat ze haar zwangerschap had willen verzwijgen voor haar zus; zo'n attent gebaar was precies iets voor haar. Hij was minder gunstig gestemd ten opzichte van Rick vanwege de manier waarop hij Martha had verteld over de baby. Had hij dat met opzet gedaan om haar terug te pakken, zoals zij geloofde? Zo ja, dan voorspelde dat niets goeds voor hun toekomst als familie. Het was jammer dat hun mening over Rick zo snel en zo drastisch was veranderd. Hij vroeg zich af of dat meer zei over hem en Martha dan over Rick.

Hij stond nog steeds in hun slaapkamer met Martha's telefoon in zijn hand toen hij besefte dat de douche een paar minuten eerder was uitgegaan. Hij probeerde te bedenken wanneer ze voor het laatst samen hadden gedoucht, of eigenlijk wanneer ze voor het laatst goede ouderwetse seks hadden gehad in de douche, puur voor het erotische genot en niet om het verwekken van nieuw leven.

Zou seks ooit weer zo worden?

Hij verachtte zichzelf voor die oppervlakkige en egocentrische gedachte en wilde net weer naar beneden gaan om aan het avondeten te beginnen toen hij een soort gepiep in de badkamer hoorde.

Hij ging naar de deur. 'Gaat het wel goed daar, Martha?' vroeg hij.

Toen ze geen antwoord gaf, werd hij bang dat ze was uitgegleden en gewond was geraakt en hij deed de deur open. Ze stond met haar rug naar hem toe voor het badkamermeubel, met een handdoek om haar hoofd en nog een om haar lichaam. Zijn blik viel op wat er op het wastafelmeubel lag, de veelzeggende, opengescheurde verpakking, en hij wist meteen waarom ze dat gepiep had uitgestoten. Zijn hart ging uit naar zijn vrouw, maar tegelijkertijd werd hij onredelijk boos op Martha. Doe jezelf dit toch niet steeds aan, had hij willen roepen. Laat de natuur gewoon zijn gang gaan.

'Schat, maak je nu niet van streek.' Hij deed de telefoon in zijn zak, liep naar haar toe, draaide haar naar zich om en zette zich schrap voor een huilbui. Want hij wist hoe het voor haar voelde, elke maand die kwam en ging zonder teken van een baby. Hoewel het echt geen stap was die hij wilde nemen, zei hij om haar een beter gevoel te geven: 'Laten we morgen een afspraak maken met een specialist. Dan...'

Hij viel stil toen hij besefte dat Martha's gezicht niet vertrokken was van verdriet, zoals al die andere keren, maar dat er iets heel anders op te lezen viel.

Ze hield het witte plastic staafje omhoog. 'Hij is positief.' Haar stem was niet meer dan een fluistering, alsof ze het lot zou tarten als ze het hardop zei.

Hij keek naar de staaf en zag de streep met eigen ogen.

'Ik wil een tweede test doen,' zei ze voordat hij iets kon zeggen. 'Voor de zekerheid.'

Hij wist dat het geen zin had ertegenin te gaan. De tweede test stond al klaar. En diep van binnen wilde hij net zoveel bewijs als Martha dat de eerste test geen verkeerde uitslag had gegeven. Dat zou gewoon te wreed zijn. Daar zei hij niets over. Hij liet Martha alleen om de instructies te volgen en kwam de badkamer weer in toen ze zei dat ze zover was.

Hand in hand wachtten ze af. Het voelde lang geleden dat hij in emotioneel opzicht zo dicht bij Martha had gestaan, alsof ze eindelijk de barricades had weggehaald die door elke maand van teleurstelling tussen hen waren opgebouwd.

'Denk je dat het door al dat hardlopen komt?' vroeg hij. 'Dat je lichaam daar ontspannen van is geraakt?'

Ze schudde haar hoofd. 'Nee, sufferd. Het moet een hele tijd voordat ik weer ben gaan hardlopen zijn gebeurd.'

Hij glimlachte en keek op zijn horloge. 'Nog vijftig seconden,' zei hij. 'O, dat vergat ik nog te zeggen in alle opwinding: je moeder heeft geprobeerd je te bellen.' Hij haalde Martha's telefoon uit zijn zak en gaf hem aan haar.

'Ik bel haar later wel.' Ze keek amper naar het toestel. 'Hoelang nog?'

'Vijfendertig seconden.'

'Ga je ons nieuws al vertellen?' vroeg hij toen er nog een paar seconden voorbij waren gegaan. 'Of kunnen we beter wachten?'

'Wat vind jij?'

'Ik denk dat we moeten wachten.'

'Waarop? Tot we het zeker weten?'

'Nee.' Hij had nu al het gevoel dat hij het leven dat ze samen hadden gemaakt moest beschermen. 'Tot er niet meer zoveel kans is op...'

'Zeg het niet,' viel ze hem in de rede. 'Zeg alsjeblieft niets wat dit moment kan bederven.'

'Het spijt me.' Hij wilde dat hij zijn mond had gehouden. Toen zei hij: 'De tijd is om.'

Samen, met zijn arm om haar schouders, keken ze naar het smalle witte staafje. Het gaf een positieve uitslag, net als het eerste.

‘Het is ons gelukt, Tom,’ zei Martha met een stralende glimlach om haar lippen. ‘Het is ons gelukt.’

‘Ik wist het wel,’ loog hij.

26

'Wát heb je gedaan?'

'Dat zeg ik net. Ik ben na mijn dienst iets gaan drinken met een paar mensen van het werk; Stefan was vandaag jarig.'

Rick schoof met geweld een rek in het apparaat. Ze waren in de keuken en hij haalde de vaatwasser leeg, een karweitje dat zij had moeten doen voordat ze naar haar werk ging, maar dat ze was vergeten. 'Het kan me niet schelen wie er jarig is,' zei hij. 'Wat heb je gedronken?'

'Eén glas wijn maar,' loog ze. 'Daar krijgt de baby niets van.' En van twee glazen?

'Eén glas kan genoeg zijn,' snauwde hij. 'Wil je dat? Dat ons kind schade oploopt? Dat het geestelijk of lichamelijk iets gaat mankeren omdat jij,' hij draaide zich met een ruk om en stak een beschuldigende vinger naar haar uit, op slechts een paar centimeter van haar gezicht, 'één glas wijn hebt gedronken?'

'Er is helemaal geen bewijs dat dat zoveel kwaad kan.' Ze deed haar best om een nerveus giecheltje over zijn dwaze nabootsing van haar stem te onderdrukken. Ze wist niet waarom, maar ze kreeg vaak de neiging om te lachen als Rick zo'n bui had. Af en toe was hij zo narrig als een kind. Het deed haar denken aan Martha. En aan haar vader.

Wat ze ook niet wist, was of het waar was wat ze net had gezegd, dat er geen bewijs was dat een glas wijn schadelijk was voor de baby. Maar het was natuurlijk niet zo dat ze elke avond tequilashots dronk tot ze laveloos was, zoals vroeger. Dat was zo'n verre herinnering dat ze die amper nog naar boven kon halen. Het was alsof het om iemand anders ging. Maar ze wás toen ook iemand anders geweest, niet de verantwoordelijke volwassene die ze nu probeerde te zijn en die een kind verwachtte.

Toen ze daaraan dacht, was ze meteen weer nuchter. Niet dat ze dronken was, daar was meer voor nodig dan twee glazen pinot. Maar nu ze hier stond en Rick stilletjes kwaad op haar was – of eigenlijk niet zo stilletjes; hij was nog steeds bezig met het opruimen van de vaat en sloeg nu met de kastdeurtjes – voelde ze zich onwillekeurig weer een licht aangeschoten tiener die een preek kreeg van haar vader.

'Laat mij dat maar doen,' zei ze om Rick tegemoet te komen en zijn slechte bui te verdrijven. Want ze wist dat zij die had veroorzaakt.

'Nee, jij zet toch altijd alles op de verkeerde plek.'

'Je wilde daarnet ook dat ik het deed,' zei ze, 'dus laat mij de rest nu maar doen.'

Hij draaide zich met een ruk om. 'Nee, zeg ik toch! Ben je doof én dom?'

'Het spijt me.' Ze deed geschrokken een stap achteruit. Toen zei ze: 'Ik kan niets goed doen, hè?' Zwakjes voegde ze eraan toe: 'Misschien was dit niet zo'n goed idee.'

Hij keek naar haar met zulke strakke kaken en zo'n dwingende blik dat ze haar ogen moest afwenden.

'Wat bedoel je daarmee?' vroeg hij ten slotte. 'Wat vind je geen goed idee?'

Ze slikte. 'Samenwonen. Ik ben gewoon niet in staat om aan jouw hoge normen te voldoen.'

'Maar we krijgen samen een baby.'

'Misschien is dat ook geen goed idee.'

Opeens sloeg hij helemaal om. De boosheid waarmee hij zodra ze terug was had gevraagd waar ze was geweest, was weg. Hij werd voor haar ogen milder, weer de Rick die lief en zorgzaam was en die haar elke ochtend voordat hij naar het werk ging, vertelde hoeveel hij van haar hield. De Rick die gele post-its met voorstellen voor namen op de koelkastdeur plakte. De Rick die al een kinderwagen had besteld en had uitgezocht welk kinderzitje het veiligste was.

'Dat mag je niet zeggen.' Hij kwam naar haar toe. 'Dat wij een kind krijgen, is het beste wat me ooit is overkomen. Op het feit dat ik jou ontmoet heb na, uiteraard,' voegde hij er met een glimlach aan toe.

'Maar ik kan in jouw ogen niets goed doen. En je noemde me dom.'

Hij stak een hand uit en streek haar haar achter haar oor. 'Je doet soms domme dingen, dat is alles. Zoals niet vertellen waar je na het werk heen ging. Ik zat te wachten tot je thuis kwam en ik had iets bijzonders gehaald. Ik maakte me zorgen om je.'

'Maar ik dacht dat jij vanavond naar de sportschool ging.'

'Ik heb me bedacht. Ik ben vroeg thuisgekomen en ik had onderweg Thais eten gehaald om je te verrassen. Maar jij was er niet.'

'Waarom heb je dan niet even een appje gestuurd?'

'Wat, en jou laten denken dat ik je controleer? Dat is wel het laatste wat ik wil.'

Daar zou wel enige logica in zitten, maar zij zag die niet. 'Nou, nu ben ik er,' zei ze opgewekt. Ze had best zin in Thais eten. Maar er was geen afhaalbakje te zien op het aanrecht en in de keuken hing alleen een aantrekkelijke geur, waardoor ze opeens besefte hoeveel honger ze had.

'Ik ben bang dat ik jouw portie in de afvalbak heb gegooid,' zei hij alsof hij haar gedachten had geraden, zoals hij regelmatig leek te doen. 'Het had zo lang op je staan wachten dat het niet meer lekker was.'

'O,' zei ze teleurgesteld.

'Heb je niets gegeten toen je met je vrienden de verjaardag van Steven aan het vieren was?' vroeg hij.

'Stefan,' zei ze. 'Nee, ik heb niets gegeten, we hebben alleen iets gedronken. Maakt niet uit, ik maak wel een boterham voor mezelf.' Als ze heel voorzichtig was, lukte dat zonder te veel rotzooi te maken in Ricks smetteloze keuken en hem nog meer te ergeren.

'Absoluut niet.' Hij legde zijn handen om haar gezicht en gaf haar een zoen op haar voorhoofd. 'Ik wil dat je lekker in bad gaat, en intussen maak ik iets voedzaams en lekkers voor jou en de baby. Dat is mijn manier om sorry te zeggen voor het feit dat ik je dom heb genoemd,' ging hij verder. Hij tilde haar gezicht op. 'Vergeef je me?'

Ze glimlachte, opgelucht dat hij niet meer boos was. 'Ja. Vergeef je mij dat ik je niet heb verteld waar ik na het werk heen ging?'

'Het is vergeten en vergeven,' zei hij. 'Ga nou maar lekker van je bad genieten. Ik geef wel een gil als het eten klaar is.'

'Wat heb ik toch een geluk,' zei ze later, toen ze met Rick op de bank lag. Hij speelde afwezig met haar haar terwijl ze naar de laatste aflevering van *Line of Duty* keken.

'Hoezo dat?' vroeg hij.

'Zomaar,' antwoordde ze. 'Ik had gewoon zin het hardop te zeggen.'

'Je bent grappig,' zei hij.

Ze kroop dichter tegen hem aan. 'Maar daarom hou je ook van mij, toch?'

'Als jij het zegt.'

Ze merkte dat hij niet echt naar haar luisterde; zijn aandacht was bij het enorme tv-scherm dat het grootste deel van de matgrijze wand in beslag nam. De tv was zo groot dat ze bijna het gevoel had dat Steve Arnott en Kate Fleming bij hen in de kamer stonden. Haar eigen aandacht voor de ingewikkelde plot, waarvan ze een paar afleveringen geleden de draad al was kwijtgeraakt, verslapte terwijl ze zich probeerde voor te stellen dat er een baby zou komen in dit akelig nette appartement. De rommel die Willow had meegebracht toen ze bij hem introk (waarvan het grootste deel in een kast was verdwenen) was al erg genoeg; de hemel mocht weten wat een kind hier teweeg zou brengen. Ze wist van vrienden dat baby's sneller spullen verzamelden dan een van een berg rollende sneeuwbal sneeuw.

'Ik lag te denken dat het misschien beter is om je baan er nu aan te geven dan door te gaan totdat je de omvang hebt van een luchtballon.' Rick lag nog steeds een lok van haar haar om zijn vingers te winden.

'Hé,' zei ze met een speelse schop tegen zijn voet, 'wie zegt dat ik de omvang krijg van een luchtballon?'

'Goed dan, een opblaasboot.'

'Dat ook niet!' zei ze.

'Maar even serieus, waarom zou je verder gaan met werk waar je alleen maar moe van wordt en wat niet eens goed betaalt?'

'Het salaris is misschien niet heel hoog, maar het is beter dan niets,' zei ze. Dat ze de kameraadschap van haar collega's zou missen, hield ze wijselijk voor zich. Het was leuk geweest om na hun dienst naar de pub te gaan en eens lekker te mopperen over de onmogelijk hoge dagelijkse doelen.

'Maar we hebben mijn salaris toch,' zei Rick. 'Dat is ruim genoeg voor ons allebei.'

'Vergeet de baby niet,' merkte ze op.

'Hoe zou ik die kunnen vergeten?' zei hij vrolijk. Hij richtte de afstandsbediening op de tv en zette hem op pauze. 'Waarom hou je niet op met werken om lekker thuis voorbereidingen te treffen voor ons Virusje? Je zou de kinderkamer kunnen inrichten en al die dingen kunnen kopen die we nodig gaan hebben.'

'Vind je niet dat we het lot tarten als we daar zo vroeg mee beginnen?'

Hij legde de afstandsbediening neer, plaatste zijn hand in haar nek en gaf een rukje aan de ketting met het klavertjevier. 'Daarom heb ik je deze gegeven,' zei hij. 'Om extra geluk te brengen. En zei je net niet hoe gelukkig je bent?'

Willow bedacht dat geluk soms niet genoeg was en wilde overeind komen, maar hij hield haar tegen.

'Maar het zou enorm helpen als je niet meer de kroeg in dook met je vrienden en dat voor me verzweeg,' zei hij.

Ze fronste. 'Ik dacht dat dat vergeten en vergeven was?'

'Ik wil alleen nogmaals benadrukken dat het onverantwoordelijk van je was. Met zoiets zou je pas echt het lot tarten en alles verkeerd laten gaan. Heb je vandaag trouwens je vitamine D-tablet en je foliumzuur al geslikt?'

'Ja,' zei ze, 'vanmorgen, toen ik er zeker van was dat ik niet meer misselijk zou worden.'

Hij streelde haar wang. 'Arme Willow,' zei hij. 'Hopelijk duurt die ochtendmisselijkheid niet lang meer.'

'Het voelt alsof het al een eeuwigheid aan de gang is.' Ze gaapte uitgebreid.

'Kom op.' Hij deed de tv uit. 'Tijd om naar bed te gaan. Morgen is onze grote dag, de dag van de echo!'

Toen ze in de badkamer haar tanden stond te poetsen, vroeg Willow zich af hoe ze morgenochtend zou reageren als ze hun baby voor het eerst zag. Van alles wat ze online had gelezen en van de korrelige foto van de veertien weken oude foetus van haar vriendin Lucy wist ze dat er helemaal niet zoveel te zien was.

Lucy lag vier weken op Willow voor en was dolgelukkig met haar zwangerschap. Willow had haar nog steeds niet toevertrouwd dat zij ook in verwachting was. Ze vond het steeds moeilijker om het voor zich te houden, maar ze had zich voorgenomen er zo lang mogelijk over te zwijgen, in de hoop dat haar zus opeens zou aankondigen dat zij en Tom ouders werden. Om ervoor te zorgen dat ze zich niet versprak, had ze opzettelijk niet gereageerd op Martha's berichtjes of telefoontjes. Wanneer ze vond dat ze echt moest reageren, hield ze het kort.

In de laatste week had ze niets van haar zus gehoord, wat zowel een opluchting als een reden tot bezorgdheid was. Was alles goed met Martha? Maar als ze haar belde, zou dat tot gevolg kunnen hebben dat Willow eruit gooide dat het haar echt speet en dat het echt niet de bedoeling was geweest, maar dat ze zwanger was. Ze zag het al helemaal voor zich. Beter dan het leventje dat in haar groeide.

Niemand wist beter dan Willow dat geheimen een zware last konden zijn. Sommige waren gemakkelijker te bewaren, niet omdat ze er niet toe deden, maar juist omdat ze te verschrikkelijk waren om over na te denken. Dat waren de geheimen die je zo diep kon wegstoppen dat je bijna kon geloven dat ze niet bestonden. Bijna.

Het verlangen om haar zwangerschap te verbergen was een van de redenen waarom ze wijn had gedronken toen ze na het werk met Stefan en de anderen in de pub had gezeten; ze had geen argwaan willen wekken. Bovendien had ze op dat moment enorme behoefte gehad aan een glas witte wijn. Haar tong had onderweg naar de pub bijna uit haar mond gehangen, zo verlangde ze ernaar. Net iets voor haar om zin te hebben in wijn terwijl ze zwanger was, en niet in iets normaals als augurken of chocola! Ze glimlachte bij de gedachte. Dat was een vergissing, want de schuimende tandpasta liep langs haar kin en bezorgde haar een wit baardje.

Ze veegde haar gezicht schoon en controleerde of er niets van zijn plek was geraakt op het plankje boven de wasbak en of die niet vol tandpastavlekken zat. Daarna ging ze naar Rick, die al in bed lag.

'Weet je waar we het nog niet over gehad hebben?' vroeg hij. 'Wat we morgen zeggen als ze vragen of we het geslacht van ons kind willen weten.'

Lucy en Simon wisten dat ze een jongetje kregen en hadden al een naam uitgekozen – Milo – maar Willow wist niet of dat wel zo'n goed idee was.

'Ik wil dat het een verrassing blijft.' Ze schoof naast Rick in bed. Ze was dol op het beddengoed van Egyptisch katoen dat hij altijd kocht; het voelde veel lekkerder aan dan haar goedkope lakens en dekbedovertrekken van IKEA. Hij liet het elke week wassen en ze kon hem al zijn pietluttige gewoontes vergeven voor deze heerlijke, extravagante luxe.

'Maar het is morgen toch een verrassing,' zei hij.

Ze glimlachte toegeeflijk. 'Je vindt het echt ongelooflijk opwindend, hè?'

Hij glimlachte terug. 'Is daar iets mis mee?'

'Was je als kind ook zo? Ging je van tevoren je cadeautjes zoeken en maakte je ze stiekem al voor je verjaardag of eerste kerstdag open?'

Zijn gezicht betrok. 'Nee, dat heb ik nooit gedaan.'

Ze hoorde hoe anders hij opeens klonk en zei: 'Je praat nooit over je ouders, hè?'

'Wat is er te zeggen? Ik heb je al verteld dat mijn vader is overleden toen ik zestien was en mijn moeder twee jaar later.'

'Waar zijn ze aan gestorven?' vroeg ze.

'Waarom wil je dat weten?'

'Ik wil gewoon meer over hen weten. Omdat ze jou gemaakt hebben en nu heb jij hun kleinkind gemaakt.'

'O ja, de kringloop van het leven.' Het klonk ironisch. 'Er is niet veel te vertellen, behalve dat ze elkaar hebben ontmoet, zijn getrouwd en mij hebben gekregen, en toen ging alles verkeerd. Mijn vader raakte zijn baan kwijt, begon te drinken om zijn verdriet en schaamte te vergeten en lag op een dag dood in de goot. Dat bedoel ik letterlijk. Hij liep voor een auto. Op slag dood. Mijn moeder is die schok nooit te boven gekomen. Ze stortte in en het was aan mij om de boel bij elkaar te houden. Je kunt wel zeggen dat ik snel volwassen heb moeten worden.'

'En je moeder? Hoe is die overleden?'

'Ze heeft zelfmoord gepleegd. Ik kwam in het weekend thuis van de universiteit en vond haar dood in het bad. Ze had haar polsen doorgesneden. Volgens de lijkschouwer moet ze dat hebben gedaan op de dag voordat ik naar huis kwam. Op die manier kreeg het lichaam niet lang de tijd om te ontbinden. Attent van haar, vind je niet? Zo werd het niet zo'n troep.'

Willow was geschokt, niet alleen om wat Rick had verteld, maar ook omdat hij dat zo emotieloos had gedaan.

'Ik kan me niet voorstellen hoe verschrikkelijk dat voor je moet zijn geweest,' zei ze.

'Nee, dat kun je inderdaad niet. Daarom praat ik niet graag over mijn ouders. Niemand schiet er iets mee op, dus begin er alsjeblieft niet meer over. En vertel het ook niet aan je moeder en je zus. Het is privé. Ik wil niet dat iemand anders ervan weet. Beloof je dat?'

'Natuurlijk,' zei ze.

Hij deed het licht uit, alsof hij duidelijk wilde maken dat het gesprek voorbij was.

Willow lag nog lang wakker nadat zijn ademhaling rustiger was geworden. Vreemd dat ze Rick binnen een paar seconden met heel andere ogen kon bekijken. Hij had veel te verduren gehad toen hij jong was, zijn familie was uit elkaar gevallen en als volwassene wilde hij alleen terugkrijgen wat hij was kwijtgeraakt. Daarom wilde hij alles met alle geweld netjes houden. Daarom hield hij van haar en was hij zo blij om vader te worden. Ze zag ook in waarom hij zich zorgen om haar maakte, zoals vanavond, en waarom die bezorgdheid hem boos had gemaakt.

Het deed Willow denken aan iets wat haar moeder een keer had uitgelegd, namelijk dat pa af en toe driftig werd omdat ook hij op jonge leeftijd zijn ouders had verloren. Dat kon verdriet met je doen, zei ma; het kon een blijvend effect op je hebben, vooral als je het opkropte en er niet over wilde praten.

Als Rick meer losliet over zijn familie, kon Willow hem misschien helpen het te verwerken. Maar voorlopig zou ze meer haar best doen om het hem naar de zin te maken, zodat hij echt gelukkig werd.

27

'Ik kan het gewoon niet geloven,' zei hij.

'Wat niet?' vroeg ze.

'Dat je ja hebt gezegd. Ik was ervan overtuigd dat je nee zou zeggen.'

'Waarom heb je het dan gevraagd?'

Ellis wendde zich af van het zilverige maanlicht, dat op het wiegende oppervlak van het inkomende tij naar hen toe danste, en keek naar Naomi. Naar de vrouw die net had gezegd dat ze met hem wilde trouwen. Het ene moment had de kerkklok middernacht geslagen en hadden ze rustig op het zand champagne zitten drinken op zijn vijfenzestigste verjaardag, en het volgende moment stonden ze op en neer te springen en te juichen als een stel dolle tieners. Hij was niet echt van plan geweest haar ten huwelijk te vragen, maar de woorden waren naar buiten geglipt in een plotseling moment van nu-of-nooitgekte. 'Naomi, wil je met me trouwen?'

'Omdat mijn hart opeens het voortouw nam,' zei hij in antwoord op haar vraag. 'Omdat ik sinds we weer bij elkaar zijn besef dat ik nog nooit zo gelukkig ben geweest. En,' voegde hij eraan toe, 'omdat het gewoon goed voelt.'

'Zo voelt het voor mij ook,' zei ze. 'Daarom kon ik zo gemakkelijk ja tegen je zeggen. Weet je, nog een glas champagne en ik was misschien dapper genoeg geweest om jou ten huwelijk te vragen. Of in elk geval om voor te stellen onze relatie een vastere en officiële basis te geven.' Ze glimlachte. 'Dat zou niet half zo romantisch zijn geweest als wat jij deed.'

'Alles wat ik deed, was eruit gooien wat ik voor je voel. Zou jij dapper hebben moeten zijn om hetzelfde te doen?' vroeg hij.

'Ik geloof van wel,' zei ze met een knikje. 'Vooral na hoe ik je behandeld heb, hoe ik je heb weggeduwd omdat ik bang was.' Ze schudde haar hoofd. 'Ik heb me zo voorspelbaar gedragen en mezelf ook nog enorm verdrietig gemaakt.'

Hij sloeg zijn arm om haar heen en zei: 'Het was op dat moment het verstandigste wat je kon doen, vragen of ik even afstand wilde nemen, hoe erg ik het ook vond. Toen je even de ruimte had, kreeg je de kans om te bedenken wat je echt wilde.'

'En dat is bij jou zijn,' zei ze zacht. Haar woorden spoelden over hem heen terwijl het water steeds dichterbij kroop.

Ellis haalde zijn arm van haar schouder en pakte haar linkerhand. Tien dagen geleden was hij een strandwandeling gaan maken en had hij Naomi aan de andere kant van haar tuinhek op de houten bank zien zitten. Op die dag had ze hem verteld wat ze had besloten en sinds dat moment droeg ze haar verlovings- en trouwring niet meer. Het was een symbolisch gebaar dat hij niet mocht onderschatten.

Toen ze op die warme dag eind mei samen op de bank hadden zitten luisteren naar het geluid van stemmen op het strand, het krijsen van de meeuwen en het ronken van de motorboten die de haven in en uit waren gevaren, had ze hem haar verontschuldigingen aangeboden omdat ze hem had buitengesloten. Daarna had ze hem de waarheid verteld over haar huwelijk met Colin. Hij had vol afkeer geluisterd, ontzet over wat ze had moeten doormaken.

'Wat je ook doet, je mag geen medelijden met me hebben en me zeker niet veroordelen,' had ze heftig gezegd toen ze klaar was met haar verhaal. 'Nadat ik Colin met jou had bedrogen, heb ik geaccepteerd dat hij net als ik niet volmaakt was. En later, toen hij gewelddadig werd, accepteerde ik dat voor de kinderen. Dat ik af en toe moest verdragen dat hij zijn zelfbeheersing verloor, was de prijs die ik moest betalen voor een stabiele en gelukkige thuissituatie voor hen. Talloze vrouwen en mannen zouden hetzelfde hebben gedaan als ik. Dat maakt het niet goed, dat weet ik, maar ik had mezelf bezworen dat ik eruit zou stappen als hij ooit zijn hand zou opheffen tegen de meisjes.'

Ellis had niet veel ervaring met zulke dingen, maar hij wist wel dat het soms niet zwak was om bij een partner te blijven die je mishandelde, maar sterk. Dat versterkte de mening die hij al had over Naomi, namelijk dat ze een vrouw was met grote innerlijke kracht en moed. Maar hij vond het vreselijk dat zijn verhouding met haar, hoe kort die ook had geduurd, haar het gevoel had gegeven dat ze verdiende wat Colin haar aandeed. Nooit zou Ellis aanvaarden dat ze daar gelijk in had.

Hij hield haar hand vast, streelde de ringvinger, die een groef vertoonde van de ringen die ze jaren had gedragen en die symbool hadden gestaan voor haar verbintenis met Colin, en zei: 'Als we gaan trouwen, wil ik een ring voor je kopen. Als je er tenminste een wilt dragen. Maar je moet hem zelf kiezen.'

'Ik wil liever een ring die we samen hebben gekozen,' zei ze. 'Maar hoe leuk het idee ook is, ik geloof dat een ring wel even kan wachten. We hebben dringender besluiten te nemen.'

Hij glimlachte. 'Wat zeg je dat zakelijk.'

'Dat is niet mijn bedoeling. Maar je hebt zelf gezegd dat het huurcontract voor Waterside Cottage volgende maand afloopt, aan het eind van juli. Zou je ervoor voelen om bij mij in te trekken?'

'Maar wat zullen Martha en Willow daarvan denken?' Hij wist dat Naomi het erg vond dat zijn aanwezigheid in haar leven een breuk had veroorzaakt tussen haar en haar dochters. Of misschien niet echt een breuk, maar wel een zekere bekoeling. Hij vroeg zich onwillekeurig af of ze anders tegen hem aan zouden kijken als ze zouden weten hoe hun vader echt was geweest. Zouden ze dan niet blij zijn met iemand die hun moeder zou liefhebben en koesteren? Naomi had heel duidelijk gezegd dat ze niet wilde dat Martha en Willow ooit te weten kwamen wat ze van hun vader had moeten verdragen, omdat het de basis van hun gezin zou ondermijnen. Maar was het niet mogelijk dat ze het al wisten, al was het maar in hun onderbewuste?

'Ik heb je al eerder gezegd dat ik mijn leven niet door mijn dochters ga laten bepalen,' onderbrak Naomi zijn gedachten. 'Ik heb je bijna opgegeven uit angst om hun liefde kwijt te raken, omdat die altijd het kostbaarste is geweest wat ik had, maar als ze van me houden en het beste voor me willen, gaan ze wel accepteren dat jij en ik bij elkaar horen. En dat we van plan zijn te trouwen,' zei ze na een korte pauze.

Ellis keek naar de bolle maan aan de inktzwarte hemel die bezaaid was met sterren als diamanten, en hoopte dat ze gelijk had. 'Als ik bij jou intrek,' zei hij, 'zou het een soort proefperiode kunnen worden.'

Ze legde haar hoofd op zijn schouder. 'Dat werkt naar beide kanten, hoor. Jij zou ook kunnen besluiten dat je echt niet met me kunt samenleven vanwege mijn irritante gewoonten.'

'In dat geval zullen we allebei ons best moeten doen,' zei hij lachend.

'Maar wat vind je ervan om in het huis te wonen dat ik met Colin heb gedeeld?'

'Ik ga je niet vragen het te verkopen omdat ik te teergevoelig ben. Ik weet hoeveel je houdt van Anchor House. Het maakt deel van je uit.'

'Dat is niet echt een antwoord op mijn vraag.'

Hij haalde zijn schouders op. 'Ik kan me goed aanpassen,' zei hij. 'Ik heb in de loop der jaren in veel huizen gewoond. Toegegeven, sommige stonden me beter aan dan andere, maar met jou zou ik gelukkig zijn in een oude caravan met een lekkend dak, hoe zoetsappig dat ook klinkt.'

'Laten we maar hopen dat het nooit zover komt!'

'Dat weet ik nog niet zo net,' zei hij. 'Het heeft wel iets, een caravan en de mogelijkheid om ergens anders heen te gaan als je daar zin in hebt, toch?'

'Volgens mij heet dat vluchten,' zei ze met een lachje. 'Maar weet je, ik heb nooit gedacht dat jij zo'n romanticus was.'

'Ik ben bang dat dat samengaat met een wijkende haargrens en een grijze baard; al mijn scherpe randjes zijn afgesleten.'

'Ik vind je grijze baard mooi,' zei ze. 'Je ziet eruit als...'

'Als je zegt dat ik er met die baard uitzie als een teddybeer, gooi ik je over mijn schouder en lig je in de zee.'

'Je zou niet durven.'

'Nee, dat klopt, niet nu ik officieel een jaar ouder ben. Ik zou het waarschijnlijk in mijn rug krijgen.'

'Over je verjaardag gesproken, ik heb een idee. Als jij morgenochtend nu eens wat spullen naar mij verhuist terwijl ik een taart voor je bak. Hoe klinkt dat?'

'Het klinkt goed. Vooral dat stuk over een verjaardagstaart. Ik kan me niet herinneren wanneer iemand er een voor me heeft gebakken.'

'Dan maak ik een taart die je je nog lang zult herinneren!' zei ze blij lachend. 'En raad eens wat we nu gaan doen.'

'Zeg het maar.'

'We gaan zwemmen.'

'Zwemmen, zeg je. In die zee, een paar meter van onze voeten, die ongetwijfeld kouder is dan de champagne die we net hebben gedronken?'

'Ja.' Er klonk een sprankeltje ondeugende uitdaging door in haar stem. 'Net als die keer toen we aan het eind van het herfsttrimester met een heel stel een lang weekend in een vakantiekamp aan de kust van Norfolk hadden geboekt en we allemaal besloten dat we een verfrissend zwempartijtje nodig hadden om wakker te worden.'

'O, ja. Het vroor zo'n beetje. We moeten gek zijn geweest.'

'En weet je nog dat Andrea en Suzie de hele tijd liepen te klagen over de stank in hun huisje?'

'Jazeker. We waren echt gemeen tegen ze en deden alsof wij niets roken.'

'Terwijl het stonk alsof er een rottend lijk onder de vloer lag!'

Ze lachten allebei.

Toen zei hij: 'Dat was het weekend dat ik van plan was je mee uit te vragen. Maar Stewart was me voor.'

'En dus papte je aan met Mandy,' zei Naomi.

Ellis fronste. 'Met Mandy? Echt?'

'Ja. Ik weet nog dat ik jullie zo'n aantrekkelijk stel vond.'

'Nou, ik vind jou en mij na al die jaren een veel aantrekkelijker stel.'

Naomi glimlachte. 'Gaan we nog zwemmen?'

‘Ik ga als jij ook gaat,’ zei hij.

Binnen de kortste keren hadden ze zich uitgekleed en renden ze hand in hand de zee in. Toen ze happend naar adem vanwege de kou in het water lagen, zwommen ze een eindje om weer warm te worden. Na een paar minuten, waarin alleen het kabbelen van de golven op het strand te horen was, zwommen ze naar elkaar toe. Naomi vouwde haar handen om Ellis’ nek en kuste hem. ‘Dank je,’ zei ze.

‘Waarvoor?’

‘Omdat je gek genoeg bent om dit samen met mij te doen.’

‘Ik doe alles voor de toekomstige mevrouw Ashton. Als de dame zich zo wil laten noemen.’

Ze lachte, met haar hoofd achterover en een uitdrukking van uitbundig plezier op haar gezicht. De maan wierp er een zilveren licht over, zodat ze een fractie van een seconde op een glanzend marmeren beeld leek. ‘Het klinkt volmaakt!’ zei ze.

Hoe verrukkelijk ongeremd was ze op dat moment! Ze vervulde hem met een enorme hartstocht.

Hij kuste haar keel, bewoog zijn mond naar net onder haar oor en ontlokte haar een lange zucht. Hij zei: ‘Je kent die scène uit *From Here to Eternity*. Wat denk je ervan?’

Ze glimlachte. ‘Als je iets doet, moet je het goed doen.’

‘Ik zal mijn best doen,’ zei hij.

Maar het bleek nog niet zo gemakkelijk om de rollen van Burt Lancaster en Deborah Kerr over te nemen. Om te beginnen voelde hij overal de aanstormende golven, het verschuivende zand en de kiezelsteentjes. Het maakte korte metten met Ellis’ concentratie, om nog maar niets te zeggen over zijn uithoudingsvermogen.

‘Dit gaat niet werken,’ zei hij onwillig. ‘Dat gedoe aan het strand is iets voor jonge mensen.’

Dus trokken ze haastig hun kleren weer aan en liepen met de picknickmand en de lege champagnefles terug naar Anchor House en het meer dan welkome zachte bed.

28

Martha en Tom waren weer onderweg naar Anchor House om daar het weekend door te brengen. Hun bezoek viel samen met het jaarlijkse dorpsfeest, dat altijd half juni werd gehouden. Het vond plaats in de prachtige tuin van het landhuis van Jennifer Kingsbury en werd altijd druk bezocht, niet alleen door plaatselijke bewoners, maar ook door mensen van kilometers in de omtrek.

Als jonge kinderen waren Martha en Willow dol geweest op het feest en hadden ze er gretig naar uitgekeken. Martha had vooral genoten van de poppenkast. Ze zat altijd in kleermakerszit op de voorste rij, ging helemaal op in het spel en riep mee als daarom werd gevraagd. Tot haar schaamte was Willow een keer in tranen uitgebarsten terwijl alle andere kinderen hadden gebruld van het lachen om de streken van Jan Klaassen. Haar moeder had haar op schoot moeten nemen en haar er met veel moeite van moeten overtuigen dat Jan Klaassen Katrijn niet echt pijn had gedaan en dat het maar een spelletje was. Martha had zich geschaamd voor de scène die haar zusje had geschopt; ze had er met haar handen in haar zij bij gestaan en met haar tong geklakt omdat Willow zo kinderachtig deed. 'Er is niets om om te huilen,' had ze gezegd. 'Het zijn maar poppen, dus ze kunnen niets voelen.'

Die pose met haar handen in haar zij had ze overgenomen van haar vader. Ze oefende het voor de spiegel om hem precies goed te krijgen, zo graag wilde ze op hem lijken en hetzelfde gezag uitstralen als hij. Ze had al heel jong door dat de mensen respect hadden voor hun vader en altijd deden wat hij vroeg.

Ze herinnerde zich hoe ze die dag tegen haar zusje had gesproken, toen ze zelf nog maar negen jaar was en Willow zes; hoe pedant ze ook had geklonken, aan de logica viel niet te ontkomen. Zou haar eigen kind ook zo zijn? In haar hoofd had ze de babytijd al overgeslagen en was ze rechtstreeks doorgegaan naar een kind dat oud genoeg was om een sterke, samenhangende mening onder woorden te brengen.

Dat was meer dan ze zelf leek te kunnen. Sinds haar zwangerschap officieel was bevestigd door de huisarts en ze haar eerste afspraak met de verloskundige had gehad – ze was nu tien weken op streek – leek ze haar vermogen om logisch en redelijk na te denken te zijn kwijtgeraakt. Het laatste jaar had het verlangen naar een kind het grootste deel van haar gedachten beheerst en was ze in emotioneel opzicht onaangenaam labiel geweest. Toch hadden haar emoties een regelmaat gehad waarmee ze kon omgaan. Nu leken ze echter alle kanten uit te schieten. Het was onbegonnen werk om ze in het gareel te houden.

Het grootste deel van de tijd leek het alsof haar hersenen waren verworden tot een soort moes. Ze huilde om het minste of geringste en dat was helemaal niets voor haar. Gisteravond had ze gehuild om een tv-reclame voor wasmiddel. Ze was in tranen uitgebarsten bij het zien van een klein kind dat verdrietig was omdat ze net voor haar verjaardagspartijtje bessensap op haar nieuwe jurk had gemorst. De vader van het meisje was te hulp geschoten met het pas verbeterde wasmiddel en in de slotscène blies het zielsgelukkige meisje de kaarsjes op haar taart uit en keek ze aanbiddend naar haar vader op. Het stomme was dat Martha vanwege haar werk heel goed wist dat die reclame was gemaakt met het cynische doel om de gevoelens van de kijker te manipuleren.

Behalve dat ze voortdurend moest huilen, was ze heel afwezig en kon ze zich niet concentreren, wat enorm lastig was op kantoor. Ze was zelfs een keer de deur uitgegaan met haar elektrische tandenborstel in de hand, in de waan dat het haar telefoon was.

Zwangerschapsdementie noemden ze dat. Officieel hadden ze het dan over een slecht geheugen en verminderde concentratie, gecombineerd met een algemeen gebrek aan mentale soepelheid. Je kon er niet alleen last van hebben tijdens de zwangerschap, maar ook nog na de bevalling.

Daarbij kwam nog de enorme vermoeidheid die haar af en toe overviel. Alleen al de gedachte eraan bracht haar enorm aan het gapen. En niet zomaar een gaapje, maar zo een waar je kaak van uit de kom schoot. Gevolgd door nog een, en nog een.

'Bedtijd?' vroeg Tom met een van zijn lieve glimlachjes.

'Het is idioot,' zei ze. 'Het lijkt niet uit te maken hoeveel ik slaap, het is nooit genoeg.'

'Arme jij,' zei hij. 'Hou je vast aan de gedachte dat we Beanie bij ons hebben als we weer naar het dorpsfeest gaan.'

Ze glimlachte. Ze waren al helemaal gewend aan de bijnaam die Tom de baby had gegeven.

'En Beanie zal ook nog een neef of nicht hebben,' zei hij. 'Zullen we wedden dat er een nieuwe generatie Miller-meisjes komt, een mini-Martha en een mini-Willow?'

'Dat had pa prachtig gevonden,' zei ze.

'Ja,' beaamde Tom, 'inderdaad. Hij zei altijd tegen me dat hij zo blij was om eindelijk een bondgenoot te hebben, een andere man in de buurt om de boel gelijk te trekken, maar ik denk dat hij diep in zijn hart veel gelukkiger was met dochters.'

'Ik kan me niet herinneren dat pa ooit heeft gezegd dat hij graag een zoon had willen hebben.' Martha verviel weer in stilte en stelde zich miniversies voor van haarzelf en haar zus.

Nu ze haar ware ik was kwijtgeraakt door de zwangerschapsdementie, vroeg Martha zich af of Willow dat ook meemaakte. Was ze nu nog vergeetachtiger dan anders? Of misschien was die zwangerschapsdementie voor Willow een verbetering.

Meteen herinnerde Martha zichzelf eraan dat ze had gezworen dit weekend geen negatieve gedachten toe te laten. Dat was niet goed voor de baby. Ze las uiteraard alles over wat ze allemaal kon doen om de kans te vergroten dat haar kind gelukkig en gezond geboren werd. Ze zouden haar niet kunnen betrappen op schadelijk gedrag. Dus deed ze alles wat ze hoorde te doen.

Naar Mozart luisteren – check.

De juiste dingen eten – check.

Voor de baby zingen – check.
De baby voorlezen – check.
Een optimistische en positieve instelling – check. Nou ja, zo'n beetje.

Eigenlijk moest ze de kunst om positief te blijven nog onder de knie krijgen. Ze was nooit een echte optimist geweest, dat was meer iets voor haar zus. In plaats daarvan had ze de neiging om problemen te zoeken voordat ze er waren, met het idee dat ze er beter tegen opgewassen zou zijn als ze zich dan eindelijk voordeden. Ze sliep 's nachts beter als ze wist dat ze alles onder controle had. Dat hield haar positief. Ze moest proactief zijn in plaats van zich gewoon laten meedrijven met de stroom, zoals Willow deed.

Dus hoeveel jaloezie en wrok Martha ook had gekoesterd nadat Rick had toegegeven dat Willow zwanger was, ze deed haar uiterste best om die opzij te zetten. Het enige wat belangrijk was, was dat zij en Willow ongeveer tegelijkertijd een baby kregen en dat was een vreugde die de zussen moesten delen.

Maar wat Martha nog steeds dwarszat, was Ricks stem die dag. Hij had haar openlijk bekritiseerd, op een manier waarop niemand dat ooit had gedaan. Ze had Tom niet precies verteld wat Rick allemaal had gezegd, misschien omdat ze dan rekening zou moeten houden met de mogelijkheid dat Rick gelijk had.

Iets wat ze ook voor zich wilde houden, was dat ze er niet naar uitzag om Rick vandaag terug te zien. De gedachte dat hij de ideale vriend voor haar zus was, was omgeslagen in het tegendeel. Ze wilde geen zwager die haar op haar fouten wees. Zou hij dat weekend weer de confrontatie opzoeken?

Het rationele antwoord was dat ze hem geen reden moest geven om kritiek op haar te hebben, dat ze zich de hele tijd van haar beste kant moest laten zien. Ze wilde van niets of niemand het ergste denken. Ook niet van ma en Ellis. Ze zou zich welwillend opstellen ten opzichte van hun relatie. Als ze weerstand bood, dreef dat hen alleen maar dichter naar elkaar toe, maar als ze het accepteerde, zou alles zijn natuurlijke beloop hebben. Een beetje zoals die keer toen ma Willow had toegestaan haar haar in de zomervakantie felroze te verven. Pa was woedend geweest, maar ma had gezegd dat het beter was om Willow de kans te geven zelf in te zien dat het niet mooi was.

Ze waren nog maar een paar kilometer van Tilsham en reden tussen groene heggen en torenhoog fluitenkruid toen Tom de onvermijdelijke vraag stelde. 'Heb je al besloten wanneer we je moeder en Willow ons nieuws zullen vertellen?'

'Ik vind vanavond nog steeds het beste,' antwoordde ze. 'Als het feest is afgelopen en we aan het avondeten zitten. Maar wie weet,' voegde ze er met een wrange glimlach aan toe, 'misschien gooi ik het er gewoon uit.'

'Daar heb ik geen probleem mee,' zei hij. 'Hoe sneller we het goede nieuws delen, hoe eerder Willow kan toegeven dat zij ook zwanger is en dan kunnen we ons allemaal ontspannen. Denk je dat ze het al aan je moeder heeft verteld?'

'Dat is heel goed mogelijk. Of misschien heeft Rick zijn mond weer voorbijgepraat. Hij leek buitengewoon ingenomen met zichzelf toen hij het me vertelde.'

'Dat kun je hem niet kwalijk nemen,' zei Tom. 'Ik denk dat ik net zo zelfgenoegzaam klink als ik het aan mensen vertel.'

'Maar denk eraan wat we hebben besloten,' waarschuwde ze. 'We vertellen het niet op het werk, pas over een hele tijd.'

'Ja,' zei hij, 'ik weet waar ik me aan moet houden.'

Toen ze het dorp in reden en de mooie stenen huizen zagen, die waren versierd met kleurrijke hangmanden en slingers – een oude traditie tijdens het jaarfeest – schoot de adrenaline opeens door Martha's aderen. Dat gevoel kende ze van het werk, maar het was nieuw voor haar als ze naar haar ouderlijk huis ging.

Ze redeneerde dat het kwam omdat ze niet echt wist wat haar te wachten stond als ze de auto op de oprit zetten en om het huis heen liepen om zichzelf binnen te laten. Voor pa was overleden had ze precies geweten wat ze kon verwachten: hij zou haar begroeten met een van zijn allesomvattende omhelzingen en alle nieuwtjes willen weten. Intussen zou ma veel rustiger en beheerster met Tom praten.

Maar dat ging nu niet gebeuren. Het was alsof Anchor House niet langer haar thuis was. En ma was ma niet meer. Ze was een vreemde die zich volkomen anders gedroeg dan normaal voor haar was.

Martha was blij geweest dat Naomi geen helikoptermoeder was geweest, die zich bemoeide met elk aspect van het leven van haar kinderen. Ze was veel eerder geneigd om afstand te houden en Martha en Willow hun eigen leven te laten leiden, zonder het gevoel dat ze voortdurend contact moesten blijven houden. 'Jullie moeten vrij zijn,' had ze vaak aanmoedigend gezegd. 'Zo leer je je redden in het leven.'

Maar hoe oneerlijk het ook klonk, Martha kon niet accepteren dat ma voor zichzelf hetzelfde wilde, dat ze nu haar eigen vrijheid nodig had om haar eigen fouten te maken en daarvan te leren. Martha kon de gedachte niet verdragen dat haar moeder zich voor gek zou zetten omdat ze een man had gevonden van wie ze dacht te houden.

De aanblik van Ricks BMW op de oprit, die schuin geparkeerd stond, zodat het lastig was voor Tom om zijn auto zo netjes neer te zetten als hij wilde, zorgde ervoor dat Martha meteen minder positieve gevoelens over hem kreeg. En ondanks al haar goede bedoelingen voelde ze opeens dezelfde verontwaardigde woede die bij haar was opgekomen toen Rick haar over de telefoon de les had gelezen.

29

Iedereen bleef maar zeggen dat het ideaal weer was en de organisatoren van het dorpsfeest van Tilsham slaakten een collectieve zucht van opluchting nu het evenement niet verpest kon worden door regen.

Zoals altijd stond Naomi achter de taartenkraam en zodra de dominee het feest voor geopend had verklaard, ontstond er een ware stampede naar de zwaar beladen schragentafels waarop het gebak tentoon stond gesteld. Vastberaden mensen met enige ervaring hadden ervoor gezorgd dat ze in de buurt stonden, zodat ze niet mis zouden grijpen.

Het laatste uur was Naomi, af en toe met de hulp van Katie Murdoch en Linsey Bales, zo druk geweest met het bedienen van de klanten dat ze geen tijd had gehad om zich zorgen te maken over wat ze dat weekend verder nog moest doen: het juiste moment vinden om Martha en Willow te vertellen over haar huwelijksplannen met Ellis. Toen ze die ochtend in Anchor House waren gearriveerd, had ze hen alleen maar kunnen begroeten en iets te drinken kunnen aanbieden voordat ze de kraam moest gaan inrichten. Maar straks, als het feest was afgelopen, zou ze hen op de hoogte moeten stellen.

Ze was zich ervan bewust dat veel mensen vragen zouden stellen bij hun huwelijksplannen. Waarom gingen ze niet gewoon samenwonen? Dat was zeker een optie, maar ze verheugde zich er oprecht op om met Ellis getrouwd te zijn. Ze wilde die verbinding met hem aangaan, en hij ook met haar. Het voelde gewoon zo goed, had hij gezegd, alsof ze altijd bij elkaar hadden moeten zijn.

Ellis was er zeker van dat Martha zou staan op huwelijkse voorwaarden. Hij had zelfs voorgesteld dat ze dat alvast gingen regelen om haar voor te zijn.

'Als we alles netjes hebben vastgelegd,' had hij gezegd, 'hoeven

Martha en Willow niet bang te zijn dat ik met je trouw voor je geld.'

Terwijl het barbershopkwartet een medley ten gehore bracht bij de siervijver, nam Naomi een handvol warme, kleverige munten aan van een jong meisje en gaf haar een kartonnen bordje met in folie verpakte cupcakes. Toen het meisje weg was, keek Naomi naar de omringende kramen om te zien of Martha en Willow ergens te bekennen waren. Ze had ze voor het laatst gezien toen ze stonden te praten met oude vrienden uit het dorp, die net als zij het weekend waren overgekomen. Ze waren met de hele groep iets te drinken gaan zoeken, waarschijnlijk een glas van Jennifers beruchte, sterke Pimm's, die ze zelf maakte. Hoe vaak haar ook om het recept werd gevraagd, Jennifer weigerde te vertellen welke ingrediënten en hoeveelheden ze precies gebruikte. Het enige wat bekend was, was dat de sterkte van het drankje niet onderschat moest worden.

Toen het barbershopkwartet zijn optreden had afgesloten, kwam het omroepsysteem met luid gekraak tot leven en verkondigde Ellis dat er ezelritjes konden worden gemaakt in de boomgaard, dat er straks ook nog zou worden touwgetrokken, gevolgd door de poppenkast en de driebeenswedloop, en dat er nog een heleboel lootjes te koop waren.

'Mis de kans niet om kaartjes te winnen voor het Festival Theatre in Chichester,' drong hij er bij de menigte op aan, 'of een diner voor vier personen in het Millstream Hotel in Bosham. Er is ook nog een jerobeam champagne. Wie zou die niet willen winnen?'

'Ellis weet alles leuk aan te prijzen, hè,' zei Willow, die in haar eentje uit het niets opdook. Ze had een dunne maxi-jurk aan met de kleur van dikke room en aan haar voeten zaten slippers met glitters, waardoor de roze glitternagellak op haar tenen te zien was. Over haar schouder hing een verbleekte tas van spijkerstof met een geborduurde regenboog en in haar blonde vlechten staken madeliefjes, die ze uit het grasveld van Anchor House had geplukt. Ze zag er heel jong uit, bijna kinderlijk. Naomi moest denken aan alle keren dat ze 's ochtends voor het naar school gaan Willows haar had geborsteld.

'Hij wist niet of hij dat klusje wel moest aannemen toen het hem werd gevraagd.' Opeens had ze heimwee naar de dagen waarin de meisjes nog kinderen waren geweest. 'Maar zoals iedereen in het dorp weet, kan niemand nee zeggen tegen Jennifer.'

'Weet hij dat pa dat vroeger altijd deed?' vroeg Willow, nadat ze een aardbei had gegeten uit het biologisch afbreekbare bakje dat ze in haar handen had. De dominee had erop gestaan dat er dit jaar zo weinig mogelijk plastic werd gebruikt.

'Ja,' zei Naomi. 'Ik heb het hem verteld. Jennifer ook. Dat leek niet meer dan eerlijk.' Ze zei er niet bij dat Jennifer lachend had gezegd dat Ellis een aantrekkelijke, sexy stem had, die de kopers beslist zou verleiden nog meer geld uit te geven dan ze normaal al deden.

'Dus het gaat nog steeds goed tussen jou en Ellis?'

Naomi voelde dat ze bloosde als een schoolmeisje. 'Ja,' zei ze. 'Meer dan goed. Is... Is dat een probleem voor jou?'

'Nee. Dat geloof ik tenminste niet. Maar het is wel vreemd dat je met iemand anders bent dan pa. Weet iedereen in het dorp er al van?'

Naomi glimlachte aarzelend. 'Ik denk van wel.'

'Nou ja,' zei Willow met een zucht, 'dat maakt het allemaal wel echter, hè?'

'Dat klinkt alsof je dat liever niet had.'

'O, let maar niet op mij.' Ze haalde haar schouders op, nam nog een aardbei en stopte hem in haar mond. 'Ik ben op het moment niet helemaal toerekeningsvatbaar. Hoewel Martha zou zeggen dat ik dat nooit ben.'

Naomi glimlachte. 'Volgens mij weet je heel goed wat je doet, schat. Waar zijn de anderen?'

'Die waren bezig bij de kop-van-jut. Ik geloof dat Rick en Tom uit waren op een krachtmeting. O, en ik ben Finn nog tegengekomen.'

'Hoe is het met hem?'

'Hetzelfde als altijd.' Ze fronste. 'Maar als zijn naam straks nog valt, moet je Rick maar niet vertellen dat ik vroeger iets met hem heb gehad. Het heeft geen zin om... Nou ja... Je weet wel.'

Naomi glimlachte. 'Ik zeg geen woord.'

Willow boog haar hoofd naar achteren en snoof de lucht op toen er een verlokkelijke geur van gebakken uien van de hotdogkraam kwam, die werd bemand door het hoofd van de oudercommissie van de plaatselijke school. 'Zal ik iets te eten of te drinken voor je halen?' vroeg ze.

'Nee, dank je. Maar ik wil wel graag een van die aardbeien stelen, als je het niet erg vindt,' zei Naomi. 'Heb je Rick trouwens gewaarschuwd dat hij rustig aan moet doen met Jennifers Pimm's?'

Willow hield haar het bakje voor. 'Ik heb het geprobeerd, maar hij lachte alleen maar en zei dat er meer nodig was dan wat opgepepte limonade om hem dronken te maken.'

'Dan is het maar goed dat jullie vannacht hier blijven slapen,' zei Naomi lachend.

Toen ze nog een klant had geholpen, waren alleen de niet zo aantrekkelijke lekkernijen over: een te lang gebakken fruitcake die zo zwaar was als een baksteen en een paar cupcakes die kennelijk waren geglazuurd en versierd door een overijverig kind. Naomi wendde zich weer tot haar dochter.

'Het is heerlijk om vandaag hier te zijn,' zei Willow met een blik op een groepje giechelende meisjes, die langsliepen met ijslolly's. 'Ik vind het geweldig dat er nooit iets lijkt te veranderen in Tilsham.'

Er klonk iets van heimwee door in haar stem, waardoor Naomi haar eens goed aankeek. Blijdschap met dingen die niet veranderen werd meestal veroorzaakt door een gemis aan stabiliteit in het dagelijkse leven. Had Willow er spijt van dat ze bij Rick was ingetrokken? Stond Willow op het punt te doen wat ze altijd deed in dit stadium van een relatie, ervandoor gaan?

'Niets blijf echt hetzelfde,' zei Naomi behoedzaam. 'Van de buitenkant lijkt het misschien zo, maar ook hier verandert een heleboel.' Het lag op het puntje van haar tong om te zeggen: kijk naar mij, kijk hoe ik ben veranderd. Maar ze bedacht zich. In plaats daarvan zei ze: 'Als de dominee haar zin krijgt, is er volgend jaar geen poppenkast meer. Ze vindt het achterhaald en een slecht voorbeeld voor de kinderen.'

'Daar heeft ze wel een punt,' zei Willow na een korte stilte. 'Ik heb er als kind nooit echt van gehouden. De poppen maakten me bang.'

'Ik weet nog dat je een keer helemaal overstuur was.'

Willow keek voor zich uit alsof ze terugblikte in haar herinnering. 'Het zal wel dom van me zijn geweest,' zei ze. 'Pa en Martha zeiden altijd dat ik een huilebalk was.'

'Dat was je helemaal niet. Je was alleen gevoeliger dan je zus, dat is alles. O kijk, daar komen de anderen.'

'Is er nog iets behoorlijks te eten?' vroeg Tom toen ze voor de schragentafels stonden. Hij keek teleurgesteld naar de onappetijtelijke baksels die over waren. 'Zo te zien niet,' zei hij op zijn eigen vraag.

'Maak je maar geen zorgen,' zei Naomi. 'Ik heb thuis een taart in de voorraadkast staan, speciaal voor jou. Je favoriet.'

Toms gezicht klaarde op. 'Jouw versie van Mary Berry's chocoladetaart?'

'In één keer geraden.' Ze vond het leuk om Tom een plezier te doen; hij was een van die mensen die er altijd helemaal van gingen stralen.

'Wordt het feest altijd zo goed bezocht?' vroeg Rick.

'Ja,' zei Naomi. 'Meer nog, we hebben altijd geluk met het weer. Ik kan me niet herinneren wanneer we voor het laatst regen hadden.'

Rick keek naar de kraampjes met planten, boeken en luxe, maar onpraktische voorwerpen, de flessentombola, de grabbelton en de talloze kramen met zelfgemaakte spullen. 'Hier gaat vast een heleboel geld om,' merkte hij op. 'Waar gaat de opbrengst naartoe?'

'Die wordt verdeeld tussen de kerk en de dorpsschool,' antwoordde Naomi. Net op dat moment kraakten de luidsprekers en verkondigde Ellis dat het touwtrekken ging beginnen.

'Iedereen mag meedoen,' animeerde hij. 'Dames, niet zo verlegen, jullie mogen ook! En kinderen!'

Tom vroeg aan Rick: 'Wat denk je ervan, Rick?'

Rick dronk lachend het laatste slokje van zijn Pimm's op. 'Niet zeggen, is dit een soort rare initiatie voor een nieuw familielid?'

'Helemaal niet.' Naomi voelde aan dat het idee Rick niet erg aanstond. Misschien was een dorpsfeest te simpel voor hem. Ze vond hem een beetje strijdlustig, wat ze eerder niet bij hem had gezien, maar dat kon ook iets te maken hebben met Jennifers Pimm's. 'We hebben het allemaal wel eens gedaan,' ging ze verder. 'Gaan jullie meedoen, meisjes? Dat doen jullie meestal.'

'Wat vind je, Martha,' zei Willow. 'Zullen we? Al is het maar om die kerels te laten zien wat we in onze mars hebben.'

Met een abruptheid die Naomi totaal overviel, liet Rick een sterk afkeurend gesnuif horen.

'Ben je gek geworden?' wilde hij weten. 'In jouw toestand!'

Door zijn woorden bevroren ze op slag, alsof de tijd stilstond. Willow was degene die de stilte verbrak.

'Je had beloofd dat je niets zou zeggen!' zei ze. 'Je hebt het beloofd!'

'O, wat maakt het uit?' protesteerde hij. 'We konden het toch niet veel langer verbergen, of wel soms?'

'Wat verbergen?' vroeg Naomi. Hoewel ze een aardig idee had wat het antwoord was.

'Willow is zwanger, mam,' zei Martha nuchter.

Willow hapte naar adem. 'Wist je dat?'

'Ja, Willow, ik wist het. Rick heeft het me weken geleden al verteld.'

Willow staarde hem met grote ogen aan. 'Waarom? Waarom heb je dat gedaan, terwijl ik had gezegd dat we het geheim moesten houden? O Rick, hoe kon je dat doen? En hoe heb je dat voor me kunnen verzwijgen?'

'Zoals ik al zei: wat maakt het uit?'

'Het maakt uit omdat... omdat Martha mijn zus is en omdat ik niet wilde dat ze van streek raakte omdat ik zwanger ben en zij niet. Dat heb ik je verteld! Dat heb ik je herhaaldelijk verteld!'

'Kom op, Willow,' zei hij, 'je ziet toch zelf ook wel dat je zus niet van streek is. Ze is blij voor ons. Toch, Martha?'

Naomi's hart ging uit naar haar oudste dochter en ze wilde tussenbeide komen om te zorgen dat Rick zijn mond hield. Maar voordat ze iets kon zeggen, was hij alweer aan het woord.

'De enige die van streek is ben jij, Willow,' stelde hij vast. 'Je weet dat het niet goed is voor de baby als je zo over je toeren raakt. Hou je een beetje in. Iedereen kijkt.'

'Wat kan mij dat schelen!' stootte Willow met een kinderlijk gepiep uit. Rick had gelijk, de mensen keken hun kant op. 'Je had niets mogen zeggen,' hield ze vol. 'Je had echt niets mogen zeggen.'

'Willow, het geeft niet,' zei Martha. 'Ik weet waarom je niet wilde dat ik wist dat je zwanger bent en dat was heel lief van je, maar weet je...' Ze wisselde een snelle blik met Tom. 'Ik ben ook zwanger.'

'Echt waar?'

'Echt waar?'

Naomi's stem klonk gelijk met die van Willow.

'Ja,' zei Martha tegen hen allebei.

De zussen keken elkaar aan. Het was net alsof ze weer kinderen waren en er zo'n moment was aangebroken waarop onmogelijk te zeggen was of hun ruzie ging escaleren of uitdoven. Maar toen lachten ze opeens en vielen elkaar in de armen.

Godzijdank, dacht Naomi opgelucht. Haar blik viel op Toms verrukte gezicht en ze glimlachte. 'Gefeliciteerd,' zei ze.

Ricks gezicht was minder gemakkelijk te lezen. Het was bijna alsof hij teleurgesteld was, maar dat sloeg nergens op.

30

Na afloop van het feest staken ze allemaal de handen uit de mouwen om de kraampjes af te breken en Jennifer Kingsbury's tuin op te ruimen. Rick en Tom drongen er voortdurend op aan dat Willow en Martha het zware tilwerk aan hen overlieten. Daarna liepen ze samen met Naomi en Ellis langzaam door de hoofdstraat van het dorp terug naar Anchor House.

Toen ze langs de pub kwamen, waar het met slingers versierde terras uitzicht bood over de zee, zag Willow dat het bomvol zat met mensen die van het feest kwamen. Haar oude vriend Finn was er ook met zijn ouders en hun schattige teckel. Pa was na het opruimen ook altijd naar de pub gegaan, terwijl ma vaak liever naar huis ging om in de tuin een kop thee te drinken voor ze ging koken.

Een groep dorpelingen riep naar Naomi om erbij te komen zitten.

'Het was een lange dag,' antwoordde ze met een vrolijke zwaai. 'Ik ga naar huis, dank jullie!' Tegen de anderen zei ze: 'Maar laat je door mij niet tegenhouden als jullie nog iets willen drinken.'

Willow zag meteen een glas ijskoude cider en een zakje chips voor zich, maar ze wist dat Rick zijn veto zou uitspreken, net als tegen het glas Pimm's waar ze eerder zin in had gehad. Maar toen kwam er een slim idee bij haar op.

'Martha en ik kunnen niet echt iets drinken,' zei ze, 'maar waarom gaan de mannen niet even? Jij ook, Ellis.'

'Dat lijkt me een goed idee, Willow,' zei ma. 'Dan kunnen wij meisjes even lekker gaan zitten met een stuk taart.'

'Nou, ik doe een moord voor een biertje,' zei Rick goedkeurend.

Tom en Ellis waren er minder happig op; Tom was misschien bang dat hij de chocoladetaart zou missen.

Maar Martha drong erop aan dat hij met de anderen meeging.

'Doe maar,' zei ze. 'Dan kun je even over iets anders praten dan baby's. Want daar zullen we het de rest van de avond over hebben.'

'Neem wat chips met zout en azijn voor me mee,' riep Willow tegen Rick toen ze uit elkaar gingen.

'Ik heb thuis ook chips,' zei ma.

'Maar dat zijn natuurlijk Kettle-chips. Of die gezonde groente-chips uit de oven. Die zijn het nooit helemaal.'

'Ik dacht dat je die lekker vond?'

'Er gaat niets boven echte chips met zout en azijn, mam. Niets.'

'Vooral niet als je zwanger bent,' zei Martha met een glimlach.

'Dat zal ik onthouden.' Ma stak haar armen door die van Willow en Martha en ze liepen samen verder naar huis.

Het deed Willow denken aan de dag dat ze naar St. Saviour's waren gelopen voor de uitvaart van haar vader. Toen die was afgelopen waren ze in pijnlijke stilte achter in een grote zwarte auto, die sterk naar dennenhout rook, achter de lijkwagen aan gereden die het lichaam van Colin naar het crematorium in Chichester had gebracht.

Ze kon niet met haar hand op haar hart zweren dat ze van haar vader had gehouden, zeker niet op de manier waarop Martha en haar moeder dat hadden gedaan, maar Willow had wel verdriet gehad van zijn dood. Misschien omdat ze het vreselijk vond om te zien hoe overstuur haar zus en haar moeder waren geweest.

Willow had altijd geweten dat ze haar vader nooit tevreden kon stellen, zoals Martha deed. De laatste keer dat ze hem had gezien, had hij haar verweten dat ze alweer haar baan had opgezegd.

'Jij houdt ook nooit iets vol, hè Willow?' had hij gezegd. 'Ik snap echt niet hoe dat werkt bij jou. Komt het omdat je denkt dat je altijd weer thuis kunt komen als het echt verkeerd gaat? Want ik kan je wel zeggen dat je nergens komt in je leven als je zo blijft denken. Je moet leren op eigen benen te staan. Je moet zelf de verantwoordelijkheid nemen voor je leven. Zoals Martha.'

Hij had er langer over gedaan dan gewoonlijk om bij die twee woorden uit te komen. *Zoals Martha.* Ze had ze al gehoord zolang ze zich kon herinneren; altijd was er die vergelijking geweest met haar grote zus. Willow had het Martha nooit kwalijk genomen dat zij het toonbeeld van perfectie was. Als ze zich voorstelde dat ze in de schoenen van haar zus stond, zag ze meteen hoe moeilijk het moest zijn om zo volmaakt te zijn, degene die altijd hard studeerde en voor alles hoge cijfers kreeg, en dan was ze blij dat zij het onvolmaakte kind was.

Nee, Willow had Martha nooit kwalijk genomen dat ze hun vaders oogappel was. Lieve hemel, ze was veel blijer dat ze de eeuwige verliezer was in het gezin, van wie niemand iets verwachtte.

Zodra ze thuis waren, keek Willow in de koelkast en zag tot haar vreugde een open fles pinot grigio staan.

'Eh… zeg het maar als ik het mis heb, maar ik dacht dat je zwanger was en dus net als ik geen alcohol dronk,' zei Martha.

'Eentje maar.' Willow trok het kastje al open waarin de glazen stonden. 'Een glaasje kan geen kwaad. Mam, ik wed dat jij ook af en toe iets hebt gedronken toen je van ons in verwachting was, toch?'

'Dat is waar. Maar dat waren andere tijden. We namen het allemaal veel minder serieus.'

'En het is met ons prima in orde gekomen, of niet soms.' Willow schonk wijn in een glas. 'Ik durf het risico wel te nemen. Maar zeg het niet tegen Rick,' voegde ze eraan toe. 'Ik weet dat hij het beste met me voorheeft, maar echt, het is zo gruwelijk vervelend om me aan alle regeltjes te houden. Ik zweer jullie dat ik de helft van de tijd niet weet wat ik wel en wat ik niet mag.' Ze hield de fles omhoog. 'Martha?'

'O, vooruit dan maar,' zei haar zus. 'Een bodempje.'

'En jij, mam? Of moet dat "oma in de dop" zijn? Doe je mee?'

'Absoluut!' antwoordde ze. 'Hoe kan ik nu niet mee proosten op jullie fantastische nieuws?'

Ze namen hun glazen mee naar buiten en in plaats van op de veranda in de schaduw te gaan zitten, kozen ze voor het groepje ligstoelen op het gazon, dat de late middagzon ving.

'Mam, ik weet dat je het geweldig vindt dat Martha zwanger is,' zei Willow toen ze zaten en de glazen tegen elkaar hadden getikt. 'Maar hoe vind je het dat ik een baby krijg?'

'Lieve hemel, wat een rare vraag! Ik ben verschrikkelijk blij voor je, uiteraard.'

Met een schuldig gevoel wilde Willow dat ze dat zelf ook kon zeggen. 'Ik geloof anders niet dat pa er zo blij mee zou zijn geweest. Ik bedoel, ik heb het weer eens niet goed gedaan.'

Haar moeder en haar zus staarden haar aan.

'Hoor eens,' zei ze, 'jullie mogen best weten dat mijn zwangerschap niet gepland is. Ik was net zo geschokt als jullie zullen zijn. Ik weet zelfs niet helemaal hoe het heeft kunnen gebeuren.'

'Moeten we je vertellen hoe je menstruatiecyclus verloopt?' zei Martha met opgetrokken wenkbrauwen.

Willow schudde haar hoofd. 'Nee, dat is niet nodig. Ik wil alleen maar zeggen dat we zo voorzichtig zijn geweest. We hebben alle voorzorgsmaatregelen genomen en toch ben ik zwanger. Ik ben nu zeventien weken en ik voel de baby bewegen in mijn buik, een soort vreemd gefladder. Ik heb ook een vage foto van de echo, maar... het voelt nog steeds niet echt.'

'Zeventien weken,' herhaalde Naomi. 'Dat is niet te zien.'

'Misschien voelt het daarom nog niet echt voor je,' opperde Martha.

'Dat zou kunnen,' zei Willow vaag.

'Nou, hoe het ook is gebeurd,' zei Naomi, 'het is nu eenmaal zo en je hebt nog tijd genoeg om eraan te wennen dat je moeder wordt. Ik moet zeggen dat Rick er erg blij mee lijkt.'

'Dat is ook zo. Belachelijk blij.' Willow keek naar Martha. 'Het spijt me dat je van Rick hebt gehoord dat ik in verwachting ben. Ik had hem echt gevraagd het aan niemand te vertellen. Ik denk dat hij gewoon zat te popelen om het openbaar te maken. Was je erg van streek?'

'Ja,' zei Martha nadat ze een slokje wijn had genomen.

'Het spijt me. Dat was precies wat ik wilde vermijden. Waarom heb je niet verteld dat je het wist?'

'Rick had gevraagd of ik het voor me wilde houden.'

'Ik wou dat je dat niet had gedaan. Ik vind het een vreselijk idee dat je iets voor me moest verzwijgen.'

'De pot verwijt de ketel!'

Willow lachte. 'Daar heb je gelijk in. Maar je weet waarom ik niets wilde zeggen. Ik deed het voor jou.'

'En dat was heel zorgzaam van je,' zei Naomi, 'maar nu moet je meer aan jezelf denken. Jij ook, Martha. Dit is voor jullie allebei een bijzondere tijd en mijn advies is om er volop van te genieten, want jullie zullen nooit meer een eerste zwangerschap meemaken. Welke hulp en steun jullie ook aangeboden krijgen, neem het aan. Ook van mij,' zei ze met een glimlach.

Willow staarde in haar wijnglas, nam een flinke slok en probeerde iets van geruststelling te vinden in de woorden van haar moeder. Ze wilde het zo graag, maar ze kon het niet. Ze voelde zich een bedrieger nu ze werd gefeliciteerd met iets wat ze niet had gepland of had gewild. Was ze nu een slecht mens? Ze veronderstelde van wel. Ze was zo anders dan haar zus. Een baby had altijd deel uitgemaakt van de plannen van Martha en Tom.

'Mam,' zei Martha, 'hoe wil je genoemd worden nu je weet dat je twee keer oma wordt?'

Willow glimlachte in zichzelf. Net iets voor Martha om zo ver vooruit te denken.

'Als het maar geen Nana wordt,' zei ma lachend. 'Dat vind ik zo stokoud klinken.'

'Wat dacht je van Mami?' opperde Martha.

'Of Glamma,' stelde Willow voor. 'Voel je je dan minder oud? Of nog beter, Glammy? En dan moeten we ook nog aan Ellis denken.'

'Wat is er met Ellis?' zei Martha scherp.

'Nou, als hij eh... een blijvertje is, moet hij ook een naam hebben.' Toen ze de afkeurende frons van haar zus zag en wist dat zij die had veroorzaakt, deed Willow een beroep op hun moeder. 'Toch, mam?'

'Ik geloof niet dat we ons daar al druk over hoeven maken, vind je ook niet?' zei haar moeder na een korte stilte.

'Daar ben ik het niet mee eens,' zei Martha. 'Ik denk dat we het wel over Ellis moeten hebben.'

'Zo klinkt het net alsof hij een probleem is dat moet worden opgelost.' Naomi draaide langzaam het wijnglas rond in haar handen.

'We moeten op zijn minst weten waar we met hem aan toe zijn. Is dat geen redelijk verzoek?'

Willow wilde dat ze niet over Ellis was begonnen. Ze nam nog een slokje wijn en luisterde naar een merel die in de sering zat te zingen. Dat was zo veel aangenamer om naar te luisteren dan de vraag van haar zus.

'Het is volkomen redelijk, Martha,' zei Naomi. 'En eigenlijk hadden Ellis en ik vanavond ons eigen nieuwtje met jullie willen delen. Zie je, hij heeft me gevraagd met hem te trouwen en...'

'Vertel me nou niet dat je ja hebt gezegd,' viel Martha haar abrupt in de rede.

'Dat is precies wat ik heb gezegd.'

'Maar dat kun je niet doen! Hoe kun je er ook maar over nadenken om weer te trouwen? Wat zou pa daar niet van vinden?'

'Ik denk dat hij niet zou willen dat ik de rest van mijn leven alleen blijf.'

'Maar je bent niet alleen,' zei Martha. 'Je hebt ons.'

'En jullie hebben alle twee je eigen leven. Mag ik dat niet ook hebben? Ellis is bijzonder; hij maakt me gelukkig op een manier die ik heel lang niet heb gevoeld.'

Martha maakte een minachtend geluidje. Haar gezicht was onaantrekkelijk streng toen ze haar ogen tot spleetjes kneep en op de binnenkant van haar lip kauwde.

Willow was zich ervan bewust dat ze moest reageren, omdat ma zou kunnen denken dat ze het met haar zus eens was als ze bleef zwijgen, dus ze zei: 'Waar gaan jullie wonen als je met Ellis trouwt?'

Haar moeder keek haar met een dankbaar glimlachje aan. 'Hier, natuurlijk.'

Martha maakte weer een minachtend geluidje, maar ze zei gelukkig niets.

'Zouden jullie niet liever iets nieuws zoeken?' vroeg Willow. 'Een nieuwe start voor jullie allebei?'

Nu deed Martha haar mond wel open. 'Wat Willow probeert te

vragen, is of je niet liever dichter bij ons wilt wonen, zodat je meer tijd met je kleinkinderen kunt doorbrengen.'

'Nee,' zei hun moeder beslist. 'Ik hou van deze plek en ik denk dat jullie kinderen er ook van zullen leren houden. Net zoals jullie. Maar er is nog iets anders wat jullie moeten weten. Het huurcontract van Waterside Cottage loopt volgende maand af en ik heb Ellis voorgesteld om bij mij in te trekken.'

'De geluksvogel. Hij heeft het mooi voor elkaar, hè?' mompelde Martha.

'Nee,' zei Naomi met rustige waardigheid. 'Ik denk dat je zult merken dat het andersom is. Ik ben degene die geluk heeft.'

Toen ze stemmen hoorden naderen over het strand – mannenstemmen – schrok Willow op. Ze dronk haastig haar glas leeg en wilde schuldig uit de ligstoel springen.

Maar het was onmogelijk om uit een ligstoel te springen – schuldig of onschuldig – en tegen de tijd dat ze onelegant en onhandig overeind was gekrabbeld, kwamen Rick, Tom en Ellis de tuin al in. Zonder te bedenken wat ze deed, alleen dat ze het bewijs van haar ongeoorloofde drankje moest verdoezelen, zette Willow het glas achter een struik.

'Niets zeggen,' fluisterde ze tegen haar moeder en haar zus, die allebei naar haar keken alsof ze gek was geworden. Maar Rick was degene die gek zou worden, van boosheid wel te verstaan, als hij doorkreeg wat ze had gedaan.

31

Na een barbecue in de tuin van Anchor House en een wandeling naar Bosham en terug overhandigde Tom opgewekt de autosleutels aan Martha, zodat zij naar huis kon rijden. Rick en Willow waren inmiddels al onderweg naar Londen.

'Ik vind het wel leuk dat je zwanger bent,' zei hij toen hij zijn autogordel omdeed. 'Nu kun je maandenlang voor bob spelen.'

'Als je maar niet denkt dat je nu ongestoord een vat bier kunt drinken bij de lunch en daarna op de passagiersstoel in slaap kunt sukkelen.' Ze toeterde om haar moeder gedag te zeggen. Ellis was hen ook komen uitzwaaien.

'Een paar biertjes is nog geen vat,' zei Tom goedgehumeurd. Hij moest echter toegeven dat een dutje wel fijn zou zijn na al dat lekkere eten, het bier en de zeelucht. Vooral omdat hij de afgelopen nacht niet echt goed had geslapen. Martha had voortdurend liggen woelen. Maar hoeveel zin hij ook had om zijn ogen even dicht te doen, hij wist dat Martha het weekend zou willen bespreken. De ervaring leerde dat het beter was om haar zo snel mogelijk te laten spuien. Dus toen ze Tilsham eenmaal achter zich hadden gelaten, besloot hij zelf over het onderwerp te beginnen, ook om de behoefte aan slaap te overwinnen.

'Nou,' zei hij, 'vertel maar wat je ervan denkt.' Hij zag haar handen verstrakken om het stuur.

'Niet als je op zo'n toon tegen me praat.'

'Hoe bedoel je, op zo'n toon?'

'De toon die zegt dat jij het het beste weet.'

'Dit zou een van die zeldzame keren kunnen zijn dat dat waar is.'

Ze klakte met haar tong.

'Voor wat het waard is: ik denk dat je je moeder het voordeel van de twijfel moet geven, niet alleen voor haar, maar ook voor jezelf.'

'Het voordeel van de twijfel,' herhaalde ze. 'Je bedoelt dat ik haar een verschrikkelijke fout moet laten maken?'

'Hoe weet je dat het een fout is om met Ellis te trouwen?'

'Ze springt zomaar en zonder erbij na te denken in het diepe. Ze is net een verliefde tiener die zich laat meeslepen door haar gevoelens.'

'Doen we dat niet allemaal als we verliefd zijn?'

'Wij niet. Wij hebben de tijd genomen om elkaar te leren kennen voordat we besloten dat we echt degene hadden gevonden met wie we de rest van ons leven samen wilden zijn. We hebben ook eerst samengewoond om te ervaren hoe dat was.'

'Dat is waar, maar toen we gingen samenwonen, wist ik allang dat ik met je wilde trouwen. En weet je, als je zo oud bent als Naomi, veel meer van het leven hebt gezien en hebt ervaren wat wel en niet werkt in relaties, weet je misschien ook instinctief dat je de juiste persoon te pakken hebt.'

'Of je raakt in paniek en denkt dat dit je laatste kans is, en dus grijp je de eerste man die zich aan je opdringt voordat hij je ontglipt.'

'Ellis lijkt me niet de persoon om zich op te dringen,' zei Tom met een frons. 'En vergeet niet dat ze elkaar lang geleden ook al hebben gekend. Toen waren ze vrienden, dus ze weten al wat ze aan elkaar hebben. Het fundament is al gelegd.'

'En hoe zou jij het vinden als jouw vader overhaast ging trouwen met een vrouw die je totaal niet kent? Zou jij dan niet vinden dat hij je moeder verraadt?'

'Ja en nee,' zei Tom zo eerlijk als hij kon. 'Ja, ik zou willen dat pa gelukkig was en als hij dat kan worden door met iemand te trouwen van wie hij houdt, of zelfs als het alleen zou zijn om iemand om zich heen te hebben, dan zou ik hem steunen. En nee, ik zou dat niet zien als verraad. Want dat is het niet. Het gaat erom dat je het beste moet maken van de tijd die je nog hebt. Toen mijn moeder overleed aan Covid, heb ik geleerd dat je nooit weet wat er kan gebeuren en dat je dus de dag moet plukken zolang het kan.'

Toen Martha niet reageerde, vervolgde hij: 'Gaat het erom dat je

Ellis niet mag, of gaat het om de gedachte dat je vader wordt vervangen? Want in mijn ogen is Ellis een door en door fatsoenlijke vent, die heel veel rekening houdt met jouw gevoelens. En die van Willow. Het was heel attent van hem om de nacht niet bij je moeder, maar in zijn huurhuis door te brengen. Vond je ook niet?'

Martha keek even naar hem in plaats van naar de weg. Omdat ze een zonnebril droeg, kon Tom haar ogen niet zien, maar hij kon wel raden welke uitdrukking erin lag.

'Ten eerste denk ik dat ma degene was die heeft voorgesteld dat hij niet bij haar bleef slapen terwijl wij er waren,' zei ze. 'En ten tweede vind ik het uiteraard een verschrikkelijk idee dat Ellis de plaats van mijn vader inneemt. Welke dochter zou dat niet erg vinden?'

'Dat snap ik wel. Maar betekent dat dat je Ellis nooit gaat accepteren, dat je de relatie met je moeder en dus ook de relatie die ze heeft met ons kind, haar kleinkind, laat verzieken door je afkeuring?'

Weer keek ze even naar hem. 'Kun je het nog schijnheiliger brengen?'

'Waarschijnlijk wel, als ik er moeite voor zou doen,' zei hij. 'Maar het is wel waar het op neerkomt, toch? Als je de wens van je moeder om te hertrouwen niet accepteert, kon je nog wel eens lelijk je mooie billetjes branden.'

Ze maakte een afkeurend geluidje. 'Doe niet zo absurd, je weet heel goed dat ik geen mooie billetjes heb. Ik heb de flinke kont van mijn vader geërfd, zoals hij dat altijd noemde.'

Tom waagde het erop en glimlachte. 'En ook je vaders vasthoudendheid, als ik het mag zeggen.'

Zijn commentaar zorgde ervoor dat Martha's schouders, die bij elke poging tot redelijkheid omhoog waren gekrikt, weer wat naar beneden gingen.

'Dat is een trekje dat je altijd gewaardeerd hebt, als ik het met onwillige berusting mag zeggen.'

Hij lachte. 'Dat klopt helemaal. Maar ik vind het vreselijk om je ongelukkig te zien, Martha. Vooral nu we zo veel hebben om gelukkig mee te zijn en ons eigen kleine Beanie onderweg is.'

Ze zuchtte. 'Ik weet dat je gelijk hebt. Maar ik kan gewoon niet aanzien dat ma er met open ogen instinkt. Waarom gaat ze niet gewoon met hem samenwonen om te kijken hoe dat gaat? Ik heb tegen haar gezegd dat ze huwelijkse voorwaarden moet laten opstellen als ze per se met Ellis wil trouwen. Dat zou elke verstandige persoon in haar positie doen. Je weet net zo goed als ik dat pa haar een heel goede aandelenportefeuille heeft nagelaten.'

Tom wist maar al te goed hoe warmpjes Naomi erbij zat, maar hij vermoedde dat Ellis niet veel voor haar zou onderdoen. 'Wat zei je moeder daarop?' vroeg hij.

'Ellis heeft kennelijk hetzelfde voorgesteld.'

'Ik zeg het niet graag, maar daardoor komt Ellis in een nog beter daglicht te staan, toch?'

Martha gaf geen antwoord en reed zwijgend verder. Maar net toen Toms oogleden zwaar werden en dicht begonnen te vallen, begon ze opeens over iets anders.

'Wat vind jij van Rick nu je een weekend met hem hebt doorgebracht?' vroeg ze.

'Nou, hij is af en toe een beetje te gladjes voor me, maar hij is duidelijk dol op je zusje. Hij kan niet genoeg voor haar doen. En hij maakt zich nuttig door je moeder te helpen. Heeft Willow ooit een vriend gehad die zo behulpzaam was, voor zover jij je kunt herinneren?'

Het was eerlijker geweest als hij had gezegd dat er in het weekend momenten waren geweest waarop hij zich had moeten wapenen tegen een onverwachte jaloezie en wrok ten opzichte van Rick. Maar hij was niet bereid zoiets kinderachtigs te bekennen, want hij schaamde zich voor deze reactie. Sinds Colins dood had Naomi Tom een paar keer om hulp en advies gevraagd en hij had haar graag alle assistentie aangeboden die hij kon verschaffen. Dat had hij gedaan omdat hij zich nuttig wilde maken en hij had het fijn gevonden dat Naomi vertrouwen in hem had. Zou dat veranderen nu Rick op het toneel was verschenen? Moest Tom eraan wennen dat iemand anders de rol ging vervullen die na het overlijden van Colin voor hem was weggelegd?

'Dus jij denkt niet dat Rick een beetje overdrijft met zijn bezorgdheid?' Martha onderbrak zijn gedachtegang.

'Hoe bedoel je dat?'

'De voortdurende drukte die hij maakt. Vind je dat niet irritant?'

'De meeste mannen zouden kritiek krijgen omdat ze zich niet druk genoeg maken. Maar ik ken je zus en als haar iets niet aanstaat, loopt ze gewoon weg.'

'Dat is niet zo eenvoudig als je zwanger bent, hoor.'

Tom draaide zijn hoofd naar Martha toe. 'Ben je bang dat ze het gevoel heeft dat ze in de val zit?'

'Ja, ik geloof van wel. Willow is een vrije geest en hoewel het me verbaast dat ik het zeg, zou ik het toch vreselijk vinden als ze wordt gekortwiekt. Het zou haar te veel veranderen.'

'Vind je niet dat dit het moment is waarop ze uit haar cocon kruipt en de prachtige vlinder wordt die ze altijd heeft moeten zijn?'

Martha glimlachte. 'Wat zeg je dat lief.'

'Ik zou ook minder lief kunnen zijn en kunnen zeggen dat het gewoon tijd is dat ze volwassen wordt. Ze wordt tenslotte moeder.'

Toen ze thuis waren, ging Tom het gras maaien, terwijl Martha het strijkwerk dat ze al een paar dagen had laten liggen onderhanden nam. Terwijl ze Toms overhemden streek, dacht ze aan haar zus en Rick. Ze wist dat ze blij moest zijn nu Willow iemand had gevonden die zorgzaam was en vastbesloten leek haar en hun ongeboren kind te beschermen. Maar...

Maar wat? Vond ze Rick te zorgzaam? Hoe kon dat nu een probleem zijn?

Het punt was: hoe vaker ze Rick zag, hoe meer ze het idee kreeg dat er iets niet klopte. Als ze niet beter wist, zou ze zeggen dat hij toneelspeelde. Hij speelde een rol en legde daar zijn hele ziel en zaligheid in, en daarmee wist hij zich een plekje te veroveren in hun familie en hun moeder voor zich in te nemen met zijn charme en hulpvaardigheid. Maar er was niets charmants geweest aan de manier waarop hij gistermiddag bij het feest had verwezen naar Willows ‘toestand’ – het feit dat ze zwanger was. Even had hij heel anders geleken, bijna nors. Was dat zijn ware aard? Was zijn masker heel even afgevallen?

En dan dat eindeloze getut over Willow en wat ze wel en niet kon eten en drinken. Martha zou er gek van worden als Tom dat met haar probeerde. Vandaag bij de lunch had Rick erop gestaan dat alles wat Willow van de barbecue nam door en door gaar was en dat er geen bloed uit haar hamburger of lamskoteletje kwam.

‘Sorry dat ik zo lastig ben, Ellis,’ had hij met veel innemende glimlachjes en verontschuldigingen gezegd, ‘maar ik zou het mezelf nooit vergeven als Willow of de baby iets zou overkomen.’

Vervolgens had hij het lef gehad om de barbecue helemaal van Ellis over te nemen en voor iedereen alles zo’n beetje te verbranden, terwijl hij een heel verhaal hield over salmonella en over een kennis van hem die maanden ziek was geweest nadat hij in Hongkong een verdachte kippenpoot had gegeten. Hij had er zo lang over doorgezeurd dat Martha de bloederigste hamburger had willen eten die ze te pakken kon krijgen. Dat deed ze natuurlijk niet, ze was niet dom, maar ze kon heel goed begrijpen waarom Willow achter Ricks rug om stiekem een glas wijn had gedronken. Nee, dat kon ze haar zus helemaal niet kwalijk nemen. Als Martha in haar schoenen zou staan, zou ze waarschijnlijk hetzelfde doen.

Martha was zelf juist heel open geweest tegen Tom over de wijn die ze gistermiddag in de tuin had gedronken, maar het was niet iets wat ze te vaak zou doen. Net zoals ze maar heel af en toe een kop koffie dronk. Op het werk was dat een hele uitdaging, want het achteroverslaan van supersterke koffie maakte daar een essentieel deel uit van de werkdag.

Haar gedachten keerden terug naar Rick en Martha vroeg zich af of haar probleem met hem lag in de potentiële bedreiging die hij vormde voor het evenwicht in hun familie. Als vader van Willows kind had hij een zekere macht en zoals Martha vermoedde ook de wens om dingen te veranderen. Want als Willow onder zijn aanmoediging uit haar cocon kwam, zoals Tom het had genoemd, en eindelijk de volwassene werd die ze allang had moeten zijn, zou de dynamiek tussen de twee zussen onvermijdelijk veranderen. Martha zou niet langer de grote zus kunnen spelen.

Het feit alleen al dat ze hier bewust over nadacht was verontrustend. Misschien omdat het angstaanjagend de waarheid benaderde, en die waarheid kwam vaak niet overeen met het beeld dat je van jezelf had of dat je wilde dat anderen van je hadden.

Rick hield Martha eigenlijk een spiegel voor en wat ze daarin zag, stond haar niet erg aan.

32

Twee weken na het feestweekend, waarin Naomi aan Martha en Willow had verteld dat zij en Ellis gingen trouwen, kreeg hij een appje van Lucas om te melden dat hij die vrijdag voor zaken in Londen moest zijn.

Tijdens het daaropvolgende drukke appverkeer vertelde Lucas dat Ellis hem niet op Heathrow af hoefde te halen, maar dat hij in de Express zou springen en rechtstreeks naar Londen zou gaan voor de vergaderingen waarvoor hij over kwam vliegen. Daarna zou hij een auto huren en naar Tilsham rijden. Ellis koos ervoor hem niets te vertellen over zijn eigen nieuws en alleen te zeggen dat hij iets met Lucas moest bespreken. En Lucas was niet de persoon om daar verder op in te gaan.

Ze hadden elkaar bijna een jaar niet gezien, maar nu was Lucas in de logeerkamer van Waterside Cottage bezig om iets anders aan te trekken dan het mooie colbertje, het overhemd en de chino waarin hij was gearriveerd. Beneden was Ellis op Lucas' verzoek een pot 'echte thee' aan het zetten. Sterke thee was kennelijk een van de weinige Britse dingen die hij miste. Behoorlijke thee, chocola van Cadbury en Mr. Kipling's Cherry Bakewell-taartjes, die Ellis dus meteen voor hem had ingeslagen.

'Dit is een fantastisch huisje,' zei Lucas toen hij de keuken in kwam. Hij droeg inmiddels een spijkerbroek en een Final Fantasy-shirt en liep op blote voeten. Dat had hij altijd gedaan; zodra hij de gelegenheid had, schopte hij zijn schoenen uit en liet hij zijn sokken achter op de vreemdste plekken. Zijn moeder was er gek van geworden. 'Gooi ze toch eens in de wasmand, meer vraag ik niet van je!' zei ze dan. Uiteindelijk had ze het opgegeven en liet ze hem zonder of met niet bij elkaar passende sokken rondlopen.

'Ik had geluk dat het net op het juiste moment vrij kwam,' zei Ellis. 'Ik dacht erover om de thee in de tuin op te drinken. Vind je dat oké?'

Lucas knikte en volgde hem naar buiten, waar Ellis het blad met theespullen al op de smeedijzeren tafel had gezet.

'Engelser wordt het niet,' merkte Lucas op toen hij een tijdje naar het uitzicht over het strand had staan kijken. 'Zelfs het geluid van de zeemeeuwen en de geur van zeewier voldoen aan de verwachtingen.'

'Het zal wel een beetje saai overkomen na wat jij inmiddels gewend bent.'

Lucas draaide zich om en ging zitten. 'Niet echt. Alle plaatsen hebben hun eigen charme en kwaliteiten.' Hij nam een slok thee en een hap van het taartje, dat hij bijna in één keer wegwerkte.

'Hoe is het met oma?' vroeg hij toen.

'Ze wordt helaas met de dag brozer, maar toen ik vertelde dat je zou komen, monterde ze meteen op en wilde ze haar haar laten doen. Ze vraagt altijd naar je. Echt altijd.'

'Het spijt me dat ik geen betere kleinzoon voor haar ben geweest.'

'Daar zou ik me maar geen zorgen over maken; in haar ogen kun je niets verkeerd doen.'

Lucas glimlachte. 'Oma heeft me altijd tot op het bot verwend.'

'En zo hoort het ook, dat is de taak van een grootouder. Ik dacht erover om morgenochtend bij haar langs te gaan, als het jou uitkomt.'

'Ja, hoor. Ik pas me wel aan.' Hij at het restant van het taartje op en toen Ellis hem er nog een had gegeven, merkte hij dat hij werd onderworpen aan een doordringende blik.

'Ik heb het gevoel dat je je ergens zorgen over maakt,' zei Lucas. 'Je zit steeds met je horloge te prutsen en met je voet op de grond te tikken. Heeft dat iets te maken met wat je in een van je appjes schreef, dat je me iets belangrijks moet vertellen?' Er verscheen een rimpeltje tussen zijn wenkbrauwen. 'Je... Je bent toch niet ziek, hè?'

Lucas gaf nooit de indruk dat hij erg opmerkzaam was – op een terloopse opmerking in een bericht bijvoorbeeld – maar je moest hem niet onderschatten. Hij was zich scherp bewust van alles wat er om hem heen gebeurde. Hij reageerde alleen niet zo haastig als de meeste mensen deden.

'Met mij is alles prima in orde en ik ben nog lang niet van plan om dood te gaan,' zei Ellis. 'Maar je hebt gelijk, er is wel iets waar ik me zorgen om maak. Ik moet je iets vertellen en ik ben een beetje bang voor je reactie. Ik heb namelijk iemand ontmoet. Een heel bijzonder iemand. Ze heet Naomi en ik ken haar nog van vroeger. Van lang voordat ik je moeder ontmoette. We hebben samen gestudeerd. Ik kon het niet geloven toen ik haar hier op het strand tegenkwam. Sinds dat moment is het leven… Nou ja… Het is fantastisch. Ik had nooit gedacht dat ik na je moeder ooit nog iemand zou ontmoeten die zo veel…'

'Hoho, rustig aan, pa!' viel Lucas hem lachend in de rede. 'Ik hoef het hele kleffe verhaal niet in één keer te horen.'

Ellis voelde de spanning verdwijnen en nam een slok thee. 'Sorry,' zei hij. 'Het komt door de zenuwen.'

'Hoezo? Denk je soms dat ik niet blij voor je zou zijn?'

'Ik was bang dat je het respectloos zou vinden naar je moeder toe. Of zelfs trouweloos.'

'Voelt het zo voor jou? Voel je je schuldig omdat je iemand hebt ontmoet?'

'Nee! Helemaal niet.'

'Wat is dan het probleem?'

Ellis lachte. 'Je bent nog niets veranderd, hè? Jij ziet alles altijd zo helder.'

'Dat is de enige manier om het te zien. Maar echt, pa, ik ben blij voor je. Is het serieus?'

'Ja. We willen trouwen.'

'Cool, dan heb ik niet alleen een stiefvader, maar ook nog een stiefmoeder. Enige kans dat ik kennis met haar kan maken voor ik weer naar huis ga?'

Ellis glimlachte. 'Als je er geen bezwaar tegen hebt, dacht ik dat we vanavond met zijn drietjes zouden kunnen eten. Maar ik begrijp het ook als je dat liever niet doet.'

'Hou toch op, pa. Natuurlijk wil ik haar ontmoeten. En nu wil ik het hele verhaal horen, maar doe me wel een lol en laat de seks erbuiten!'

Ellis besloot dat het tijd werd voor iets sterkers dan thee en ging lachend een fles wijn en glazen halen. Daarna vertelde hij Lucas alles.

Toen hij klaar was met zijn verhaal knikte Lucas. 'Dus om het even samen te vatten: alles gaat geweldig tussen jou en Naomi, maar er is een potentieel probleem met je toekomstige gemene stiefdochters, die er niet op zitten te wachten dat je de plek van hun geliefde pappie komt innemen. Ik weet niet of ik wel zin heb in zulke stiefzusters.'

'Ze zijn niet gemeen, ze hebben gewoon moeite met zo'n grote verandering. En eigenlijk is Martha de enige die weerstand biedt. Hun vader is een paar jaar geleden overleden en voor haar voelt het waarschijnlijk veel te vroeg voor een nieuw huwelijk van haar moeder.'

'Kan ik de zussen ontmoeten terwijl ik hier ben? Als we familie worden, is het tenslotte beter om elkaar voor de trouwdag te leren kennen. Wanneer zijn jullie van plan in het huwelijksbootje te stappen?'

'Zover zijn we nog niet. Ik trek eerst bij Naomi in; ze woont hiernaast. Daarna gaan we nadenken over de bruiloft zelf. Ik laat me met alle plezier leiden door wat Naomi wil.'

'Wat betekent dat zij zich door haar dochters zal laten leiden.'

'Niet noodzakelijk. Maar ze wil natuurlijk wel rekening houden met hun gevoelens, vooral omdat ze net bekend hebben gemaakt dat ze zwanger zijn. Wil je ze echt ontmoeten, en hun partners ook?'

Lucas haalde zijn schouders op. 'Ja, waarom niet? Ik ga maandagavond pas naar huis. Misschien kan ik ze op andere gedachten brengen. Vergeet niet dat ik als kind in hun schoenen heb gestaan. Ik wist precies welke trucjes ik kon uithalen toen je mijn gloednieuwe stiefvader werd.'

‘Wat bedoel je?’

‘Schuldgevoelens! Daarmee kon ik je overhalen zo’n beetje alles voor me te kopen wat ik wilde hebben.’

Ellis lachte. ‘Achterbaks kereltje dat je bent!’

‘Ja, ieder kind weet op welke knoppen hij moet drukken. Hoe oud we ook zijn.’

33

Willow had best naar Anchor House willen gaan om Ellis' stiefzoon te ontmoeten, maar Martha had duidelijk gemaakt dat daar geen sprake van kon zijn.

'Als we dan toch gedwongen worden om kennis met hem te maken, doen we het op onze voorwaarden,' had ze door de telefoon tegen Willow gezegd. 'Iedereen kan naar Tom en mij toe komen. Ik heb ma voorgesteld dat ze zondag om een uur komen lunchen.'

'We worden niet gedwongen,' had Willow op de bazige opmerking van haar zus gezegd, 'we worden uitgenodigd, dat is nogal een verschil.' Martha had niet gereageerd op deze terechtwijzing en gevraagd of Willow Rick meenam.

'Ja, natuurlijk,' had ze gezegd. 'Waarom zou ik niet?'

'Ik vroeg me gewoon af of hij niets beters te doen had,' had Martha gezegd. 'Het zou volkomen begrijpelijk zijn als hij ons allemaal grondig zat was.'

Toen ze in de auto zaten en Rick met het adres van Martha en Tom in de navigatie Londen uit reed, vroeg Willow zich af wat Lucas voor iemand zou zijn. Het enige wat ze van hem wisten, was dat hij halverwege de dertig was, dat hij in Los Angeles woonde en dat hij iets slims deed in de wereld van de digitale media, wat Willow niet echt iets zei. Waarschijnlijk was het een nerd, die zich alleen interesseerde voor programmeertalen of computerspelletjes.

Dankzij Hollywood stelde ze zich voor dat de meeste mensen die in LA woonden enorm succesvol waren en regelmatig omgang hadden met rijke en beroemde mensen. Als ma echt met Ellis trouwde en Lucas de stiefbroer van Martha en Willow werd, zou hij hen dan allemaal uitnodigen een keer bij hem op bezoek te komen? Alweer dankzij Hollywood zag Willow hem in een fantastisch huis met een zwembad wonen, waarin ze haar voeten zou laten bungelen terwijl ze een cocktail dronk met de Hollywood Hills op de achtergrond.

Het was een beetje dom om te geloven in zo'n absurde, stereotype illusie, zoals ze ook altijd had willen denken dat alle Parijzenaars in charmante oude appartementen met piepkleine balkonnetjes en uitzicht op de Eiffeltoren woonden. Maar als romantische idealist had ze dromen altijd veel leuker gevonden dan de realiteit.

Zo had ook de realiteit om zwanger te zijn bijzonder weinig te maken met de versie die ze had gezien in een glossy die Rick voor haar had meegebracht. Het stond vol met aanstaande moeders met sprankelende ogen en hun haar in een sluike paardenstaart, die met hun bolle buik in glanzende yogapakjes voor de camera poseerden.

Yoga en strakke lycrapakjes; Willow moest er niet aan denken. Nu de misselijkheid weg was, werd ze geplaagd door een enorme vermoeidheid. Als ze de kans kreeg, sliep ze met gemak zestien uur op een dag. Ironisch genoeg was Martha dat stadium van voortdurende vermoeidheid al voorbij, ook al lag ze met de zwangerschap zeven weken achter op Willow. Ze beweerde dat haar normale energie weer terug was. Hopelijk gebeurde hetzelfde bij Willow.

Elke keer dat Willow gaapte, drong Rick erop aan dat ze haar baan opgaf. Soms kwam ze in de verleiding, maar dan dacht ze eraan dat ze de hele dag in dat smetteloze appartement zou zitten en niets omhanden zou hebben. Het was jammer dat ze niet op een warme en knusse plek een winterslaap kon houden, zoals een schildpad deed, en wakker kon worden als de baby kwam.

Behalve een behoefte aan slaap had ze een niet te stillen trek in chips met zout en azijn. Sinds de dag van het feest bij ma hunkerde ze ernaar. Ze at drie of vier pakjes per dag, meestal op het werk, zodat Rick het niet te weten kwam. Anders zou hij alleen maar zeuren over de hoeveelheid vet en zout die ze binnenkreeg. De lieverd maakte voortdurend gezonde energiedrankjes voor haar om mee naar het werk te nemen. Sommige waren echt walgelijk. In haar ogen had boerenkool niets te zoeken in een drankje. En rode biet ook niet.

Op de maandag na het weekend in Tilsham had Willow afgesproken met haar vriendin Lucy en haar verteld dat ze in verwachting was. Omdat Lucy verder was in het zwangerschapsproces had Willow ernaar uitgekeken om haar zorgen te delen met haar vriendin, in de hoop dat die haar gerust zou kunnen stellen. Maar op de avond nadat ze samen hadden geluncht kreeg die arme Lucy een miskraam. Ze had ineens verschrikkelijke kramp in haar buik gekregen en Simon had haar snel naar het ziekenhuis gebracht. Maar daar hadden ze niets kunnen doen om de baby te redden. Willow vond het verschrikkelijk voor haar vrienden, want ze wist hoe ze ernaar hadden uitgekeken om ouders te worden. Toen ze Rick erover had verteld, had hij zijn armen om haar heen geslagen en tegen haar gezegd dat ze zich geen zorgen moest maken.

'Dat gaat ons niet gebeuren, liefje,' had hij gezegd. 'Je moet niet te lang stilstaan bij hun verlies. Maar je moet wel voorzichtig zijn en al mijn adviezen en richtlijnen opvolgen.'

'Maar het lijkt zo... verkeerd.' Ze had zichzelf snel verbeterd, want ze had op het punt gestaan om te zeggen dat het oneerlijk was, maar dan zou Rick hebben willen weten wat ze daarmee bedoelde. En dat was iets wat ze nooit tegen hem of tegen iemand anders kon zeggen. Want hoe verschrikkelijk het ook was, en ook al was ze nu achttien weken zwanger, ze wist nog steeds niet zeker of ze deze baby wel wilde. Terwijl Lucy haar kind zeker had gewild. God moge haar vergeven, maar Willow had zó met haar vriendin willen ruilen. *Hier, neem mijn baby, je verdient hem veel meer dan ik en je zult een veel betere moeder zijn.*

'Je moet me beloven dat je vandaag niet stiekem alcohol zult drinken,' onderbrak Rick haar schuldige gedachten. 'Zoals toen bij je moeder.'

Willow verschoof ongemakkelijk op haar autostoel toen hij daar weer over begon. Hij had er in de tuin, toen iedereen erbij was, niets over gezegd, maar toen ze later die avond in bed hadden gelegen, had hij haar erop aangesproken. 'Ik rook wijn in je adem toen ik met Tom en Ellis terugkwam uit de pub,' had hij boos gezegd. 'Ik begrijp gewoon niet hoe je zo dom, zo roekeloos en zo zelfzuchtig kunt zijn om dat risico te nemen.'

'Het was Martha's idee.' Ze had zichzelf gehaat omdat ze haar zus de schuld gaf.

'Ik had het kunnen weten,' had hij gezegd. 'Maar van jou verwacht ik zoiets niet. Je moet eraan denken dat het niet alleen jouw baby is, maar ook de mijne. Ik heb er recht op dat je voorzichtig bent.'

'Maak je geen zorgen, ik ben helemaal niet van plan vandaag wijn te drinken,' zei Willow in antwoord op zijn opmerking. 'Het was die dag alleen omdat Martha en ik het samen met ma wilden vieren. En ik heb je al verteld dat het een heel klein glaasje wijn was, niet meer dan een vingerhoed. De gelegenheid vroeg er gewoon om. Het was een bijzonder moment voor de Miller-meisjes, weet je.'

'Nou,' zei hij met een glimlach, 'als je maar niet denkt dat je het vandaag weer kunt doen. En wees voorzichtig met wat je eet. Vooral als het weer barbecue wordt.'

'Ja,' zei ze vermoeid. Ze wilde dat hij ermee ophield haar te behandelen als een kind. Ze wist dat hij het goed bedoelde, maar hoe meer drukte hij maakte, hoe meer ze ernaar verlangde om te ontsnappen aan zijn eindeloze gezeur. Wat zou ze er niet voor geven om net zo zorgeloos en onverantwoordelijk te zijn als vroeger! Om niet meer de saaie vreemde te zijn die iedereen nu verwachtte. Dat was niet wie ze was, echt niet.

Willow was niet de enige die niet helemaal zichzelf was. Ook Martha gedroeg zich anders dan anders. Ze had Willow gevraagd eerder te komen dan de anderen. Willow wist niet goed waarom, behalve dat ze dan kon helpen met de voorbereidingen. Maar elke keer dat Willow aanbood iets te doen, kreeg ze van Martha te horen dat ze zich niet zo druk moest maken, ook al vloog ze zelf rond als een dolgedraaide derwisj. Dat gedrag paste totaal niet bij haar dure keuken, die er altijd uitzag alsof hij zo uit de showroom kwam. Zelfs nu er elk moment gasten konden arriveren voor de lunch. Willow had er nooit eerder over nagedacht, maar Martha en Tom zouden zich waarschijnlijk prima thuis voelen in Ricks appartement, waar alles altijd een eigen plek had. In tegenstelling tot Willow.

'Ik wil gewoon dat alles in orde is als ze komen,' zei Martha toen Willow vroeg of er iets mis was. 'Moet je nou eens kijken, het weer slaat om. Daar gaat mijn plan om in de tuin te eten!'

'Maak je geen zorgen, het gaat zoals het gaat.' Willow pakte een reep kaas van een schaaltje op het aanrecht. Haar commentaar ontlokte Martha een minachtend geluidje, zodat Willow voor de zoveelste keer vroeg of ze iets kon doen.

'Hou nou eens op met je hulp aanbieden!' snauwde Martha. Toen zuchtte ze. 'Neem me niet kwalijk, ik moet mijn humeur niet op jou afreageren.'

'O, ik vind het niet erg, hoor. Maar ik wou dat je me vertelde waarom je zo nerveus bent.'

'Dat lijkt me duidelijk. Het is niet echt normaal om ma en haar vriend en zijn stiefzoon te lunchen te krijgen, toch? Het is volledig... volledig abnormaal.'

'Je hoefde ze toch niet uit te nodigen. We hadden naar Anchor House kunnen gaan. Of we hadden kunnen zeggen dat we het te druk hadden.'

'Dat weet ik ook wel!' viel Martha weer uit. 'Maar daarom voelt het nog wel vreemd en eerlijk gezegd helemaal verkeerd.'

Wat Willow veel verkeerder en onnatuurlijker vond, was het gevoel dat ze voor het eerst in haar leven de verstandige, rustige zus was, terwijl Martha niet wist waar ze het zoeken moest. Ze sloeg haar arm om Martha's schouders en toen ze merkte hoe stijf haar lichaam aanvoelde, zei ze: 'Het is idioot, dat is zo, maar we komen er wel doorheen. Samen.'

'Ik had nooit moeten voorstellen dat ze hier zouden komen,' zei Martha zwakjes terwijl ze door het raam naar buiten staarde. 'Maar ik dacht dat ik me beter zou voelen als ik die stiefzoon van Ellis op mijn eigen terrein zou ontmoeten. Je weet wel, zodat hij in het nadeel zou zijn. Maar tot dusverre ben ik juist in het nadeel.'

'Het komt goed. Je hebt je er gewoon veel te druk over gemaakt.

Het stelt eigenlijk niet veel voor. Gewoon een lunch met…'

'Ma's nieuwe familie!' viel Martha haar in de rede.

'Mogelijk ónze nieuwe familie,' zei Willow. 'Als je het objectief bekijkt, is dat best interessant.'

'Ik weet niet of ik het interessant zou noemen. En ik zou ook niet zeggen dat het mogelijk is om objectief te blijven over wat ma allemaal uitspookt.' Met een frons zei Martha: 'Wat denk jij, gaat het regenen?'

'Geen idee.' Willow keek naar de bewolkte hemel. 'Maar zelfs als het gaat plenzen, dan kunnen we toch gewoon naar binnen gaan?'

Martha boog abrupt naar het raam en tikte er met haar knokkels op om Toms aandacht te trekken. Hij was samen met Rick bezig de kussens op de rotan tuinmeubels te leggen. Hij draaide zich om en keek vragend naar Martha. Ze wees naar de hemel. Willow wist wat ze Tom duidelijk probeerde te maken, maar hij haalde alleen zijn schouders op. Dat kon natuurlijk ook zijn antwoord zijn, dat hij net zomin het weer kon voorspellen als Willow of Martha.

Wat Willow ook niet kon voorspellen, was hoe de middag zou verlopen. Ze hoopte maar dat iedereen met elkaar overweg zou kunnen en dat er geen ongemakkelijke situaties zouden ontstaan. Vooral voor ma, want wat Martha er ook over mocht denken, dit kon allemaal niet gemakkelijk voor haar zijn.

34

Kort nadat iedereen bij Tom en Martha was gearriveerd begon het te regenen, dus ze aten in de eethoek in de grote keuken vol antraciet-grijze kasten en witmarmeren werkbladen, die een heel uitgesproken resultaat opleverden. De muren waren geschilderd in een donker-grijze tint en als Naomi hier zat, had ze altijd het gevoel alsof ze zich in een stilleven bevond. Ze voelde zich niet helemaal op haar plaats, alsof ze het effect bedierf.

De ronde tafel met koperen blad was naar Martha's uitgebreide instructies gemaakt. Midden op de tafel stond een zware glazen vaas met drie lange donkerpaarse irissen, en omdat Martha nooit een detail over het hoofd zag, hadden de papieren servetten dezelfde diepe tint. Naomi moest wel bewondering hebben voor de elegante inrichting van haar oudste dochter. Haar eigen stijl was altijd wat losser geweest, een beetje van dit en een beetje van dat. Een eclectisch allegaartje, zouden sommigen zeggen. Zelf zag ze het liever als een stijl met karakter.

Naomi had Ellis' stiefzoon meteen aardig gevonden toen ze aan hem werd voorgesteld. Hij had misschien geen biologische band met Ellis, maar Lucas had wel zijn relaxte instelling en een paar van zijn hebbelijkheden overgenomen, zoals de manier waarop hij achter-overleunde en zijn hoofd iets scheef hield terwijl hij rustig de omgeving in zich opnam. En eerlijk was eerlijk, hij had veel om op te nemen met de nieuwe stieffamilie die hem werd opgedrongen.

Naomi wist dat Ellis net zo zenuwachtig over deze ontmoeting was als zijzelf, omdat Lucas een belangrijk stukje was in de puzzel van haar relatie met Ellis en het samenkomen van hun twee families. Ze wilden allebei dolgraag dat Martha, Willow en Lucas elkaar aardig vonden. Naomi zag dat Willow het eerste ongemakkelijke moment van de begroeting al had overbrugd, maar het was een van haar sterke punten dat ze altijd contact kon maken met mensen en hen op hun gemak kon stellen.

'Het was vreselijk aardig van je om ons vandaag uit te nodigen en om ook nog zo'n fantastische maaltijd voor ons klaar te maken,' zei Lucas tegen Martha. 'Ik geloof niet dat ik ooit zo'n goede kip Kiev heb geproefd.'

'Daar moet je Tom voor bedanken, niet mij,' zei ze. 'Hij is de kok. Ik heb alleen maar een beetje geholpen met snijden en opruimen.'

'Maar schat, dat kun je zo goed,' zei Tom met een knipoog.

Ze rolde met haar ogen. 'Heb ik al verteld dat hij ook ongelooflijk neerbuigend kan doen?'

Ze lachten allemaal een beetje ongemakkelijk en het gesprek ging hortend verder. Het was allemaal verschrikkelijk stijf, helemaal niet hoe Naomi het graag had gezien. Opeens zag ze voor zich dat Colin erbij was en de stemming erin bracht met een van zijn lange anekdotes. Hij was er prat op gegaan dat hij elk feest op gang kon brengen, ook al betekende het dat hij altijd het voortouw nam en ervoor zorgde dat hij het middelpunt van de belangstelling was.

'Hoe is je kip, Willow?' vroeg Rick. 'Hij is toch wel helemaal gaar, hè?'

'Hij is heerlijk,' antwoordde ze. 'Precies zoals Lucas zei. Fantastisch gedaan, Tom.'

Martha schraapte haar keel en zei zonder enige poging om haar irritatie te verbergen: 'Rick, ik kan je verzekeren dat Tom nooit rauwe kip zou serveren.'

'Hé, ik wilde niemand beledigen,' zei Rick. 'Maar door het slechte nieuws dat Willow onlangs heeft gehad, vind ik het gewoon niet meer dan juist om extra voorzichtig te zijn.'

Martha keek met plotselinge bezorgdheid naar haar zus. 'Wat voor slecht nieuws? Er is toch niets mis met de baby, hè?'

Willow schudde haar hoofd. 'Nee, het gaat om mijn vriendin Lucy. Ze heeft een miskraam gehad.'

'O, wat verschrikkelijk,' zei Martha. 'Wat is er gebeurd?'

'Dat weet ik niet precies. Simon heeft me een berichtje gestuurd. Ik vind het zo erg voor hen allebei.'

'Misschien begrijp je nu waarom ik niet wil dat Willow onnodige risico's neemt,' hield Rick vol.

Naomi voelde dat er onderhuidse irritatie bestond tussen Martha en Rick en had inmiddels schoon genoeg van de drukte die hij overal om maakte. Het werkte haar op de zenuwen en ze kon zich voorstellen welke uitwerking het op Willow moest hebben. 'Natuurlijk begrijpen we dat, Rick, maar Tom en Martha zitten in dezelfde situatie als jij en Willow, dus ik geloof niet dat je je zorgen hoeft te maken.' Hij leek niet erg blij met haar vermanende woorden, hoewel ze slechts als een licht verwijt waren bedoeld, maar het laatste wat Willow of Martha konden gebruiken, was een pessimist die hen bang maakte met allerlei sombere voorspellingen. Een zwangerschap was op zichzelf al eng genoeg.

'En, Lucas.' Tom begon ergens anders over, misschien om de stemming wat minder gespannen te maken. 'Hoelang blijf je hier?'

'Ik ga morgen weer naar huis.'

'Wat jammer,' zei Willow. 'Voor Ellis, bedoel ik,' voegde ze eraan toe en ze draaide zich naar hem om. 'Je zou het zeker wel leuk hebben gevonden als hij wat langer had kunnen blijven.'

'Je hebt helemaal gelijk, Willow,' zei Ellis. 'Dat had ik zeker leuk gevonden. Misschien kun je hem overhalen binnenkort weer te komen.'

Ze glimlachte. 'Ik zal mijn best doen. Maar je komt toch wel voor de bruiloft, Lucas?'

'Ik boek een vlucht zodra ik de datum weet. O, en ik wil je even laten weten dat ik heb besloten je getuige te zijn, pa.'

'Is dat zo?' zei Ellis.

'Je gaat toch geen nee tegen me zeggen?'

'Ben je gek? Ik vind het fantastisch!'

'En, mam, wie gaat jou weggeven?' vroeg Willow.

'Ik ben bang dat ik daar nog helemaal niet over heb nagedacht,' antwoordde Naomi. 'Maar op mijn leeftijd is dat toch onnodig. Ik kan toch wel zelf naar het altaar lopen?'

‘Nee, nee, de traditie moet in acht worden genomen,’ zei Ellis. Hij zat naast Naomi en legde zijn hand over die van haar. Naomi’s instinctieve reactie was om haar hand weg te trekken, omdat ze bang was dat het gebaar haar dochters in verlegenheid zou brengen, maar ze verdrong die impuls omdat ze bang was om hem boos te maken. Wat was het toch een mijnenveld om op hun leeftijd nog verliefd te worden. Het was alsof ze altijd wel iemand beledigden.

‘Ik vind dat Tom je moet weggeven,’ zei Martha.

‘Ja, dat is perfect!’ beaamde Willow. ‘Tom, dat doe je toch wel? Zeg dat je het doet!’

‘Rustig aan, meiden,’ zei hij, ‘zoiets belangrijks moet jullie moeder zelf beslissen.’ Toen keek hij Naomi aan en zei: ‘Ik zou het een eer vinden als je dat wilt. Maar misschien wil je liever dat Martha en Willow met je naar het altaar lopen. Tenzij ze je bruidsmeisjes moeten zijn.’

Martha protesteerde meteen. ‘Wat een afschuwelijk idee, een paar zwangere bruidsmeisjes die achter hun moeder aan waggelen!’

Naomi lachte. ‘Dat zal ik dus maar als een nee opvatten. En kunnen we nu alsjeblieft ophouden met dat gepraat over de bruiloft, ik word er zenuwachtig van. Nog even en ik stel Ellis voor om er gewoon samen vandoor te gaan.’

Hij kneep even in haar hand. ‘Ik vind het best, als jij dat leuk vindt. We komen eraan, Vegas! Of geef je de voorkeur aan Gretna Green?’

‘Zolang jullie maar huwelijkse voorwaarden hebben opgesteld.’

Naomi keek haar oudste dochter streng aan. ‘Maak je geen zorgen, Martha,’ zei ze. ‘We hebben al stappen in die richting genomen.’

En dat was waar. Volgende week hadden zij en Ellis een afspraak met een notaris in Chichester. Ze had besloten niet het kantoor in Londen te nemen dat Colin altijd had gebruikt. Ze wilde het op haar manier doen, bij iemand die haar niet kende. Belangrijker nog, bij iemand die Colin niet kende. Dit was een nieuw begin voor haar.

Maar ze vond het jammer dat ze zo tegen de stroom in leek te moeten zwemmen. Ze miste de dagen waarin het alleen om haar en Ellis was gegaan, toen ze elkaar in het geheim ontmoetten en het voor hen allebei heerlijk ongecompliceerd was geweest. Ze had zich zo vrij gevoeld. Nu werd dat zorgeloze geluk bedorven door de wens om iedereen tevreden te houden.

Ricks stemming was duidelijk omgeslagen toen ze op de terugweg waren naar Londen.

Om te beginnen reed hij veel harder dan anders en hij had zijn mond nog bijna niet opengedaan. Zijn gezicht leek wel van steen en elke keer als de automobilist voor hem remde, vloekte hij binnensmonds omdat er volgens hem geen reden voor was. Behalve dat hij wilde dat Rick ophield met bumperkleven, vermoedde Willow. Als hij niet oppaste, zaten ze straks in de kofferbak van die arme man.

Dat had haar vader ook altijd. Haar moeder werd er enorm zenuwachtig van als hij boos achter het stuur zat. Dan zat hij voortdurend te mopperen en te vloeken, en als Naomi tegen hem zei dat hij rustig moest doen, werd hij nog bozer.

'Wat is er, Rick?' vroeg Willow. 'Ben je ergens boos om?'

'Moet je dat echt nog vragen? Kun je het zelf niet bedenken? Of moet ik je alles voorkauwen?'

Geprikkeld door zijn vraag en de scherpte van zijn stem vroeg ze: 'Heb ík iets gedaan waar je boos om bent?' Ze had geen flauw idee wat dat kon zijn. Ze had geen druppel wijn gedronken bij de lunch, dus moest ze op een gegeven moment iets hebben gezegd of gedaan waaraan hij zich had geërgerd. Maar wat?

Hij gromde en knipperde met zijn lampen naar de auto die voor hem reed. Toen gaf hij gas en stuurde de BMW naar rechts om in te halen. Hij had gewacht tot er geen tegemoetkomend verkeer was, maar evengoed vreesde Willow een fractie van een seconde voor haar leven. De baby in haar buik reageerde door plotseling fel te bewegen, zodat Willow een hand op haar buik legde om hem te kalmeren. Het is al goed, kleintje, zei ze in zichzelf, niets om je druk over te maken, ga maar weer slapen.

Ze besefte dat het de eerste keer was dat ze echt een band voelde met de baby. Was dat waar het moederschap om draaide, een onzelfzuchtige en onbewuste wens om je kind te beschermen?

Toen Rick weer was ingevoegd en langzamer was gaan rijden, zei ze: 'Ik dacht dat je je wel vermaakte bij Tom en Martha. Vond je het niet leuk om Ellis' zoon te ontmoeten?'

'Nou,' snoof hij, 'we weten allemaal dat jij het leuk vond.'

'Wat bedoel je daarmee?'

'Hou toch op, Willow, je hebt met hem zitten flirten vanaf het moment dat hij binnenkwam.'

'Wat?'

'Probeer het maar niet te ontkennen. Ik heb wel gezien hoe hij naar je keek en hoe jij reageerde, een en al glimlachjes en ondeugende opmerkingen.'

'Dat is helemaal niet waar!' protesteerde ze. 'Waarom zou ik met mijn toekomstige stiefbroer flirten?'

'Zou je niet moeten zeggen: waarom zou je met hem flirten terwijl je mijn vriendin bent en zwanger bent van mijn baby?'

'Dit is idioot, Rick. Je hebt mijn... vriendelijkheid naar hem toe verkeerd begrepen. Ik wilde gewoon dat iedereen met elkaar kon opschieten, voor ma en voor Martha. Zodat we allemaal een leuke lunch hadden, Snap je dat niet?'

'En waarom stemde je ermee in dat Tom je moeder moest weggeven? Je weet toch dat je zus dat opzettelijk voorstelde? Om mij buiten te sluiten. Dat probeert ze elke keer dat we elkaar zien. Ze maakt volkomen duidelijk dat ze me niet mag. Meer nog, ik denk dat ze niets liever zou willen dan ons uit elkaar drijven.'

'Nee! Waarom zou ze dat doen?'

'Misschien is ze jaloers.'

'Ze is nog nooit jaloers op me geweest. Integendeel zelfs.'

'Toen had je mij nog niet. En het was niet alleen je zus, je moeder viel me ook aan. Ik voelde me gewoon vernederd en van jou kreeg ik ook geen enkele steun.'

'Ze wilde je alleen verzekeren dat je je niet zoveel zorgen hoeft te maken.'

'Vertel dat maar aan je vrienden, Simon en Lucy!'

Terwijl hij verder reed, probeerde Willow te begrijpen wat hij allemaal had gezegd. Had ze echt iets gezegd of gedaan dat kon worden opgevat als flirten? Was ze te aardig tegen Lucas geweest?

'Trouwens,' merkte hij op, 'waarom heb je de ketting niet om die ik je heb gegeven?'

O nee, weer iets wat ze verkeerd had gedaan. Ze had gehoopt dat hij het niet zou merken, zodat ze niet zou hoeven toegeven dat ze hem kwijt was. Ik kan hem alleen even niet vinden, corrigeerde ze zichzelf, hij duikt vroeg of laat wel weer ergens op. 'Ik ben vanmorgen vergeten hem om te doen,' loog ze.

'Jij vergeet vaak dingen, hè?'

Ze lachte nerveus om haar ongemak te verbergen. 'Je kent me, op een dag vergeet ik mijn eigen naam.' Ze legde haar hand op zijn been. 'Wees niet kwaad op me. Je weet dat ik het vreselijk vind als je boos bent. En dat is niet goed voor de baby,' voegde ze eraan toe, in de wetenschap dat dat haar grote troef was.

'Je hebt gelijk,' zei hij. 'Maar je moet echt meer je best doen om me niet boos te maken. Je weet hoeveel ik van je hou. Ik kan gewoon de gedachte niet verdragen dat een andere man je van me afpakt.'

'Dat gaat niet gebeuren.' Ze was geraakt door zijn eerlijkheid en het verdriet dat van zijn gezicht te lezen viel en herinnerde zichzelf eraan dat hij niet zo zelfverzekerd was als hij zich voordeed. Dat was niet gek als je naging hoe hij zijn ouders was kwijtgeraakt.

35

'Wat een enorm onaangename manier om een uur van je leven door te brengen,' zei Naomi.

Ze stonden op straat na een bespreking over hun huwelijkse voorwaarden met een notaris van Crambourne and Co Solicitors.

'Ik ben het helemaal met je eens,' antwoordde Ellis. 'Laten we meteen naar de wijnbar gaan om te lunchen. Ik heb iets nodig om dit onsmakelijke gebeuren weg te spoelen.'

'Dus het lag niet aan mij?'

'Nee,' zei hij hartgrondig, 'het was een akelige vertoning en het heeft helemaal niets te maken met mijn gevoelens voor jou en het leven dat ik samen met jou wil hebben.'

'Het was de ergste soort zakelijke bespreking die je kunt bedenken,' zei Naomi toen ze aan het tafeltje zat dat Ellis voor hen had gereserveerd. 'Het was afschuwelijk om te horen hoe het allemaal gereduceerd werd tot nuchtere voorwaarden. Liefde kwam er niet aan te pas. Of het simpele feit dat we samen willen zijn.'

'We moeten ons er maar op concentreren waarom we dit doen,' zei hij.

Ze keek hem met een bezorgde frons aan. 'Vertel nog eens waarom dan?'

Hij streelde haar hand, die op tafel lag. 'Om onze kinderen ervan te overtuigen dat we om de juiste redenen trouwen. En dat we weten wat we doen.'

'Dat heb ik me daar in dat kantoor juist afgevraagd: wat ben ik in hemelsnaam aan het doen?'

'Twijfel je eraan of je wel met me moet trouwen?'

'Nee. Nou ja, een beetje.'

'O,' zei hij effen. Maar hij kon er niets aan toevoegen, want de kelner kwam hun bestelling opnemen. Hij was een onhandige jonge knul van een jaar of zeventien, die over zijn woorden struikelde en zijn uiterste best moest doen om zich de specialiteiten van die dag te binnen te brengen. Toen die kwelling voorbij was – ze maakten het hem gemakkelijk en kozen allebei voor de zalm en croûte – kwam hij terug met twee glazen rosé. Toen ze weer alleen waren, stelde Ellis de vraag waar hij niet meer omheen kon.

'Meen je het echt, dat je twijfelt? Wil je het afblazen?'

Naomi wendde haar blik af en keek door de drukke wijnbar naar de langslopende mensen. 'Ja,' zei ze uiteindelijk. 'Dat wil ik.' Pas toen keek ze hem weer aan.

'O,' zei hij weer. Zijn hart leek met een schok tot stilstand te komen. 'Is dat alleen vanwege al die gortdroge juridische teksten die we net hebben moeten aanhoren? Of gaat het om nog iets anders?'

Lucas had Ellis gewaarschuwd dat het opstellen van huwelijkse voorwaarden onvoorziene gevolgen kon hebben. Dat had hij hem verteld toen Ellis hem eerder die week op Heathrow had afgezet. Een vrouwelijke collega van Lucas kwam kennelijk uit een welgestelde familie en had het advies van haar ouders opgevolgd om op huwelijkse voorwaarden te trouwen, maar tegen de tijd dat het document was opgesteld en ondertekend kon worden, had haar verloofde besloten dat de voorwaarden hem niet aanstonden. Ze ontmanden hem, had hij beweerd.

'Het heeft alles kapotgemaakt,' zei Naomi in antwoord op Ellis' vraag. 'Dat hele afgrijselijke proces heeft elk greintje vreugde uit mijn liefde voor jou gehaald. Ik was er misselijk van toen onze toekomst systematisch werd ontleed door de omvang van ons zogenoemde kapitaal te vergelijken.'

'Maar waar staan we dan? Ik gebruik niet graag clichés, maar betekent het dat liefde niet genoeg is?' Na een korte aarzeling voegde hij eraan toe: 'Je houdt toch nog wel van me?'

'Natuurlijk hou ik nog van je! Hoe kun je daaraan twijfelen?'

'Om de nogal voor de hand liggende reden dat je net hebt gezegd dat je het huwelijk wilt afblazen.'

'O Ellis, het gaat om al dat gedoe eromheen. Ik word er bang van. Voel je dat ook niet zo, dat het niet meer om ons gaat, maar om alle anderen tevreden te stellen? Ik voel me opgejaagd.'

Nadat hij een paar versterkende slokken wijn had genomen vroeg Ellis: 'Wat wil je dan doen?'

'Waarom vergeten we dat hele trouwen niet even en gaan we gewoon door met ons plan om samen te gaan wonen?'

'Wil je dat echt?' vroeg hij. Uit consideratie met Martha en Willow hadden ze zijn verhuizing uitgesteld tot na het dorpsfeest en daarna had het bezoek van Lucas voor verdere vertraging gezorgd. En nu wist hij eigenlijk niet meer waar hij aan toe was.

'Absoluut,' zei Naomi. 'Dan word ik 's morgens wakker zonder die deprimerende donkere wolk boven mijn hoofd.'

'Schat, ik had geen idee dat het je zo aangreep.'

'Elk aspect van onze relatie is op zich prima, maar als je alles bij elkaar bekijkt, voelt het opeens als een enorme bezoeking waar we doorheen moeten.'

'Het is mijn schuld, nietwaar? Ik heb alles overhaast door je op mijn verjaardag ten huwelijk te vragen. Dat had ik nooit moeten doen. Maar het voelde zo goed. Ik vind het vreselijk om te moeten denken dat ik je ongelukkig heb gemaakt.'

'Dat heb je niet gedaan. Het komt door de situatie en wat anderen allemaal van ons verwachten. Ik ben het zat om de hele tijd op mijn tenen te lopen en iedereen tevreden te houden, behalve mezelf. In zekere zin heb ik dat in mijn huwelijk voortdurend gedaan. En,' voegde ze er snel aan toe, 'dat heb ik alleen aan mezelf te danken.'

'En dus is het nu tijd om te doen waar je zelf zin in hebt,' opperde hij met een aarzelende glimlach.

'Ik ben bang dat het afschuwelijk egoïstisch is.'

'Helemaal niet. Het is volkomen logisch na alles wat ik heb gehoord over je leven met Colin.'

'Het lag niet alleen aan hem, Ellis. Ik kan het feit niet negeren dat ik het heb laten gebeuren, dat ik degene was die altijd probeerde het roer recht te houden, wat ik er ook voor moest doen. Dat is wat moeders vaak doen: ze blijven eindeloos op hun tenen lopen uit angst om de situatie erger te maken.'

'Dat klinkt alsof je jezelf de schuld geeft van de mishandeling van je man.'

Ze trok een pijnlijk gezicht. 'Je moet niet over mishandeling praten. Het klinkt zo afgrijselijk.'

'Als het geen mishandeling was, hoe zou jij het dan noemen?'

Ze perste haar lippen op elkaar. 'Ik noem het rekening houden met de vader van mijn kinderen.'

'Het spijt me, Naomi, maar dat is geen rekening houden met, dat is excuses verzinnen voor de man die je sloeg als hij zijn boosheid niet onder controle had. Je zou het nooit goedkeuren als Tom of Rick dat met jouw dochters zou doen, of wel soms?'

Ze schudde triest haar hoofd. 'Je hebt gelijk, maar alsjeblieft, laten we niet al die oude koeien uit de sloot halen. Het gaat nu om de toekomst en dat jij bij me komt wonen. Als je dat nog wilt. Als ik niet alles tussen ons heb verpest.'

'Weet je absoluut zeker dat je dat wilt?' vroeg hij. 'Zul je niet nog steeds de behoefte voelen om de situatie goed te praten tegenover je dochters? Zul je je niet net zo opgejaagd voelen?'

'Nee, dat geloof ik niet, want het zal tussen ons veel minder ingewikkeld zijn.'

'En minder permanent, als ik het mag zeggen?'

'Denk dat alsjeblieft niet. Ik wil echt dat we voor altijd samen zijn.'

'Maar alleen op jouw voorwaarden.'

Het was niet zijn bedoeling om zo scherp uit de hoek te komen en hij zag dat ze dit als een beschuldiging opvatte en gekwetst was.

'Ik heb je boos gemaakt, hè?' zei ze.

'Ja,' gaf hij eindelijk toe. 'Ik ben teleurgesteld. Ik vind het een fijn idee om met je getrouwd te zijn. Eigenlijk weet ik niet eens waarom. Het voelde gewoon goed toen ik je ten huwelijk vroeg. Maar nu weet ik niet meer wat ik moet voelen. Misschien is deze relatie belangrijker voor mij dan voor jou.'

Met een zucht schoof ze haar handen over de tafel om die van hem te pakken. ‘Dat is niet waar. Ik hou van je, Ellis, en ik wil niets liever dan de rest van mijn leven elke morgen naast je wakker worden.’

‘Mag ik nog steeds een ring voor je kopen? Of ga ik dan te ver?’

Voordat ze antwoord kon geven, kwam hun kelner met de lunch. Pijnlijk traag zette de jongen de borden en verschillende schaaltjes met groenten op de tafel en in zijn onhandigheid stootte hij het vaasje met de enkele roze anjer om.

‘Maakt niet uit.’ Ellis zette het vaasje overeind. ‘Niets om je druk over te maken.’

De jongen stamelde een verontschuldiging en met een gezicht of zijn dag niet slechter kon worden ontsnapte hij zo snel als hij kon, waarbij hij ook nog bijna in botsing kwam met een serveerster die met een blad vol glazen op weg was naar een andere tafel.

Arme bliksem, dacht Ellis, ik weet precies hoe je je voelt.

36

Al die tijd dat Martha aan het woord was, had ze geen enkele keer Jasons pen gehoord, wat nog zenuwslopender was dan wanneer hij ermee zat te klikken. Zoals hij nu deed terwijl Steve, de creatief directeur, zijn bijdrage leverde aan de vergadering van die ochtend.

Sinds ze door Martha's pitch de klus hadden binnengehaald, deed Jason anders tegen haar. Het was niet de eerste keer geweest dat ze een cliënt had geworven, maar om een of andere reden had ze dit keer het gevoel gehad dat ze niet genoeg indruk op Topolino had gemaakt. Inmiddels waren ze een paar maanden verder en was het bijna eind augustus, en volgens Charlotte Milner, de directeur van Topolino, waren ze volkomen tevreden.

Toen Martha die ochtend in de trein naar het werk zat, had ze tot haar verrassing een e-mail van Charlotte gekregen waarin ze vertelde dat ze zo onder de indruk waren van Martha's adviezen en nuchtere inbreng dat ze haar graag blijvend bij Topolino in dienst wilden nemen. Er was geen tijd geweest om erop te antwoorden en bovendien moest Martha er eerst over nadenken. Tenslotte was ze ook nog achttien weken zwanger.

Het kan geen kwaad om eens met ze te gaan praten, toch? Ze hoorde het haar vader zeggen. Hij had haar altijd aangemoedigd om elke kans aan te grijpen en hoewel ze best tevreden was met haar huidige baan, voelde ze zich gevleid en was ze nieuwsgierig genoeg om meer te willen weten. Hoewel ze er wel wat mee op de zaken vooruitliep, vroeg ze zich onwillekeurig af of ze een riante personeelskorting zou krijgen op al die fantastische babykleertjes.

Toen de vergadering was afgelopen en iedereen met wat meer haast dan anders terugging naar zijn kantoor – het was vrijdag en er wenkte een lang weekend met een extra vrije dag – kwam Jason naar Martha toe. Ze hoopte dat hij haar niet te lang zou ophouden, want ze moest nog een heleboel doen en ze moest die middag vroeg weg. Om vier uur zouden zij en Tom hun baby voor het eerst zien. Ze had de echo vorige maand al moeten laten maken, maar ze had twee keer moeten afzeggen vanwege het werk en daarna had het ziekenhuis een keer een probleem gehad en de afspraak afgezegd.

Die nacht had ze gedroomd dat ze bij de echo een hele kluwen lachende en zwaaiende baby's in haar buik zou zien. De droom was zo levendig geweest dat ze wakker was geworden met het sterke gevoel dat ze meer dan een baby verwachtte, hoewel ze zeker wist dat er in haar en Toms familie geen tweelingen, laat staan drielingen voorkwamen.

'Ga je nog wat leuks doen in het weekend?' vroeg Jason.

'We gaan naar mijn moeder in Sussex,' zei ze. 'En jij? Ga je nog naar je huisje in Southwold met...' Ze aarzelde toen haar zwangerschapshersenen probeerden zich de naam van Jasons laatste vriendin te binnen te brengen. 'Georgia,' koos ze.

'Nee,' zei hij, 'ik ga alleen. Georgia en ik zijn niet meer bij elkaar.'

'O, wat jammer.'

Hij haalde zijn schouders op. 'Maakt niet uit. Het is nou eenmaal zo.' Hij krabde in zijn baard. 'Weet je, ik kan er niet de vinger op leggen, maar er is de laatste tijd iets met je.'

Ze trok zo discreet mogelijk haar buik in. 'Het zal door de onlineyogaklassen komen,' zei ze. 'Je zou het eens moeten proberen, het is heel ontspannend.'

Hij lachte. 'Dat zie ik mezelf nog niet doen. Hoe dan ook, ik wilde even zeggen dat ik je input van daarnet zeer waardeer. En dat Charlotte van Topolino je de hemel in prijst.'

'Nou, dat is fijn om te weten,' zei ze gladjes.

'Het zou me niet verbazen als ze je probeerde in te pikken,' zei hij met een van zijn veelbetekenende blikken.

Het volgende uur handelde Martha e-mails en telefoongesprekken af en na een gehaaste lunch ging ze maar weer eens naar het toilet, waar de nieuwe stagiaire snikkend bij een van de wasbakken stond. Jason had tegen haar geschreeuwd omdat ze koffie op zijn bureau had gemorst, legde het meisje uit. Het was haar eerste week bij BND en ze was doodsbang dat het meteen de laatste zou zijn.

'Zit er maar niet over in,' verzekerde Martha haar, 'als we terugkomen van het lange weekend is hij het alweer vergeten.'

Dat was niet helemaal waar; Martha wist dat Jason als geen ander wrok kon koesteren. Daar kon ze zelf ook wat van, vooral als het om Rick ging. Ze had hem de preek die hij maanden geleden over de telefoon tegen haar had afgestoken nog steeds niet vergeven. En ze ergerde zich dood aan zijn kleffe zorgzaamheid ten opzichte van Willow. Op de een of andere manier zaaide hij overal onenigheid, had ze geconcludeerd. Ze vond het vreselijk om te moeten toegeven dat ze het mis kon hebben gehad, maar ze kon er gewoon niet bij dat ze hem ooit had beschouwd als de ideale vriend voor haar zus. Haar afkeer van Rick was zelfs zo groot dat ze bijna heimwee kreeg naar eerdere vriendjes die Willow mee naar huis had gebracht, die zo relaxt en onverantwoordelijk bezig waren dat het nooit bij hen zou opkomen Martha tegen te spreken of op haar plek te zetten.

Gelukkig had ze de laatste maand niet veel van Rick gezien. Tom had haar verrast met een weekendje in een prachtig hotel in de Cotswolds en dat bleek precies wat ze nodig had om te ontspannen. Tot dat moment had ze niet beseft hoe gespannen ze was. Ze waren ook naar Yorkshire gegaan om een bezoek te brengen aan Toms zus en vader. Haar schoonfamilie had verfrissend ongecompliceerd geleken in vergelijking met die van haarzelf.

Tom stond bij het ziekenhuis op haar te wachten. Martha had onderweg volgens de instructies een halve liter water gedronken, zodat ze een beter beeld zouden krijgen van de baby, en ze moest dringend naar de wc.

Toen ze in de wachtkamer zaten, vertelde ze Tom over de e-mail van Topolino en het baanaanbod, om maar niet te hoeven denken aan de behoefte om te plassen.

'Zou je ook in de verleiding komen als je niet zwanger was?' vroeg hij.

'Zwanger of niet, ik denk dat het de moeite waard is om er eens te gaan praten.' Ze schoof op haar stoel om de druk op haar volle blaas te verlichten. 'Ik zal helemaal eerlijk tegen ze zijn en uitleggen wat de situatie is. Niet dat ik dat nog veel langer zal kunnen verbergen.'

Ze legde een hand op haar dikker wordende buik, tegen de steeds strakker zittende band van haar rok. Over een week of wat zou ze iets aan haar garderobe moeten doen. Ze had online al wat nieuwe kleren en een grotere beha gekocht, maar als ze dit weekend in Anchor House waren, hoopte ze te kunnen gaan shoppen. Eigenlijk was Naomi met het idee gekomen om samen met haar en Willow naar Chichester of misschien naar Portsmouth te gaan, zodat ze haar dochters kon trakteren op zwangerschapskleren en babyspulletjes. 'Een cadeautje van mij,' had ze gezegd. 'We laten de jongens thuis en doen een meidendag.'

Martha had zich eraan geërgerd dat ma Ellis, Tom en Rick 'de jongens' noemde, maar ze begon eraan te wennen dat Ellis deel uitmaakte van de familie, al was het nog wat onwillig. Hij was een tijdje geleden in Anchor House gaan wonen, maar er werd niet meer gesproken over een huwelijk. Volgens ma hadden ze besloten dat het niet nodig was. Of dit al dan niet de eerste barst in hun grote romance was viel nog te bezien, maar voorlopig was Martha blij dat ze haar gezonde verstand een beetje gebruikte.

'Martha Adams?'

'Dat zijn wij.' Tom pakte haar hand toen ze opstonden en achter de verpleegster aanliepen die hun naam had genoemd.

Pas toen ze op de bank lag en er koude gel op haar buik werd gespoten, werd Martha opeens zenuwachtig. Stel dat op de echo bleek dat er iets mis was met de baby? Of dat haar droom een voorbode was en ze meer dan één kind verwachtte? Ze greep de hand van Tom, die naast haar zat. Hij glimlachte geruststellend.

'Nou,' zei de radioloog opgewekt, 'willen jullie het geslacht van de kleine weten?'

‘Ja,’ antwoordden ze precies tegelijk.

De vrouw glimlachte naar hen. ‘Laten we dan maar eens kijken wat we kunnen zien, hè?’

Met ingehouden adem draaide Martha haar hoofd naar het scherm. Alsjeblieft, alsjeblieft, laat alles goed zijn, verzuchtte ze in zichzelf.

37

In de weken nadat Ellis bij Naomi was ingetrokken, waren ze druk bezig geweest in Anchor House.

Op haar aandringen hadden ze de kasten opgeruimd en alle meubels weggedaan waarvan zelfs Naomi, een onverbeterlijke verzamelaar van spullen die nog eens te pas konden komen, zonder problemen afscheid kon nemen. Dit was tenslotte een nieuw begin voor haar.

Om te zorgen dat Ellis zich hier echt thuis zou voelen had Naomi ook voorgesteld hun slaapkamer een hoognodige make-over te geven. Het oude bed ging eruit en werd vervangen door een prachtig antiek walnotenhouten exemplaar, waarop een enorm comfortabele matras kwam, uitgezocht en betaald door Ellis. Ze wist niet wat hij precies had gekost, maar hij had gezegd dat het de beste hotelkwaliteit was en ze vermoedde dat ze voor dat geld een nieuwe auto had kunnen kopen. Al het oude beddengoed was vervangen en de door de zon verschoten gordijnen die voor het raam en de openslaande deuren naar het houten balkon hadden gehangen hadden ook plaatsgemaakt voor nieuwe. Naomi had een rol stof van Colefax and Fowler gekocht – crèmekleurig linnen met een patroon van blauwe hortensia's – en er zelf gordijnen van gemaakt. Ze had ook dunne vitrages uitgekozen.

Voordat ze de nieuwe gordijnen hadden opgehangen, hadden zij en Ellis de muren geverfd in een lichtblauwe tint en een crèmekleurige vloerbedekking laten leggen. Dat zou ze er bij Colin nooit door hebben gekregen. 'Crème?' zou hij hebben gezegd. 'Dat blijft nooit lang mooi!'

Bij de zoveelste expeditie naar de antiekwinkeltjes in Petworth hadden ze een pas geopende kunstgalerie ontdekt en waren allebei verliefd geworden op twee prachtige aquarellen met zeegezichten. Die hingen nu aan weerszijden van het nieuwe bed en werden 's avonds zacht verlicht door nieuwe lampjes.

Het was leuk geweest om een project te hebben waaraan ze samen met Ellis kon werken, en afgaand op zijn enthousiasme had hij het net zo leuk gevonden als zij. De volgende kamer die ze onderhanden wilde nemen, was de kleinste van de vijf slaapkamers; ze wilde dat die Ellis' kleedkamer werd. Op dat moment stonden daar de spullen die hij uit het buurhuis had meegebracht. Het grootste deel van zijn bezittingen stond nog in de opslag, omdat Waterside Cottage gedeeltelijk gemeubileerd was verhuurd. In de komende weken zou Ellis beslissen wat hij wilde houden en wat hij ging verkopen of weggeven. De eigenaren van Waterside Cottage, een echtpaar dat Naomi nog nooit had ontmoet en dat in Kent woonde, hadden nog geen nieuwe huurder gevonden. Of misschien hadden ze andere plannen met het huis.

Op dit moment zat Naomi naast Ellis in bed. De gordijnen waren open en de vitrage bewoog licht door het briesje dat door de openstaande balkondeuren kwam. Ze dronk haar eerste kop thee van de dag en luisterde naar de kreten van de meeuwen, en ze bedacht hoe volmaakt het leven met Ellis was. Een jaar geleden had ze niet geloofd dat ze weer zo verliefd kon worden en zo gelukkig kon zijn.

Na dat deprimerende uur in het notariskantoor in Chichester was Naomi bang geweest dat ze Ellis zou kwijtraken door haar bekentenis dat ze het gedoe van een huwelijk niet aankon. De teleurstelling in zijn gezicht was ondraaglijk geweest, maar het was opgeklaard toen ze had uitgelegd dat het idee om de rest van haar leven officieel met hem verloofd te zijn haar veel meer aansprak. Twee dagen later waren ze samen een ring gaan kopen. In een van haar favoriete antiekwinkels in Arundel had ze een prachtige ring met topaas gevonden. Hij hoefde zelfs niet op maat gemaakt te worden.

'Het heeft zo moeten zijn,' had Ellis gezegd toen hij de ring van haar aannam en hem betaalde. Daarna had hij hem bij zich gehouden tot ze later op de avond bij de ondergaande zon over het strand wandelden. Opeens had hij zich op een knie laten zakken. 'Het is enorm afgezaagd,' had hij later opgemerkt, 'maar het moest gedaan worden.'

Naomi stak haar linkerhand omhoog om de ring met de grote topaas te bewonderen en zei: 'Heb ik je onlangs nog verteld hoe mooi ik mijn ring vind?'

'Niet sinds... Hmm... Even denken. Misschien is het wel zo lang geleden als gisteren,' zei hij met een glimlach.

'Ik geloof niet dat ik er ooit genoeg naar zal kunnen kijken,' zei ze.

'Dat is mooi, want ik geloof niet dat ik er ooit genoeg van zal krijgen dat je hem draagt. Of van jou,' voegde hij eraan toe. 'Voor het geval ik je daar nog aan moet herinneren.' Hij dronk zijn thee op, zette zijn beker op het tafeltje naast het bed en strekte zijn armen. 'Ik aarzel om het te vragen, maar denk je niet dat we zouden moeten opstaan?'

'Waarom die haast?'

'Je familie is hier over ongeveer...' hij keek op zijn horloge, 'twee uur en vijftien minuten, en wij liggen nog in bed.'

Onze familie, wilde ze corrigeren, maar ze deed het niet. Sommige dingen kon je niet overhaasten. 'Zie je ertegen op om ze weer te zien?'

'Ik zou het liefst nee zeggen, maar dan zou ik liegen. Er lijkt altijd iets aan de hand als we bij elkaar komen.'

'Alleen omdat iedereen zich moet aanpassen. De laatste keer dat we ze allemaal hebben gezien, was toen Lucas er was en toen was het mijn beurt om het gevoel te hebben dat ik terecht moest staan. Ik wilde zo graag dat hij me aardig vond. Martha en Willow zullen zich ook wel zo hebben gevoeld.'

'Je hebt gelijk en ik weet dat het vroeg dag is, maar ik ben bang dat je dochters mijn aanwezigheid nooit echt zullen accepteren. Ik weet niet wat ik nog meer kan doen om ze gerust te stellen.'

'We weten allebei dat dat niet helemaal waar is. Willow vindt het allemaal prima. Martha is degene die moet aanvaarden dat je nu een essentieel deel uitmaakt van mijn leven.'

'Mag ik je iets heel persoonlijks vragen?'

'Natuurlijk.'

'Heb je besloten niet met me te trouwen omdat je dacht dat je Martha dan gerust kon stellen?'

Ze dacht er even over na. 'Dat heeft misschien op de achtergrond meegespeeld, maar in wezen was het een zelfzuchtige behoefte van mijn kant om alles in eigen hand te houden. Maak je je daar zorgen over? Eerlijk zeggen.'

'Helemaal niet. Misschien was het zelfzuchtig van mijn kant om met je te willen trouwen. Ik wilde alles officieel maken omdat ik bang was je kwijt te raken.'

Ze zette de lege theebeker neer en keek hem aan. 'Je raakt me niet kwijt. Dat kan ik je garanderen.' Ze kuste hem en toen stak ze de hand met de prachtige ring omhoog. 'Verloofd voor het leven,' zei ze met een blije glimlach. 'Je zit voorgoed aan me vast.'

Onderweg naar Tilsham at Willow het laatste stukje van de KitKat die Rick voor haar had gekocht toen hij was gestopt om te tanken.

'Zo beter?' vroeg hij toen ze de verpakking verfrommelde en in de tas aan haar voeten liet vallen. Ze wist dat het geen optie was om hem in Ricks auto te laten rondslingeren.

'Veel beter, dank je,' zei ze. 'Zat ik erg te mopperen?'

Hij glimlachte, nam een hand van het stuur en legde hem even op haar been. 'Jij kunt helemaal niet mopperen, schat. Je was misschien een beetje prikkelbaar omdat je behoefte had aan koolhydraten. Ik zei toch dat je had moeten ontbijten?'

'Dat weet ik, maar ik moest er toen echt niet aan denken.'

'Arme jij. Je moet volgende week maar even naar de dokter of de verloskundige gaan voor het geval er een probleem is waarvan ze op de hoogte moeten zijn.'

'O, het zal wel volkomen normaal zijn,' zei ze afwezig.

De ochtendmisselijkheid waarvan Willow zo veel last had gehad, was gelukkig al een tijdje weg, maar nu ging ze gebukt onder indigestie. Daarom had ze ondanks de aansporing van Rick niet kunnen ontbijten. De arme jongen had zijn uiterste best gedaan om haar te verleiden iets te eten, maar het omhoogkomende maagzuur was afschuwelijk en ze had niet verder kunnen komen dan een kopje heel slappe thee. Haar hunkering naar chips met zout en azijn was helemaal weg. Ze dacht zelfs dat ze nooit meer chips zou kunnen eten. Misschien werd die indigestie veroorzaakt door al dat ongezonde vet en zout. Wat de reden ook was, ze was er iets door afgevallen. Niet dat ze dat aan Rick had verteld. Die zou er alleen maar drukte over maken.

'Heb je aan de foto van de echo gedacht?' vroeg hij.

'Ja, die zit veilig in mijn tas.'

Tien dagen geleden hadden ze de tweede echo gehad en in tegenstelling tot de eerste keer had Rick per se het geslacht van de baby willen weten. Willow had toegegeven omdat het zo veel voor hem betekende. Ze vermoedde dat Rick het wilde weten omdat Martha en Tom nu hadden meegedeeld dat ze een meisje verwachtten.

'Een meisje!' had hij steeds weer gezegd toen ze later naar huis reden, alsof er nog nooit zoiets had bestaan. 'Moet je nagaan, we krijgen een dochter!'

Een dochter.

Zij, Willow Miller, werd de moeder van een meisje. De gedachte vervulde haar met zowel verrukking als angst. Rick was al begonnen met de kamer voor hun Prinsesje, zoals hij de baby nu noemde. Niets was volgens hem te veel moeite om zijn dochter het volmaakte huis te bezorgen.

Sinds de dag van de echo had Willow heel levensechte en verontrustende dromen, waarin ze de baby kwijt was. Ze werd steeds in paniek wakker. 'Ik weet zeker dat ik haar in haar bedje heb gelegd,' zei ze in haar dromen tegen Rick. 'Maar daar is ze nu niet meer.'

'Denk na, Willow!' brulde hij dan. 'Je moet je herinneren wat je met onze dochter hebt gedaan!'

Maar er waren nog ergere dromen. Afschuwelijke nachtmerries uit het verleden.

Daar wilde ze die ochtend niet aan denken, want het was een

prachtige dag. In plaats daarvan bedacht ze hoe ze zich erop verheugde om haar moeder weer te zien.

'Trouwens,' zei ze toen ze dacht aan het plannetje van Naomi, 'mam wil vanmiddag met Martha en mij gaan winkelen. Ze dacht dat jij, Tom en Ellis dan samen iets leuks konden gaan doen, een wandeling maken misschien en iets drinken in de pub.'

'Weet je zeker dat je dat wilt doen?' antwoordde hij.

'Ja. Waarom zou ik niet?'

'Ik kan me niets ergers voorstellen op een warme dag als vandaag. En het is nog wel een lang weekend. Wil je niet liever lekker met mij in de tuin of op het strand zitten? Met jouw onregelmatige diensten en de tweedaagse conferentie die ik afgelopen week heb gehad, heb ik het gevoel dat ik je amper heb gezien. Heb je gisteren op het werk trouwens verteld dat je zwanger bent en weggaat? Je bent nu vijfentwintig weken.'

'Ja.' Ze keek naar buiten. Haar collega's hadden haar gefeliciteerd en zich erover verwonderd hoe goed ze haar zwangerschap geheim had gehouden, maar Kyle had zijn teleurstelling uitgesproken omdat hij haar kwijtraakte. Dat kwam omdat ze de afgelopen maand regelmatig haar dagelijkse doel had gehaald en het soms zelfs ver had overtroffen. Ze had het zelfs zo goed gedaan dat Kyle erover had gesproken om haar salarisverhoging en een promotie te geven.

Hoe ze het ook probeerde, Willow kon zich niet voorstellen dat ze de hele dag met een baby thuis zou zitten en in haar eentje verantwoordelijk zou zijn voor dat kwetsbare leventje. Stel dat de baby – haar dochter – niet wilde drinken! Of slapen! Of dat ze pijn had en Willow die niet kon wegnemen. Of stel dat Willow de baby kwijtraakte, zoals in haar dromen.

De gedachtegang leidde tot een bekend gevoel van opkomende paniek. Haar hart ging sneller slaan en ze kreeg een droge mond. Eén vreemd moment wilde ze het portier openduwen, zich uit de auto werpen en de grazige berm af rollen.

Om dat te voorkomen klemde ze haar handen stevig in elkaar en sloot ze haar ogen. Maar dat hielp niet. Het gaf haar gedachten alleen de kans om te gaan waar ze wilden, rechtstreeks naar het knagende gevoel dat dit allemaal een verschrikkelijke vergissing was, dat ze een toneel op was gelopen en de verkeerde rol moest spelen. Niets leek meer op het leven dat ze had moeten leiden. Het voelde helemaal verkeerd om zwanger te zijn en een relatie te hebben met Rick. Maar hoe kon ze dat denken terwijl hij zo goed voor haar was, terwijl hij haar verwende met cadeautjes en zo veel om haar gaf? Hij vertelde haar voortdurend hoeveel hij van haar hield, zelfs als ze iets stoms had gedaan en hem boos had gemaakt.

'Willow.'

Ze deed haar ogen open. 'Ja.'

'Sorry, sliep je?'

'Nee, ik zat gewoon te denken.'

'Nou, als je het handschoenenvakje even opendoet, vind je daar iets buitengewoon leuks om over na te denken, hoop ik.'

Nieuwsgierig boog ze voorover en deed wat hij zei. 'Is dit voor mij?' vroeg ze toen ze een klein, maar prachtig verpakt cadeautje in het handschoenenvakje zag.

Hij lachte. 'Voor wie anders? Kom op, maak maar open.'

Ze dacht dat het misschien een nieuwe ketting zou zijn, als vervanging voor het exemplaar dat ze was kwijtgeraakt, en trok aan het mooie lint dat om het doosje zat. Toen haalde ze het inpakpapier eraf en tilde het dekseltje op.

'Nou,' zei hij, 'wat vind je ervan?'

Ze keek in opperste verbazing naar de ring met diamant. 'Hij ziet er verschrikkelijk duur uit, Rick,' fluisterde ze.

Hij lachte nog eens. 'Dat is hij ook. Maar zolang je me het juiste antwoord geeft, is hij elke cent waard. Wat zeg je ervan? Wil je met me trouwen? Wil je niet alleen de moeder van mijn kind zijn, maar ook mijn vrouw?'

Het idee om het portier open te duwen en weg te rollen kwam terug en ze haalde diep adem voor ze antwoord gaf, alsof ze moest kiezen tussen dat of ja zeggen tegen Rick.

38

Zoals altijd was er een vreemde onderstroom te bespeuren in Naomi's familie, alsof iets niet helemaal goed was.

Toen Naomi en de meisjes waren gaan winkelen, waren Ellis, Tom en Rick naar Bosham gewandeld, hadden ze geluncht bij de Anchor Bleu en waren ze weer terug naar Tilsham gelopen. Maar om een of andere reden was het allesbehalve een ontspannen dagje geworden. Misschien had de hitte er iets mee te maken; de temperatuur was opgelopen tot een brandende vierendertig graden Celsius. Bosham en Tilsham waren volgestroomd met mensen die er het lange weekend kwamen doorbrengen en doordat het hoogwater was, zat het beschikbare stukje strand propvol dagjesmensen. De slimme zeemeeuwen wisten dat er iets te halen viel en doken op nietsvermoedende mensen af om alles wat eetbaar leek uit hun handen te grissen.

Het was natuurlijk mogelijk dat hij het probleem was en niet de brandende zon, dacht Ellis. Misschien beschouwden Tom en Rick hem als een indringer. Als Martha en Willow bezwaren tegen hem hadden, was het logisch dat Tom en Rick ook niets van hem moesten hebben. Maar Ellis geloofde niet echt dat dat het probleem was. Bovendien leek Willow inmiddels te accepteren dat hij deel uitmaakte van de familie. En de laatste keer dat hij alleen was geweest met Tom en Rick, toen ze op de dag van het feest samen iets waren gaan drinken, was er geen enkel probleem geweest.

Het was al vreemd begonnen toen Rick meteen na aankomst niet had kunnen wachten om bekend te maken dat hij Willow ten huwelijk had gevraagd en dat ze ja had gezegd. Ellis vond het vreemd om dat in de auto te doen, maar wie was hij om daar iets van te zeggen? Hij had wel gemerkt dat Willow niet zo gelukkig leek als je zou verwachten toen de anderen haar ring bewonderden. Eigenlijk keek ze een beetje gegeneerd. Naomi had dat kennelijk het ideale moment gevonden om met hun eigen nieuws te komen en had haar eigen ring omhooggehouden om door de anderen te worden bekeken. Er was een wat rustiger rondje felicitaties op gevolgd, wat volkomen begrijpelijk was.

Toen Ellis met Tom en Rick was teruggekomen in Anchor House was er nog een ongemakkelijk moment geweest. Hij had geopperd dat ze allemaal wel een ijskoud biertje konden gebruiken om af te koelen nadat ze zo lang in de verzengende zon hadden rondgelopen en had de koelkast open willen trekken om de biertjes te pakken die hij daar gisteren in had gezet, maar Tom was hem voor geweest. Ze hadden allebei haastig een stap achteruit gedaan, alsof ze ongewild elkaars terrein hadden betreden. Ellis wist van Naomi dat Tom een grote steun voor haar was geweest na het overlijden van Colin en dat hij altijd behulpzaam was, of het nu ging om financieel advies of het inschenken van drankjes. Had Tom het gevoel dat zijn pas verworven positie, zijn promotie in de familie, door Ellis werd ondermijnd? Zo ja, dan moest Ellis daar in de toekomst rekening mee houden; hij had Tom nodig als bondgenoot als hij Martha voor zich wilde winnen.

De stemming onder de mannen was veranderd zodra Naomi en de meisjes terug waren; het was alsof ze zich alle drie spontaan ontspanden. De vrouwen kwamen lachend en kletsend en met armen vol winkeltasjes binnen en hadden duidelijk een betere dag gehad dan hun partners.

Inmiddels zaten ze in de zwoele avond om de tafel op de veranda. Het was donker geworden en de tinkelende lampjes aan het glazen dak boven hun hoofd waren net sterren. Ellis nam bedachtzaam een slokje van zijn rosé.

De laatste paar minuten had hij tussen de flakkerende vlammetjes van de kaarsen door naar Rick zitten kijken. Die zat naast Willow, helemaal naar haar toe gebogen, terwijl hij afwezig met een lok van haar haar speelde. Het was een enorm intiem gebaar en Ellis voelde zich er ongemakkelijk bij, maar hij kon zijn blik toch niet afwenden. Hij had nooit eerder gezien dat een man dat bij zijn partner deed waar andere mensen bij waren en hoewel hij graag wilde geloven dat het liet zien hoeveel Rick van Willow hield, vroeg hij zich onwillekeurig af of het niet eigenlijk een bezitterig gebaar was. Die gedachte verontrustte hem zo dat hij de tafel langs keek om na te gaan of iemand anders met dezelfde nieuwsgierige aandacht naar Rick zat te kijken.

De enige die dat deed, was Martha en op haar gezicht lag een uitdrukking van onverholen afkeer, alsof ze Rick erop had betrapt dat hij in zijn neus peuterde. Toen keek ze opeens weg, misschien omdat ze het niet langer kon aanzien, en haar blik kruiste die van Ellis. Heel even keken ze elkaar in de ogen, maar wat ze ook dacht, ze konden er niet op ingaan, want op dat moment rinkelde er een mobieltje. Nadat iedereen in zijn zakken had gezocht, bleek het de telefoon van Willow te zijn.

'Sorry,' verontschuldigde ze zich toen ze de telefoon had ontdekt, die onder haar servet op de tafel lag. 'O,' zei ze met een blik op het schermpje, 'het is Lucy.'

Rick fronste, terwijl zijn vingers nog steeds met haar haar speelden. 'Niet opnemen,' zei hij. 'Het kan wachten.'

'Ik denk dat ik het toch maar moet doen na haar miskraam.'

Met zichtbare tegenzin haalde Rick de lok haar van zijn vingers. 'Vooruit dan maar,' zei hij schouderophalend, 'als het moet. Maar maak het niet te lang,' voegde hij er met een plotselinge glimlach aan toe. 'Je weet dat ik je zal missen.'

Ze keken allemaal toe toen Willow overeind kwam en de tuin in liep om rustig met haar vriendin te kunnen praten. Rick draaide zich naar hen om en zei: 'Ik weet wat jullie denken, dat ik gewoon romantischer ben dan goed voor me is.' Hij stak een hand op en glimlachte. 'Helemaal schuldig, dus schiet mij maar dood.'

'Geef me een geweer,' mompelde Martha.

Tom lachte, maar Naomi klakte met haar tong. 'Nou ja, Martha.'

'Het is al goed, mam, hij weet dat ik maar een grapje maak. Toch, Rick?'

De glimlach was van zijn gezicht verdwenen en hij wilde net iets zeggen toen ze een kreet hoorden van Willow.

'Natuurlijk weet ik daar niets van af!' klonk haar stem in de stilte. 'Dit moet een vergissing zijn. Weet je echt zeker dat het... Ik bedoel, kon je dat echt zien, na al die tijd?'

Er gingen een paar seconden voorbij en toen slaakte Willow nog een kreet. Daarna riep ze: 'Lucy, ben je daar nog? Lucy?'

'Wat was dat nou allemaal?' vroeg Rick toen Willow de veranda weer op kwam en ging zitten.

Zelfs in het kaarslicht kon Ellis zien hoe bleek ze was geworden. Ze zag eruit alsof ze verschrikkelijk nieuws had gehad.

Omdat ze geen antwoord gaf, zei Naomi: 'Willow, wat is er? Wat is er mis? Wat had Lucy te vertellen?'

Willow prutste met de telefoon en hield hem toen omhoog om Rick het scherm te laten zien. 'Kijk,' zei ze met trillende stem. 'Dat is Cedric. Of liever gezegd, dat wás Cedric.'

Wie Cedric ook was en wat Willow hem ook liet zien, Ricks gezicht vertrok. 'Wat smerig,' zei hij. 'Heeft Lucy je die foto gestuurd?'

'Ja.'

'Wat, als een soort zieke grap?'

'Het is niet grappig,' zei Willow. Ze was duidelijk van streek en kon elk moment in tranen uitbarsten. Ellis wisselde een blik met Naomi. Ze leek net zo verward en bezorgd als hij.

'Wat is dat voor foto, Willow?' vroeg ze.

'Je wilt hem niet zien, mam, het is te gruwelijk.'

'Als Rick ertegen kan, kunnen wij dat ongetwijfeld ook,' zei Martha.

Willow schudde haar hoofd. 'Ik laat hem niet zien.'

'Vertel ons alsjeblieft waarom je zo van streek bent,' zei Naomi.

Voor Willow iets kon zeggen, zei Rick: 'Ik denk dat je je telefoon weg moet leggen en moet kalmeren, liefje.'

'Ik ben zo kalm als wat.' Maar ze klonk niet bepaald rustig en ze verhief haar stem. Nadat ze diep had ademgehaald zei ze tegen de rest: 'Lucy en Simon wilden een moestuin maken in hun tuin en toen ze de oude schuur hadden afgebroken, vonden ze het begraven lijk van hun kat Cedric.'

'De kat die was verdwenen toen jij op hun huis paste?' vroeg Martha.

Willow knikte.

'Maar hoe is die dan in de tuin terechtgekomen?' Dat was Tom. 'En hoe weten ze zo zeker dat het Cedric is?'

'Omdat ze met het lijkje naar de dierenarts zijn geweest. Die heeft zijn chip uitgelezen en zo hebben ze bevestigd dat het Cedric is,' antwoordde Willow. 'Dat was toch al duidelijk. Op de foto kun je het halsbandje om zijn nekje zien. Er zitten glitters op, dus er kan geen twijfel over bestaan.' Ze veegde de tranen weg die over haar wangen liepen. 'En zijn vacht is ook nog te zien...'

'Genoeg!' Rick viel haar in de rede en boog abrupt naar voren. 'Ophouden, Willow. Dit is al veel te ver gegaan. Je maakt jezelf helemaal van streek. Het was totaal ongepast van Lucy om je die foto te sturen. Ik voel er veel voor om haar te bellen en haar dat duidelijk te maken. Geef me je telefoon.' Hij stak zijn hand uit, maar de normaal zo toegeeflijke Willow schudde haar hoofd.

'Lucy heeft me die foto gestuurd omdat ze denkt dat we hebben gelogen toen we zeiden dat Cedric was weggelopen,' zei Willow. 'Ze denkt dat wij hem hebben doodgemaakt en hem achter de schuur hebben begraven en vervolgens tegen haar en Simon hebben gelogen.'

Ricks kin kwam uitdagend naar voren. 'En waarom zouden we dat in vredesnaam doen?' wilde hij weten.

'Dat... Dat weet ik niet,' stamelde Willow. 'Het slaat nergens op. Tenzij...'

'Tenzij wat?'

Ze keek naar zijn gezicht, dat staalhard was in het kaarslicht. 'Tenzij jij het gedaan hebt. Is dat zo, Rick?' Haar stem was niet meer dan een gefluister.

'Ík?'

'Ja. Ik weet dat ik het niet heb gedaan en niemand anders had toegang tot het huis of de tuin, want ik hield altijd de deuren dicht. En de enige keer dat er een deur is blijven openstaan, is toen jij hem per ongeluk was vergeten dicht te doen toen je even naar je auto liep. En dat was op de dag dat Cedric zoekraakte.'

Toen Willow zweeg, keek iedereen naar Rick en wachtte op zijn antwoord. Als Ellis zich eerder al ongemakkelijk had gevoeld toen hij Rick met Willows haar zag spelen, was dat nu nog honderd keer erger. Willow had een zware beschuldiging op tafel gelegd en die was des te krachtiger omdat ze niet het soort meisje leek dat mensen zomaar beschuldigde van… Nou ja, om er geen doekjes om te winden, van het stiekem begraven van katten.

'Nou?' drong Martha aan toen de onheilspellende stilte bleef voortduren.

Rick draaide zijn hoofd om naar Martha en keek haar angstaanjagend kil aan voordat hij zijn aandacht weer op Willow richtte.

'Moet je horen, schat,' zei hij en hij pakte haar handen, 'het klinkt erger dan het in werkelijkheid is. Je moet me geloven als ik zeg dat ik je alleen maar verdriet wilde besparen. Ik weet hoe je bent, je trekt je alles enorm aan. Het enige wat er is gebeurd, is dat die verdomde kat door de open deur naar buiten glipte en werd aangereden door een voorbijkomende auto voordat ik iets kon doen. De bestuurder stopte niet eens. Hij weet waarschijnlijk niet dat hij iets heeft geraakt. Ik wist dat je in alle staten zou zijn als je het te weten kwam, dus ik groef een gat achter de schuur en legde de kat erin. Ik dacht dat ik er goed aan deed om je te beschermen. Dat geloof je toch wel? Ik bedoelde het niet kwaad.'

'Maar je hebt me al die dagen naar die arme Cedric laten zoeken. Ik was ziek van bezorgdheid. Je hebt me zelfs geholpen. Of je deed tenminste alsof. Want je wist al die tijd waar hij was, begraven in de tuin!'

Rick hield haar hand stevig vast toen ze die los probeerde te trekken. 'Ik had eerlijk tegen je moeten zijn, dat weet ik. Ik heb een domme fout gemaakt. Het spijt me echt. Kun je me alsjeblieft vergeven?'

Hij keek de tafel rond. 'Zouden jullie niet hetzelfde hebben gedaan om Willow niet nodeloos pijn te doen? Ja toch?'

39

Het was zondagochtend en Tom was bezig met een van zijn favoriete klusjes: hij reed over het grasveld op zijn zitmaaier. Hij hoefde nog maar een paar stroken te maaien en dacht eraan hoe hij dit op een dag zou doen met zijn dochter op schoot. Net zoals hij en zijn zus om de beurt met hun vader waren meegereden toen ze klein waren.

Het was de tweede week van september en het werd duidelijk frisser, wat hem herinnerde aan de eerste schooldagen van zijn jeugd. Gek dat je dat gevoel nooit kwijtraakte, of de herinnering dat je op zondagavond je haar waste en snel het huiswerk deed dat je tot het laatste moment had laten liggen. Met een wrange glimlach bedacht hij dat het niet lang zou duren voor hij en Martha hun dochter voor het eerst naar school zouden brengen.

Hoewel ze het er van tevoren over eens waren geweest dat ze het geslacht van hun Beanie niet van tevoren wilden weten, waren ze de avond voor de echo opeens van mening veranderd. Hun oorspronkelijke idee was dat ze het lot niet wilden tarten door te veel te weten of zich nog meer aan hun ongeboren kind te hechten dan ze al deden. Voor het geval dat. Het had hen allebei verrast dat twee zulke rationele mensen opeens konden omdraaien als een blad aan een boom. Maar zoals Naomi had gezegd toen ze het lange weekend bij haar doorbrachten, konden ze zich maar beter voorbereiden op nog veel meer verrassingen nu ze ouders werden.

'Het ouderschap maakt ons allemaal gek,' had ze lachend gezegd. 'Wat op de ene dag heel logisch lijkt, is op de andere volkomen belachelijk.'

In de dagen na 'Catgate', zoals Martha dat weekend van twee weken geleden noemde, was Tom tot zijn verrassing getuige geweest van nog een ommekeer, namelijk in de mening van zijn vrouw over

Rick. Wanneer zijn naam opkwam in het gesprek verscheen er een glinstering in haar ogen en zei ze: 'Wie? O, je bedoelt Rick de Kattenmoordenaar?'

Als Tom niet beter zou weten, zou hij zeggen dat Martha het leuk vond dat Rick in ongenade was gevallen, zoals zij het zag. En dat was vreemd, want toen Willow hem had voorgesteld aan haar familie had ze een hoge pet van hem opgehad. Ze waren op zijn zachtst gezegd allemaal onder de indruk geweest van deze nieuwe vriend, die was komen voorrijden in een BMW 5 en een Ralph Lauren-shirt en Armani-jeans droeg. Als hij nog had geleefd, had Colin Rick een klap op zijn rug gegeven en binnengehaald als het beste wat zijn jongste dochter had kunnen overkomen.

Tom had Rick nooit helemaal als de ideale schoonzoon kunnen zien. Maar voor de harmonie in het gezin en omdat Willow gelukkig leek te zijn, had hij zijn twijfels niet uitgesproken. Die keer dat Naomi met de meisjes uit winkelen was gegaan, had Tom echter gemerkt dat hij zich ergerde aan Rick. Het had iets te maken met de onhebbelijke manier waarop hij Willow gedag had gezegd toen ze opgewekt achter in Naomi's auto was gaan zitten. Het was duidelijk geweest dat hij niet wilde dat Willow meeging en dat ze bij hem had moeten blijven. De rest van de dag was Rick wrokkig gebleven, alsof hij liever ergens anders was geweest. Dat had Toms stemming beïnvloed en hij was bang dat hij geen goed gezelschap was geweest voor Ellis, die had geprobeerd er het beste van te maken.

Daarna hadden ze 's avonds bij het diner die krankzinnige scène over zich heen gekregen, die hen allemaal met stomheid had geslagen. Sinds die tijd vroeg Tom zich af wat hij zou hebben gedaan als hij in Ricks schoenen had gestaan. Zou hij net zo ver zijn gegaan om Martha te beschermen? Waarschijnlijk wel, ja. Mannen, vrouwen, partners: ze deden allemaal weleens vreemde dingen. Iedereen kon iets doen wat eigenlijk niet bij hem paste. Of iets wat regelrecht idioot was, zoals het stiekem begraven van een dode kat achter een tuinschuur en een verhaal verzinnen dat van leugens aan elkaar hing.

Het moest Rick veel moeite hebben gekost om het vol te houden.

Tom zou zijn bezweken en Martha de waarheid hebben verteld. Misschien omdat zijn vrouw altijd de onderste steen boven wilde hebben als het erom ging de waarheid te achterhalen of iets tot op de bodem uit te zoeken. En dat was altijd terecht. Was haar openlijke minachting voor Rick ook terecht?

Toen het gras was gemaaid en de maaier was weggezet, waste Tom zijn handen in de kleine bijkeuken voordat hij de deur naar de keuken openduwde. Martha zat aan tafel te werken. Hij had haar daar meer dan een uur geleden achtergelaten. Ze wilde er beslist niet van beschuldigd kunnen worden dat ze de kantjes eraf liep omdat ze zwanger was, dus ze werkte harder dan ooit. Een aantal van haar collega's hadden geraden dat ze in verwachting was en daarom had ze de personeelsafdeling officieel op de hoogte gesteld van de situatie.

'Moet je nog veel?' Hij liep naar de koelkast om een koud biertje te pakken.

'Bijna klaar,' antwoordde ze. 'Wil je even water voor me opzetten? Ik snak naar een kop thee.'

'Kruidenthee of zwarte thee?'

'Ik heb mijn dagelijkse rantsoen zwarte thee al op, dus doe maar kruidenthee,' zei ze.

Tom wipte het dopje van zijn flesje bier, nam een paar dorstige slokken en ging een mok thee voor Martha zetten. 'Wil je er een chocoladecakeje bij?' bood hij aan, in de wetenschap dat ze daar tegenwoordig niet genoeg van kon krijgen.

'Alsjeblieft,' mompelde ze afwezig.

Toen alles klaar was, ging hij bij haar aan tafel zitten.

'Zo,' verklaarde ze en ze schoof de laptop weg, strekte haar rug en wreef over haar buikje. 'Klaar.'

'En hier is je beloning.' Hij gaf haar de mok thee en het chocoladecakeje.

'Je bent geweldig,' zei ze.

'Ja, hè? Wat wil je eten? Volgens mij is het warm genoeg voor de barbecue, als je daar trek in hebt.'

'Klinkt heerlijk. En fijn dat Rick de Kattenmoordenaar er niet bij is om te zeuren over de gaarheid van het vlees.'

Tom nam een flinke slok bier. 'Je moet echt ophouden hem zo te noemen, weet je. Op een dag zeg je het per ongeluk in zijn gezicht. En trouwens, hij heeft die kat niet opzettelijk doodgemaakt, toch?'

'Wie zegt dat ik het per ongeluk in zijn gezicht zou zeggen en niet opzettelijk?' zei ze.

Tom keek zijn vrouw bedachtzaam aan. 'Je hebt echt iets tegen hem, hè?'

'Ja,' zei ze eenvoudig.

'Omdat hij gelogen heeft tegen je zus?'

'Als hij over zoiets kan liegen, wat verzwijgt hij dan nog meer voor Willow?'

'Dus nu is hij opeens een pathologische leugenaar?'

'We weten niet dat het niet zo is, of wel soms? Ik bedoel, wat weten we eigenlijk van hem? Hij praat nooit over zijn familie of vrienden.'

'Dus je hebt hem al veroordeeld?'

Martha dronk nog wat thee en nam een hap van het cakeje. Toen ze die had doorgeslikt, zei ze: 'Ik had hem al voor Catgate veroordeeld, als je het echt wilt weten.'

'Waarom?'

'Om iets wat hij tegen me zei. Hij beschuldigde me er zo'n beetje van dat ik Willow intimideerde en kleineerde.'

'Wanneer heeft hij dat gezegd?'

'Tijdens dat telefoongesprek waarin hij zich liet ontvallen dat Willow zwanger was. En weet je wat, ik heb altijd het vermoeden gehad dat hij dat opzettelijk deed. Hij klonk zo afschuwelijk zelfingenomen.'

'Waarom zou hij dat doen?'

'Omdat hij heel goed wist dat ik er moeite mee zou hebben. Het was zijn manier om me op mijn plek te zetten, omdat hij vindt dat ik Willow te veel op haar kop zit.'

'Dat is nogal een aanname. En afgezien daarvan, waarom heb je me dat niet eerder verteld?'

Na nog een slok thee zei ze: 'Ik schaamde me en eerlijk gezegd voelde ik me vernederd. Laten we er niet omheen draaien, Tom, ik behandel Willow niet altijd alsof ze een verantwoordelijke volwassene is, toch?'

Hij glimlachte. 'Daar gaat het toch om als je de grote zus bent? Die van mij doet het ook nog af en toe.'

'Nou, ik ben er toch van overtuigd geraakt dat ik het moet afleren. Maar het laatste waar ik behoefte aan heb, is een zelfingenomen preek van een gewichtig doende eikel die denkt dat hij kan bepalen hoe mijn relatie met Willow eruitziet. En dan die ziekmakende aanbidding voor haar, geef me alsjeblieft een teiltje!'

Tom kon zich heel goed voorstellen dat Martha zich had geërgerd aan een dergelijk verwijt. Hij was teleurgesteld dat hij nu pas hoorde dat Rick zo tegen haar had gesproken. 'Moet ik het er eens met hem over hebben?' zei hij.

'Nee! Ik gun het hem niet dat hij weet dat hij me van mijn stuk heeft gebracht. Ik heb ook mijn trots.'

Tom had zijn biertje op en haalde nog een flesje uit de koelkast. Toen hij het had opengetrokken, zei hij: 'Je beseft toch wel dat we een manier moeten vinden om met hem om te gaan? Al was het maar voor Willow en voor het nichtje van ons kind.'

'Alsof ik daar al niet honderd keer aan heb gedacht,' zei ze met een zucht. 'We zitten aan hem vast.'

Tenzij Willow Rick zat wordt, dacht Tom. Of toch liever geen vriend heeft die zo overtuigend tegen haar kan liegen.

'En dan te bedenken dat ik me zorgen maakte over de vriend van mijn moeder,' zei Martha. 'In vergelijking met Rick de Kattenmoordenaar is Ellis zo'n beetje volmaakt.'

Tom glimlachte. 'Ik heb nooit gedacht dat ik je dat nog eens zou horen zeggen.'

'Ik ook niet. Maar Ellis is in mijn achting gestegen. Ik ben ervan overtuigd dat hij toen we die avond om de tafel zaten, voordat Willows telefoon ging, twijfels had over Rick. Het kwam door de blik waarmee hij me aankeek toen Rick met Willows haar zat te spelen.

Ik denk echt dat hij hetzelfde dacht als ik, dat het een akelig vertoon van bezitterigheid was.'

'Sommigen zouden het lief vinden. We hebben het hem eerder zien doen.'

'Ja, en het wordt niet bepaald aangenamer om ernaar te moeten kijken. Waag het niet dat ooit bij mij te doen.'

Tom lachte. 'Ik zou niet durven. Niet als ik mijn hand niet kwijt wil.'

40

'Hallo, mevrouw Powell, ik hoop dat ik niet ongelegen bel. Hoe is het met u?'

'Niet zo goed, eigenlijk.'

'O,' zei Willow. 'Het spijt me dat te horen.'

'Het is die duivelse heup van me die opspeelt. Hoewel je met een krakkemikkige heup niets meer te spelen hebt.'

'Nee, dat zal wel niet,' merkte Willow op.

'Gek woord eigenlijk, krakkemikkig. Maar die heup kraakt echt aan alle kanten.'

'Dat is akelig.'

'Ja, dat is het zeker. Wie zei je ook alweer dat je was, meisje?'

Willow greep haar kans en ging soepel over op haar geoefende verkooppraatje. 'Ik ben Willow en ik bel namens AoK. Ik heb vanmiddag een bijzonder verzoek voor u, mevrouw Powell. U bent in de loop der jaren een grote steun geweest voor uw favoriete goede doel, maar ik vroeg me af of u met enige mogelijkheid...'

'Willow, wat een rare naam,' viel de vrouw haar in de rede. 'Is dat zo'n zelfbedachte naam? Tussen ons gezegd en gezwegen, die namen die je tegenwoordig hoort zijn gewoon idioot en ze zouden verboden moeten worden. Ik hoorde laatst een jonge vrouw in het park de naam Magnolia roepen. Heb je ooit zoiets stoms gehoord? Welk verstandig mens noemt zijn kind nu naar een boom of naar een kleur? Is Willow een bijnaam? Ben je lang en mager, met armen en benen als stokjes?'

'Nee, het is mijn echte naam,' zei Willow vriendelijk. 'Mijn moeder heeft hem gekozen. En ik ben niet lang of mager. Heel gewoon eigenlijk.' Ze probeerde vastberaden om het gesprek weer op het juiste spoor te krijgen. 'Mevrouw Powell, de reden dat ik u bel is...'

'Nou, als je maar een beetje opschiet. Ik kan hier niet de hele dag staan praten met mijn heup, en bovendien begint *Escape to the Country* zo. Kijk je daar weleens naar? Weet je waar ik me altijd zo aan erger bij dat programma?'

'Nee,' zei Willow geduldig.

'Aan die suffe lui die al die huizen gaan bekijken en dan niets kopen. Ik vind het onbeschoft. Ik voel altijd mee met de arme eigenaren, die in de waan zijn gebracht dat hun huis verkocht wordt als ze meedoen aan een tv-programma. Al die moeite om op te ruimen en alles in orde te maken, en dan krijg je van die idioten die nog geen beslissing kunnen nemen als hun leven ervan afhangt, die maar blijven twijfelen en niet weten te kiezen. Ze doen alleen mee om op de tv te komen. Ik denk dat ze denken dat ze dan beroemd zijn. Tijdverspillers, dat zijn ze.' Ze lachte abrupt. 'Maar ik kijk er toch naar. Weet je waarom?'

'Nee.'

'Omdat ik hoop dat de presentator zo'n stel eens goed de waarheid zal zeggen. Dat zou pas goede tv zijn, vind je niet?'

Willow was geneigd het met haar eens te zijn. 'Dus, mevrouw Powell,' probeerde ze nog eens. Maar verder kwam ze niet.

'Nou, het was leuk om je te spreken, liefje. Dat is het probleem als je oud wordt: je krijgt niet zo vaak meer de kans om een praatje aan te knopen. De mensen hebben altijd zo'n haast. Soms gaan er dagen voorbij zonder dat ik iemand zie of spreek. Geen tijd voor een gesprekje, dat is het probleem met mensen. Zoals ik al zei, het was leuk om je te spreken, maar nu moet ik echt verder. Dag.'

Willow wist dat haar kans verkeken was, dus ze zei onwillig gedag.

'Beetje afgeleid vandaag, Willow?'

Het was Kyle en hij stond vlak achter haar. Hoe deed hij dat toch? Hoe wist hij haar steeds weer te besluipen?

'Ik belde ongelegen,' zei Willow en ze scrolde door de lijst met donoren op haar beeldscherm. Het was nog waar ook; mevrouw Powell moest dringend *Escape to the Country* gaan kijken, toch?

Kyle nam ogenschijnlijk genoegen met haar antwoord en ging

de nieuwe rekruut van AoK op de vingers kijken. Het was weer een acteur die tussen twee rollen in een inkomen moest hebben en de vrijheid om naar believen weg te blijven om auditie te doen. Kyle hield niet echt van acteurs – hij vond dat ze te vol van zichzelf waren – maar hij wist beter dan wie ook dat hun toneelervaring goed van pas kwam als ze een zielig verhaal moesten ophangen om een donor zover te krijgen zijn vaste bijdrage te verhogen.

Bij het volgende telefoonnummer werd niet opgenomen en Willow zag dat ze aan de beurt was voor een kwartier pauze, dus ze zette haar headset af en ging naar de keuken om iets te drinken te maken.

Terwijl ze stond te wachten tot het water kookte, voelde ze haar telefoon trillen in de borstzak van haar tuinbroek. Wee degene die tijdens het werk zijn telefoon opnam of iemand belde.

Het was Rick, zoals ze al had gedacht. Hij controleerde graag of alles goed met haar was en ze op kantoor niet te hard werkte.

'Hallo,' zei hij, 'wat ben je aan het doen?'

'Ik schenk net iets te drinken voor mezelf in.'

'Gaat alles goed? Je bent niet te moe of te gespannen?'

'Je weet dat ik niet in een kolenmijn werk, hè?' lachte ze.

'En jij weet hoe ik ben; ik maak me zorgen om je. Hoe is het met ons Prinsesje?'

Willow legde een hand op haar buik, die bij de laatste controle door de verloskundige 'een klein, maar keurig buikje' was genoemd. Rick was bang geweest dat hij in dit stadium groter zou moeten zijn, maar de verloskundige leek niet te denken dat er een probleem was en had Willow maagzuurremmers aanbevolen tegen de indigestie waar ze last van had gehad.

'Alle buiken zijn anders,' had de vrouw streng tegen Rick gezegd toen hij uiting had gegeven aan zijn bezorgdheid. Hij nam altijd vrij om met Willow naar de verloskundige te gaan en stelde veel meer vragen dan zij. Haar hoofd werd altijd helemaal leeg als ze werd onderzocht of met de verloskundige praatte.

'Prima,' zei Willow in antwoord op Ricks vraag. Net op dat moment sloeg de waterkoker af.

'Wat drink je?' vroeg hij. 'Toch geen koffie?'

'Slappe thee zonder theïne,' loog ze en ze pakte het blik Gold Blend. Het was pas haar tweede kopje van die dag – en het tweede leugentje om bestwil. Dat kon geen kwaad, toch?

'Hoe laat ben je vanavond klaar?' vroeg hij.

'Om zes uur.'

'Dan kom ik je oppikken.'

'Dat hoeft niet, hoor.'

'Ik weet dat het niet hoeft, maar ik wil graag voor je zorgen en dit is mijn manier om dat te doen. Ik zie je om zes uur. En laat me niet wachten, zoals de vorige keer. Ik wil geen parkeerboete oplopen.'

Hij beëindigde het gesprek en Willow nam haar koffie mee naar de kleine zitkamer. Daar zaten een paar collega's, die allemaal zaten te bellen en diep in gesprek waren. Ze koos voor het hoektafeltje bij het raam, dat uitzicht bood op een verzameling afvalcontainers. De glamour is ver te zoeken, dacht ze met een glimlach.

Waarom blijf je dan? Ze hoorde het Rick gewoon zeggen.

Omdat dit in elk geval normaal was, terwijl al het andere verkeerd aanvoelde en ze nergens controle over had. Hier bij AoK kon ze bijna vergeten dat ze zwanger was en belangrijker nog, ze kon vergeten dat Rick tegen haar had gelogen over die arme Cedric. Iedereen vertelde wel eens een leugentje, ze deed het zelf voortdurend en ze had zelfs enorme leugens verteld, maar alleen tegen zichzelf. Wat Rick had gedaan was anders. De onwaarheden die hij had verteld waren gewoon te verschrikkelijk.

Ze had hem zo'n beetje vergeven, nou ja, zo goed ze kon, maar Lucy en Simon konden dat niet. Ze had geprobeerd uit te leggen wat er was gebeurd en waarom Rick haar de waarheid niet had verteld, maar ze weigerden het te geloven. Ze waren ervan overtuigd dat zij in het complot zat en opzettelijk tegen hen had gelogen.

'Als ze je verontschuldigingen niet kunnen aanvaarden en je niet willen geloven, zijn ze ook geen echte vrienden,' had Rick tegen haar gezegd. 'Je bent beter af zonder hen.'

Maar Willow voelde zich niet beter af zonder de vriendschap van

Lucy en Simon. Ze vond de hele situatie verschrikkelijk, vooral omdat ze Cedrics ontbindende lijkje hadden gevonden nadat ze ook al de miskraam te verduren hadden gekregen.

Huiverend bij de gruwelijke gedachte en de herinnering aan de foto die Lucy haar had gestuurd, draaide Willow de ring aan haar linkerhand om en om. Het voelde nog steeds vreemd om zoiets opvallends en duurs te dragen. Ze was doodsbang om hem kwijt te raken; de hemel mocht weten hoeveel hij had gekost. Hij was in elk geval veel meer waard dan zij verdiende.

Om de schuldgevoelens te onderdrukken hield ze zichzelf voor dat zij zo'n mooie ring niet verdiende, maar dat ze hem droeg vanwege haar dochter. Dan was het toch zeker wel goed?

Ze was nu achtentwintig weken zwanger en Rick kon niet wachten tot ze zou bevallen.

'Ik ben er elke seconde bij,' verzekerde hij haar steeds als ze toegaf dat ze er een beetje tegen opzag.

Ze wist dat ze er niet omheen kon, maar de gedachte aan de bevalling maakte haar doodsbang. Ze kon niet goed tegen pijn. Een zielige lafaard, dat was ze.

Martha zou helemaal niet bang zijn. Ze zou waarschijnlijk gillen, schreeuwen, iedereen commanderen en vloeken dat het een aard had, maar ze zou niet bang zijn.

Met de wens dat ze meer op haar zus zou lijken dronk Willow de rest van haar illegale koffie op. Ze had nog een paar minuten voor haar pauze om was, dus ze keek op haar telefoon of ze e-mails had.

Zij en Lucas, Ellis' stiefzoon, wisselden sinds kort mailtjes uit. Uit nieuwsgierigheid had ze Lucas opgezocht op Facebook en hem een berichtje gestuurd, hoewel ze niet had geweten hoe hij daarop zou reageren. Zou hij denken dat ze hem stalkte?

Gelukkig had hij het leuk gevonden om van haar te horen en nu hadden ze bijna dagelijks contact. Zijn e-mails waren verfrissend humoristisch en leidden haar een beetje af. Hij was kennelijk dol op zijn stiefvader en had niets dan goeds te zeggen over Ellis. Toen haar moeder en Ellis hadden meegedeeld dat ze toch niet gingen trouwen en dat het veel beter bij hen paste om permanent verloofd te zijn, had Lucas aan Willow gevraagd of ze wist waarom ze van gedachte waren veranderd. Ze had teruggeschreven dat ze van haar moeder had begrepen dat ze gewoon geen zin had in al het gedoe van een trouwerij en de problemen die een huwelijk met zich meebracht.

'Dat snap ik wel,' zei Lucas tegen haar. 'Wie wil er tegenwoordig nu nog trouwen?'

Rick. Hij had het liefst willen trouwen voordat de baby werd geboren, maar hij besefte dat het beter was om te wachten en meer tijd te hebben om de bruiloft te plannen. 'Eén ding tegelijk,' had hij gezegd. 'Eerst de baby, daarna gaan we trouwen.'

Hij zat zo vol zelfvertrouwen en optimisme. Dat had Willow helemaal niet. Ze wilde dat ze het ook zo kon zien, echt waar. Maar ze had steeds meer het gevoel dat haar oude ik en haar zelfvertrouwen haar uit de handen glipten.

Teleurgesteld dat er geen e-mail van Lucas in haar inbox zat, nam ze haar lege koffiebeker mee naar de keuken, waste hem af en ging terug naar haar bureau. Waar Kyle natuurlijk weer met een vermanend gezicht stond te wachten. Slavendrijver, dacht ze. Hoewel ze nog regelmatig haar doelen haalde en hoewel hij wist dat ze zwanger was en binnenkort wegging, was hij nog steeds vastbesloten om waar voor zijn geld te krijgen.

Maar toen ze haar headset opzette en het volgende telefoonnummer op haar lijst belde, wist ze dat ze dit allemaal zou missen als het zover was. Ze zou zelfs Kyle missen.

41

Het telefoontje waar Ellis bang voor was geweest, kwam kort nadat hij en Naomi bij zijn moeder op bezoek waren geweest.

Niets had erop gewezen dat het de laatste keer was dat hij Rose zou zien, hoewel de gedachte dat hij net voor het laatst afscheid had genomen onveranderlijk bij hem opkwam als hij wegreed van het West View Care Home. Ja, ze was in de maand september steeds brozer geworden en sliep meer, maar die veranderingen waren al een hele tijd aan de gang.

Toen het eind was gekomen, schrok hij er toch van. Hij kreeg te horen dat ze vredig in haar slaap was overleden, ongeveer rond het tijdstip dat hij en Naomi na hun bezoek terugkwamen bij Anchor House. Hij was er al bang voor geweest dat Rose zou sterven als ze alleen was, alsof ze hem niet wilde belasten met haar verscheiden en vond dat ze dat heel goed zonder hem kon, dank je wel. Sentimentaliteit was haar vreemd; ze was een door en door pragmatische vrouw geweest en had tot op het laatst alles op haar eigen manier gedaan. Haar laatste woorden waren tegen Naomi gericht geweest.

'Zorg voor goed mijn jongen, wil je?' had ze gezegd.

'Mam,' had hij geprotesteerd, 'ik ben vijfenzestig, niet echt meer een jongen!'

Ze had licht geknikt en een afkeurend geluidje gemaakt. 'Je zult altijd mijn jongen zijn, Ellis. Altijd.'

'Natuurlijk zal ik goed voor hem zorgen,' had Naomi gezegd. 'Dat beloof ik.'

Achteraf hadden haar woorden Ellis moeten waarschuwen voor wat komen ging. Hij had vaak gehoord dat mensen die dicht bij de dood zijn het moment zelf kiezen en dat ze dan vaak alleen willen zijn. Ze hebben al afscheid genomen en willen zelf de regie houden.

Ellis' vrouw was juist in zijn armen gestorven. Diana had aan het eind niet alleen willen zijn en hij had gezworen dat dat niet zou gebeuren. In de laatste dagen van haar leven, toen ze palliatieve zorg had gekregen, waren de schaarse momenten die hij niet aan haar bed doorbracht een marteling voor hem geweest door de angst dat hij zijn belofte niet zou kunnen nakomen. Toen de dood kwam, was die een verlossing geweest voor Diana en eerlijk gezegd ook voor hem. Hij had het verschrikkelijk gevonden om te zien hoe haar prachtige lijf werd verwoest door de kanker. Ze had er zo hard tegen gevochten, maar uiteindelijk had de ziekte gewonnen.

Godzijdank had zijn moeder niet zo'n gevecht hoeven leveren en was ze gewoon langzaam maar zeker achteruitgegaan. Rose had vaak gezegd dat ze op haar sterfbed geen behoefte had aan een langdurige afscheidsscène. 'Ik wil geen publiek,' had ze gezegd. 'Ik wil een rustig, waardig einde.'

Nu stond Ellis op een winderige herfstmiddag tussen Lucas en Naomi op de begraafplaats van St. Saviour's te kijken hoe de kist van Rose in het graf zakte en hij hoopte dat de dienst haar goedkeuring zou hebben weggedragen, dat die waardig genoeg was geweest.

Rose had vastgelegd dat ze begraven wilde worden, niet gecremeerd, maar ze had er niet bij geschreven waar dat moest plaatsvinden. Met instemming van Lucas had Ellis gekozen voor de begraafplaats hier in Tilsham. Misschien zag hij de kerk onbewust als het fundament van zijn toekomst; dit was de plek waar hij de rest van zijn leven wilde doorbrengen, samen met Naomi.

De dominee, Veronica Carlyle, had Rose niet gekend, maar met de informatie die Ellis haar had verschaft had ze toch een behoorlijke viering van het goedgeleefde leven van zijn moeder samen weten te stellen. Onder degenen die hun respect kwamen betuigen, bevonden zich personeelsleden van West View en, wat nog hartverwarmender was, een flink aantal leerlingen van Rose, van wie velen van middelbare en pensioengerechtigde leeftijd waren en een grote afstand hadden moeten afleggen om erbij te zijn. Ze waren zo'n beetje net zo oud als hijzelf, bedacht hij met een wrange glimlach.

Waar bleef de tijd? Het ene moment was hij een kind, het volgende een volwassen man met een vrouw en een jonge stiefzoon, daarna een weduwnaar die rouwde om de dood van zijn Diana en nu... Nu had hij nog een kans gekregen. Nog een kers op de taart. En hij was vastbesloten daar ten volle van te genieten, want niet iedereen had zo veel geluk in het leven.

De lichte druk van een hand op zijn arm verbrak zijn gedachtegang. Het was Naomi, die aangaf dat de begrafenis was afgelopen en dat de mensen hem vol verwachting aankeken, alsof ze zijn toestemming wilden om verder te gaan met het volgende deel. Het laatste wat gedaan moest worden voor het gordijn naar beneden ging.

Toen hij had voorgesteld om de aanwezigen iets te drinken aan te bieden in de pub in de haven, had Naomi hem een ander idee aan de hand gedaan. Ze had gezegd dat ze niets tegen de pub had, maar dat Anchor House volgens haar aangenamer zou zijn. 'Ik wil dit doen voor Rose,' had ze gezegd, 'als een geschenk voor haar.'

Toen in het dorp bekend was geworden dat de uitvaart van zijn moeder in St. Saviour's gehouden zou worden en de nazit in Anchor House, hadden Jennifer Kingsbury en een paar andere leden van de vrouwenvereniging van het dorp Naomi hun hulp aangeboden. Die ochtend hadden ze niet lang na het ontbijt dienbladen met sandwiches, worstenbroodjes, miniquiches en cakes afgegeven. Daarna waren Martha en Tom gearriveerd, op de voet gevolgd door Willow en Rick. Het was aardig van hen om te komen, want ze hadden zijn moeder nooit ontmoet. Hij beschouwde het als een goed teken, een volgende stap naar acceptatie in de familie.

Ellis was geroerd omdat zo veel mensen die hem helemaal nog niet zo lang kenden te hulp waren geschoten. Het zorgde ervoor dat hij zich nog meer deel van de gemeenschap voelde en, nog belangrijker, deel van Naomi's vriendenkring. Hij nam tenslotte Colins plek in in Anchor House en er moesten mensen in Tilsham zijn die hem nooit echt zouden accepteren. Zoals de leden van de zeilclub waar Colin zo veel tijd had doorgebracht en met wie Ellis niet echt contact had.

Eenmaal thuis stelde Rick voor dat hij en Tom de drankjes zouden serveren en dat Martha en Willow hun moeder zouden helpen door rond te lopen met de dienbladen met eten.

'Behoorlijk seksistisch, Rick,' hoorde Ellis Martha zeggen toen hij een volslagen vreemde de hand schudde, die beweerde een van de leerlingen van Rose te zijn. 'Waarom kunnen Tom en ik de drankjes niet doen, of beter nog, Willow en ik?'

'Mij best.' Rick haalde zijn schouders op. 'Ik wilde alleen maar helpen.'

De dodelijke blik die Martha hem toewierp had Rick moeten laten afdruipen, maar hij glimlachte slechts. Wat Martha waarschijnlijk nog bozer maakte. Het was wel duidelijk dat er wrijving bestond tussen die twee. Ellis had het eerder ook opgemerkt, toen ze allemaal waren gearriveerd. Hij kon er niet echt de vinger op leggen, maar er was beslist iets. Dat vond Naomi kennelijk ook, want hij had haar zien fronsen toen Martha iets tegen Tom zei, alsof ze Rick op de hak nam. Of misschien vond ze het alleen maar ongepast om een grapje te maken op de dag van de begrafenis van Rose.

Lucas had ook aangeboden om met de dienbladen rond te gaan. Hij werkte samen met Willow en ze liepen rond tussen de mensen die in kleine groepjes op het grasveld stonden. Het moest gezegd worden: de gasten keken niet erg droevig nu ze een glas in hun hand hadden. Maar zo ging dat nu eenmaal; de stemming werd altijd vrolijker als het formele deel van de uitvaart achter de rug was. Ellis hoopte dat dat ook precies was wat zijn moeder had gewild.

'Hoe voel je je?' Naomi dook naast hem op en gaf hem een glas wijn.

'Het gaat wel.' Hij nam het van haar aan. 'Dank je.' Hij wees op de tuin en de mensen die daar bijeen stonden.

'Je hoeft me niet te bedanken, ik wilde dit voor jou doen.'

'Is het geen pijnlijke herinnering aan Colins uitvaart?' vroeg hij.

Ze schudde haar hoofd. 'Niet echt. Zijn vrienden van de zeilclub stonden erop de nazit te organiseren. Daar heb ik erg weinig mee te maken gehad. Ze dachten dat ze er goed aan deden, maar eigenlijk voelde ik me overbodig.'

Hij glimlachte. 'In veel opzichten voel ik me nu ook zo.'

Ze keek hem bezorgd aan. 'Het spijt me, had je dit liever in de pub willen doen, zoals je oorspronkelijk hebt voorgesteld?'

'Nee! Ik bedoel dat ik maar een handjevol van alle mensen die zijn komen opdagen ken. Het is alsof ik zelf ook te gast ben.'

Naomi boog zich naar hem toe en gaf hem een zoen op zijn wang. 'Dat is zo voorbij,' zei ze zacht. 'Nog drie kwartier of zo. Als het eten op is, gaan ze een voor een weg.'

Ze had gelijk. Binnen het uur, toen er nog maar één licht uitgedroogde sandwich met zalm en een paar cakekruimels over waren, nam de laatste gast afscheid.

Ellis maakte zijn das en het boordenknoopje van zijn overhemd los en liet zich op de veranda op een stoel zakken. Lucas deed hetzelfde, alleen deed hij zijn das helemaal af en wond hem om zijn linkerhand, zoals hij vroeger ook altijd deed als hij thuiskwam uit school.

'Ik weet niet hoe het met jullie is,' zei Naomi, 'maar ik ben uitgedroogd. Wie wil er nog meer een kop thee?'

Iedereen zei ja en Ellis maakte meteen aanstalten om op te staan. 'Ik kom je even helpen.'

'Geen sprake van. Jij blijft zitten waar je zit, je ziet er doodmoe uit. Rick, wil jij even helpen, alsjeblieft?'

Rick aarzelde; misschien vroeg hij zich af waarom hij werd gekozen. Toen zei hij: 'Natuurlijk.'

Ellis vroeg zich af of Naomi Rick had gevraagd te helpen omdat ze hem het gevoel wilde geven dat hij erbij hoorde. Toen ze weg waren, zei hij: 'Wat is dat toch met uitvaarten dat je er zo verschrikkelijk moe van wordt?'

'Dat komt omdat je moet doen alsof,' zei Willow. 'Alsof je iets voelt wat je eigenlijk niet voelt.'

'Wauw,' zei Martha, 'dat is wel een beetje ongevoelig, vind je niet?'

Willow bloosde. 'Sorry,' zei ze met een blik op Lucas en Ellis. 'Het was niet zo kwaad bedoeld. Wat ik bedoelde, is dat je zo veel moeite moet doen om beleefd te zijn tegen allemaal mensen die je amper kent, terwijl je gewoon alleen wilt zijn met je eigen gevoelens. Ik herinner me dat ik daar bij pa's uitvaart ontzettend moe van was.'

'Ja,' beaamde Lucas. 'Zo voelde ik me ook bij de uitvaart van mijn moeder. Ik kan me nog herinneren dat ik stond te luisteren naar iemand die een enorm verhaal had over de tijd dat zij en mam samen op school zaten en wat ze toen allemaal samen deden. Ik bleef maar wensen dat ze haar bek zou houden, zodat ik niet hoefde te blijven knikken alsof het me ook maar iets kon schelen. Dus je hebt het precies bij het juiste eind, Willow: dat maakt het zo vermoeiend.'

Ellis had Lucas nog nooit zo over de uitvaart van Diana horen praten. Maar wat hem het meest opviel, was de duidelijke band tussen Lucas en Willow, die zich helemaal op hun gemak leken te voelen bij elkaar. Het was alsof ze elkaar al jaren kenden. Ellis werd sterk herinnerd aan de hechte vriendschap tussen hem en Naomi in hun studententijd. En ook aan de vele keren dat ze het juiste moment voorbij hadden laten gaan.

Misschien zocht hij er te veel achter, maar hij was blij dat Rick binnen was met Naomi en geen getuige was van wat hier gebeurde.

42

Er stond een heldere, blikkerige zon aan de hemel, zoals zo vaak in oktober, en terwijl Ellis onder de douche stond, zat Naomi in haar warmste badjas op het balkon de thee te drinken die hij voor haar had gezet. In hun lange huwelijk had Colin nooit thee voor haar gemaakt zoals zij die lekker vond; hij was te scheutig geweest met de melk. Die fout maakte Ellis niet. Hij deed het altijd precies goed.

Het was eb en op het strand waren de tureluurs druk in de drassige grond aan het pikken. In de verte speelde een briesje over het wateroppervlak en vroege zonnestralen vielen tussen de wolken door en glinsterden op het rimpelende water. Er zouden niet veel ochtenden meer komen waarop Naomi haar eerste kop thee van de dag buiten kon opdrinken. In elk geval niet in haar badjas. Volgens de voorspellingen kwam er vanavond regen vanuit het westen en zou dat de volgende paar dagen zo blijven. Ze vond het fijn voor Ellis dat het weer gisteren zo goed was geweest. Een begrafenis in de regen was het toppunt van treurigheid.

Ellis had geweten dat het slechts een kwestie van tijd was voor zijn moeder overleed, maar het had hem toch hard geraakt. Gezien de hechte relatie die ze hadden gehad was dat niet meer dan natuurlijk. Naomi werd erdoor herinnerd aan de tijd dat ze haar eigen ouders had verloren, toen Martha en Willow tieners waren.

Haar moeder was als eerste doodgegaan aan een beroerte en haar vader een paar jaar later aan bloedvergiftiging; hij was op een roestige spijker gaan staan en er niet mee naar de dokter gegaan. Pas toen het te laat was. Naomi had destijds geweten dat haar moeder niets had kunnen doen om te voorkomen dat ze een beroerte kreeg, maar de dood van haar vader had totaal onnodig geleken. Was hij maar voorzichtiger geweest. Was hij maar naar de dokter gegaan. Was hij maar niet zo roekeloos en koppig geweest en had hij zich er door de telefoon maar niet zo luchtig van afgemaakt met de uitspraak dat hij zich 'niet helemaal honderd procent' voelde. 'Een virusje of zo. Ik ben er zo weer overheen.'

In veel opzichten was Colin precies als haar vader geweest, even koppig en ervan overtuigd dat hij de wereld kon buigen naar zijn wil. Ze waren zielsverwanten geweest en hadden het enorm goed met elkaar kunnen vinden. Misschien had Colin in Naomi's vader iemand gezien die hij kon respecteren en bewonderen, iemand die de plaats van zijn eigen vader kon innemen.

Colin had zijn ouders verloren toen hij op de universiteit zat; ze waren omgekomen door een bom die de IRA in Londen bij een restaurant had laten exploderen. Hij had de moordenaars van zijn ouders nooit kunnen vergeven en kon jaren later nog ontploffen als de moordlustige terroristen, zoals hij ze noemde, op de televisie verschenen en zich voordeden als politici.

Naomi had altijd geloofd dat de dood van zijn ouders, van wie hij zielsveel had gehouden, de bron was van zijn drift en innerlijke woede. Ze had hem vaak aangeraden hulp te zoeken, in de hoop dat hij er overheen kon komen in plaats van zich erdoor te laten verteren en soms overweldigen. Hij had uiteraard geweigerd. Waarschijnlijk had hij het niet aangedurfd om te diep in zijn ziel te kijken, bang voor wat hij daar zou aantreffen.

Een typische alfaman als Colin onderdrukte de pijn en het verdriet liever. Dat was de reden waarom Naomi hem zijn uitbarstingen vergaf. Ze kon niet verwachten dat anderen dat begrepen. Of dat ze begrepen dat hun geheim – het akelige geheim dat hij haar sloeg – een band tussen hen vormde. Hij vertrouwde erop dat ze het aan niemand vertelde, dat had ze hem zelfs beloofd. Maar alleen omdat het gemakkelijk was om een belofte te houden die gepaard ging met de schaamte en vernedering dat zij, een intelligente vrouw, zich door haar man liet slaan.

Die schaamte voelde ze nog steeds en ze dacht niet dat ze die ooit echt zou kwijtraken. Ze wist dat Ellis geschokt was geweest toen ze hem erover had verteld en dat hij nooit zou begrijpen hoe een man als Colin dit ongestraft had kunnen doen.

Maar wie waren zij en Ellis om over hem te oordelen nadat ze de avond van Geraldines trouwerij op de vloer van dat zomerhuisje hadden liggen vrijen? Zij was een getrouwde vrouw, wier hartstocht was aangewakkerd door de behoefte om wraak te nemen voor de verhouding van haar man, en Ellis had dat heel goed geweten. Dus nee, ze ging Colin niet veroordelen. De enige die ze mocht veroordelen, was zichzelf en dat had ze in de loop der jaren veel te vaak gedaan. Maar nu niet meer. Ze was vastbesloten met Ellis met een schone lei te beginnen.

Een paar weken geleden had hij haar verrast met de mededeling dat hij niet alleen zijn huurcontract voor Waterside Cottage met een paar maanden had verlengd, maar ook met de eigenaren in gesprek was om het te kopen.

'Maar waarom?' had ze geschrokken gevraagd. 'Doe je dat om een huis te hebben als het verkeerd gaat tussen ons?'

'Ik wist dat je dat zou denken,' had hij gezegd, 'en dat is absoluut niet de reden waarom ik het doe. Nog afgezien van al het andere is een huis aan het strand een goede investering.'

Na dat afschuwelijke gesprek bij de notaris in Chichester wist Naomi hoe Ellis er financieel voorstond, net zoals hij dat van haar wist, dus ze begreep niet goed waarom hij nog een investering wilde doen.

'Ik denk vooruit,' had hij uitgelegd. 'Het is misschien fijn voor Lucas om een eigen plekje te hebben als hij in de toekomst op bezoek komt. En ook voor Martha en Willow. Extra accommodatie, als je wilt.'

'Maar er is hier ruimte genoeg,' had ze tegengeworpen.

'Vrienden die kleinkinderen hebben zeggen dat je nooit genoeg ruimte kunt hebben,' had hij met een glimlach gezegd. 'Bovendien dacht ik dat het een leuk project voor ons zou zijn om het huis samen op te knappen.' Hij had een ruwe tekening voor de dag gehaald met een nieuwe indeling voor de benedenverdieping; hij wilde een aantal muren weghalen en bovendien openslaande deuren installeren, zodat het strand en de tuin bij het huis werden betrokken.

'Je hebt er al goed over nagedacht, hè?' had ze gezegd.

'Dat klopt,' had hij toegegeven. 'Ik ben tot de conclusie gekomen dat ik het zat ben om met pensioen te zijn. Ik moet iets te doen hebben. Jij hebt je tuin en daar wil ik je met alle liefde mee helpen, maar ik vermoed dat ik me dan op verboden terrein begeef.'

'Wil je zeggen dat je je verveelt?'

'Helemaal niet. Maar ik kan kiezen tussen het renoveren van Waterside Cottage of een fiets kopen en een strak renwielpakje aantrekken.'

Ze had gelachen. 'Als je dat maar uit je hoofd laat. Ik schop je zonder pardon het huis uit.'

'Gelijk heb je. Dus kun je me vergeven dat ik het huis hiernaast wil kopen?'

'Natuurlijk.'

Door het overlijden van Rose was het huisje veel eerder van pas gekomen dan Ellis zich had voorgesteld. Zodra de datum van de begrafenis was vastgesteld had Lucas zijn ticket geboekt en was hij overgevlogen. Hij had de keus gekregen om met de rest in Anchor House te logeren, maar hij had gezegd dat hij net zo lief in het buurhuis ging slapen.

Toen ze haar thee ophad, ving Naomi links van haar beweging op in de tuin. Ze boog zich naar voren en zag Willow over het grasveld naar het hek en het strand lopen. Naast het hek, op het pad tussen Anchor House en het strand, kwam Lucas voor de dag. Nadat ze een paar woorden en een glimlach hadden gewisseld, liepen ze samen weg.

Er was niets bijzonder heimelijks aan het treffen, maar toen ze hen uit het zicht zag verdwijnen en haar opviel hoe gemakkelijk ze in de pas waren gaan lopen en dat hun armen elkaar bijna raakten, kreeg Naomi een onheilspellend voorgevoel.

Maar ze zou het toch wel mis hebben? Willow en Lucas waren gewoon twee jonge mensen die elkaar hadden leren kennen doordat hun ouders een relatie hadden en die gewoon meer van elkaar wilden weten. Het was allemaal volkomen onschuldig.

Maar zou Rick het ook zo zien? Wetend dat het antwoord op die vraag nee zou zijn, vroeg Naomi zich af of ze er iets van moest zeggen tegen Ellis. Maar wat? Ze kon hem moeilijk vragen om tegen zijn zoon te zeggen dat hij afstand moest nemen, toch? Hij zou volkomen terecht zeggen dat er twee mensen voor nodig waren.

O Willow, dacht ze, wees alsjeblieft voorzichtig.

Martha's oude slaapkamer, die ze nu deelde met Tom als ze op bezoek waren, had een hoekraam met een bankje eronder. Als kind had ze het heerlijk gevonden om daar te zitten lezen en intussen naar de zee te luisteren, vooral als het stormde.

Het raam bood uitzicht over de tuin en het strand daarachter en toen ze voor het raam haar haar stond te borstelen, zag ze haar zus en Lucas samen wegwandelen. Ze rekte haar hals en keek hen na tot ze uit het zicht waren verdwenen.

'Wat is er zo interessant op het strand?' vroeg Tom.

'Ik wist niet dat je wakker was.' Ze draaide zich om naar haar man, die nog in bed lag.

'Ik lig al een paar minuten naar je te kijken. Wat wilde je zo graag zien?'

Martha legde de borstel neer en ging op het bed zitten. 'Willow en Lucas die een eindje gaan wandelen.'

'En?'

'Doe niet zo dom, Tom.'

'Wil je zeggen dat er meer achter zit?'

'Vond jij gisteravond ook niet dat ze allebei meteen instemden met alles wat de ander zei? Op een gegeven moment maakten ze bijna elkaars zinnen af.'

Hij ging overeind zitten en haalde zijn handen over zijn gezicht en daarna door zijn verwarde haar. 'Ik dacht gewoon dat Willow empathie toonde. Daar is ze goed in.'

'Wil je zeggen dat ik dat niet ben?'

Hij glimlachte. 'Dat niet. Maar jij bent altijd praktisch ingesteld, terwijl Willow...'

'Het zachte ei met het grote hart is. Ja, ik snap het. Zij is de lieve zus en ik het kreng.'

'We hebben allemaal onze sterke punten.'

'Hmmm...'

Hij lachte. 'Zit nou maar niet zo te hummen. Niet terwijl je er zo fantastisch uitziet. Als ik me niet vergis, ben je nu in het stadium van je zwangerschap dat je gaat stralen.'

Ze trok een lelijk gezicht. 'Is dat zo? Ik voel me niet bijzonder stralend.'

'Geloof mij maar, je straalt. Het is alsof je glanst van gezondheid. De zwangerschap doet je goed.'

Ze legde haar handen om haar steeds dikker wordende buik en zei: 'Alleen jammer dat het bij ons zo lang duurde.'

'Het heeft helemaal niet lang geduurd,' zei Tom. 'Niet echt. Sommige stellen doen er jaren over. Wij waren er nog niet eens een jaar mee bezig.'

Ze glimlachte. 'Het voelde veel langer.'

'Dat komt omdat jij altijd zo heerlijk ongeduldig bent. Dat is ook een van je sterke punten.'

'Jeetjemina, Tom, als je complimentjes blijft maken, ga ik nog denken dat je een ander hebt!'

Dat deed haar weer denken aan Willow en Lucas en zoals die samen over het strand waren gelopen. Ze draaide zich om naar het raam en vroeg zich af waar haar wispelturige zus mee bezig dacht te zijn. En wat zou Rick hierover te zeggen hebben?

Als antwoord op die vraag zag ze opeens voor zich hoe Rick Willows haar om zijn vingers had gewonden.

Strakker en strakker.

43

'Het is gek,' zei Lucas toen hij naast Willow liep, 'maar ik heb nu pas echt het gevoel dat mijn grootmoeder er niet meer is. Je zou denken dat de kerkdienst en de begrafenis dat wel duidelijk hadden gemaakt, maar op de een of andere manier is dat niet zo. Klinkt dat erg vreemd?'

'Nee, hoor,' zei Willow. 'Voor zover ik weet zijn er geen vaste regels voor dit soort dingen. We verwerken het allemaal op onze eigen manier. En gisteren hadden jij en Ellis al die mensen als afleiding.'

Hij bleef staan en draaide zich om naar de zee. 'Het heeft ook herinneringen teruggebracht aan de dood van mijn moeder.' Het duurde even voor hij weer naar Willow keek. Zijn handen had hij inmiddels diep in zijn zakken gestoken. 'Moest jij gisteren aan je vader denken?'

'Ja, ik geloof van wel,' zei ze afwezig.

'Hadden jullie een goede band?'

'Niet echt. Niet zoals hij met Martha had. Zij is de appel die niet ver van de boom is gevallen. Ik denk dat ik hem vooral ergerde.'

'Dat vind ik moeilijk te geloven.'

'Het is waar. Mijn zus heeft altijd heel duidelijke doelen gehad in het leven en dat was iets wat pa in ons allebei aanmoedigde. Bij Martha werkte dat prima en bij mij helemaal niet.'

'Wat ben jij dan voor iemand?'

'O, ik ben het schattige, donzige zwarte schaap van de familie.'

Lucas lachte. 'Dat donzige en schattige geloof ik wel, maar de rest niet.'

'Nou ja, ieder kind krijgt een etiketje in zijn familie, toch? Martha kreeg al heel vroeg het etiket van de slimme ambitieuze meid en ik was het domme wicht dat geen flauw idee had wat ze met haar leven wilde doen.'

'Is dat hoe je jezelf ziet?'

'Ja,' zei ze nuchter. 'Soms denk ik dat ik meer als Martha zou moeten zijn, maar als ik dan stilsta bij de druk die haar is opgelegd, je weet wel, om al die verwachtingen waar te maken, dan heb ik medelijden met haar.'

'Ze komt niet over als iemand met wie je medelijden moet hebben.'

'Laat je niet misleiden door de harde buitenkant. We bloeden allemaal als we ons snijden.'

Hij glimlachte. 'Ik vind dat je heel begripvol en meelevend van aard bent. Ik hoop dat je verloofde dat ook is.'

'Hoe bedoel je?'

'Dat hij het niet erg zal vinden dat ik je heb meegenomen voor een wandeling.'

'O, dat komt wel goed.'

Willow was er niet helemaal zeker van of dat wel waar was, maar ze kon toch wel een eindje langs het strand lopen met iemand die zo goed als haar stiefbroer was, of niet soms? Als Rick niet had geslapen, was hij misschien wel meegegaan. Toen ze wakker was geworden en op haar telefoon had gekeken hoe laat het was, had ze gezien dat Lucas haar een berichtje had gestuurd.

Dank voor je steun gisteren. Je kunt goed luisteren. Sorry als ik te lang tegen je aan heb gepraat.

Ze had hem in de badkamer een berichtje teruggestuurd.

Het was helemaal niet te lang, hoor. Heb je zin om een eindje te gaan lopen voor het ontbijt?

Goed idee! Ik zie je over tien minuten bij het hek naar het strand.

Ze had zich zo zachtjes mogelijk aangekleed om Rick niet wakker te maken en toen ze merkte dat er nog niemand op was, was ze stilletjes op haar kousenvoeten naar beneden geslopen om via de achterdeur te vertrekken. Het deed haar denken aan de tijd dat ze nog een tiener was en ze 's avonds laat wegsloop om naar Finn te gaan. Hij was in die tijd haar vriendje en ze was door hem ontmaagd tussen het helmgras in de zandduinen. Het was ook voor hem de eerste keer geweest en ze hadden er geen van beiden erg van genoten. Condooms en zand waren geen goede combinatie. Ze hadden erom gelachen en de volgende keer hadden ze een betere plek gekozen, verder op de landtong in de beschutting van het bos.

Het was grappig geweest om Finn die zomer bij het feest terug te zien. Ze wilde dat ze meer tijd had gehad om bij te praten. Nog iets om spijt van te hebben, dacht ze triest.

'Denk je niet dat we onderhand eens terug moeten?' vroeg Lucas toen ze bij de zandduinen waren, die bij Willow talloze herinneringen opriepen.

'Waarom gaan we hier niet even zitten?' Ze had helemaal geen haast om terug te gaan.

Hij keek haar bezorgd aan. 'Je voelt je toch wel goed, hè?'

Willow keek hem verbaasd aan. 'Waarom denk je dat ik me niet goed voel?'

Zijn blik ging naar haar buik.

'O,' zei ze lachend. 'Nee, nee, maak je geen zorgen, ik sta niet op het punt om te bevallen. Dat duurt nog een hele tijd.'

'Godzijdank,' zei hij toen ze gingen zitten. 'Ik denk dat je niet veel aan me zou hebben als dat zou gebeuren.'

'Eerlijk gezegd denk ik dat ze aan mij ook niet veel zullen hebben,' zei ze, terwijl ze het zich zo gemakkelijk mogelijk maakte. 'Ik probeer de boeken en onlineartikelen te lezen, maar ik word er alleen maar bang van.'

'Als ik Rick gisteravond zo hoorde, lijkt hij het allemaal onder controle te hebben, dus je bent bij hem in veilige handen.'

'Ik denk dat hij er beter in zou zijn dan ik.'

'Dat betwijfel ik ten zeerste en als ik me niet vergis, heb je een grote voorsprong op Rick: jouw lichaam is gemaakt om een kind te baren en dat van hem beslist niet.'

Ze glimlachte. 'Ik zou met alle liefde willen ruilen.'

'Weet je, het zou best kunnen dat je jezelf versteld laat staan en het fluitend doet.'

'Dat kan alleen een man zeggen.'

'Daar heb je een punt,' gaf hij toe. Hij leunde achterover, zette zijn handen achter zich op het zand en tilde zijn gezicht op naar de bleke oktoberzon.

'Mag ik je iets vragen?' zei hij na een lange stilte.

Willow schepte een handvol zand op en liet het langzaam tussen haar vingers door weglopen. 'Ja, hoor.'

'Hebben jij en Rick deze baby gepland?'

'Vraag je dat omdat je vermoedt dat het antwoord nee is?'

'Ik geloof van wel. Je lijkt gewoon niet zo blij met het idee om moeder te worden als je zus.'

Ze zuchtte en voelde de baby in haar buik bewegen, alsof ze haar benen strekte. Willow schepte nog een handvol zand op. 'Dat komt omdat ik er nog niet klaar voor ben,' zei ze. 'Martha en Tom waren er al een tijdje mee bezig en hadden het allemaal precies gepland, terwijl het bij Rick en mij per ongeluk is gebeurd.'

'Misschien is dat wel de beste manier om de grote dingen in het leven aan te pakken. Je ziet wel hoe het loopt. En ik geloof dat dat jouw sterke kant is.'

'Ook die van jou, denk ik.'

'Ja, ik ben nooit zo'n planner geweest. De dingen gebeuren gewoon op het juiste moment en op de juiste plek. Een geboren geluksvogel, zei mijn oma altijd.'

Willow wilde net zeggen dat ze wilde dat ze zijn oma had gekend toen ze het gekraak van steentjes hoorde en achterom keek. Rick kwam op hen af lopen en wuifde naar haar.

'Zo te zien komt de ridder op het witte paard je redden,' zei Lucas.

Er klonk een lichte scherpte door in zijn stem, die Willow het gevoel gaf dat ze Rick in bescherming moest nemen.

Dat gevoel had ze gisteren ook gehad toen Martha aan Rick had gevraagd of hij onlangs nog katten had begraven. Hij had beleefd geglimlacht en gezegd dat ze misschien niet zulke ongepaste grappen moest maken nu ze bij elkaar waren voor een begrafenis.

'Waarom zeg je dat hij me komt redden?' zei ze toen Lucas haar overeind hielp.

'Hij lijkt het soort man dat dat wil doen, dat is alles.'

'Is dat zo slecht?' vroeg ze met een frons op haar gezicht.

'Dat moet je zelf beslissen.'

44

Toen ze op de terugweg waren naar Londen en de regenwolken zich dreigend samenpakten, zat Willow te wachten tot ook in de auto de storm zou losbarsten. Het was alleen de vraag wanneer.

Wanneer ze als kind iets had gedaan wat haar vader boos zou maken, had ze zich in precies dezelfde situatie bevonden, wachtend op het onvermijdelijke. Zoals die keer dat ze per ongeluk een kras op zijn nieuwe auto had gemaakt omdat haar fiets er in de garage tegenaan was gevallen. Of de keer dat ze had overgegeven in zijn boot. Het was ook eens gebeurd dat Martha de schuld op zich had willen nemen voor iets wat Willow had gedaan, omdat ze wist dat hun vader op haar niet zo boos zou zijn. Martha deed zo zelden iets verkeerd dat hij nooit echt boos op haar kon worden.

Bij die gelegenheid was Colin al dagen in een slecht humeur geweest. Willow had de handstand gedaan in de eetkamer en Martha had de tijd opgenomen om te kijken hoelang ze zo kon blijven staan. Maar het noodlot sloeg toe toen een van Willows benen tegen het dressoir sloeg en er een glazen karaf af stootte. Het was geen gewone karaf, maar een heel oude, en pa was er zuinig op omdat hij nog van zijn vader was geweest. In de wetenschap dat hij helemaal over de rooie zou gaan tegen Willow had Martha aangeboden om te zeggen dat zij de karaf had gebroken. Maar dat wilde Willow niet; wat voor straf er ook kwam, ze moest hem zelf op zich nemen.

Ze had zich al heel vroeg aangeleerd niet bang te zijn voor haar vader, zelfs niet als hij echt razend was. Terwijl hij tekeerging, dacht ze aan iets heel anders en trok ze zich diep in zichzelf terug, zelfs als hij haar op de achterkant van haar benen sloeg. Als hij haar voor straf een klap gaf, zei hij achteraf altijd dat hij het niet zo had bedoeld en moest ze beloven het niet aan haar moeder te vertellen. Daarna was hij vaak extra lief tegen haar om het goed te maken.

Dus ja, ze wist alles over stormen die oprukten en weer overwaaiden. Zo zou het tijdens de terugrit naar huis ook met Rick gaan. Terwijl de spanning tussen hen opliep, hoefde ze alleen geduldig te wachten tot de storm zou losbarsten. Als de donder en de bliksem waren uitgewoed, zou de zon weer tussen de wolken door komen, de spanning zou zijn verdwenen en ze zouden allebei sorry zeggen en doorgaan alsof er niets was gebeurd. Dat soort dingen duurde nooit lang. Dat was de aard van een storm; hij verdween net zo snel als hij was gekomen.

En net zoals het haar eigen schuld was dat ze jaren geleden die bijzondere karaf had gebroken, was het vandaag ook haar eigen schuld dat ze hier zat te wachten tot Rick haar tot de orde riep. Maar hoe kon ze hem vertellen dat ze zich in Lucas' gezelschap weer als de oude Willow voelde, de Willow die zich kon laten meedrijven met het tij en elke dag kon nemen zoals hij kwam?

Onverantwoordelijk, dat was ze. Altijd geweest ook. En dat zou ze altijd zijn. Ze kon in alle eerlijkheid en met haar hand op haar hart zeggen dat zij en Lucas niets verkeerds hadden gedaan, dat ze alleen maar een eindje hadden gewandeld, hadden gepraat en in de zandduinen hadden gezeten. Maar de reden waarom ze dat had gedaan zou Rick dwarszitten en jaloers maken.

Zelf had ze nooit last gehad van jaloezie. Ze had eens gelezen dat het iets was waar onzekere mensen aan leden. Dat zou wel een generalisatie zijn, maar hoe beter ze Rick leerde kennen, hoe meer ze tot het inzicht kwam dat hij helemaal niet zo zelfverzekerd was als hij zich voordeed. Misschien was hij daarom snel jaloers. Dat zou de reden wel zijn waarom ze soms medelijden met hem had en zich nu schuldig voelde omdat ze hem boos had gemaakt. Zoals haar vader zou hebben gezegd: 'Dacht je nou maar eens na, Willow!'

Terwijl de vermaning van haar vader nog naklonk in haar oren en ze zich afvroeg of ze zelf maar moest beginnen om het achter de rug te hebben, stootte hij een getergd gekreun uit vanwege de auto die voor hem reed. Hoewel hij met zijn lampen flitste om de bestuurder duidelijk te maken dat hij opzij moest, bleef die resoluut en koppig met dezelfde snelheid doorrijden. Voor de duidelijkheid reed Rick nog dichter naar de achterbumper van zijn voorganger toe.

'Nog even en we kunnen een praatje met hem maken.' Het was iets wat haar moeder tegen haar vader had kunnen zeggen.

Rick keek haar even aan. 'Ik weet wat ik doe,' zei hij kortaf. 'En ik neem aan dat jij dat ook deed toen je achter mijn rug om wegsloop om naar het strand te gaan met een vent die je amper kent.'

Eindelijk, dacht ze opgelucht, en op dat moment spetterden de eerste dikke druppels regen tegen de voorruit. 'Ik ben niet weggeslopen,' zei ze, hoewel dat precies was wat ze had gedaan. 'Jij was nog diep in slaap en ik wilde je niet storen toen Lucas me uitnodigde om een eindje te gaan lopen.'

'Dacht je er niet aan dat ik me doodongerust zou maken als ik wakker werd en zag dat jouw kant van het bed leeg was? Er had wel van alles kunnen gebeuren.'

'Echt niet.'

Hun voorganger was nog steeds niet aan de kant gegaan, dus Rick knipperde nog eens met zijn lampen en toeterde. 'En waarom had Lucas trouwens je telefoonnummer?' wilde hij weten.

'We hebben na zijn vorige bezoek nummers uitgewisseld,' loog ze. Ze was niet van plan toe te geven dat ze Lucas had opgezocht op Facebook. Dat zou Rick heel verkeerde ideeën geven. Hij zou nooit geloven dat ze gewoon meer had willen weten over de man die haar stiefbroer werd.

'Hèhè, dat werd tijd!' mopperde Rick toen de auto voor hen opzijging, zodat hij het gaspedaal kon indrukken en met brullende motor kon passeren.

Willow draaide haar hoofd naar links, keek naar de bestuurder toen ze voorbijschoten en probeerde beleefd en verontschuldigend te glimlachen. Er zat een jong meisje achter het stuur, dat haar middelvinger naar Willow opstak. En ik probeerde het nog wel goed te maken, dacht ze.

'Wat ben je toch naïef,' zei Rick. 'Je ziet nooit hoe de mensen echt zijn.'

'Waarom zeg je dat?' Ze keek naar de heen en weer zwiepende ruitenwissers, die dode insecten over het glas uitsmeerden.

'Je ziet helemaal niet wat Lucas in zijn schild voert, hè? Hij vindt je leuk, dat is duidelijk. Ik zag het aan de manier waarop hij gisteravond steeds naar je keek. Het was zonneklaar dat hij je voor zichzelf wil hebben.'

'O, wat een onzin!'

'Is dat zo? Echt? Want ik denk dat jij hetzelfde voor hem voelt. Waar zaten jullie vanmorgen op het strand over te kletsen? Wees eerlijk, probeerde hij je te versieren? Heb je hem aangemoedigd?'

'Nee! Je hebt het helemaal mis, Rick. Hij wilde alleen maar praten over zijn oma. Ik denk dat hij zich schuldig voelt omdat hij aan het eind niet vaker bij haar is geweest.'

Rick gromde. 'Waarom ging hij niet met Ellis of je moeder praten als hij een schuldig geweten heeft? Of zelfs met Martha. Waarom met jou?'

Willow lachte even. 'Zou jij met Martha gaan praten als je ergens mee zat?' Toen hij geen antwoord gaf, zei ze: 'Soms is het gemakkelijker om met een vreemde of een relatieve vreemde over iets persoonlijks te praten. En hoe dan ook, ik sta erom bekend dat ik goed kan luisteren.' Ze dacht aan al die oudere mensen die haar hun problemen vertelden als ze probeerde een hogere donatie van ze los te krijgen.

Hij zei minachtend: 'Naar mij luister je nooit.'

'Jawel, hoor.'

'Nee, echt niet!' riep hij en hij sloeg op het stuur. 'Dat doe je echt niet! Je bent net een kind met haar hoofd in de wolken, dat la-la zingt en blind is voor wat er om haar heen gebeurt. Maar ik zal je dit zeggen, Willow, als de moeder van mijn kind wordt het tijd dat je de verantwoordelijke volwassene wordt die je hoort te zijn. En dat betekent dat je geen knusse onderonsjes hebt met andere mannen!'

'Het is óns kind,' zei ze rustig en ze draaide aan de ring om haar vinger.

Met een ijzig gezicht reed hij een poosje zwijgend verder.

Toen zei hij: 'Het ligt aan die familie van jou. Je ouders hebben je vast te veel verwend omdat je de jongste was. Je bent een klassiek voorbeeld van het laatste kind. Neem maar van mij aan dat een buitenstaander zulke dingen veel duidelijker ziet. Ik kan veel helderder zien wat er in jouw familie gebeurt dan jij. En die zus van je kan ik lezen als een open boek.'

'In welk opzicht?'

'In alle opzichten. Ik heb je al eerder gezegd dat ik ervan overtuigd ben dat ze jaloers op je is en vanmorgen heeft ze dat bewezen.'

'Hoe dan?'

'Martha is degene die me heeft verteld waar ik je kon vinden en dat je met Lucas op het strand was.'

'Ze wilde je vast alleen maar helpen.'

'Het was de manier waarop ze het zei en wat ze ermee suggereerde. En waarom blijft ze maar rotopmerkingen maken over die ellendige kat? Ze doet het met opzet om me kwaad te maken. Om ervoor te zorgen dat ik me nog meer een buitenstaander voel. Ze is gewoon een bullebak.'

'Volgens mij is het een misselijk grapje waarmee ze een beetje te ver is gegaan,' zei Willow. 'Niet dat er ook maar iets grappig is aan wat er met die arme Cedric is gebeurd.'

Arme Rick, dacht ze. Hij vond het echt niet fijn om te worden uitgelachen en om een of andere reden leek Martha het leuk te vinden om hem te herinneren aan de leugen die hij had verteld. Willow zou er eens met haar over moeten praten. Het was niet eerlijk tegenover Rick, vooral als het hem het gevoel gaf dat hij niet bij de familie hoorde. Ze zou tegen Martha zeggen dat hij een fout had gemaakt, dat hij had gezegd dat het hem speet en dat het daarmee afgelopen moest zijn. Hoewel ze er zelf ook moeite mee had om Rick helemaal te vergeven nu Lucy en Simon nog steeds niet met haar wilden praten.

Een paar kilometer verder zei Rick op heel andere toon: 'Het spijt me dat ik tegen je schreeuwde, maar het is alleen omdat ik zo veel van je hou en zo bang ben om je kwijt te raken.' Hij pakte haar hand. 'Ik wil gewoon dat ons leven samen volmaakt is.'

Ze glimlachte naar hem, opgelucht dat de storm van korte duur was geweest. 'Het leven is zelden volmaakt,' zei ze. 'We moeten er gewoon het beste van maken.'

In plaats van haar glimlach te beantwoorden, fronste hij en hij haalde zijn hand weg. 'Je wordt geacht te zeggen dat je ook van mij houdt,' zei hij.

'O,' zei ze, 'natuurlijk hou ik van je. Dat weet je toch.'

Hij zei even niets en liet een diepe stilte vallen. Die leek een eeuwigheid te duren terwijl de ruitenwissers heen en weer zwiepten en de regen steeds harder op het dak van de auto roffelde, zodat het van blik leek.

'Is dat zo?' vroeg hij eindelijk. 'Soms ben ik er niet zo zeker van.'

Willow hield haar glimlach stevig op zijn plek en vroeg zich af of ze echt van hem hield. Maar als het geen liefde was, wat was het dan, en was het genoeg?

'Een beetje laat om je dat af te vragen, vind je niet?' hoorde ze de baby in haar buik vermanend zeggen.

45

Het was een winderige dag aan het eind van oktober en er hing een winterse kou in de lucht, dus Naomi besloot de open haard in de zitkamer aan te steken.

Ze was het grootste deel van de ochtend bezig geweest alles klaar te maken voor het bezoek van Geraldine. De grootste logeerkamer, die Naomi en Ellis in de weken na de begrafenis van Rose en nadat Lucas weer was vertrokken een opknapbeurt hadden gegeven, was helemaal klaar. In de keuken stond een pasgebakken gembercake af te koelen op een rekje, samen met wat fruitscones en een pot zelfgemaakte frambozenjam.

Gelukkig had Geraldine Naomi een dag van tevoren verteld dat ze kwam. Ze had aan de telefoon minder uitgesproken geklonken dan anders en naderhand had Naomi zich afgevraagd wat de reden van haar bezoek was. Niet dat er een reden moest zijn, anders dan voor de gezelligheid, maar de laatste keer dat Geraldine was komen logeren, had ze daar een vastomlijnd doel mee gehad.

'Ik denk dat ze wil weten hoe de zaken ervoor staan,' had Ellis gezegd. 'Wil je dat ik me uit de voeten maak, zodat ze lekker indiscrete dingen met je kan bespreken?'

'Absoluut niet,' had Naomi tegen hem gezegd. 'Met Geraldine is er nooit enige discretie te bespeuren, of je er nu bij bent of niet. De laatste keer dat ze hier was, heeft ze de kans gemist, dus ze zal je nu zelf willen zien.'

'Straks gaat ze me betasten en in me prikken, als een hond die wordt beoordeeld bij een show.'

'Ik zie haar ervoor aan.'

'Ik kan niet wachten,' zei hij met een grijns. 'Maar ik zal je meteen maar waarschuwen: als ze een poging doet mijn staart op te tillen om mijn onderkant te inspecteren, ga ik grommen en heel hard bijten.'

Naomi glimlachte bij de gedachte dat Ellis Geraldine zou bijten en streek een lucifer af om de aanmaakhoutjes en de proppen krant in de open haard aan te steken. Ze bleef kijken terwijl de vlammetjes oplaaiden en bedacht dat ze in het begin allebei een beetje gespannen zouden zijn, hoeveel grappen ze ook maakten over het bezoek van Geraldine.

Twee mensen die verliefd werden en samen wilden zijn; het zou de simpelste zaak van de wereld moeten zijn, maar dat was het niet. Ze leken een eindeloze hindernisbaan te moeten afleggen en zichzelf te moeten bewijzen tegenover vrienden en familie. Bij de begrafenis van Ellis' moeder had Naomi het gevoel gehad dat een paar van zijn oude vrienden haar de maat namen en haar vergeleken met Diana, en vorige week waren zij en Ellis naar Londen gegaan om te lunchen met andere vrienden van hem. Stukje bij beetje hakten ze het fundament van hun oude leven weg om samen een nieuw leven op te bouwen. Naomi hoopte maar dat Geraldine niet kapot kwam maken wat ze tot dusver tot stand hadden gebracht.

De enige die geen enkele moeite had met hun relatie was Lucas. Ellis had vaak gezegd dat hij heel gemakkelijk in de omgang was en daar was geen woord van gelogen. In dat opzicht leek hij veel op Ellis. En op Willow.

Het was Naomi en Ellis duidelijk dat er een onmiskenbare band was ontstaan tussen Willow en Lucas. En dat Rick dat ook had gemerkt. Toen ze de ochtend na de begrafenis aan het ontbijt hadden gezeten, had Naomi hem in de gaten gehouden. Terwijl om hem heen gesprekken werden gevoerd, had hij iets gehad van een strakgespannen veer, alsof hij moeite moest doen om zich in bedwang te houden. Hij had zich niet in de gesprekken gemengd, zoals hij anders deed, maar toen hij klaar was met eten, had hij met een lok van Willows haar zitten spelen. Wat eerder was overgekomen als een lief gebaar, hoewel een beetje te opzichtig voor Naomi, had op dat moment heel anders geleken, alsof Rick Lucas duidelijk wilde maken dat hij op moest zouten, dat Willow van hem was.

Toen ze allemaal waren vertrokken en Lucas naar het buurhuis was gegaan om wat werk af te maken voordat hij terugging naar LA, had Naomi zich afgevraagd of ze er met Ellis over moest praten. Maar net op dat moment was hij er zelf over begonnen.

'Denk je dat ik iets tegen Lucas moet zeggen?' had Ellis gevraagd.

'Wat zou je kunnen zeggen?'

Het was een goede vraag. Uiteindelijk hadden ze besloten dat het probleem, als er een probleem was, samen met Lucas zou verdwijnen. Sinds die tijd was Naomi een of twee keer in de verleiding gekomen om iets tegen Willow te zeggen, maar ze kende haar jongste dochter langer dan vandaag. Ze was geen flirt, maar ze was van nature aardig en ze had een innemende persoonlijkheid. Naomi hoopte maar dat Rick het ook zo zag.

Toen ze het scherm voor de open haard had gezet, ging Naomi haar handen wassen. Daarna besloot ze de groenten voor het avondeten schoon te maken, maar ze bedacht dat Ellis had aangeboden te koken.

Ze moest er nog steeds aan wennen dat iemand anders voor haar kookte. Colin had het nooit gedaan, tenzij ze gingen barbecueën. Zelfs dan moest Naomi het vlees of de vis marineren en salades en toetjes maken. Maar Ellis hield van koken en had wat van zijn eigen keukenspullen in haar keuken gezet.

Niet haar keuken, zei ze vermanend tegen zichzelf, het was hun keuken. Net zoals Anchor House nu hun huis was. Maar ze moest zich afvragen of Ellis zich ooit meer dan een gast zou voelen zolang haar naam op de eigendomsakte stond. Was dat de reden waarom hij Waterside Cottage had gekocht – de aankoop was inmiddels rond – om iets van zichzelf te hebben? Zou het niet beter zijn als ze Anchor House verkocht en ze samen iets nieuws zochten?

Nee, daar was ze nog niet klaar voor.

Het leek een eeuwigheid geleden dat Martha haar had voorgesteld dichter bij haar en Tom te komen wonen. Noch Martha, noch Willow was daarop teruggekomen. Had Naomi de motieven van haar oudste dochter verkeerd begrepen? Was Martha echt bezorgd om haar geweest toen ze in haar eentje in dit huis woonde en beschouwde ze Ellis inmiddels als een oplossing, iemand die voor haar kon zorgen? In de tijd dat Martha wilde dat ze verhuisde had Naomi zich verschrikkelijk gekleineerd gevoeld, alsof ze werd weggezet als een fragiele oude dame die zichzelf niet meer kon redden, maar die ideaal zou zijn als kinderoppas.

Nu die kleinkinderen echt op komst waren, zag Naomi wel in dat het handig kon zijn om dichter bij Martha en Willow te wonen. Maar als ze eraan dacht hoe leuk het zou zijn om de kleinkinderen hier in Anchor House te logeren te hebben en met ze in de tuin en op het strand te spelen, kon ze zich niet voorstellen dat ze ergens anders zou wonen. Ze kon niet zonder het geluid van meeuwen bij het wakker worden, een wandeling langs het strand en thuiskomen met een interessant stuk wrakhout, het inademen van de zilte lucht of de heerlijke aanblik van tureluurs die in de drassige grond prikken. En dan haar tuin – haar prachtige tuin. Ze kon zich niet voorstellen dat ze die ooit zou opgeven. Hoewel haar gezonde verstand zei dat die haar op een dag te veel zou zijn, net als de vorige eigenaren van het huis. Maar zolang zij en Ellis in goede gezondheid verkeerden, was dit de plek waar ze wilde zijn.

Colin had vaak gezegd dat hij Anchor House alleen zou verlaten in een kist. Nou, zijn wens was vervuld. Die arme Colin, dacht ze plotseling, hij zou het zo leuk hebben gevonden om grootvader te zijn. Hij zou hebben genoten van de rol, vooral als hij met pensioen was en meer tijd kon besteden aan de kleintjes. Er sloeg een golf van verdriet over haar heen omdat hij zijn kleinkinderen niet had mogen leren kennen.

Dat gevoel verdween op slag bij het scherpe gerinkel van de deurbel. Geraldine was gearriveerd.

Naomi zette zich schrap en ging de deur opendoen voor haar vriendin.

Toen ze haar weekendtas onderaan de trap had gezet, haar jas over de trapleuning had gegooid en Naomi bij het aanrecht de waterkoker stond te vullen, schraapte Geraldine haar keel.

'Je zult wat sterkers nodig hebben dan thee,' zei ze.

Daar gaan we, dacht Naomi. 'Als je me een preek gaat geven over Ellis kun je je de moeite besparen,' zei ze. 'Ellis heeft een permanente rol in mijn leven en daarmee uit. Dus thee is sterk genoeg voor mij, als je het niet erg vindt.'

'Lieve hemel!' riep Geraldine uit. 'Waarom denk je in vredesnaam dat het om jou en Ellis gaat? Hoewel je in zekere zin wel verantwoordelijk bent.'

'Waarvoor?'

'Voor het besluit dat ik heb genomen. Ik ben weg bij Brian en ik heb hem gezegd dat ik wil scheiden.'

Dat was een donderslag bij heldere hemel. 'Wát heb je gedaan?'

'Ik ben weg bij Brian. En vergeet dat water nou maar even en schenk me een glas wijn in, dan zal ik je alles vertellen.'

Geschokt deed Naomi wat haar vriendin zei en ze nam haar mee naar de zitkamer, waar het vuur brandde. 'Vertel me nu maar eens hoe je hierbij komt,' zei ze toen ze allebei zaten.

'Het zit zo: toen ik voor het laatst hier was en zag hoe je veranderd bent, ben ik Brian met andere ogen gaan bekijken. En weet je wat ik zag?'

'Wat het ook was, het was niets goeds, vermoed ik.'

'Inderdaad. Ik zag een saaie man bij wie ik me dood verveel. Hij verveelt me al jaren, maar ik had gewoon geaccepteerd dat het niet beter werd.'

'Maar Geraldine, toen je hier was, zei je dat jullie het prima met elkaar konden vinden.'

'O, vergeet wat ik toen zei. Dat was allemaal om de schijn op te houden. Ik probeerde alleen positiever te denken over de onnoemelijke saaiheid van het leven met Brian. En hier zat jij, zo fris als een hoentje, vol jeugdige lol.' Ze kreunde. 'Lieve god, ik kan je niet vertellen hoe jaloers ik was toen ik naar huis reed en Brian diep in slaap en snurkend als een wrattenzwijn op de bank aantrof! Is het zo verkeerd dat ik ook wil wat jij nu hebt?'

Naomi nam een fikse slok wijn. 'Wat vond Brian daar allemaal van?'

'O, je weet wel, precies wat je zou verwachten. Dat het niet je hele huwelijk vuurwerk kan zijn. Dat het huwelijk een marathon is met een eigen, gestaag tempo.'

'Hij heeft een punt.'

'Zegt de vrouw die me heeft verteld dat ze de beste seks van haar leven heeft met haar lover!'

'Dat heb ik nooit gezegd!'

'Dat hoefde ook niet, niet met zoveel woorden. Het stond op je zelfvoldane gezicht te lezen.'

'Is dit een slecht moment om erbij te komen, dames?'

'Ellis!' riep Naomi geschrokken uit; ze wist niet wat hij allemaal had gehoord. 'Ik hoorde je niet binnenkomen.'

'Dat is duidelijk.' Hij kwam met een opgetrokken wenkbrauw de kamer in. 'Hallo, Geraldine, dat is lang geleden. Hoe is het met je?'

Ze glimlachte naar hem. 'Uitstekend,' zei ze. 'En met jou gaat het zo te zien prima sinds ik je voor het laatst heb gezien. Wat moet dat met die haveloze spijkerbroek vol verfvlekken?'

'Ik ben hiernaast aan het schilderen. Naomi legt het wel even uit terwijl ik me ga omkleden.'

Toen hij weg was, hield Geraldine haar glas omhoog. 'Even bijvullen, alsjeblieft, en daarna moet je me bijpraten over het laatste nieuws. Is je lover bij je ingetrokken? O, en terwijl je de wijn haalt, ik zeg ook geen nee tegen een plak van de cake die ik in de keuken heb zien staan.'

'Goed plan.' Naomi kwam overeind. 'We kunnen beter iets in onze maag hebben als ondergrond voor alle alcohol die we gaan drinken.'

Toen ze weer terug was in de zitkamer, vertelde Naomi haastig dat Ellis bij haar was komen wonen en het buurhuis had gekocht om het op te knappen, hoewel ze veel liever meer wilde horen over Geraldines onverklaarbare besluit om bij Brian weg te gaan. 'En voordat je het vraagt, nee, hij heeft het huis niet gekocht om een plekje te hebben voor als het verkeerd gaat tussen ons.'

'Dat dacht ik ook helemaal niet.'

'Mooi, laten we dan teruggaan naar jou en Brian.'

'Wat zal ik er verder over zeggen?'

'Een heleboel! Zoals: waar ga je wonen? En wat denkt Hilary er allemaal van?'

'Ze is woedend op me en zoals ik van tevoren wel wist, heeft ze de kant van haar vader gekozen. Ik ben officieel uit de gratie. En waar ik ga wonen, nou, ik hoopte dat jij voorlopig een bed voor me zou hebben tot ik heb uitgezocht wat ik ga doen. Of gooi ik dan roet in het eten voor jou en je lover?'

De moed zonk Naomi in de schoenen. Hoeveel ze ook van haar oude vriendin hield, de gedachte dat Geraldine langdurig hier in Anchor House zou verblijven was nogal angstaanjagend.

46

Met een decaf skinny latte in de hand liep Martha achter een broodmager meisje aan de lift in. Ze vroeg zich af of er iets minder sexy was dan zwanger zijn, ook al had Tom gezegd dat ze straalde.

Het was een vraag die ze zichzelf elke keer stelde als ze haar uitdijende lichaam ergens in weerspiegeld zag. Nu ze zes maanden zwanger was, was ze kolossaal, dat vond ze zelf tenminste, en ze kon niet geloven dat ze nog dikker zou worden. Tom beweerde dat ze er voluptueus uitzag, wat zij interpreteerde als volumineus, en om alles nog erger te maken was haar libido ver te zoeken, terwijl dat van Tom juist een paar tandjes had bijgezet. Als ze 's avonds in bed lag, wilde ze alleen nog maar slapen. Haar energiepeil was weer gedaald, ditmaal tot een dieptepunt.

Volgens wat ze online had gelezen, was de baby nu ongeveer zo groot als een bloemkool en zo zwaar als een knolraap. Of was het een kleine pompoen? Hoe dan ook, ze wilde haar kind niet vergelijken met een mand groenten. Ze bekeek het liever in exacte termen, zoals 34 centimeter lang en 760 gram zwaar.

Toen de lift op de vijfde verdieping stopte, stapte het jaloersmakend slanke meisje met een vriendelijk knikje naar Martha uit. De deuren gingen weer dicht en de lift ging verder omhoog. Martha's gedachten gingen naar de dag die voor haar lag. Die zat tjokvol meetings en ondanks alle pogingen van haar zwangere brein om alles wat ze deed in het honderd te laten lopen, was ze helemaal voorbereid op haar agenda. Alles kwam neer op voorbereiding, dat was de regel waar ze zich haar hele leven aan had gehouden. Haar vader had haar dat al vroeg bijgebracht. Daarom had ze haar huiswerk nooit tot het laatste moment laten liggen en was ze nooit op school verschenen zonder sportspullen als ze gym had.

De angst om niet goed voorbereid te zijn was een sterke drijfveer en had er altijd voor gezorgd dat ze nooit een slap excuus had hoeven verzinnen omdat ze iets was vergeten. Toen Jason gisteren zijn hoofd weer eens om de deur had gestoken om een praatje te maken, had hij nog plagend tegen haar gezegd dat ze op school vast een goed klassenhoofd was geweest.

'Ik werd zelfs beschreven als een buitengewoon goed klassenhoofd,' had ze gezegd.

'Uiteraard,' had hij lachend gezegd. 'Ik moet zeggen, die zwangerschap doet je goed, Martha. Je ziet er fantastisch uit.'

'Moet ik nu een melding van grensoverschrijdend gedrag gaan maken bij hr?'

Hij lachte nogmaals en zei: 'Ik ga je scherpe humor missen als je met zwangerschapsverlof gaat.'

Dat had hij misschien niet gezegd als hij had geweten dat haar een baan was aangeboden. Nadat ze met Charlotte Milner, de directeur van Topolino, had gesproken en de situatie had uitgelegd, had ze verwacht dat dat een eind zou maken aan hun belangstelling. Maar ze had het mis gehad. Een kersverse moeder was precies wat ze nodig hadden in het team, had Charlotte beweerd. Ze zou bijzonder geschikte vaardigheden en een groot begrip van de markt met zich meebrengen.

Martha was zo diep in gedachten geweest dat ze niet had gemerkt dat de lift op de achtste verdieping was gestopt. Ze wachtte tot de deuren opengingen en er iemand binnenkwam, maar ze bleven dicht. Met een geërgerd geluidje drukte ze op de knop voor de tiende verdieping en toen er niets gebeurde, drukte ze nog eens. En nog eens.

Nog steeds niets.

Hmmm..., dacht ze met groeiende ergernis.

Ze telde tot vijf en drukte nog eens op de knop. Haar aanvankelijke opluchting toen de lift schokte en weer naar boven ging, verdween op slag toen hij abrupt tot stilstand kwam, een klein eindje naar beneden viel, een luid gekraak liet horen en weer tot stilstand kwam.

Martha stelde zich voor dat de lift helemaal naar beneden zou vallen en greep met haar vrije hand de reling vast. Ze bleef heel stil staan en durfde zich amper te bewegen, uit angst dat de lift daardoor omlaag zou storten. Met ingehouden adem strekte ze langzaam een hand uit naar het bedieningspaneel. Ze drukte op de knop om de deuren te openen, maar er gebeurde niets. Nu kon ze nog maar een ding doen, en dat was hulp inroepen door op de noodknop te drukken.

Het leek een eeuwigheid te duren voor er een geruststellend kalme mannenstem in het hokje klonk, die zich voorstelde als Andy. Hij vertelde erbij dat hij de onderhoudsmonteur was en een paar belangrijke dingen moest weten, zoals haar naam, de precieze locatie van het gebouw en het nummer van de lift, dat op een paneeltje boven de deuren stond.

'Hoeveel mensen zijn er in de lift?' vroeg hij toen.

'Alleen ik,' zei ze. En mijn ongeboren baby, had ze er het liefst aan willen toevoegen.

'En u bent niet gewond?'

'Nee, maar ik ben in verwachting en...' Onverwachts werd ze overmand door paniek en werd haar keel dichtgeknepen. Stel dat zij en haar baby op het punt stonden om dood te gaan?

'En?' drong de geruststellende stem aan.

Ze worstelde om de spanning in haar keel kwijt te raken. 'Stel dat er een kabel op knappen staat en de lift naar beneden stort,' zei ze.

'Dat gaat niet gebeuren. Er zit altijd meer dan één kabel aan een lift en wat u zich voorstelt, gebeurt alleen in films.'

'Je liegt toch niet tegen me om me gerust te stellen, hè?'

'Nee, Martha, ik lieg niet tegen je. Mag ik je Martha noemen?'

Ze had het liefst 'nee, haal me hieruit!' gegild. 'Ja,' zei ze.

'Martha dus. Lijd je aan claustrofobie?'

'Nee.'

'Mooi zo.' Het was alsof hij een lijstje afging.

'En wanneer komt de baby?'

Ze moest nadenken. Wanneer? Wanneer was ze uitgerekend? Kom op, hersenen, dit kunnen jullie. 'Over drie maanden,' zei ze eindelijk.

'Is dit je eerste?'

Ze wist wat hij deed; hij hield haar bezig om te zorgen dat ze kalm bleef. 'Ja,' zei ze. 'Maar kunnen we de koetjes en kalfjes tot een minimum beperken en gewoon zorgen dat ik hier weg kom?'

'Absoluut. Er is hulp op komst.'

'Echt?'

'Ja. Heb je je telefoon bij je?'

'Ja.'

'Wil je mensen bellen om ze op de hoogte te stellen van waar je je bevindt?'

Waar ik me bevind? Ze zat vast in een lift, ze was niet verdwaald op de Noordpool!

'Je man misschien?' zei hij. 'Of je vrouw?' voegde hij eraan toe, alsof hij zich opeens de regels voor inclusiviteit herinnerde en dat hij vooral niemand moest beledigen.

'Ik zal mijn man even proberen.' Ze wist dat het signaal nooit zo goed was in de lift. Op dat moment besefte ze dat ze de kartonnen beker met koffie nog vasthad die ze in de hal had gehaald. Ze zette hem op de vloer van de lift en haalde haar telefoon voor de dag.

Verrassend genoeg had ze geluk; met een paar streepjes bereik belde ze Tom. Maar ze werd meteen doorgeschakeld naar de voicemail. En omdat ze hem niet te erg wilde laten schrikken, zat er niets anders op dan een bericht achter te laten dat hij haar moest bellen.

Daarna vroeg Andy om het telefoonnummer van haar kantoor, zodat hij de mensen daar op de hoogte kon stellen.

'Betekent dat dat ik hier uren vastzit?' vroeg ze toen ze hem de gegevens had verschaft.

'Dat denk ik niet. Maar waarom maak je het jezelf niet gemakkelijk? Heb je iets te eten of te drinken?'

'Ik heb een beker koffie.' Ze liet zich voorzichtig op de vloer zakken, nog steeds bang dat de lichtste beweging tot gevolg zou hebben dat de lift naar beneden zou storten en ze dood zou gaan.

'Dat is mooi. Ik ga nu even wat dingen afhandelen. Is dat oké?'

'Ja,' zei ze.

Met haar benen languit voor zich uit nam Martha een slokje koffie. Tegelijkertijd legde ze een hand op haar buik. 'Niets om je zorgen over te maken,' zei ze tegen de baby.

De baby leek een been uit te steken en haar een schop tegen haar ribben te geven, alsof ze antwoord gaf.

'Oké,' zei Martha, 'je bent het dus niet met me eens. Maar dan hoef je nog niet zo nijdig tegen me te doen. Ik wil maar zeggen, het is niet mijn schuld dat ik vastzit in de lift. Of denk je soms dat ik het met opzet heb gedaan?'

Zo voerde ze een gestage, maar onzinnige monoloog op terwijl ze haar koffie opdronk. Martha wist dat de baby in dit stadium van de zwangerschap haar stem kon horen en erop kon reageren. Met vijfentwintig weken waren de ogen van de baby ook open en waren haar hersenen, longen en spijsverteringssysteem gevormd, maar nog niet helemaal ontwikkeld. Ze was echt een wondertje, dat regelmatig de hik had en haar wakker kon houden door constant te bewegen, alsof ze zich verveelde en iets te doen zocht. 'Net als haar moeder,' zei Tom. 'Altijd bezig, altijd druk.'

Volgens de familieverhalen was Martha een nukkige en drukke baby geweest. 'Je kwam schoppend en schreeuwend uit de baarmoeder, klaar voor het gevecht,' had haar vader altijd lachend gezegd. 'Daar was je, met strak gebalde vuistjes, klaar om je te verdedigen.'

Mam was wat gematigder met haar versie van Martha's babytijd en legde uit dat ze een typisch eerste kind was en dat zij nog veel moesten leren als ouders en het niet altijd goed deden. 'Je reageerde waarschijnlijk op ons gebrek aan zelfvertrouwen,' zei mam. 'Toen Willow kwam, hadden we veel meer het gevoel dat we wisten wat we deden en maakten we ons niet zoveel zorgen, waardoor zij ook relaxter werd.'

Van hen tweeën zou Tom het meeste geduld hebben, gaf Martha grif toe. Zij zou altijd ongeduldig uitzien naar de volgende fase, net zoals ze niet had kunnen wachten tot ze in verwachting was. En nu keek ze uit naar de dag van de bevalling.

Maar niet vandaag, dacht ze. Ze wilde niet bevallen in een lift, met

Andy's stem als enige hulp. Haar baby was te klein om nu geboren te worden en de kans dat ze het niet haalde, was nog veel te groot.

Ze had deze paniekerige gedachte nog niet van zich afgezet of haar buik verkrampte, zo sterk dat ze naar adem hapte.

'Niets om je zorgen over te maken,' fluisterde ze. Ze zette haar koffiebeker neer en masseerde haar buik, die nu zo strak stond als een trommel. 'Dit is allemaal volkomen normaal.'

Ze ademde diep in en uit.

In.

Uit.

Braxton Hicks-contracties.

Dan verstrakte de baarmoeder en ontspande ze zich weer, hield ze zichzelf voor. Een soort oefening voor de echte bevalling, die door allerlei dingen in gang kon worden gezet, zoals uitdroging of een volle blaas. Hmmm... Ze kon beter niet aan haar blaas denken, dacht ze, niet nu ze zo krankzinnig vaak naar de wc moest. Op het werk was het gewoon gênant dat ze zo vaak moest plassen. Ze had al een paar keer aan de stagiair moeten vragen om het even van haar over te nemen omdat ze het echt niet meer hield.

Nog maar eens inademen.

En uit.

Ze had al twee keer harde buiken gehad, dus ze wist hoe het ging en ze had er uitgebreid over gelezen op internet. Net zoals ze alles had gelezen over de zwangerschap. Alles kwam neer op voorbereiding.

Dus ze wist dat de bevalling niet was begonnen. Absoluut niet. Ze was niet een van die paniekerige vrouwen die elke keer als ze iets voelden naar de kraamafdeling renden. Willow had laatst aan Martha bekend dat ze een keer had gedacht dat ze weeën had. 'Als Rick erbij was geweest,' had ze gezegd, 'zou hij er zeker op hebben gestaan dat we naar het ziekenhuis gingen.'

'Hoe wist je zo zeker dat het geen weeën waren? Je bent hoogzwanger,' had Martha gevraagd.

'Ik wilde het gewoon niet weten,' had ze met een zorgeloze lach gezegd. 'Ik blijf ontkennen dat ik een baby krijg tot op de dag dat ze komt.'

Toen ze weer een harde buik kreeg, schrok Martha van het luide rinkelen van haar telefoon. Ze nam aan dat het Tom was, dus ze nam op zonder op het schermpje te kijken.

Maar het was Tom niet. Het was Willow.

'Hoi, Martha,' zei haar zus, 'je zult het misschien zweverig vinden, maar ik had het vreemde gevoel dat ik je moest bellen.' Ze lachte in Martha's oor. 'Ik weet het, het klinkt idioot, maar ik moest steeds aan je denken. Is alles goed met je?'

'Grappig dat je dat zegt,' zei Martha.

'En er is echt hulp onderweg?' vroeg Willow toen Martha had verteld dat ze vastzat in een lift.

'Ik hoop van wel.'

'Hé, wel een beetje griezelig dat ik vond dat ik je moest bellen, vind je niet? Het is niet alsof we ooit eerder telepathisch zijn geweest of zo. Wil je liever dat ik ophang als je op een telefoontje van Tom zit te wachten?'

Martha aarzelde. Het was fijn dat haar zus haar afleidde met haar gepraat en wie wist wanneer Tom zijn voicemail zou afluisteren en haar terug zou bellen? 'Nee, blijf alsjeblieft aan de lijn,' zei ze. 'Dan ben ik niet meer zo bang dat ik hier nooit meer weg kom.'

Op dat moment besefte ze dat ze geen harde buiken meer kreeg. De enige beweging kwam nu van haar baby, die de hik had.

'Wat ben jij aan het doen?' vroeg ze aan Willow. 'Ben je op je werk?'

'Nee, ik moet vanmiddag. Dit is mijn laatste dag.'

'Hoe vind je dat?'

'Niet zo leuk, om eerlijk te zijn. Ik denk dat het veel moeilijker is om moeder te zijn dan om mensen om geld te vragen.'

'Je verheugt je er toch wel op om moeder te worden?' vroeg Martha.

'Dat zou ik doen als ik dacht dat ik het zou aankunnen. Maar waar ben ik ooit goed in geweest?'

'Je doet het vast prima.'

'Dat zegt Lucas ook.'

Is dat zo, dacht Martha. 'En hoe is het met Lucas? Heb je onlangs nog van hem gehoord?'

'Ja, hij houdt af en toe contact.'

'Weet Rick dat?'

'Eh... Niet echt.'

'Wat bedoel je daarmee?'

'Ik bedoel dat ik het hem niet vertel. Dat is beter.'

Er was zo veel wat Martha hierop wilde zeggen, maar moest ze dat wel doen? Zelfs als bazige oudere zus was het niet echt haar taak om zich te bemoeien met Willows relatie met Rick. Zo erg zou ze het niet vinden als het misliep tussen hen, toch? En was het feit dat ze zich aangetrokken voelde tot iemand anders geen teken dat de relatie niet werkte?

Hoe haar gezonde verstand haar ook vertelde zich er niet mee te bemoeien, Martha kon het toch niet laten een vraag te stellen die haar op de lippen brandde.

'Willow,' zei ze, 'hou jij van Rick?'

'Eh... Ik denk van wel.'

'Je klinkt er niet erg zeker van.'

'Ik wil van hem houden. Echt. Maar het is allemaal zo snel gegaan tussen ons.'

'Te snel?'

'Ja.'

'Heeft Lucas alles nog ingewikkelder gemaakt?'

'Nee!'

'Dat vat ik op als een ja.'

Ze wachtte tot haar zus antwoord gaf, maar dat deed ze niet. 'Willow?'

Nog steeds niets.

O jee, dacht Martha, misschien was ze te ver gegaan met haar vragen. Toen keek ze op het scherm van haar telefoon en zag dat het signaal weg was. Ze zuchtte gefrustreerd.

Terwijl ze wachtte tot ze weer signaal had en hoopte dat het snel terug zou komen, hoorde ze een geruststellende stem.

'Hallo, Martha. Hoe gaat het?'

Het was Andy, terug van wat hij allemaal had gedaan.

'Prima,' zei ze. 'Heb je al goed nieuws voor me?'

'Dat heb ik zeker.'

Een paar seconden later hoorde ze stemmen aan de andere kant van de liftdeuren. Toen ze overeind krabbelde, gingen de deuren als bij toverslag open en werd ze begroet door twee mannen in fluorescerende hesjes en een groepje collega's.

Jason was er ook bij. 'Godsamme, Martha,' zei hij. 'Als je vandaag graag wat later wilde beginnen, had je het ook gewoon kunnen vragen.'

Ze wist niet of ze moest lachen of huilen van opluchting.

47

Nadat ze tevergeefs had geprobeerd haar zus weer te pakken te krijgen, belde Willow Tom, maar ze kreeg meteen de voicemail. Ze liet een bericht achter dat hij haar terug moest bellen en daarna tikte ze het nummer van Anchor House in. Tot haar verrassing werd er niet opgenomen door haar moeder of Ellis, maar door tante Geraldine.

'Ik ben weg bij oom Brian en logeer hier tot ik verdere plannen heb gemaakt,' blafte Geraldine voordat Willow kon vertellen waarom ze belde.

'O,' zei ze stomverbaasd. 'Maar waarom?'

'Waarom niet?'

'Omdat... Omdat het altijd tante Geraldine en oom Brian is geweest. Ik kan me jullie niet anders voorstellen.'

Geraldine klakte met haar tong. 'Dat is de slapste reden om getrouwd te blijven die ik ooit heb gehoord.'

Er kwam een afschuwelijke gedachte bij Willow op. 'Hij heeft toch geen ander, hè?'

'Goeie god, nee! Dan had ik misschien nog een beetje respect voor hem gehad. Het zou op zijn minst aantonen dat hij nog ergens toe in staat is.'

Willow had onwillekeurig medelijden met oom Brian. 'Vindt hij het heel erg?' vroeg ze.

'Ik zou het niet weten. Die man heeft nooit zijn gevoelens kunnen uiten.'

Willow stond op het punt te vragen of hij de kans had gekregen om zich te uiten, maar dacht er opeens aan waarom ze belde. 'Is ma daar?' vroeg ze.

'Nee, ze is hiernaast met haar lover.'

'Met wie?'

'Met Ellis, natuurlijk. Zo noem ik hem sinds de dag dat ze...' Geraldine brak haar zin abrupt af. 'Nou ja, dat zijn allemaal oude koeien, daar hoeven we het nu niet over te hebben. Moet ik je moeder vragen om je te bellen?'

'Nee. Nou, ja, als ze wil. Maar het belangrijkste is dat Martha vastzit in de lift op haar kantoor, maar dat ze zich geen zorgen hoeft te maken, er is hulp onderweg.'

'Als er niets is om zich zorgen over te maken, waarom bel je dan met een bericht waardoor je moeder dat juist gaat doen?'

Weer wist Willow niet wat ze moest zeggen. 'Nou... Ik dacht gewoon dat ma het zou willen weten. Omdat Martha zwanger is, snap je.'

'Martha kennende komt ze zonder enige hulp uit die lift en zit ze weer achter haar bureau voordat de hulptroepen hun schoenen hebben aangetrokken.'

Een andere keer was Willow het hier misschien mee eens geweest, maar toen ze eraan terugdacht hoe graag haar zus had gewild dat Willow aan de telefoon bleef – *dan maak ik me er niet zoveel zorgen over dat ik hier nooit meer weg kom* – had ze willen zeggen dat Martha niet zo onoverwinnelijk was als Geraldine en veel anderen dachten. Maar in plaats daarvan zei ze: 'Geef het bericht nou maar gewoon door. Ik neem contact op als ik meer weet.'

Een paar seconden nadat ze de verbinding had verbroken, ging haar telefoon. Het was Tom.

'Het is al goed,' zei hij toen Willow wilde uitleggen waarom hij haar had moeten bellen. 'Ik heb Martha net gesproken en ze is al uit de lift.'

'Dat is een opluchting.'

'Ja. Ik geloof dat ze zich een beetje opgelaten voelt over het hele geval. Je weet hoe verschrikkelijk ze het vindt als er drukte om haar wordt gemaakt. Hoe dan ook, ze houdt vol dat ze zich prima voelt en dat ze gewoon verder gaat met haar dag.'

'Dat is fijn.'

'Trouwens, bedankt dat je geprobeerd hebt me te bellen. Ik was bij een nieuwe cliënt, dus ik kon mijn telefoon niet opnemen. Hoe gaat het eigenlijk met jou?'

'O, prima, ik modder gewoon door, zoals altijd.'

'Hoeveel weken moet je nog? Ik ben de tel kwijt.'

'Nog acht.'

'Dus als alles volgens plan verloopt, is de baby er gemakkelijk voor Kerstmis?'

'Ja,' zei ze zacht, want ze vond er niets gemakkelijks aan.

Toen zij en Tom elkaar gedag hadden gezegd, ging haar telefoon weer. Dit keer was het haar moeder en toen Willow hoorde hoe bezorgd ze klonk, precies zoals tante Geraldine had voorspeld, vertelde ze haastig dat ze Tom aan de lijn had gehad en dat alles goed was met Martha.

'Godzijdank,' zei haar moeder. 'Waren er nog andere mensen bij haar in de lift?'

Willow vertelde haar moeder wat ze wist en begon toen over het feit dat haar oude vriendin in Anchor House logeerde. 'Is ze echt weg bij oom Brian?'

'Daar lijkt het wel op.'

'Maar waarom, na al die jaren? Ze leken altijd best een goed stel.'

'Ze wil meer dan "best goed". Ze wil opwinding. Meer in het bijzonder, ze wil wat ik heb met Ellis.'

Daar dacht Willow even over na. 'Niet wat je met pa had?' vroeg ze toen.

Er viel een stilte. 'Dat was anders, geloof ik,' zei haar moeder uiteindelijk.

'Mag ik je een persoonlijke vraag stellen, mam?'

'Ja, hoor.'

'Als Ellis naast je was komen wonen toen pa nog leefde, zou je dan… zou je je dan tot hem aangetrokken hebben gevoeld? Zou hij een verleiding zijn geweest?'

'Lieve hemel, wat een vraag! Waarom vraag je zoiets?'

'Dat komt door tante Geraldine. Ze noemde Ellis je lover en ze zei dat ze geen oude koeien uit de sloot moest halen. Was hij meer dan een vriend toen jullie studeerden?' Willow dacht aan Martha en hoe zeker zij er eerder dat jaar van was geweest dat hij en hun moeder niet precies vertelden hoe goed ze elkaar kenden.

'Als studenten waren we gewoon vrienden,' zei haar moeder in antwoord op haar vraag. 'Pas een paar jaar later ging hij meer voor me betekenen.'

'Heb je er dan spijt van dat je niet met hem bent getrouwd? Was hij wat je noemt een verloren kans?'

'Willow, stel je al die vragen omdat je bang bent dat je een keus hebt gemaakt waar je spijt van hebt of waarvan je denkt dat je er spijt van gaat krijgen?'

Ze schrok van de vraag van haar moeder, van haar intuïtie, en probeerde te bedenken hoe ze erop moest reageren. Het liefst had ze eerlijk willen zijn, de waarheid willen zeggen en toe willen geven dat ze alles verkeerd had gedaan en dat het allemaal haar schuld was, zoals altijd. Maar ze was doodsbang dat haar hele leven zou instorten als ze het hardop zei, en wat moest ze dan?

'Het is heel normaal om aan allerlei dingen te twijfelen als je zwanger bent,' zei ma, die haar zo een antwoord bespaarde.

'Ja,' zei Willow zacht, 'je zult wel gelijk hebben.'

'Maar aan de andere kant is het niet goed om te piekeren als je zwanger bent. Wil je dat ik naar je toe kom?'

'En tante Geraldine dan?'

'Denk daar maar niet aan. Die vindt het prima als ze Ellis op zijn kop kan zitten. Zal ik vandaag komen? Dan ben ik net op tijd om samen thee te gaan drinken, als je dat leuk vindt. In een chique zaak, een traktatie voor ons allebei. Wat zeg je ervan?'

Het feit dat haar moeder voorstelde om op stel en sprong naar Londen te komen, maakte Willow duidelijk dat ze zich zorgen om haar maakte. 'Dat is een leuk idee, mam, maar het is mijn laatste dag op het werk. Ik moet om twee uur beginnen en als ik klaar ben, is er een afscheidsborrel met een klein groepje.'

'Zal ik dan morgen komen? Als je toch niet meer naar je werk hoeft? Of beter nog, waarom kom je niet een paar dagen hierheen? Voor een minivakantie.'

'Zonder Rick?'

'Waarom niet? Ik zou het heerlijk vinden om je even voor mezelf te hebben. Het is eeuwen geleden dat we een tijdje samen waren, gewoon met zijn tweeën. Ellis vermaakt zich zelf wel. Wat denk je ervan?'

De gedachte om een tijdje in Anchor House te verblijven voordat ze werd opgeslokt door het moederschap was enorm verleidelijk. Het zou heerlijk zijn om in haar oude kamer in bed te liggen en te luisteren naar de zeemeeuwen en de golven die over het strand kabbelden. Om een lange wandeling te maken en de herfstwind in haar haar te voelen. Om te schuilen in de zandduinen en ruimte te hebben om na te denken. Maar wat zou Rick zeggen als ze een tijdje alleen wegging? Hij zou het vreselijk vinden.

'Ik overleg even met Rick en dan kom ik er wel op terug.' Ze wist al dat ze nergens heen ging, dat ze Rick niet om zoiets van streek wilde maken. Hij was de laatste tijd toch al zo prikkelbaar; hij werd om het minste of geringste boos. Hij zei dat dat kwam omdat hij veel stress had op zijn werk en dat zij geen flauw benul had hoe moeilijk bedrijven het hadden, dat de gevolgen van de pandemie op de wereldeconomie nog lang niet waren uitgewerkt, blabla en dan nog meer blabla. Het was niet haar schuld dat dat allemaal was gebeurd, maar als je hem tekeer hoorde gaan, zou je bijna denken dat het wel zo was. Gisteravond had hij weer lopen zeuren dat ze een testament moest laten opmaken. Ze had de fout begaan om te lachen en te zeggen dat het geen haast had, dat ze er wel een keer aan toe zou komen.

'Dat is echt weer zo onverantwoordelijk van je, hè?' had hij gezegd. 'Altijd maar belangrijke dingen uitstellen.'

'Ik doe het wel,' had ze hem gerustgesteld.

'Je moet er niet meer mee wachten.'

'Nee.' Ze had maar half geluisterd.

'Je hebt tenslotte het trustfonds en de aandelen van je vader,' was hij verdergegaan.

Ze dacht zelden aan het geld dat pa aan haar en aan Martha had nagelaten, waarschijnlijk omdat ze vastbesloten was het advies van Tom op te volgen en de aandelen te houden tot de markt weer steeg.

Maar omdat ze niet had opgelet toen Rick erop aandrong dat ze een testament moest hebben, was hij opeens boos geworden. Hij was tegen haar gaan schreeuwen en had de afstandsbediening van de tv zo hard tegen de muur gesmeten dat hij kapot was gegaan.

'Dat zou toch geen probleem moeten zijn, Willow.' De stem van haar moeder bracht haar weer terug bij hun gesprek. 'Waarom zou Rick het in vredesnaam erg vinden dat je tijd doorbrengt met je moeder? Zal ik dan een dag naar je toekomen? Daar kan hij toch geen bezwaar tegen hebben?'

'Natuurlijk niet. Hij maakt zich alleen zorgen om me.'

'Ja, schat, en ik maak me ook zorgen om je, en daarom denk ik dat het goed voor je zou zijn om er een paar dagen tussenuit te gaan en hier te komen.'

'Het zou wel fijn zijn,' gaf Willow toe. 'Maar heb jij je handen niet vol aan tante Geraldine?'

'Die kan ik wel terugsturen naar Brian. Ik ben ervan overtuigd dat ze hem alleen iets duidelijk wil maken.'

'Misschien wil oom Brian haar helemaal niet zo snel terughebben, misschien is hij wel blij met de rust.'

Haar moeder lachte. 'En wie kan hem dat kwalijk nemen? Maar waar je ook mee zit, je moet er intussen niet onnodig over piekeren. Beloof je dat?'

'Beloofd.'

Toen ze haar moeder gedag had gezegd en haar telefoon aan de lader had gelegd, liep ze naar de kamer die Rick had ingericht voor de baby. Willow had hem zelf willen schilderen en iets leuks op de muren willen stencilen, een rij donzige kuikentjes bijvoorbeeld. Haar moeder had haar jaren geleden geleerd hoe ze dat moest doen en Willow had het leuk gevonden om een persoonlijke bijdrage te leveren aan de kamer van hun dochter, ook al was die niet perfect geweest. Maar Rick had er niets van willen horen. 'Ik wil niet dat je op trappen gaat klimmen. Straks val je eraf en doe je je pijn,' had hij gezegd.

De kamer was fris en helder ingericht met lichtgele muren en wit houtwerk. Onder haar blote voeten lag de nieuwe ivoorkleurige vloerbedekking, die pas een paar dagen eerder was gelegd en nog steeds naar nieuwe wol rook. Waar eens een grote boekenkast had gestaan, stond nu een wiegje met een mobile met sterren en manen in zilver en goud erboven. Willow ging ernaartoe en liet hem 'Twinkle, Twinkle Little Star' spelen. Terwijl het tinkelende muziekje klonk, trok ze de bovenste la van de ladekast open en ging met haar handen over de netjes opgevouwen babykleertjes die zij en Rick samen hadden gekocht. Ze waren allemaal zo onmogelijk klein. Ze pakte een wit rompertje en probeerde zich voor te stellen dat er een baby in zat. Het lukte haar niet.

Ze legde het rompertje weer in de la, schoof hem dicht en ging in de lage stoel naast het wiegje zitten. Ze probeerde zich in te beelden dat ze daar 's nachts de baby zat te voeden. Ze was van plan borstvoeding te geven, waartoe ze ook was aangemoedigd bij de zwangerschapscursus die zij en Rick hadden gedaan, maar ze vermoedde dat ze er wel weer niets van terecht zou brengen. Rick had gezegd dat ze zich daar niet druk om moest maken, dat hij ook graag zijn aandeel wilde leveren en dat het dus zelfs beter zou kunnen zijn om flesvoeding te geven. Dat zou haar nodeloze stress besparen.

Ze wist dat ze geluk had met een partner die zich erop verheugde om vader te worden. Bij de zwangerschapscursus hadden sommige vaders in spe toegegeven dat ze bang waren voor de verantwoordelijkheid die ze op zich namen. Willow had het liefst haar hand opgestoken en gezegd dat ze precies wist wat ze bedoelden.

Dus misschien was het maar goed dat Rick het ouderschap met zo veel vertrouwen tegemoetzag. Hij zou al haar tekortkomingen compenseren. Zijn zelfvertrouwen zou haar geruststellen, net als zijn wens om alles perfect in orde te maken voor de komst van hun baby en zijn behoefte om haar te beschermen, maar tegelijkertijd voelde ze zich er alleen maar ongeschikter door als moeder.

De intensiteit van zijn liefde gaf haar soms het gevoel dat ze langzaam stikte. Het was gewoon te veel. Ze begreep waarom hij zo was; het kwam door zijn angst om haar te verliezen. Hij was al zo veel kwijtgeraakt en kon de gedachte niet verdragen dat het weer zou gebeuren. Hield hij maar niet zo veel van haar.

Hield zij maar meer van hem.

Ze hoorde de mobile twinkelend stilvallen en dacht aan alle keren dat ze spijt had gehad van iets wat ze had gedaan of gezegd. Maar wat had het voor zin om te wensen dat ze alles anders had gedaan? Dit was waar ze zich nu bevond en omwille van haar dochter moest ze vergeten hoe het leven had kunnen zijn.

Haar moeder had gelijk met haar conclusie dat ze spijt had van de keuzes die ze had gemaakt. Maar ze had in de loop der jaren zo vaak spijt gehad. Ze wist ook waar volgens haar moeder en volgens Martha het probleem lag. Ze dachten dat Lucas erachter zat. In zekere zin hadden ze gelijk, maar niet zoals zij dachten. Het enige wat Lucas had gedaan, was haar ogen openen voor de waarheid, namelijk dat ze liever met iemand als hij was dan met Rick.

Bij Lucas kon ze zichzelf zijn, zelfs als ze gewoon een praatje maakten via FaceTime, of in elk geval in zoverre als ze bij iemand zichzelf kon zijn. Bij Rick probeerde ze altijd iemand te zijn die ze niet was. Dat kwam ook tot uiting in de geschenken die hij voor haar kocht: niets ervan was haar smaak, het was allemaal Ricks smaak. Alles weerspiegelde hoe hij wilde dat ze was. Ze voelde zich nog meer een mislukkeling omdat ze die persoon nooit kon zijn. Net zoals ze nooit de dochter had kunnen zijn die haar vader wilde dat ze was.

Vanuit het niets hoorde ze zijn stem. *'Dus dit ga je ook verpesten, hè? Wat een verrassing!'*

Nee, dacht ze boos, dit was haar kans om te veranderen en te bewijzen dat haar vader het mis had.

Ze legde haar handen om de ronding van haar buik. 'Het is veel gevraagd,' zei ze zachtjes tegen haar dochter, 'maar wil jij me veranderen? Wil jij een beter mens van me maken? Want iemand moet het doen.'

48

'Je had dit echt niet hoeven doen.'

Jason klakte met zijn tong. 'Nee, natuurlijk niet, Martha, maar ik doe het toch.'

'Je was gewoon doodsbang dat ik voortijdig zou bevallen en de vloerbedekking zou verpesten, nietwaar?'

'Als ik me daar zorgen om maakte, zou ik je dan in mijn auto laten zitten en het risico nemen dat je de leren stoelen vies maakt?'

Martha glimlachte. 'Het is een mooie auto.'

'Dat mag ook wel voor die prijs.'

'Achterin is alleen niet veel ruimte.' Ze keek om naar de minuscule achterbak, waar net genoeg plaats was voor een kleine weekendtas, als je tenminste alleen een tandenborstel nodig had.

'Je koopt geen Audi R8 voor de ruimte,' zei Jason. 'Het gaat allemaal om de prestaties.'

'Duidelijk.'

Hoewel ze vastbesloten was geweest om na haar redding de lift te mijden, was Martha nu wel blij dat Jason haar in feite had gegijzeld en had meegenomen. Ze had de eerste meeting van die dag doorstaan, maar toen die was afgelopen en ze was opgestaan om weer naar haar bureau te gaan, was ze opeens duizelig geworden en gevallen.

Toen ze bijkwam, was ze zich er in haar verdwaasde en lichthoofdige toestand vaag van bewust dat ze op de vloer lag en dat Jason blafte dat ze haar de ruimte moesten geven en dat iemand een glas water moest halen. Binnen een paar minuten was haar hoofd weer helder geworden en werd ze overeind geholpen. Ze vond het vreselijk dat er zo veel ophef was ontstaan en bood haar excuses aan, maar Jason had gezegd dat ze haar mond moest houden en dat hij haar rechtstreeks naar huis bracht. Ze had tevergeefs volgehouden dat er niets aan de hand was; hij wilde er niets van horen.

'We bellen vanuit mijn auto je man om te vertellen dat je op weg bent naar huis,' had hij gezegd.

Het ergste was nog dat ze een milde paniekaanval had gekregen toen ze in de lift was gestapt. De baby moest haar reactie hebben gevoeld en het leek wel of ze achterwaartse salto's maakte.

'Ja, ik weet het, het is een eng vooruitzicht om nog eens vast te komen te zitten in de lift en dan met mij als gezelschap.' Jason had haar lachend bij de arm genomen. 'Maar laten we uitgaan van de theorie dat de bliksem zelden twee keer op dezelfde plek inslaat. Vooral op dezelfde dag.' Hij had de hele weg naar de ondergrondse parkeergarage zijn hand op haar arm gehouden.

Nu ze in zijn auto zat en hij snel Londen uit reed, zei ze: 'Je beseft toch wel dat je me hier met een schoenlepel uit moet zien te wrikken, hè?'

'Maak je daar maar geen zorgen om. Als het moet, pak ik er een breekijzer bij en zwaai ik je over mijn schouder.'

'Met het extra gewicht dat ik bij me draag, loop je beslist een hernia op.'

Hij wierp haar een blik toe. 'Het zou het waard zijn, alleen al om de ontzetting op je gezicht te zien.'

'Ik denk dat ik je voor vandaag wel genoeg vertier heb bezorgd.'

'Dat doe je elke dag, Martha. Je amuseert me eindeloos.'

'Ik ben blij dat je waar krijgt voor je geld.'

'Over waar voor je geld gesproken. Ga je die baan bij Topolino aannemen? Is de sappige wortel die ze je hebben voorgehouden groot genoeg?'

Ze deed een poging om nonchalant te doen. 'Ik weet niet waar je het over hebt.'

Hij lachte. 'Ik wist dat ze je wilden kapen.'

'Hoe dan?'

'Je kwam met precies de juiste campagne voor hen. Wat heeft Charlotte je aangeboden om over te stappen?'

Martha zag in dat het geen zin had iets te ontkennen wat Jason al helemaal doorhad. 'Het is een goed pakket,' zei ze. 'De moeite waard om over na te denken.'

'Dat mag ik hopen. Je bent een waardevolle aanwinst voor ze. Voor wat het waard is: ik wil je niet kwijt. Ik waardeer je enorm en het team gaat je missen als je met zwangerschapsverlof bent. Dus ik ben zo nodig bereid de strijd aan te gaan met Topolino.'

Martha vroeg zich af of deze hele dag niet één surrealistische droom was. Vastzitten in de lift, flauwvallen op kantoor, naar huis worden gereden door haar baas en salarisverhoging aangeboden krijgen als ze bleef.

Ze probeerde nog steeds een geschikt antwoord te bedenken toen hij zei: 'Je hoeft nu nog niets te zeggen, niet na de dag die je hebt gehad, maar ik wil je wel duidelijk maken dat het mij persoonlijk heel erg zou spijten als we je kwijtraken. Nou, het is gezegd, dus je kunt je ontspannen. Zal ik een muziekje opzetten?'

'Ja, hoor,' zei ze, hoewel ze dacht dat ontspannen wel het laatste was wat ze nu zou kunnen. Maar nadat hij een paar knoppen had aangetikt op zijn stuur klonk er zachte pianomuziek in de auto.

'Niets zo goed als Satie, vooral de Gymnopédies, om het lichaam en de geest tot rust te brengen,' zei hij.

'Ik had je eerder aangezien voor een thrashmetal-fan,' zei ze plagend.

'Dat luister ik 's morgens op weg naar het werk; het stoomt me helemaal klaar om iedereen op de huid te zitten.'

Dat kon ze heel goed geloven. 'Eigenlijk zou je op volle sterkte "Eye of the Tiger" in de hal moeten laten spelen om je komst aan te kondigen,' zei ze.

Hij lachte. 'Waarom heb ik daar nooit aan gedacht?'

Ze waren bijna bij haar huis, waar Tom op haar zat te wachten, en Martha wist dat dit de enige kans was die ze ooit zou krijgen om de vraag te stellen waar ze altijd al een antwoord op had willen hebben.

'Jason...'

'Ja?'

'Waarom klik je bij elke meeting die we hebben met je pen?'

'Doe ik dat?'

'Dat weet je best. Je geeft telkens snel na elkaar drie klikjes.'

'Wat interessant. Waarom denk je dat ik dat doe?'

'Om mensen nerveus te maken.'

'En lukt dat?'

'Ik kan niet voor de anderen spreken, maar ik word er gek van. Het is net de Chinese watermarteling om te zitten wachten op de volgende klikjes.'

Hij keek haar nogmaals van opzij aan. 'Wie had gedacht dat je binnen die harde buitenkant zo'n gevoelig zieltje hebt, Martha.'

'Maar waarom doe je het?'

'Het helpt me na te denken. Wilde je nog iets anders vragen?'

'Nee, helemaal niets.'

'Mooi, want ik heb je nog iets te zeggen en ik wil geen tegenspraak. Je neemt de rest van de week vrij. Als je je gezicht laat zien op kantoor, laat ik je door de beveiliging naar buiten brengen. Nee, je hoeft er niet aan te denken om te protesteren. Je hebt een heel zware dag gehad en ik wil dat je helemaal bent uitgerust als je maandag terugkomt. Misschien moet je voor de zekerheid even langs de dokter. Ja?'

'Als je wilt, kun je een echte moederkloek zijn, hè?'

'Als je een moederkloek bent als je geeft om je werknemers, dan moet dat maar. Nou, volgens de navigatie zijn we over vijf minuten op onze bestemming.'

Nog vijf minuten, dacht Martha, en dan was ze thuis bij Tom en was deze bizarre dag voorbij.

49

Toen ze laat die avond terugkwam van de pub, waar ze een afscheidsborrel had gedronken met mensen van het werk, mocht de dag voor Willow wel over zijn. Maar eerst moest ze iets eten en moest Rick zijn gekalmeerd.

Ze had net twee sneetjes brood in de broodrooster gedaan en stond geduldig, maar een beetje ongemakkelijk omdat Rick naar haar zat te kijken, te wachten tot ze weer omhoogschoten. Ze verging van de honger, want ze had de hele avond niet meer gegeten dan een pakje uitgebakken zwoerdjes. Haar collega's hadden haar verrast met een prachtige box babyboekjes van Beatrix Potter en voordat ze op kantoor was verschenen, hadden ze de ruimte versierd met roze ballonnen. Jeanie had ook nog cupcakes met roze glazuur gemaakt. Al met al hadden ze een heleboel drukte om haar gemaakt en toen hun dienst was afgelopen, hadden ze de ballonnen meegenomen naar de pub en aan de rugleuningen van hun stoelen gebonden. Kyle was ook even iets komen drinken, maar hij was niet lang gebleven, zodat ze zich na zijn vertrek des te beter konden ontspannen en lol konden maken.

Ze had tegen Rick gezegd dat ze om negen uur thuis zou zijn, maar toen ze eindelijk binnenkwam, was het al bijna elf uur. Pas toen ze in de taxi zat en op weg was naar huis had ze op haar telefoon gekeken en gezien hoeveel berichtjes hij voor haar had achtergelaten en hoe vaak hij had geprobeerd haar te bellen. Oeps, had ze gedacht. Toen ze worstelend met de cadeautjes, de kaarten en een paar roze ballonnen de deur van het appartement had opengedaan, was ze gestuit op een woedende Rick, die wilde weten waarom ze haar telefoon niet had opgenomen. Kon het haar dan niet schelen dat hij de hele avond doodongerust was geweest, had hij geschreeuwd. Ze had haar excuses aangeboden en naar waarheid uitgelegd dat het in de pub zo'n lawaai was geweest dat ze haar telefoon niet had horen overgaan. Maar daar nam hij geen genoegen mee. Hij had ook haar adem geroken om te controleren of ze alcohol had gedronken. Gelukkig was dat niet zo, want dat zou alles alleen maar erger hebben gemaakt.

Hij zat nog steeds te kijken terwijl ze de koelkast opentrok om boter te pakken en daarna het kastje waarin de pot pindakaas stond.

'Ik snap niet dat je dat smerige spul kunt eten,' zei hij. 'Het kan niet goed voor je zijn, al die olie.'

'Het zijn goede vetten,' zei ze. 'Ik weet zeker dat ik ergens heb gelezen dat het goed is voor mij en de baby.'

'En dat zegt de meid die de hele avond heeft lopen feesten,' zei hij minachtend. 'Is dat ook goed voor jou en onze baby?'

'Het was mijn afscheidsfeestje, Rick. Daar kun je toch geen bezwaar tegen hebben?' Het brood was geroosterd en ze begon er boter op te smeren. Alleen kwam die rechtstreeks uit de koelkast en was dus zo koud dat ze er praktisch stukken af moest hakken.

'Je had toch af en toe op je telefoon kunnen kijken,' hield hij vol. 'Eén keer zou genoeg zijn geweest om me gerust te stellen. Maar nee, jij had het veel te leuk zonder mij om daaraan te denken. Het is gewoon weer een voorbeeld van je egoïsme. Je denkt altijd alleen maar aan jezelf.'

'Dat is echt niet waar, Rick. Ik denk altijd aan jou. Daarom heb ik vandaag tegen ma gezegd dat ik met jou moet overleggen of ik een paar dagen naar haar toe kan komen.'

Hij keek haar afkeurend aan. 'Ik kan op dit moment geen vrij nemen om helemaal naar Sussex te gaan.'

Ze deed een flinke hoeveelheid pindakaas op het eerste van de twee sneetjes geroosterd brood en koos haar woorden zorgvuldig. 'Dat dacht ma al, dus ze heeft voorgesteld dat ik alleen kom. Het is de laatste keer dat ik zoiets kan doen voor de baby komt. Het is maar voor een paar dagen. Een soort minivakantie.'

Hij schudde zijn hoofd. 'Absoluut niet. In dit stadium van de zwangerschap wil ik niet dat je ergens zonder mij heen gaat.'

'Maar jij bent de hele dag op je werk en dan zit ik me hier maar te vervelen in mijn eentje.'

'Vervelen?' herhaalde hij. 'Waarom zou je je vervelen?'

'Ik zal alleen maar duimen zitten te draaien. Het zal verschrikkelijk saai zijn.'

'Je gaat doen wat je hoort te doen, en dat is uitrusten.'

'Maar dat kan ik bij ma ook.'

Hij schudde zijn hoofd alsof ze net iets verschrikkelijks stoms had gezegd. 'O, Willow, blijft het altijd zo?'

'Hoe bedoel je?'

'Dat jij het niet met me eens bent en gewoon doet wat je wilt, zonder iets te geven om mijn gevoelens of wat ik wil. Net zoals je vanavond hebt gedaan. Net zoals je altijd doet.'

Zijn stem klonk opeens helemaal anders. Ze was blij dat de woede weg was. Nu klonk hij alleen maar geërgerd. Of misschien teleurgesteld. Ja, dat was het. Hij vond dat ze hem tekortdeed. En zichzelf ook. Dat had pa gezegd toen ze naar huis was gegaan om haar ouders te vertellen dat ze haar studie wilde opgeven, omdat het gewoon niets voor haar was. 'O, Willow,' had hij gezegd, 'je doet jezelf weer zo tekort.'

Ze slikte de pijnlijke herinnering weg en probeerde de pindakaas gelijkmatig over het tweede sneetje geroosterd brood te verdelen. Intussen bedacht ze dat deze avond haar veel te veel deed denken aan die keren dat ze als tiener te laat thuiskwam en haar vader haar zat op te wachten. Haar moeder was er ook altijd, maar alleen om te voorkomen dat pa al te zeer uit zijn humeur raakte. Zo was de verdeling in elke relatie, veronderstelde ze; er was een strenge ouder en een niet zo strenge ouder. Bij hun eigen kind zou Rick uit liefde voor zijn dochter ongetwijfeld ook te streng en beschermend zijn en voorkomen dat ze deed wat ze wilde doen. Terwijl Willow degene zou zijn die haar dochter de vrijheid gaf. Waarschijnlijk te veel vrijheid.

Met de gedachte aan haar moeder en hoe vaak die een manier had moeten vinden om haar vader te omzeilen gooide Willow het over een andere boeg. 'Het is al goed.' Ze draaide zich met een glimlach naar hem om. 'Als je niet wilt dat ik naar ma ga, ga ik niet. Zo belangrijk is het niet. Ik vroeg me alleen af of je niet zou genieten van de rust als ik er niet ben. Ik strijk je tegenwoordig alleen maar tegen de haren in, lijkt het. Misschien zijn we allebei een beetje gespannen door de baby en zo. Zou je niet vaker naar de sportschool willen of uit willen gaan met je vrienden, zonder je zorgen om mij te hoeven maken?' Rick sprak zelden af met vrienden. Ze kon zich zelfs niet herinneren wanneer hij dat voor het laatst had gedaan, maar het was het proberen waard.

'Jij bent voor mij nummer één.' Hij kwam naar haar toe en legde een hand tegen haar wang. 'Niet mijn vrienden. Begrijp je dan niet dat ik me voortdurend zorgen maak als je niet bij me bent?'

'Maar bij ma ben ik volkomen veilig. Ik ben terug voor je me ook maar hebt gemist.'

'Nee,' zei hij met ijzige beslistheid en zijn hand verstrakte om haar wang. 'Je gaat niet alleen.' Hij gaf haar een zoen op haar voorhoofd en haalde zijn hand weg. 'Zeg maar tegen je moeder dat we het weekend samen komen. Of beter nog, zeg maar dat het weekend daarna beter uitkomt.'

'Maar Rick...'

'Nee!' Hij sloeg met zijn vuist op het aanrecht. Daar schrok ze zo van dat het mes uit haar hand glipte en op de vloer viel. Maar eerst raakte het Ricks broekspijp en een van zijn suède schoenen en liet een spoor van vetvlekken achter.

'In godsnaam!' riep hij. 'Moet je per se zo vervloekte onhandig doen? Kijk nou wat een troep je hebt gemaakt!'

'Sorry.' Ze bukte onhandig om het mes op te rapen, maar daarbij raakte de mouw van haar trui een stuk brood dat vervolgens ook op de vloer viel, met de pindakaas naar beneden. Ze zuchtte en wilde op haar knieën de vette troep bij elkaar schrapen toen ze bij haar haar rechtop werd getrokken en Rick haar met woedende ogen aankeek.

'Waarom moet jij altijd alles verpesten?' schreeuwde hij. 'Ik heb zo mijn best gedaan om geduld met je te hebben en niet te veel te letten op die vervloekte slordigheid van je, maar het kan jou allemaal geen moer schelen, hè?'

'Je doet me pijn, Rick,' hijgde ze. 'Laat me alsjeblieft los.'

Hij bracht zijn gezicht vlak bij dat van haar. 'Waarom, zodat je nog iets kapot kunt maken? Zodat je me nog meer kunt irriteren?'

'Ik deed het niet met opzet en ik heb sorry gezegd.' Ze probeerde zich los te maken, maar hij trok nog harder aan haar haar en rukte haar dichter naar zich toe.

'Sorry, sorry, sorry, meer hoor ik niet van je. Niets dan smoesjes en zielig gejammer. Heb je enig idee hoe bloedirritant dat is?'

Voor ze zich kon inhouden, liet ze zich het woord 'sorry' weer ontglippen. Hij sloeg haar hard tegen het aanrecht en mepte haar met zijn vrije hand in haar gezicht. De tweede en nog hardere klap kwam op haar jukbeen terecht. Haar oren suisden en ze proefde bloed toen ze weg probeerde te duiken, maar ze werd zo hard tegen het aanrecht gedrukt dat ze niet kon ontsnappen. 'Het is niet mijn bedoeling om je te ergeren,' wist ze uit te brengen. Ze trilde van angst.

'Maar dat doe je wel. Altijd! Altijd!' Hij greep haar bij de schouders en schudde haar zo heftig heen en weer dat haar hoofd naar achteren en naar voren schoot. De kamer wervelde om haar heen en ze begon te gillen toen er een angstaanjagende herinnering terugkwam. Ze gilde en gilde, net zoals ze al die jaren geleden gegild had moeten hebben.

Toen viel alles opeens stil en de krachtige handen die haar zo heftig heen en weer hadden geschud verdwenen van haar schouders. Dat maakte een eind aan haar gegil en haar lichaam verslapte. Ze was buiten adem en ze voelde zich versuft en ziek van afschuw door wat er net was gebeurd. En door de herinnering die ze uit alle macht had geprobeerd te vergeten.

Met zijn armen slap langs zijn lichaam deinsde Rick naar achteren en staarde haar aan. 'O god,' fluisterde hij. 'Wat heb ik gedaan? Willow, het spijt me zo.'

'Het is al goed,' zei ze veel rustiger dan ze zich voelde. 'Het is al goed.' Maar het was niet goed. Het zou nooit goed zijn.

Hij schudde zijn hoofd weer, hief zijn handen met de palmen naar boven en bekeek ze alsof hij niet kon geloven dat ze van hem waren.

'Ik bedoelde het niet zo,' zei hij toen hij weer naar haar keek. 'Dat weet je toch wel? Diep in je hart weet je dat ik je nooit pijn zou willen doen. Maar je blijft mijn geduld op de proef stellen.'

Ze knikte suf.

Hij deed een stap naar haar toe en sloeg zijn armen om haar heen, zodat ze ineenkromp. 'Alsjeblieft,' smeekte hij, 'zeg dat je me vergeeft. Wat ik ook gedaan heb, wat ik ook gezegd heb, ik bedoelde het niet zo.'

Hij klemde haar zo strak tegen zich aan dat ze amper adem kreeg en omdat ze bang was dat hij te hard tegen haar buik drukte en wilde dat hij haar losliet, zei ze: 'Ik vergeef je.' Ze stikte bijna in de woorden.

Toen ze erin slaagde hem zachtjes weg te duwen, zag ze dat hij huilde. 'Ik bedoelde het niet zo,' herhaalde hij. 'Ik ben gewoon de hele avond zo bezorgd om je geweest. Ik kon er alleen maar aan denken dat je niet terug zou komen. Ik hou zo veel van je, Willow. Dat geloof je toch wel?'

'Ja,' zei ze. Ze legde een hand tegen haar kloppende wang en tegen haar mond, die gezwollen en pijnlijk aanvoelde. Toen ze naar haar hand keek, zag ze dat er bloed op de vingertoppen zat.

'Je moet op je lip hebben gebeten,' zei hij fronsend.

Ze knikte, omdat ze te bang was om hem tegen te spreken. 'Rick,' zei ze toen, 'je doet dit nooit meer hè? Beloof je dat?'

'Ja,' zei hij zacht. 'Maar Willow, jij moet beloven dat je mij ook nooit meer pijn zult doen.'

'Wanneer heb ik jou pijn gedaan?' vroeg ze.

'Elke keer dat je tegen me in gaat, doe je me pijn. Elke keer dat je bij je vrienden en familie wilt zijn in plaats van bij mij, doe je me pijn. Het enige wat ik wil, is dat je van me houdt. Je houdt toch van me?'

Ze wist wat hij wilde horen, dus ze dwong zichzelf het te zeggen, maar ze wist met haar hele hart dat ze het niet deed en ook nooit zou doen. 'Natuurlijk hou ik van je, Rick.' Weer stikte ze bijna in de woorden.

50

Naomi had een paar keer geprobeerd Willow te bellen, maar had steeds een bericht moeten inspreken.

Het was nu halverwege de dag en Ellis zou zo wel komen met Martha. Nadat ze gisteren op het werk had vastgezeten in de lift en daarna was flauwgevallen, was Martha zo verstandig geweest om het advies van haar baas op te volgen en had ze de rest van de week vrij genomen. Ze had een afspraak gemaakt met haar verloskundige en had te horen gekregen dat er behalve een lichte stijging van haar bloeddruk niets was om zich zorgen over te maken. Naomi had voorgesteld dat Martha samen met Willow een paar dagen kwam logeren en had half verwacht dat haar oudste dochter nee zou zeggen omdat ze thuis iets nuttigs wilde doen, maar Martha had de uitnodiging grif aangenomen en had gezegd dat ze de volgende morgen naar haar toe zou rijden. Daar waren zowel Naomi als Tom op tegen geweest en om Tom het karwei te besparen, had Ellis aangeboden haar en Willow op te halen. Maar ze hadden nog niet van Willow gehoord of ze kwam of niet.

Naomi pakte haar telefoon en keek nog eens op het schermpje. 'Je telefoon gaat niet over door ernaar te kijken,' merkte Geraldine op, die opkeek van de *Telegraph* van die ochtend. 'Hoe vaak heb je nu al niet gecontroleerd of die domme meid gereageerd heeft?'

'Dat weet ik niet,' zei Naomi fronsend. 'En noem haar alsjeblieft geen domme meid. Ze is helemaal niet dom.'

'Neem me niet kwalijk. Is warrig een aanvaardbaarder term?'

'Niet echt,' mompelde Naomi boos. Ze richtte haar aandacht weer op de ooievaarsbekken die ze voor de winter naar de serre had gehaald. Daar zaten zij en Geraldine hun ochtendkoffie te drinken, een ritueel waar haar vriendin aan vasthield, waar ze ook was en wat er ook om haar heen gebeurde. Het was het soort starheid dat ze in Brian verachtte, maar dat ze tot Naomi's amusement in zichzelf niet herkende.

'Waar maak je je nou eigenlijk druk om?' vroeg Geraldine een paar minuten later.

'Dat lijkt me duidelijk,' antwoordde Naomi. 'Willow zei dat ze me zou bellen en dat heeft ze niet gedaan. Ze is tweeëndertig weken zwanger en...'

'Heb je er al aan gedacht dat ze het gewoon is vergeten of zelfs dat de weeën zijn begonnen en zij en Rick geen tijd hebben gehad om contact met je op te nemen?'

'Ja, natuurlijk heb ik daaraan gedacht, ik heb aan alle mogelijke redenen gedacht waarom ze me niet belt!'

'Hé, je hoeft niet zo tegen me te snauwen. Waarom probeer je Ricks telefoon niet?'

'Dat heb ik gedaan en er werd niet opgenomen.'

'In dat geval kun je niet veel meer doen, toch?'

Ellis vond het een goed teken dat Martha zich door hem wilde laten ophalen en een nog beter teken dat ze zich volkomen op haar gemak leek te voelen toen ze terugreden naar Anchor House. Ze reden over de A3 en schoten al lekker op toen hij besloot iets aan te roeren waarover hij al een paar weken met haar wilde praten.

'Ik wil graag je mening ergens over vragen,' zei hij.

'Als het over jou en ma gaat, heb ik liever niet dat je verdergaat.'

Ellis had bewondering voor haar directheid, een eigenschap waarvan hij sterk vermoedde dat ze die van haar vader had. 'Nee,' zei hij, 'het heeft niets te maken met Naomi en mij. Het gaat om Rick.'

Ze leek haar hoofd iets naar Ellis toe te draaien, bijna alsof ze hem wilde aankijken, maar dat liever niet deed. 'Wat is er met Rick?' vroeg ze.

'Mag jij hem?'

Er viel een korte stilte voordat ze antwoordde: 'Waarom vraag je dat?'

'Omdat ik denk dat je er net zo tegenaan kijkt als ik en vindt dat hij ongezond bezitterig is naar je zus toe.'

'Dat suggereert dat er ook een gezonde bezitterigheid bestaat.'

'Oké, ik heb me niet zo goed uitgedrukt. Maar dat daargelaten, vind jij niet dat hij te bezitterig doet?'

'Ja. En nu we toch eerlijk tegen elkaar zijn, kan ik ook wel zeggen dat ik hem iets engs vind hebben.'

'Ik ben het met je eens.'

'Echt?' Nu draaide ze haar hoofd wel naar hem toe. 'Wat vindt ma ervan?'

'Dat weet ik niet goed. Ik had niet het gevoel dat ik er met haar over kon beginnen. Ik ben tenslotte geen familie.'

'Dat is waar. Maar je begint er tegen mij wel over.'

'Omdat ik denk dat de manier waarop hij met Willows haar speelt jou net zoveel afkeer inboezemt als mij.'

Ze trok een vies gezicht. 'Je hebt gelijk, mijn haren gaan er altijd recht van overeind staan. Het is net alsof hij wil laten zien dat ze zijn eigendom is. Daar heeft mam zeker wel iets over gezegd?'

'Niet met zoveel woorden, maar ik vermoed dat ze niet hardop kritiek wil hebben op Rick, zelfs niet onder vier ogen, omdat hij de vader is van haar toekomstige kleinkind.'

'Dat is net iets voor ma; altijd maar de lieve vrede bewaren. Willow is precies zo. Ze hebben allebei van nature de neiging om het beste van mensen te denken en ze het voordeel van de twijfel te gunnen. Zoals je inmiddels wel zult weten, denk ik juist het slechtste van mensen tot het tegendeel is bewezen.'

'Na zo'n uitspraak zou ik je een voor de hand liggende vraag kunnen stellen, maar dat zal ik maar niet doen.'

'Dat is te prijzen,' zei Martha. 'En het is ook te prijzen dat je ma gelukkig lijkt te maken. Maar ik zal je meteen maar waarschuwen: als dat verandert, krijg je met mij te maken.'

'Ik zou niet anders verwachten. En ik zweer hierbij plechtig dat je elk recht hebt om me erop aan te spreken als je moeder door mij ook maar een moment ongelukkig is.'

'Hmmm… Je kunt het goed brengen, Ellis, dat moet ik je nageven.'

Hij glimlachte onwillekeurig. 'Het zijn geen holle woorden, Martha. Ik zou je niet beledigen door iets te zeggen wat ik niet meen.'

'Mooi. Nu is het mijn beurt om jou een vraag te stellen. Wat is er gaande tussen Lucas en Willow?'

Dat was gevaarlijker terrein voor Ellis en hij dacht goed na voordat hij antwoord gaf. 'Voor zover ik weet niets,' zei hij effen.

Martha klakte met haar tong. 'O, kom op, Ellis, we weten allebei heel goed dat er iets gebeurt tussen die twee. De vraag is: wat?'

'Je hebt gelijk,' gaf hij toe. 'Maar ik geloof niet…' Hij brak zijn zin af omdat hij niet goed wist hoe hij onder woorden moest brengen wat hij wilde zeggen. Hij merkte dat bij Martha elk woord telde. 'Ik geloof niet dat ze een grens zijn overgegaan,' zei hij uiteindelijk.

'Dus ze maken zichzelf wijs dat het allemaal volkomen onschuldig is?' Ze klonk niet overtuigd.

'Dat hebben we allemaal wel eens gedaan, toch?' merkte Ellis op. 'Ik tenminste wel. Jij niet?'

'Wat? Flirten terwijl ik heel goed weet dat ik dat niet moet doen?'

Hij glimlachte in zichzelf omdat ze hem zo letterlijk nam. 'Het hoeft niet zoiets opvallends te zijn als flirten,' zei hij. 'Vaak is het gewoon een gevoel dat je bij iemand hebt. Een verschuiving in het evenwicht, zou je kunnen zeggen.'

'Als ik dat voelde en wist dat het ongepast was, zou ik dat gevoel heel snel afkappen.'

Hoe nobel, dacht hij, en wat moest de wereld zwart-wit zijn voor Martha. Hij kon bijna jaloers zijn op zo veel zekerheid, maar de ervaring had hem geleerd dat in het leven elke zekerheid een illusie was. Persoonlijk kon hij het Lucas niet kwalijk nemen dat hij zich aangetrokken voelde tot Willow terwijl hij zelf jaren geleden een verhouding had gehad met Naomi.

Toen ze Haslemere voorbij waren en op weg waren naar Petersfield, werd Ellis van zijn stuk gebracht door Martha's volgende vraag.

'Heb je je ooit afgevraagd of er meer zit achter de leugens die Rick Willow heeft verteld over de kat die hij heeft begraven?' vroeg ze.

'In welk opzicht?'

'Dat hij misschien liegt om iets nog veel ergers te verhullen.' Martha aarzelde even. 'Stel dat Rick de kat heeft vermoord.'

'Dat heeft hij indirect ook gedaan door de deur open te laten.'

Ze schudde haar hoofd. 'Stel dat hij dat ellendige beest opzettelijk heeft doodgemaakt. Hij kan die kat de nek hebben omgedraaid zonder dat iemand er ooit achter zou komen.'

'Waarom zou hij dat doen? Welk doel zou hij daarmee hebben?'

'Om Willow een lesje te leren.'

'Sorry, maar nu kan ik je niet volgen.'

Ze verschoof de gordel om haar buik en zei: 'Hoor eens, dit klinkt misschien een beetje vergezocht, maar laat me uitpraten. De dag dat de kat zoekraakte, had ik Willow gevraagd om naar me toe te komen. Ik wilde met haar praten over jou en ma.'

Ellis glimlachte. 'Om te bespreken hoe jullie me kwijt konden raken?'

Ze had het fatsoen om terug te glimlachen. 'Dat niet precies, maar ik weet toevallig zeker dat Willow zei dat Rick niet wilde dat ze kwam. Hij wilde dat ze met hem naar de sportschool ging.'

'Wat, dus jij denkt dat hij de kat heeft vermoord omdat hij zijn zin niet kreeg? Je hebt gelijk, het is vergezocht.'

'Maar je was het met me eens dat hij iets engs heeft.'

'Ja, maar wat jij nu beschrijft, klinkt meer als een psychopaat en het gaat er bij mij niet in dat de vader van Willows kind zo gevaarlijk is; ik moet er niet aan denken.'

'Geef me nog even. Je weet toch wel wat gaslighting is?'

'Hè? Wat hebben gaslampen ermee te maken?'

'Zo noem je het als je partner ervoor zorgt dat je aan jezelf gaat twijfelen om je in zijn macht te krijgen. Je krijgt het gevoel dat je gek wordt.'

Opeens zag Ellis waar Martha naartoe wilde, alsof er een lampje bij hem was aangegaan. 'Nou ga je wel heel ver.'

'Ik zat er vanmorgen over te lezen terwijl ik op je zat te wachten. Rick past precies in het profiel. Hij is bezitterig, hij verwent Willow met dure cadeautjes en hij weekt haar stukje bij beetje los van haar familie.'

'Daar heb ik niets van gemerkt.'

'Ik wel. Hij heeft me ervan beschuldigd dat ik Willow op haar kop zit, dat ik haar kleineer en dat ik helemaal geen aardige zus ben. Een klassiek geval van verdeel en heers.'

'Wanneer heeft hij je daar allemaal van beschuldigd?'

'Een paar maanden geleden.'

'Heb je het daar met Willow over gehad? Of met je moeder?'

'Nee. Ik schaamde me een beetje voor die beschuldigingen, omdat ik weet dat ik soms inderdaad overkom als de bazige grote zus. Ik heb zelfs Tom pas onlangs verteld wat Rick heeft gezegd.'

'Wat zei hij ervan?'

'Hij wilde met Rick gaan praten om tegen hem te zeggen dat hij zijn boekje te buiten was gegaan, maar ik heb hem gevraagd dat niet te doen. Ik wilde niet nog meer problemen maken dan er volgens mij al waren.'

'En in de hitte van het moment worden vaak onverstandige dingen gezegd,' zei Ellis.

'Ik weet wat je zult denken,' zei Martha vervolgens. 'Dat ik per se het ergste van Rick wil denken omdat hij onaangename dingen tegen me heeft gezegd.'

'Dat zou kinderachtig zijn en ik geloof niet dat je je energie zou verspillen aan zoiets onbeduidends. Maar als je gelijk hebt over Rick en wat hij met Willow doet, wat moeten wij dan doen? Wat is zijn uiteindelijke doel?'

'Om haar in zijn macht te krijgen. Om te zorgen dat ze alleen van hem is.'

'Zou ze niet beseffen wat er aan de hand is?'

'Het is kennelijk net zo'n proces als een levende kikker langzaam koken in een pan water. Het slachtoffer heeft geen erg in de geleidelijke veranderingen in zijn leven.'

Ellis gruwde van het idee. Hij keek in zijn spiegels, haalde een busje met schoolkinderen in en zei: 'Heeft je zus laten merken dat ze onzeker is over Rick en haar relatie met hem?'

'Ze houdt niet van hem, dat weet ik wel.'

'Echt?'

'Dat heeft ze toegegeven toen ik vastzat in de lift en haar aan de telefoon had. Haar precieze woorden waren dat ze van hem wilde houden en dat betekent dat ze dat niet doet. Ik ben ervan overtuigd dat ze een enorm groot gat voor zichzelf heeft gegraven en denkt dat ze er niet meer uit kan.'

'Ik zeg het niet graag, Martha, maar alles wat je hebt gezegd, komt neer op vermoedens.'

'Maar je weet dat het waar is, of niets soms? En ik zal je nog iets vertellen wat volgens mij weleens waar zou kunnen zijn.'

'Ga verder,' zei Ellis.

'Toen we pas wisten dat Willow zwanger was, vroeg Tom zich af of Willow met opzet in verwachting was geraakt om Rick aan zich te binden, omdat hij de eerste van haar vrienden was die alles mee had: hij zit er financieel goed bij, hij heeft een eigen huis, hij kan het zich veroorloven om haar mooie dingen te geven en noem maar op. Ik was het niet met hem eens en dat ben ik nog steeds niet, om de eenvoudige reden dat mijn zus niet op geld uit is. Zo is ze gewoon niet.'

'Dat geloof ik ook niet.'

'Hoe dan ook, ik heb het eens van de andere kant bekeken. Stel dat Rick Willow aan zich heeft willen binden door haar met opzet zwanger te maken? Als je het zo bekijkt, past het allemaal. Ze lijkt op het eerste gezicht een klassieke pleaser en dus ideaal om gemanipuleerd te worden.'

'Maar waarom?'

'Macht. Het gaat altijd om macht, om de controle, om een of andere onderliggende tekortkoming te verhullen.'

Het lag op het puntje van Ellis' tong om te zeggen dat ze haar eigen vader had kunnen beschrijven, maar hij wist zijn mond te houden. In plaats daarvan dacht hij erover na of zelfs maar de helft van wat Martha over Rick had gezegd waar kon zijn. En zo ja, wat konden ze dan doen?

51

Willow had het grootste deel van de ochtend lopen zoeken naar haar telefoon en naar de oplaadkabel van haar laptop, waarvan de batterij leeg was. Uiteindelijk gaf ze het op en pakte een koffertje in. Daarna schreef ze een briefje voor Rick, dat ze op het aanrecht bij het koffiezetapparaat achterliet. Samen met de ring met diamant die hij haar had gegeven.

Nu zat ze in de trein naar het platteland te kijken, dat in de oktoberzon verguld was met gouden en rode herfstkleuren, en te piekeren over het briefje dat ze had geschreven. Ze had het een paar keer over moeten doen om de goede woorden te vinden, of zo goed als ze konden zijn. Ze hoopte maar dat Rick, als hij eenmaal was gekalmeerd, zou inzien dat ze gelijk had, dat ze niet bij elkaar pasten. Ze waren olie en water; ze glibberden om elkaar heen, maar konden nooit echt één worden.

Niet dat ze dat van de olie en het water in het briefje had gezet. Het had geen zin metaforen te gebruiken, want ze moest zo duidelijk mogelijk zijn tegen Rick.

Het spijt me, maar ik lijk je tegenwoordig alleen maar te ergeren, dus ik ga naar mijn moeder. Ik weet dat je dat niet leuk zult vinden, maar ik denk dat het het beste is.

Ik weet ook dat je om me geeft, dat je er spijt van hebt dat je gisteravond je zelfbeheersing bent kwijtgeraakt en dat het alleen kwam omdat je je zorgen had gemaakt toen ik zo lang wegbleef, maar je hebt me bang gemaakt. Dat was waarschijnlijk niet je bedoeling, maar het is wel gebeurd en dat kan niet goed zijn voor onze baby. Het zou beter zijn voor ons allebei als je een paar dagen geen contact met me opneemt. Ik heb tijd nodig om na te denken en ik geloof dat dat ook voor jou geldt.

Pas goed op jezelf en wees alsjeblieft niet boos op me.

Willow

Ze wist dat de ondertekening Rick pijn zou doen. Hij had 'met al mijn liefde, Willow' willen zien. Of iets wat daarop leek. Maar ze hield niet van hem. Ze had het geprobeerd. Ze had haar uiterste best gedaan om hem te geven wat hij van haar wilde hebben. Een tijdlang had ze bijna geloofd dat ze wel van hem hield, maar dat was omdat ze erin moest geloven dat het allemaal goed zou komen. Liefde overwon alles, dat was toch de theorie?

Misschien was ze niet in staat om echt van iemand te houden, misschien was ze zo beschadigd dat ze altijd op zoek zou blijven naar iemand om van te houden en die van haar hield, zonder die ooit te vinden. Haalde ze daarom het ergste in Rick naar boven, omdat ze niet van hem kon houden?

Een heftige beweging in haar buik maakte haar bewust van het leven dat zij en Rick samen hadden verwekt. De baby was het grootste deel van de nacht rusteloos geweest; ze had voortdurend liggen duwen en porren en had Willow wakker gehouden, die stijf op haar zij lag, met haar rug naar Rick toe. Niet dat ze had verwacht dat ze zou slapen. Ze had eigenlijk helemaal niet met hem in bed willen liggen en had het alleen gedaan omdat ze bang was voor wat hij zou zeggen of doen als ze het niet deed. Ze was te overstuur geweest om te slapen, te geschokt om wat hij haar had aangedaan en te bang voor hoe de toekomst er nu uitzag.

Haar grootste angst, groter nog dan de angst om de boosheid van Rick wanneer hij ontdekte dat ze weg was, was of ze wel in staat was hun kind de liefde te geven die ieder kind verdiende. Ze hoopte met heel haar hart dat ze dat kon.

Op het station van Havant bedacht Willow dat ze een telefooncel had moeten zoeken om haar moeder te laten weten dat ze onderweg was. Dus nam ze maar een taxi naar Tilsham.

'U hebt het zwaar te verduren gehad, zo te zien,' zei de chauffeur.

Willow keek hem verbaasd aan toen hij haar koffer in de kofferbak legde. Toen dacht ze eraan dat haar zonnebril haar blauwe oog en wang slechts gedeeltelijk bedekte en dat de sjaal die ze had omgedaan om haar gezwollen en kapotte lippen te verbergen naar beneden was gegleden. 'Mijn eigen stomme fout,' zei ze met een hoog lachje. 'Ik verstapte me toen ik gisteren aan het winkelen was. Ik ben een van die hopeloze mensen die nog over zijn eigen schaduw struikelt.'

Hij keek haar met een scheef oog aan toen hij het portier voor haar opendeed en zei: 'In uw toestand moet u echt beter oppassen. Wanneer komt de baby?'

'Ik heb nog acht weken te gaan, dus wees maar niet bang dat ik u ga vragen me naar het dichtstbijzijnde ziekenhuis te brengen.' Ze stootte nog een hoog lachje uit, dat zelfs in haar eigen oren irritant en niet erg overtuigend klonk.

'Dus het duurt niet lang meer.' Hij ging achter het stuur zitten. 'Waarnaartoe?'

Ze gaf hem het adres en vroeg zich af hoeveel leugens ze de komende dagen nog zou vertellen.

'Beloof me dat je het aan niemand zult vertellen,' had Rick gisteravond gezegd toen hij een stuk keukenpapier had afgescheurd en voorzichtig haar bloedende mond had gedept. Hij had nogmaals gezegd hoeveel spijt hij had en herhaald dat ze op haar lip moest hebben gebeten toen zijn hand haar wang raakte. Hij zei het op zo'n redelijke toon dat het leek alsof het haar schuld was dat hij haar pijn had gedaan.

Misschien was dat ook wel zo. Misschien moest ze inderdaad beter oppassen, zoals de taxichauffeur had gezegd. Dit zou allemaal niet zijn gebeurd als ze zo verstandig was geweest niet tot zo laat uit te gaan en Rick geen reden te geven om bezorgd om haar te zijn.

Toen hij zich die ochtend had gedoucht, geschoren en aangekleed en een kop thee voor haar had gemaakt voordat hij naar zijn werk ging, had hij hulpvaardig voorgesteld dat ze een koud kompres tegen haar oog en wang zou houden. Daarna had hij haar laten beloven dat ze die dag binnen zou blijven en haar herinnerd aan haar belofte van de vorige avond dat ze nooit aan iemand zou vertellen wat hij had gedaan. Hij had gezegd dat hij de schande niet zou kunnen verdragen. Nou, dat gold ook voor haar.

Van de twee beloften die ze had gedaan had ze er al één verbroken door weg te gaan. Maar ze vermoedde dat Rick zich niet zou kunnen houden aan zijn belofte. De laaiende woede die ze net voor de eerste klap in zijn ogen had gezien, overtuigde haar ervan dat zijn handen al een tijdje jeukten om haar te slaan en dat hij zich tot op dat moment op de een of andere manier in bedwang had weten te houden. Had hij die fractie van een seconde waarin hij zijn hand had opgeheven een enorme en welkome ontlading gevoeld? Had hij even genoten van het gevoel dat hij zich kon laten gaan, dat hij de frustratie en de spanning die zich in hem hadden opgebouwd kon botvieren?

Hoe erg ze ook in de war was door al die gemengde gevoelens, één ding bleef door haar hoofd spelen: had ze Rick zo getergd dat hij wel driftig moest worden? Had ze hem over de rand geduwd met haar zorgeloosheid en onvoorzichtigheid? Had ze dit over zichzelf afgeroepen, net als al eerder was gebeurd?

Had haar moeder zich ook zo gevoeld? Had ze elke keer dat pa zijn zelfbeheersing had verloren en haar had geslagen zichzelf de schuld gegeven? Willow was er maar een paar keer getuige van geweest, toen ze nog heel jong was. De eerste keer had ze naar gedroomd en omdat ze niet meer had kunnen slapen en beneden een vreemd geluid had gehoord, was ze de overloop op geslopen om te kijken wat er aan de hand was. Tussen de spijlen door had ze door de open deur de zitkamer in kunnen kijken, waar haar vader stond met opgeheven vuist, terwijl haar moeder achteruit deinsde met haar handen tegen haar gezicht. Willow was angstig haar slaapkamer in gevlucht en de volgende morgen had ze zichzelf ervan overtuigd dat ze het moest hebben gedroomd, want haar vader en moeder hadden aan de ontbijttafel heel gewoon gedaan en ze hadden gelachen en gepraat. Als papa mama had geslagen zou ze toch zeker wel van streek zijn? En papa zou zoiets toch nooit doen?

Toen ze het nog een keer had gezien, weer omdat ze niet had kunnen slapen en de overloop op was gegaan, had Willow instinctief geweten dat ze hier nooit over mocht praten, zelfs niet tegen Martha. Het was een geheim van de volwassenen. Maar had haar moeder er ooit iemand over verteld? Tante Geraldine misschien? Of had ze gezwegen omdat ze zich te erg schaamde, net zoals Willow zich schaamde om andere mensen te vertellen wat Rick haar had aangedaan?

Niet dat gevoelens van schuld en schaamte nieuw waren voor Willow. Ze was er maar al te vertrouwd mee.

'Daar zijn we,' zei de taxichauffeur toen hij de oprit van Anchor House op draaide.

Eindelijk thuis, dacht Willow opgelucht. Ze betaalde de man en wilde haar koffer naar de voordeur dragen, maar hij stond erop het voor haar te doen. Het was een vriendelijk gebaar van zijn kant, maar het herinnerde haar aan Rick, die altijd toeschoot om haar te helpen en haar verstikte met zijn al te beschermende zorg.

Ze hadden nog maar een paar stappen gezet toen de voordeur opengiing. Daar stond haar moeder. Willow had zich de hele weg voorgenomen om zich te beheersen, maar toen ze haar moeder en de bezorgdheid op haar gezicht zag, verdween dat voornemen als sneeuw voor de zon. Opeens werd ze overmand door angst en hulpeloosheid en ze barstte in tranen uit.

52

Naomi's opluchting bij het zien van haar jongste dochter verdween op slag door haar tranen en haar gehavende gezicht.

'Willow, wat is er in vredesnaam met jou gebeurd?' riep ze geschrokken toen de taxichauffeur haar had gegroet en terugging naar zijn auto.

Willows antwoord werd gesmoord door het hevige snikken. De enige woorden die Naomi opving waren: 'Het is mijn schuld... Ik had niet... Het spijt me zo.'

Naomi deed de deur dicht en nam haar dochter mee naar de keuken. Haar luide huilen trok de aandacht van de anderen en ze kwamen allemaal kijken, Martha voorop.

'Wat is dat nou, Willow!' riep ze uit. 'Wat heb je met je gezicht gedaan?'

'Het... Het is niets,' mompelde Willow en ze bedekte haar mond met haar hand.

'Het ziet er niet uit alsof het niets is. Hoe heb je dat voor elkaar gekregen? O mijn god, je gaat me toch niet vertellen dat Rick dit heeft gedaan!'

Er sijpelde een ziekmakende angst door Naomi heen en ze zei: 'Zit die arme meid niet zo op de huid, Martha. Geef haar op zijn minst de kans om haar jas uit te trekken voordat je haar onderwerpt aan een kruisverhoor. Kom op, Willow, ik help je uit je jas en dan moet je er even bij gaan zitten. Wil je een kop thee? En heb je al gegeten? Martha, zet water op en Geraldine, blijf daar niet zo staan gapen, maar maak jezelf nuttig en haal het cakeblik uit de voorraadkast.'

'Wat kan ik doen?' vroeg Ellis.

Naomi haalde diep adem en krabde afwezig over haar hoofd. Ze wist geen dingen meer waarmee ze de aandacht kon afleiden van

Willow, die haar jas van haar schouders had laten glijden en aan de tafel zat, op de plek waar ze altijd had gezeten sinds ze als dreumes oud genoeg was geweest voor een gewone stoel. 'Tissues,' zei ze tegen Ellis toen Willow haar neus ophaalde en nog eens snikte. 'Er staat een doos op de keukenkast.'

Ellis pakte hem meteen en nadat ze de waterkoker had gevuld en aangezet, draaide Martha zich om en kwam bij Naomi en Willow aan tafel zitten. Geraldine kwam ook weer binnen. Weer ging ieders aandacht naar Willow.

'Sorry dat ik zo'n drukte maak.' Ze pakte een tissue uit de doos.

'Doe niet zo belachelijk.' Geraldine plantte met de finesse van een heihamer het cakeblik op de tafel. 'Je komt hier in tranen en met een gezicht alsof je gevochten hebt binnenzetten, dus dan is wat drukte wel op zijn plaats. Ik hoop alleen dat je niet gaat beweren dat je tegen een deur aan bent gelopen.'

'Geraldine!' protesteerde Naomi. 'In godsnaam, een beetje gevoeliger mag wel, ja?'

'Je hoeft me niet zo aan te kijken, Naomi. Het is overduidelijk dat de geschiedenis zich herhaalt.'

Er viel een gespannen stilte. Naomi slaakte een diepe zucht en liet de krasse woorden van haar vriendin op zich inwerken.

'Hoe bedoel je, dat de geschiedenis zich herhaalt?' wilde Martha weten.

'Niet nu, Geraldine,' waarschuwde Naomi streng. Ellis ving haar blik en ze wist wat hij dacht: dat Geraldine gelijk had. Het afschuwelijke was dat zij het ook wist. Ze wist tot in elke vezel van haar lichaam wat er met haar dochter was gebeurd en ze trilde van woede. Nog nooit was ze zo kwaad geweest. Ze moest ervoor zorgen dat haar lieve Willow de waarheid vertelde en haar duidelijk maken dat er geen excuses bestonden voor wat Rick had gedaan. Die fout had Naomi met Colin gemaakt en ze zou nooit ofte nimmer toestaan dat haar dochter hetzelfde deed. Geen man ging haar dochters slaan en ermee wegkomen. Nooit!

'Wil je liever dat ik wegga?' vroeg Geraldine.

Naomi wilde net zeggen dat dat misschien het beste zou zijn toen Willow zei: 'Nee, ga alsjeblieft niet weg.'

Het water kookte en Naomi vroeg aan Ellis of hij thee wilde zetten. 'Er staat een doos kruidenthee in de kast,' zei ze dankbaar tegen hem toen hij knikte en aan de slag ging.

Toen pakte ze zachtjes de handen van haar dochter en slikte de woede weg die ze voelde bij de aanblik van haar gehavende gezicht. 'Heeft Rick je dit aangedaan? Je hoeft je niet te schamen als het zo is.'

Willows gezwollen lippen trilden en er sprongen tranen in haar ogen. 'Het was niet zijn schuld... Niet echt... Ik heb hem gisteravond boos gemaakt omdat ik heel laat thuis was.'

'Willow,' zei Naomi zacht. Haar keel kneep dicht bij zo veel onrecht. 'Wat je ook hebt gezegd of gedaan, dat gaf Rick niet het recht om je pijn te doen.'

Martha trok een stoel naar achteren en ging tegenover haar zus zitten. Naomi had haar nog nooit zo fel zien kijken. 'Hoe vaak heeft hij dit gedaan?'

Willow keek op van de tissue, waar ze een strakke prop van had gemaakt. 'Dit was de eerste keer, maar hij is al eerder heel boos op me geweest. Ik lijk hem gewoon altijd te ergeren en dan wordt hij kwaad.'

'O, dus dan is het in orde?'

'Geraldine, alsjeblieft. Hier hebben we niets aan.'

'Mam, het is al goed,' zei Willow. 'Tante Geraldine zegt alleen maar wat jullie waarschijnlijk allemaal denken.'

'Weet hij waar je bent?' Dit kwam van Ellis, die een beker thee en een kannetje melk voor Willow op tafel zette.

'Ik heb een briefje voor hem achtergelaten waarin staat dat ik een paar dagen hiernaartoe ben en dat ik het beter vind om even geen contact te hebben.'

'Dus hij is vanmorgen naar zijn werk gegaan alsof er niets is gebeurd?' Er ging een nieuwe golf van woede door Naomi heen.

'Ja. Ik moest beloven dat ik de deur niet uit zou gaan. En dat ik niemand zou vertellen wat hij had gedaan.'

'Dat zal best!' mompelde Martha.

'Waarom heb je me niet gebeld?' vroeg Naomi. 'Dan was ik je meteen komen ophalen.'

Willow deed met trillende handen wat melk in haar thee. 'Dat wilde ik ook doen, maar ik kon mijn telefoon niet vinden. En ook de laadkabel van mijn laptop niet.'

'Ik weet zeker dat Rick ze heeft meegenomen, zodat je geen contact met ons kon opnemen,' zei Martha grimmig.

'Zou hij dat doen?'

Martha maakte een geërgerd geluidje. 'Hoe kun je dat nu vragen, Willow, na wat hij je heeft aangedaan? Die man is een controlfreak! Alles wat hij doet, is bedoeld om macht over je te krijgen. Als je dat in je achterhoofd houdt wanneer je denkt aan alle dingen die hij heeft gezegd en gedaan, zie je ze in een heel ander licht. Het heeft niets te maken met bezorgdheid of zelfs maar liefde, het gaat erom je onder de duim te houden.'

'Dat zegt hij ook over jou, dat je me op mijn kop zit en intimideert.'

'Dat weet ik. Dat heeft hij zelf tegen me gezegd toen ik hem aan de telefoon had.'

Willow keek verbaasd. 'Waarom heb je me dat niet verteld?'

Martha zuchtte. 'Omdat het niets uitgemaakt zou hebben. Misschien had je me niet eens geloofd als Rick het ontkende. Hij was erop uit om ons uit elkaar te drijven en dat was eigenlijk zijn grote fout.'

'Wat bedoel je daarmee?' vroeg Willow.

'Ik begon hem te doorzien. O, hij was enorm overtuigend in het begin, ik ben er met open ogen ingetrapt, maar toen begonnen de barstjes zichtbaar te worden. Vooral over dat gedoe met de kat van Lucy en Simon. Ik vroeg me automatisch af wat hij nog meer kon achterhouden als hij daarover kon liegen.'

'Je klinkt alsof je hier veel over hebt nagedacht,' zei Willow.

Tot Naomi's verrassing keek Martha naar Ellis. Hij knikte.

'Dat geldt voor ons allebei,' zei Ellis. 'Ik had gewoon een ongemakkelijk gevoel bij hem, maar Martha was zo bezorgd dat ze het een en ander heeft opgezocht op internet en daar heeft ze me vanmorgen over verteld.'

'Maar je hebt helemaal niets tegen mij gezegd,' zei Naomi, die haar oren niet kon geloven.

'Ik wilde niet dat je dacht dat ik mijn neus in familiezaken stak,' zei hij.

'Als ik iets mag vragen,' zei Geraldine met een blik op Naomi, 'hebben we het hier over dwingend-controlerend gedrag?'

'Ja,' antwoordde Martha. 'Uiteindelijk zou Rick een wig hebben gedreven tussen Willow en de rest van de familie, zodat hij haar helemaal voor zichzelf had en hij precies met haar kon doen wat hij wilde.'

Willow fronste. 'Dat klinkt een beetje overtrokken.'

'En het is niet overtrokken dat de vader van je kind je zo hard heeft geslagen dat je een blauw oog en een kapotte lip hebt?'

Willow gaf geen antwoord, maar pakte nog een tissue en snoot haar neus. Ellis zei: 'We moeten ervan uitgaan dat Rick waarschijnlijk hierheen zal komen om om vergeving te vragen en te zweren dat hij het nooit meer zal doen.'

'Dat is precies wat hij gaat doen,' zei Naomi met een staalharde klank in haar stem. 'Maar Willow, ik ben bang dat die man alleen nog over mijn lijk Anchor House in komt. Ik wil het gewoon niet hebben, ook al is hij de vader van je kind. Neem maar van mij aan dat hij nooit zal veranderen.'

'Je moeder heeft gelijk,' zei Geraldine. 'Je moet haar geloven, ze weet waar ze het over heeft.'

Omdat ze niet wilde dat haar vriendin er verder op doorging, schraapte Naomi waarschuwend haar keel. Geraldine hield haar mond.

'Zoals gebruikelijk heb ik hier niet echt over nagedacht,' zei Willow triest. 'Ik heb geen idee wat ik nu ga doen.'

'Daar hoef je voorlopig niet over na te denken,' zei Naomi. 'Het enige wat belangrijk is, is dat je veilig bij ons bent. Dus drink je thee op, dan zal ik een plak cake voor je afsnijden.'

'Dank je, mam.'

Terwijl ze de enorme woede op Rick probeerde te verbergen,

pakte Naomi het mes en het bord die Ellis had gepakt. Ze moest het mes stevig vastklemmen om te voorkomen dat haar handen trilden. Als Rick nu in de buurt was geweest, had ze al haar wilskracht nodig gehad om het niet diep in zijn borst te steken, als wraak voor zijn moedwillige wreedheid tegen de arme Willow, een weerloze jonge vrouw die zijn kind droeg.

Hoe meer ze dacht aan wat Willow had doorgemaakt, hoe meer Naomi het gevoel had dat de onderdrukte woede van een heel leven in haar loskwam. Al die jaren waarin ze zichzelf voor de gek had gehouden hadden haar in veel opzichten meer kwaad gedaan dan de werkelijke klappen. Ze werd herinnerd aan het laatste bezoek van Geraldine, toen ze erachter was gekomen dat Colin niet zo hoog werd aangeslagen als ze altijd had gedacht. De dag daarna had ze bedacht dat haar oudste vrienden misschien niet de enigen waren die door de schone schijn van hun huwelijk heen hadden gekeken. Ze had op het houten bankje gezeten en was verteerd door spijt, het gevoel dat ze niets waard was en de overtuiging dat alles wat ze voor haar gezin had gedaan tevergeefs was geweest. Maar toen was Ellis opgedoken en opeens had dat allemaal niet meer uitgemaakt. Het verleden was voorbij en de toekomst was het enige wat telde.

Maar vandaag moest ze weer onder ogen zien hoeveel schade ze zonder het te willen had aangericht. Waren ze op dit punt gekomen doordat zij de illusie van een volmaakt huwelijk in stand had willen houden, wat nu niet meer leek dan al te doorzichtig bedrog, en herhaalde de geschiedenis zich, zoals Geraldine beweerde?

53

Geraldine en Ellis boden aan het avondeten klaar te maken en Naomi stelde Martha en Willow voor om met zijn drieën een eindje te gaan wandelen zolang het droog bleef.

Terwijl ze in de harde wind over het strand liepen, kwamen er stralen melkwit licht tussen de donker wordende wolken door. De grijze, kolkende zee weerspiegelde de maalstroom van gevoelens in Naomi's ziel. Maar hoe ze er ook tegen opzag, ze was vastbesloten te doen wat ze wist dat ze moest doen. Ze waren al bij de zandduinen toen ze besloot dat dit de plek zou zijn waar ze haar dochters eindelijk de waarheid ging vertellen.

'Laten we hier even gaan zitten,' zei ze. 'Als het tenminste niet te koud of te oncomfortabel voor jullie is.'

'Ik vind het prima,' zei Martha. 'Mijn thermostaat staat tegenwoordig altijd hoog.'

'Die van mij ook,' zei Willow.

Ze gingen aan weerszijden van Naomi zitten en opeens wilde die haar armen om hen heen slaan en hen stevig vasthouden, net zoals ze had gedaan toen ze klein waren. Ze had het gevoel dat ze op het punt stond van een klip te springen en had heel egoïstisch haar dochters nodig om haar angst te bestrijden.

Terwijl ze keek naar een eenzame zeilboot, die in de verte om de landtong heen voer, misschien op weg naar de haven van Bosham, schraapte Naomi al haar moed bij elkaar. 'Ik moet jullie iets vertellen,' begon ze nerveus, 'en ik ben bang dat het jullie van streek zal maken. Misschien willen jullie me niet eens geloven, maar...'

'Wil je soms zeggen dat jij en Ellis hebben besloten toch te trouwen?' viel Martha haar in de rede.

'Nee,' zei ze, 'het heeft niets met Ellis te maken. Het gaat om jullie vader. Martha, ik weet hoeveel je van hem hield, dus dit zal vooral voor jou moeilijk zijn om te horen.' Ze slikte en vermande zich weer. Na een korte pauze ging ze snel verder. 'Eerder vandaag heeft Geraldine op haar geheel eigen manier laten doorschemeren dat de geschiedenis zich herhaalt. Daarmee bedoelde ze dat jullie vader een gewelddadig trekje had; als het hem te veel werd, verloor hij zijn geduld en zijn zelfbeheersing en dan kwam het voor dat hij zijn woede en frustratie op mij afreageerde.'

In de seconden die volgden, leken de geluiden van de schuimende golven over het strand en de kiezels en de kreet van een zeemeeuw die laag over het turbulente water zwierde ondraaglijk hard.

'Ik geloof je niet,' zei Martha. 'Niet pa. Waarom zeg je zoiets afschuwelijks over hem?'

'Omdat het waar is.'

'Nee! Dat kan niet. Niet pa.'

'Martha, het is waar.' Willows stem was zo zacht dat hij bijna onhoorbaar werd door een plotselinge windvlaag. 'Ik weet dat het waar is.'

Naomi keek naar haar jongste dochter. 'Hoe weet je dat?' vroeg ze.

'Ik heb het gezien. Ik heb gezien dat hij je sloeg.'

'Nee!' riep Martha boos voordat Naomi nog iets kon zeggen. 'Hou op! Jullie alle twee!'

'Ik lieg niet,' zei Willow, 'en mam ook niet. Ik heb het hem zien doen.'

'O Willow, waarom heb je daar nooit iets van gezegd?' vroeg Naomi.

'Omdat ik nog maar een kind was en dacht dat het een van die dingen was die gebeuren tussen volwassenen, maar waar nooit over wordt gesproken. Net zoals wanneer je je ouders betrapt terwijl ze seks hebben. Je weet dat ze het doen, maar je wilt er niet over nadenken en niet aan anderen toegeven dat ze het doen.'

'Maar waarom?' zei Martha. 'Ik begrijp het niet. Ja, pa kon driftig zijn, maar hij was geen gewelddadige man. Zo was hij gewoon niet.'

'Wat voor man slaat een weerloze vrouw, denk je?' vroeg Naomi.

Martha sloeg haar handen voor haar gezicht. 'Ik weet het niet, ik weet het niet!' riep ze. 'Niet iemand als pa. Hij was geen monster.'

'Nee,' beaamde Naomi. 'Dat was hij niet. Maar hij was wel iemand die zichzelf niet altijd in de hand had.' Ze pakte de hand van haar oudste dochter om haar te troosten, maar Martha rukte hem los en stak hem diep in haar jaszak.

'Wanneer gebeurde dit allemaal?' wilde ze weten.

'Bijna ons hele huwelijk,' zei Naomi nuchter. 'De eerste keer dat hij me had geslagen, liet ik hem beloven dat hij dat nooit meer zou doen, maar hij deed het wel, keer op keer. Het kwam altijd door stress, door problemen op het werk. Ik denk dat het veel te maken had met het feit dat hij op jonge leeftijd zijn ouders was verloren. Onderdrukt verdriet, misschien. Wat de oorzaak ook was, hij kon er niets tegen doen.'

'Ik herinnerde me onlangs dat je me dat een keer hebt verteld,' zei Willow. 'Dat was nadat Rick me vertelde hoe hij allebei zijn ouders was verloren toen hij jong was. Zijn vader was alcoholist en werd overreden door een auto en daarna pleegde zijn moeder zelfmoord. Rick heeft haar zelfs gevonden.'

Naomi dacht eraan hoe weinig Rick kwijt had gewild over zijn ouders en ze zei: 'Ik heb me weleens afgevraagd waarom hij nooit over ze wilde praten. Maar waarom heb jij niets gezegd?'

'Hij wilde niet dat mensen het wisten. Hij liet me beloven dat ik het jullie nooit zou vertellen.'

Martha fronste. 'Hoor eens, Rick en zijn ouders kunnen me niet schelen, maar als pa een probleem had, waarom heb je dan geen hulp voor hem gezocht, mam?'

Er klonk een onmiskenbaar verwijt door in haar vraag, alsof het allemaal Naomi's schuld was. In plaats van erop te wijzen dat Martha in een klassieke val liep door het slachtoffer de schuld te geven, zei ze: 'Ik heb vaak geprobeerd hem ervan te overtuigen dat het zou kunnen helpen als hij met een psycholoog ging praten, maar hij weigerde er zelfs maar over na te denken. Ik denk dat hij bang was voor de innerlijke demonen waarmee hij wellicht de strijd zou moeten aangaan.'

'Maar waarom hebben we dan nooit gezien dat je blauwe plekken had?' Weer klonk Martha alsof ze twijfelde aan de waarheid van wat Naomi had verteld.

'Hij wist precies waar en hoe hij me kon slaan, en anders gebruikte ik make-up om de blauwe plekken te verbergen.'

Toen Martha niet reageerde, wendde Naomi zich tot Willow. 'Het spijt me dat jij er getuige van hebt moeten zijn, echt. Ik wou dat je het me had verteld.'

'Ik wist niet hoe,' zei Willow verdrietig.

'Maar je hebt dit zo lang met je meegedragen. Dat heb je niet verdiend.'

'Ik neem aan dat tante Geraldine wist van dit... dit afschuwelijke geheim van jou?' kwam Martha tussenbeide.

'Ik heb er nooit iets over gezegd,' antwoordde Naomi. 'Iets moet me verraden hebben. Ik schaamde me zo dat ik me er niet toe kon brengen het aan iemand te vertellen. Tot ik het kort geleden aan Ellis bekende.'

Martha kreunde. 'O mam, hoe kon je?'

'Ik wilde dat hij alles van me wist, zowel de goede als de slechte dingen. Vooral de slechte dingen. En ik wilde niet dat we geheimen voor elkaar hadden; ik wilde een nieuw begin, gebouwd op waarheid en eerlijkheid. Na zo veel jaren van leugens en doen alsof was het een opluchting om het hardop te zeggen. Maar het was ook angstaanjagend. Ik voelde me enorm kwetsbaar en schuldig omdat ik jullie vader verried. En jullie ook.'

'Als het zo erg was om met pa getrouwd te zijn, waarom bleef je dan?'

'Waarom denk je, Martha? Voor jullie. Ik kon mezelf er niet toe brengen het leven dat we als gezin hadden kapot te maken. Of de liefde die jij voor je vader koesterde. Het zou je hart hebben gebroken, en ook dat van hem.'

Martha pakte een steen en gooide hem boos naar de terugtrekkende zee. 'Maar nu is het oké om dat te doen?' zei ze. 'Nu mag ik wel weten dat mijn vader niet de man was die ik dacht dat hij was, maar een gewelddadige vrouwenmishandelaar?'

In de pijnlijke stilte die daarop volgde zei Willow: 'Wat bedoelde je toen je zei dat Ellis alle slechte dingen van je moest weten, mam?'

'Ik bedoelde de schaamte, Willow. De schaamte die al die jaren een tweede huid voor me is geweest.' Met vastere stem vervolgde ze: 'En dat laat ik met jou niet gebeuren. Als je Rick vergeeft voor wat hij heeft gedaan en naar hem teruggaat, zul je altijd bang zijn dat hij nog eens in de fout gaat. Dan zal ook jouw leven een grote leugen zijn en je zult jezelf haten omdat je voor de buitenwereld doet alsof alles goed gaat terwijl dat helemaal niet zo is.'

'Ik denk dat het daar al te laat voor is,' fluisterde Willow. 'Mijn leven is al een leugen.'

54

Het was gebeurd tijdens het eerste trimester van haar tweede jaar op Warwick University en het was uiteraard haar eigen schuld; ze had niet zoveel moeten drinken. Hoewel dat niet haar eerste fout was: ze had helemaal niet naar het feest moeten gaan. Dat was ze ook niet van plan geweest, maar op het laatste moment had ze het essay dat ze aan het schrijven was opzijgeschoven en was ze toch gegaan. De twee meisjes met wie ze het huis deelde waren het weekend naar Londen en omdat ze een paar dagen geen gezelschap had, leek een feest een prima idee. Ze had het niet erger mis kunnen hebben.

Toen hij naar haar toe kwam, was ze de tel kwijt van het aantal tequilashots dat ze achterover had geslagen. Ze had hem zien kijken toen ze grapjes had zitten maken met een groepje vrienden en ze was onder de indruk. Hij was lang en krachtig gebouwd, hij had een dikke bos donker haar en vanonder zijn wenkbrauwen had een stel zwoele donkere ogen haar met duidelijke belangstelling bekeken. Zijn blik bleef zelfs op haar rusten toen hij het flesje bier in zijn hand omhoogbracht en zijn hoofd naar achteren boog om eruit te drinken.

Hij baande zich een weg naar haar toe en zei: 'Het wordt tijd dat we kennismaken, vind je niet?'

'Ik dacht dat je een van die verlegen types was, dus ik durfde niet.' Ze had het spelletje meegespeeld.

Hij glimlachte geamuseerd. 'Nou, we hebben het lastige deel gehad, dus vertel maar eens hoe je heet. Ik ben John.'

Het volgende uur dansten en kletsten ze en dronken nog wat. Hij vertelde dat hij rugby speelde. 'Je houdt wel van rugbyspelers, zeker?' had hij gevraagd. Intussen was het feest zo lawaaiig geworden dat hij in haar oor moest schreeuwen.

'Vanaf vandaag wel,' had ze met een dronken giecheltje teruggeschreeuwd. Hij boog zich net naar haar toe om haar te kussen toen achter hem een paar van zijn vrienden opdoken.

'Zien jullie niet dat ik bezig ben mijn charme los te laten op deze prachtige meid,' zei hij met een knipoog toen ze voorstelden naar een pas geopende club te gaan.

Ze was dronken genoeg geweest om het sexy te vinden dat hij haar zo claimde.

Dat vond ze nog steeds toen ze later boven waren en hij haar kuste en zijn handen onder haar topje liet glijden. Hij nam haar mee naar een van de slaapkamers en op het moment dat hij de deur dichtdeed en de sleutel omdraaide, klikte er iets in haar en wist ze dat ze daar niet wilde zijn. Het voelde niet goed.

Het enige licht in de rommelige kamer was de felle gloed van een straatlantaarn vlak voor het raam en daarbij was maar al te duidelijk de gretige verwachting in zijn ogen te zien.

'Laten we maar een beetje voortmaken,' zei hij terwijl hij zijn spijkerbroek opendeed. 'Er zijn vast nog anderen die de kamer willen gebruiken.'

Opeens vond ze hem niet meer zo aantrekkelijk of sexy. Gewoon een grote, zweterige man die boven haar uittorende. Ze deed een stap achteruit en schoof naar de deur. 'Ik geloof niet dat dit een goed idee is,' zei ze met een verontschuldigende glimlach. 'Laten we weer naar beneden gaan.'

Hij keek haar strak aan. 'Zo werkt het niet.'

'Ja, zo werkt het wel,' zei ze met meer zelfvertrouwen dan ze voelde.

Er klopte een adertje in zijn nek, een dikke nek die hem nu ze hem met andere ogen bekeek het uiterlijk gaf van een buldog. Hij bleef haar aankijken en net toen ze haar hand naar de sleutel had uitgestoken om de deur open te maken, greep hij haar vast en draaide haar om, zodat hij haar in zijn armen had.

'Ik ken jouw type,' zei hij. 'Jullie zijn allemaal hetzelfde: jullie geilen een man op en dan zeggen jullie dat jullie van gedachte zijn veranderd. Maar zoals ik al zei: zo werkt het niet. Niet bij mij, in elk geval.' Hij drukte zijn mond hard op die van haar en duwde haar op het bed.

'Niet doen.' Ze probeerde hem van zich af te duwen. Maar ze kon niet op tegen de kracht en de vastberadenheid waarmee hij haar kleren uitrukte. Ze probeerde om hulp te roepen, maar dat had alleen tot gevolg dat hij een van zijn grote handen over haar mond legde. Ze kreeg amper lucht en omdat het volume van de muziek beneden nog harder was gedraaid, alsof het afschuwelijke gegrom dat hij uitstootte terwijl hij tegen haar aan ramde overstemd moest worden, had ze geen andere keus dan hem zijn gang te laten gaan. Maar al die tijd schreeuwde ze inwendig dat hij moest ophouden.

Gelukkig duurde het niet lang en toen hij naderhand zijn spijkerbroek dichtdeed, zei hij: 'Probeer de mensen maar eens wijs te maken dat dit tegen je wil was. Niemand zal je geloven. Iedereen zag je heel gewillig met me mee naar boven gaan. Je wist precies wat je deed.'

Ze ging meteen terug naar het lege huis, liet het bad vollopen en huilde. Maar hoe grondig ze haar lichaam ook schrobde, ze kon de smet van haar domheid niet wegwassen. Waarom had ze zo veel gedronken? Waarom had ze zich zo gevleid gevoeld door de aandacht van een man die niet beter was gebleken dan een wild beest?

In de dagen en weken die volgden trok ze zich terug uit het studentenleven en kwam ze bijna haar kamer niet uit, behalve om eten te kopen in een winkel in de buurt. Haar huisgenoten maakten zich zorgen om haar, maar ze wilde niet vertellen wat er was gebeurd. Wie zou haar geloven? Ze was zelf met John die trap op gelopen. De mensen zouden zich herinneren dat ze voor die tijd met hem had gedanst en dat ze hadden staan zoenen. Ze zouden zeggen dat ze het net zo graag had gewild als hij. Zo was het in de ogen van de mensen die hen samen hadden gezien. Dus nee, ze zweeg liever dan dat ze een leugenaar werd genoemd die alleen maar problemen wilde veroorzaken.

Maar die problemen kwamen toch toen ze besefte dat ze haar menstruatie had gemist. Ze wilde geloven dat het kwam doordat ze zo van streek was en niet behoorlijk at, maar een tochtje naar de apotheek en een zwangerschapstest maakten korte metten met die illusie.

Ze aarzelde niet. Geen moment. Ze liet zich niet door schuldgevoelens tegenhouden en deed wat ze moest doen. Ze liet zich niet overhalen om het kind te houden van een man die niet beter was dan een verkrachter. Dus zocht ze de informatie op die ze nodig had – die was volop verkrijgbaar op de campus – en twee weken later slikte ze de eerste van de twee tabletten die ze moest innemen. De volgende dag nam ze een paar pijnstillers, zoals werd geadviseerd, en daarna het tweede tablet dat ze in de kliniek had gekregen. Vervolgens wachtte ze tot de medicatie haar lichaam verloste van het ongewenste ding in haar buik.

Maar net zoals ze de smet van haar eigen domheid niet had kunnen wegwassen, raakte ze ook het gevoel niet kwijt dat haar vanaf dat moment in zijn greep hield, het gevoel dat ze niets waard was. Ze gaf haar studie eraan; elke ambitie en elk doel in haar leven was weg. Het leek allemaal zo zinloos. En als bevestiging van wat haar vader altijd over haar had gezegd, dat ze nooit iets kon volhouden tot het einde, dwarrelde ze doelloos door een reeks kansloze baantjes en had ze het ene vriendje na de andere.

Twaalf jaar later ontmoette ze Rick, van wie iedereen vond dat hij de perfecte vriend voor haar was. Een vriend die wat hoognodige stabiliteit in haar leven zou brengen.

55

'Het is allemaal mijn schuld, Ellis,' had Naomi huilend gezegd. 'Alles wat er met Willow is gebeurd, is aan mij te wijten. Ik heb het belangrijkste wat een moeder moet doen niet gedaan: zorgen dat ze veilig was.'

Ze lagen in bed en Ellis had vol afschuw geluisterd naar wat Naomi hem aarzelend had verteld. Eigenlijk had ze het hem niet willen vertellen, maar de last was te zwaar geweest en ze was ingestort en had alles eruit gegooid. Naderhand had ze hem uit respect voor Willow gesmeekt om er met niemand over te praten. Hij had beloofd dat hij dat niet zou doen en hij was een man van zijn woord.

Tot zijn grote verdriet kon hij Naomi niet uit het hoofd praten dat zij schuldig was aan wat er met haar dochter was gebeurd, hoe onterecht die overtuiging ook was. Alles wat hij kon doen, was haar vasthouden en haar laten huilen. Omwille van Willow had ze haar gevoelens de hele dag en avond in bedwang gehouden, maar toen ze met Ellis in bed lag, had haar wilskracht plaatsgemaakt voor tranen, verdriet en zelfverwijt. Ze had gezegd dat haar hart in duizend stukken lag door wat Willow haar en Martha op het strand had verteld en dat ze zichzelf nooit zou vergeven dat haar jongste dochter dit allemaal had moeten doormaken.

Uiteindelijk was de emotionele uitputting haar te veel geworden en was ze in slaap gevallen, maar Ellis lag klaarwakker in het donker voor zich uit te staren en kon geen rust vinden. Hij bleef er maar aan denken hoe verkeerd het was dat slachtoffers vaak zichzelf de schuld gaven, terwijl mensen als Colin en Rick, de werkelijke daders, dat nooit deden. Zat er zelfs maar een greintje oprechtheid in al hun spijtbetuigingen en smeekbedes om vergeven te worden? Ellis dacht van niet, want hoe zouden ze dan kunnen doen wat ze deden?

Naomi voelde zich schuldig omdat ze Willow op jonge en ontvankelijke leeftijd in de positie had gebracht waarin ze getuige was geweest van gewelddaden, zodat ze die vervolgens als normaal en onderdeel van een relatie was gaan beschouwen. Als daar iemand schuld aan had, was het Colin, had Ellis tegen Naomi gezegd.

'Als Colin nog had geleefd, zou je hem dan niet verantwoordelijk houden voor wat Willow als kind heeft gezien?' had Ellis opgeworpen. 'Speelt hij geen rol als het gaat om het aanwijzen van schuldigen?'

'Natuurlijk wel,' had ze gezegd, 'maar ik was te laf om bij Colin weg te gaan. En omdat ik ben gebleven, heb ik ervoor gezorgd dat Willow een verwrongen beeld heeft van wat een gezonde relatie inhoudt.'

'Dat was geen lafheid,' had hij teder gezegd. 'Er was moed voor nodig om te blijven, om je kinderen op de eerste plaats te zetten. Als iemand een lafaard was, was het Colin, want hij weigerde hulp te zoeken en was te bang om onder ogen te zien wat hem dreef.'

'Maar kijk wat mijn beslissing om te blijven voor Willow heeft betekend,' had ze gezegd. 'Ik heb haar laten zien dat je de andere wang toekeert als je slecht wordt behandeld. Letterlijk.'

'Willow heeft onbewust misschien gedacht dat dat zo was,' had Ellis tegengeworpen, 'maar ze is vandaag hiernaartoe gekomen omdat ze wist dat wat Rick had gedaan niet goed was.'

'Maar door mij is ze in een potentieel dodelijke relatie beland.'

'Nee,' protesteerde Ellis. 'Dat heeft de schoft gedaan die haar heeft verkracht. Hij heeft haar eigenwaarde kapotgemaakt en dat is de echte reden waarom ze zichzelf zo laag aansloeg en zich door Rick liet manipuleren. En misschien is dat in mindere mate in het verleden ook met andere vriendjes gebeurd.'

'Zeg dat alsjeblieft niet,' had Naomi gezegd. 'Ik kan niet verdragen dat ze denkt dat ze zo weinig van het leven verdient.'

Maar was dat niet wat Naomi zelf ook had gedacht, dacht Ellis.

Hoe meer hij nadacht over wat er met Willow was gebeurd, hoe meer hij een soort oerdrift in zich voelde opwellen om wraak te nemen voor die arme meid, om de man op te sporen die haar had verkracht. Nadat hij die onder handen had genomen, zou hij zich op Rick richten.

Ellis walgde van de gedachte dat ze allemaal in Ricks toneelspel van beschaafd gedrag waren getrapt. Hoewel hij zich niet helemaal had laten misleiden; sommige aspecten van Ricks gedrag hadden kleine alarmbellen doen afgaan, maar meer was het eigenlijk niet. Tot Martha zich eerder op de dag in de auto tegen hem had uitgesproken. Op dat moment hadden sommige dingen die ze had gezegd hoogst onwaarschijnlijk geleken, zoals haar idee dat Rick die kat opzettelijk had gedood, maar nu kon Ellis het heel goed geloven. Een sadist in hart en nieren, dacht hij met een rilling van afkeer.

Wetend dat hij in deze gemoedstoestand toch niet zou kunnen slapen, kroop hij stilletjes uit bed om Naomi niet wakker te maken. Net zo stilletjes sloop hij naar beneden. Hij nam zijn telefoon mee voor het geval hij een praatje met Lucas zou kunnen maken. Opeens moest hij weten of alles goed met hem was. Hij zou hemel en aarde bewegen als hij dacht dat zijn stiefzoon zijn hulp nodig had, maar niet in staat was om erom te vragen. Soms was het te gemakkelijk om gewoon te aanvaarden dat iemand was zoals hij was en daar nooit vragen bij te stellen. Zoals iedereen met Willow had gedaan.

Er konden massa's dingen zijn die invloed hadden op Lucas' geestelijke welzijn: de dood van zijn vader toen hij nog een kind was, het nieuwe huwelijk en veel later de dood van zijn moeder. Het feit dat hij daar allemaal geen last van leek te hebben, betekende niet dat dat ook zo was. Hij dacht terug aan de dag van de begrafenis van Rose, toen Lucas vrijuit tegen Willow had gesproken over de begrafenis van zijn moeder en dingen had gezegd die Ellis nog nooit van hem had gehoord. Hij nam zich voor dit nader te bespreken met zijn stiefzoon.

Verrassend genoeg nam Lucas na slechts twee keer rinkelen zijn telefoon op. Hij legde uit dat hij in zijn auto op weg was naar het vliegveld; hij moest naar New York, waar hij een praatje moest houden op een symposium over digitale media. Ellis kon zich moeilijk voorstellen dat Lucas zoiets deed, want hij had het altijd vreselijk gevonden om in de belangstelling te staan en gaf er de voorkeur aan om, zoals hij het zelf zei, 'zich onopvallend op de achtergrond schuil te houden'.

'Ben je zenuwachtig?' vroeg Ellis.

'Niet echt. Ik weet waar ik het over heb, anders zou het bedrijf me niet hebben gestuurd. En ik heb me goed voorbereid, dus het is slechts een kwestie van het zo duidelijk en beknopt mogelijk doorgeven van mijn kennis, alsof ik op kantoor ben.'

Trots zei Ellis: 'Goed van je.'

'Maar waarom bel je me midden in de nacht? Het moet daar een uur of twee in de ochtend zijn.'

Ellis vertelde hem wat Rick Willow had aangedaan, dat Naomi door Colin was mishandeld en dat ze haar dochters vandaag voor het eerst had bekend wat er in het geheim had plaatsgevonden, maar dat Willow daar als klein kind iets van mee had gekregen. Hij hield zich aan zijn belofte aan Naomi en vertelde niet dat Willow als student verkracht was. Toen hij was uitgesproken, was het zo stil aan de andere kant dat hij zich afvroeg of de verbinding was verbroken. 'Ben je daar nog, Lucas?' vroeg hij.

'Ja, ik zat te bedenken wat ik moest zeggen.'

'Dat gevoel ken ik.'

'Achteraf is het natuurlijk makkelijk praten, maar ik mocht Willows verloofde niet. Ik vond het ongemakkelijk dat hij altijd aan haar zat, het gaf me een vreemd gevoel.'

'Ik weet wat je bedoelt.'

'En ik vond hem totaal niet haar type. Wat gaat er nu gebeuren?'

'Dat vraag ik me ook af,' zei Ellis.

'Maar hoe moet het verder? Want ze moet niet teruggaan naar Rick. Willow moet inzien dat ze in dezelfde situatie terecht zou komen als die waarin Naomi jaren heeft gezeten met haar gewelddadige man, zoals je me net hebt verteld. Ik kan nog steeds niet geloven dat ze niet bij hem is weggegaan. Waarom doen vrouwen dat in godsnaam niet?'

'Dat is een heel andere discussie, iets wat wij als mannen over het algemeen niet gemakkelijk kunnen begrijpen. Tenzij we in een soortgelijke situatie hebben gezeten.'

'Nog even iets praktisch: ik hoop dat iemand zo verstandig is geweest om foto's te maken van Willows verwondingen. Ze zou ze nodig kunnen hebben om te bewijzen dat hij haar heeft mishandeld.'

'Daar heeft Martha al aan gedacht, en hoewel ze het eigenlijk niet wilde, stond Willow haar zus uiteindelijk toe een paar foto's te maken.'

Op de achtergrond kon Ellis al die kilometers verderop een sirene horen. Toen hij voorbij was, zei Lucas: 'Hoor eens, pa, ik ben bijna bij de luchthaven, dus ik moet een eind maken aan dit gesprek, maar ik heb nog één vraag. Denk je dat ik de aanleiding ben voor wat Rick heeft gedaan? Ik zou het mezelf nooit vergeven als het zo was.'

'Er zijn hier al genoeg mensen die zichzelf overal de schuld van geven,' zei Ellis vastberaden, 'dus ga jij jezelf alsjeblieft niet ook nog verwijten maken.'

'Je hebt geen antwoord gegeven op mijn vraag.'

'Jouw naam is niet gevallen in wat Willow allemaal heeft verteld, maar ik zou zeggen dat het ons allemaal duidelijk was dat jullie elkaar meteen mochten en dat betekent dat Rick het ook heeft gezien. Het lijkt mij dat hij niet veel aanleiding nodig had om zijn ware aard te tonen.'

'Maar ik heb de situatie er niet beter op gemaakt, toch?'

'Misschien toch wel. Misschien is het maar beter dat dit snel is gebeurd.'

'Denk je dat ze het oké zou vinden als ik contact met haar opneem?'

'Ik zie niet waarom niet. Dat zou je me voor vandaag niet hebben gevraagd, of wel soms? Ze is nog precies dezelfde persoon als de laatste keer dat je haar sprak.'

Was dat te simpel gedacht? Dat vroeg Ellis zich een paar minuten later af toen hij Lucas succes had gewenst met zijn praatje en de verbinding had verbroken.

Liepen ze nu gevaar om Willow anders te behandelen en haar voor altijd als slachtoffer te zien? Hij hoopte van niet. Anders zou ze dit nooit achter zich kunnen laten en verder kunnen met haar leven.

Maar zoals Naomi had gezegd hadden de verkrachting en de abortus invloed op haar gehad. Ze verklaarden wellicht waarom ze het zo moeilijk vond om zich aan iemand te binden. Misschien geloofde ze niet dat ze iets goeds en blijvends verdiende.

Hoe kon die arme meid daar ooit haar weg in vinden? En wat zouden haar gevoelens zijn als ze naar de baby keek en aan Rick werd herinnerd?

Erger nog: stel dat Rick haar ervan overtuigde dat hij kon veranderen, dat hij het zou doen voor zijn kind. Met haar lieve natuur zou ze hem waarschijnlijk een tweede kans geven. Net als Naomi had gedaan met Colin.

Ze hadden zich de hele avond vol spanning zitten afvragen of Rick naar Anchor House zou komen nadat hij bij thuiskomst het briefje had ontdekt dat Willow voor hem had achtergelaten. Maar ze hadden niets van hem vernomen.

Ellis was er voor negenennegentig procent van overtuigd geweest dat Rick zou bellen, dat hij ervan overtuigd zou zijn dat hij hen ervan kon overtuigen dat alles wat Willow hun had verteld gelogen was. Natuurlijk had hij haar niet geslagen! Hoe kon iemand dat denken terwijl hij zo veel van haar hield? Hij zou misschien zelfs kunnen zeggen dat ze inderdaad ruzie hadden gehad, maar dat ze was gevallen en om onnaspeurbare reden een afschuwelijk verhaal had verzonnen om hem in een kwaad daglicht te zetten. Door de zwangerschap gedroeg ze zich irrationeel, zou hij kunnen zeggen, en hij had zijn best gedaan om dat te verhullen, omdat hij haar ongemakkelijke situaties wilde besparen. Ze wisten al dat hij een geloofwaardige leugenaar was, dus waarom zou hij niet proberen hen ervan te overtuigen dat zwart wit was en wit zwart? Hij was arrogant genoeg om te denken dat het hem zou lukken.

Dit en nog veel meer was door Ellis heen gegaan toen hij zich had afgevraagd hoe Rick zou reageren op het feit dat Willow bij hen was. Rick deed hem denken aan een oud-collega die een reeks catastrofale fouten had gemaakt met de portfolio van een cliënt. Toen Ellis hem erop had aangesproken, had hij geweigerd toe te geven dat hij een fout had gemaakt, had hij zijn positie steeds hardnekkiger verdedigd en had hij zichzelf steeds dieper in de problemen gebracht door vol te houden dat hij gelijk had. Hij had zich alleen druk gemaakt om zijn imago, zonder te proberen het door hem veroorzaakte probleem op te lossen of toe te geven dat hij ervoor verantwoordelijk was.

De kans was groot dat Rick precies hetzelfde zou doen. Hij zou zo mogelijk alle schuld op Willow schuiven. Maar welk excuus of welke reden hij ook gaf om zichzelf vrij te pleiten, het zou vergeefse moeite zijn. Hij kon niets doen of zeggen dat een van hen gunstig zou stemmen. Het klonk misschien overdreven, maar voor de familie was hij aangeschoten wild. Toch wist niemand hoe het zou gaan als de baby eenmaal was geboren. Als vader zou hij rechten hebben en daar maakte Ellis zich nog de meeste zorgen over.

56

De combinatie van de onthullingen van gisteren en de ongemakkelijke hoek waarin de baby lag, die met beide voeten tegen haar ribben leek te schoppen, had Martha een rusteloze nacht bezorgd. Toen ze keek hoe laat het was en zag dat het bijna zeven uur was, liet ze het idee om nog te gaan slapen met enige opluchting varen.

Het grootste deel van de nacht hadden tegenstrijdige emoties een verward en kleverig web gemaakt van haar gedachten. Ze had zich vooral schuldig gevoeld: ze had haar zus in de loop der jaren niet bepaald eerlijk behandeld, maar als ze had geweten wat Willow had doorgemaakt, zou ze alles heel anders hebben gedaan. Minder ergernis en veel meer medeleven. En ze zou ervoor hebben gezorgd dat het monster dat haar had verkracht had geboet voor wat hij had gedaan. De onrechtvaardigheid van wat er met Willow was gebeurd, had haar onuitsprekelijk boos gemaakt.

Daar kwam nog bij wat haar moeder over haar vader had verteld. Martha's eerste reactie was geweest om haar moeder een leugenaar te noemen, om geen woord van wat ze had gezegd te geloven. Maar Naomi was zo rustig gebleven tijdens haar bekentenis dat Martha wist dat ze moest aanvaarden dat ze de waarheid vertelde, hoe schokkend die ook was. Bovendien werd het bevestigd door Willow, die getuige was geweest van het geweld, en dan waren er ook nog de vermoedens van tante Geraldine. Ze moest bekennen dat het een uitgemaakte zaak was.

Toch wilde Martha een plausibele en acceptabele reden voor het gedrag van haar vader bedenken, net als haar moeder had gedaan. Maar omdat ze Rick veroordeelde voor wat hij Willow had aangedaan, moest ze in alle eerlijkheid ook haar vader veroordelen. Ze kon geen uitzondering voor hem maken. En nu voelde ze zich verraden, alsof ze een bedrieger had aanbeden en bewonderd en het fundament van haar leven nu onder haar voeten afbrokkelde. Niets ervan was echt. Ze was voor de gek gehouden.

Tom was uiteraard geschokt geweest toen ze hem over de telefoon vertelde over Willow, maar toen ze had geprobeerd ook het verhaal over haar vader te doen, was haar stem gebroken en was ze gaan huilen. Ze wist dat Tom zijn autosleutels zou pakken en naar haar toe zou komen als hij te bezorgd om haar werd, dus ze had zich vermand en de woorden uit haar keel gewrongen.

'Hoe kan het dat ik het niet wist?' had ze tegen Tom gezegd. 'Hoe blind moet ik zijn geweest? Al die tijd heb ik lopen klagen dat Willow altijd met haar hoofd in de wolken liep en geen idee had van wat er om haar heen gebeurde, en intussen kon ik zelf niet zien wat er recht onder mijn neus aan de gang was!'

'Maar het gebeurde niet onder je neus, Martha. Dat is juist het akelige van huiselijk geweld, het blijft verborgen.' Vervolgens had hij aangeboden om naar haar toe te komen, net zoals ze had voorspeld.

'Nee,' had ze gezegd, 'met mij is alles in orde.'

'En als Rick komt opdagen?' had hij gevraagd.

'Maak je geen zorgen; mam, Ellis en ik kunnen Rick wel aan. En vergeet niet,' voegde ze er luchtig aan toe om Tom ervan te verzekeren dat hij zich echt geen zorgen hoefde te maken, 'ma's vriendin Geraldine is hier ook, dus die is onze eerste verdedigingslinie.'

Hij had geprobeerd te lachen, maar ze merkte dat hij dat alleen voor haar deed. 'Bel me als je van gedachte verandert of als je gewoon wilt praten.'

'Dat beloof ik,' had ze dankbaar gezegd.

Toen ze het dekbed naar achteren sloeg en uit bed stapte, bedacht Martha hoeveel geluk ze had met zo'n lieve en attente man, die net zomin een hand tegen haar zou opheffen dan dat hij een tweede hoofd zou krijgen.

Godzijdank was ze niet gevallen voor een evenbeeld van haar vader. Hoe moeilijk het ook te accepteren was, de liefde voor de man die zo veel voor haar had betekend was nu onherroepelijk besmet

met schaamte. Ze schaamde zich vreselijk voor hem. Hij had haar moeder geslagen en was daar jaren mee weggekomen, en ze geloofde niet dat ze hem ooit nog zou kunnen zien als een goed mens.

Toen ze hoorde dat de wc werd doorgetrokken in de badkamer tussen haar kamer en die van haar zus trok ze de ochtendjas aan die haar moeder altijd voor haar klaar had hangen. Ze ging de overloop op, klopte zachtjes op Willows deur en ging naar binnen.

Willow zat in bed met de oude lappenpop die ma voor haar had gemaakt toen ze klein was. Met het dekbed opgetrokken tot haar kin en haar slordige vlechten, die ze niet had uitgeborsteld voor ze naar bed ging, zag ze er schrijnend kinderlijk uit. Over de snee in haar lip zat nu een lelijke korst en de blauwe plek op haar wang en oog was groter geworden, zodat een nog groter stuk van haar gezicht erdoor werd getekend.

'Hoe voel je je?' Martha deed de deur achter zich dicht en ging op de rand van haar zusters bed zitten.

'Het gaat wel.'

'Heb je nog wat kunnen slapen?'

'Af en toe.'

'Ik ook.'

Willow keek naar Martha, nog steeds met de pop in haar handen. 'Het spijt me. Je weet wel… van pa. Het moet een enorme schok voor je zijn geweest. Jij had altijd een veel betere band met hem dan ik.'

'Als ik de waarheid had geweten, had ik die niet gehad.' Ze wilde nog zeggen dat ze wilde dat Willow haar al die jaren geleden in vertrouwen had genomen, maar ze bedacht zich. Ze wisten allebei dat Martha haar niet zou hebben geloofd als haar zus haar had verteld wat ze had gezien. Ze zou haar een leugenaar en waarschijnlijk nog veel ergere dingen hebben genoemd. 'Ik wil liever niet over pa praten, als je het niet erg vindt,' zei ze. 'Ik maak me veel meer zorgen om jou.'

'O, dat hoeft niet hoor. Ik zal het heus wel overleven.'

Ze klonk gekmakend luchtig, een echo van de Willow die altijd alles had gebagatelliseerd. Maar nu Martha wist wat dat was, een sluier over de gevoelens die Willow werkelijk had, klonk het haar onecht in de oren. Het was een van de dingen die Martha hadden geërgerd in haar zus, haar schijnbare weigering om belangrijke besluiten te nemen en om de verantwoordelijkheid te nemen voor haar eigen leven. Nu moest ze accepteren dat Willow veel moeilijker beslissingen had moeten nemen dan Martha. Ze had meer dan genoeg verantwoordelijkheid genomen. Veel te veel.

'Maar de vraag is hoe je hiermee moet omgaan, Willow,' zei ze zacht.

Willow haalde haar tengere schouders op. 'Je weet dat ik totaal niet kan plannen. De baby komt en op de een of andere manier zal ik mijn weg moeten vinden.'

Martha glimlachte. 'Dan is het maar goed dat je een zus hebt die als geen ander een plan van actie kan opstellen. En ma is daar ook heel goed in, dus ik weet zeker dat we samen iets kunnen bedenken om je te steunen. Voorlopig denk ik dat je vandaag naar een dokter moet, al was het maar om de verwondingen in je gezicht officieel te laten vastleggen. Ik zal ma de plaatselijke praktijk laten bellen, goed?'

Willow knikte.

'Daarna zou ik voorstellen dat een van ons met Rick gaat praten. Hij moet weten dat je beschermd wordt door je familie.' Ze hoorde hoe bazig en dictatoriaal dat klonk en ging zachter verder: 'Als jij dat tenminste een goed idee vindt.'

'Ik denk dat ik zelf met hem moet praten.' Willow trok de lappenpop nog steviger tegen zich aan. 'Dat zal toch een keer moeten, waar of niet? Hij is tenslotte de vader van het kind.'

Jammer genoeg, dacht Martha.

'Maar hij respecteert tenminste wel mijn wensen en geeft me tijd om na te denken. Ik was bang dat hij na het lezen van mijn briefje meteen hiernaartoe zou komen of zou opbellen.'

Martha geloofde niet dat daar veel respect bij kwam kijken; lafheid kwam er dichterbij. Ze besloot te beginnen over een punt dat ze de vorige dag in de auto met Ellis had besproken. 'Denk je dat Rick je met opzet zwanger heeft gemaakt?' vroeg ze.

Willow fronste. 'Waarom zou hij dat doen?'

'Om je in de val te lokken. Om te zorgen dat je van hem bent. Was hij ook maar een beetje geschokt of zelfs maar geërgerd toen je vertelde dat je in verwachting was?'

Willow dacht even na. 'Nee,' zei ze uiteindelijk. 'Ik zag er enorm tegen op om het hem te vertellen, maar toen ik het deed, was hij enorm lief en helemaal in de zevende hemel.'

'En je hebt me verteld dat jij even geen pil slikte en dat Rick voor de anticonceptie zorgde, toch? Stel dat hij daarmee heeft geknoeid, zodat er een ongelukje kon gebeuren?'

'Maar dat zou ik toch hebben gemerkt? En wat maakt het eigenlijk uit hoe en waarom ik zwanger ben geraakt? Ik ben zwanger en meer is er niet over te zeggen.'

Maar voor Martha maakte het wel uit. Ze voelde gewoon dat Rick dit allemaal zo gepland had en ze vond het verschrikkelijk dat hij haar zus zo had gebruikt.

'Willow,' zei ze, 'ik moet je iets zeggen. Iets wat lang geleden al gezegd had moeten worden. Ik ben niet altijd een goede zus voor je geweest en dat spijt me echt. Rick heeft me ervan beschuldigd dat ik je op je kop zit en kleineer en ik geef het niet graag toe, maar hij had in veel opzichten gelijk. Eigenlijk zou ik nog verder willen gaan en willen zeggen dat ik af en toe een gevoelloos kreng ben geweest.'

'O, wat een onzin!' zei Willow. 'Je hebt me nooit op mijn kop gezeten. Je bent gewoon bazig van aard, je bent de grote zus, dat is alles.'

Martha schudde haar hoofd. 'Nee, Willow, daar kan ik niet in meegaan. En als ik een betere zus was geweest, had je me misschien verteld wat er die avond bij dat feest was gebeurd. Ik had je misschien kunnen helpen. Was ik echt zo onbenaderbaar dat je het me niet kon vertellen?'

'Ik kon het je niet vertellen omdat ik bang was dat je het aan pa zou doorbrieven. Ik kon de gedachte niet verdragen dat hij het ooit te weten zou komen. Hij zou hebben gezegd dat het allemaal mijn eigen schuld was, en misschien is dat ook wel zo. Ik had niet zoveel moeten drinken. Ik had die avond niet uit moeten gaan. Ik had verstandig moeten zijn en op mijn kamer moeten blijven om dat essay af te maken. Dat zou jij hebben gedaan. En pa vergeleek ons altijd met elkaar. Ik heb nooit kunnen voldoen aan het perfecte voorbeeld dat jij zo moeiteloos gaf en hij had toch al zo'n lage dunk van me. Dit zou de laatste druppel zijn geweest. Ik heb hem nooit zo tevreden kunnen stellen als jij. Ik ben altijd een teleurstelling voor hem geweest. Volgens mij ben ik altijd een beetje bang geweest voor hem en zijn afkeuring.'

'Dat is niet erg verrassend na wat je als kind had meegemaakt. Je hebt toen misschien niet helemaal begrepen wat je had gezien, maar het moet er toch voor hebben gezorgd dat je uit een soort zelfbehoud op je hoede was bij hem. Misschien heeft hij dat wel aangevoeld en zat hij je daarom altijd zo op de huid.'

'Daar heb ik nooit aan gedacht. Maar je moet niet denken dat ik het erg vond dat jij zijn lieveling was. Dat was niet zo. Ik was enorm trots op je, maar ik ben nooit jaloers op je geweest. Eigenlijk had ik soms zelfs medelijden met je, omdat pa zo veel van je verwachtte en omdat jij ook zo veel van jezelf verwachtte.'

Martha kon wel huilen om de vergevingsgezindheid van haar zus; het was zo onrechtvaardig dat hun vader hun al zo jong een stempel had opgedrukt. 'O, Willow,' zei ze, 'je bent zo lief en vergevend van aard. Diep in mijn hart ben ik daar altijd een beetje jaloers op geweest. Ik ben koppig en eigenwijs en daardoor schort er soms iets aan mijn oordeel en kan ik niet altijd aardig zijn. Vraag maar aan Tom! Maar je had mam toch wel kunnen vertellen van de verkrachting en daarna dat je zwanger was? Zij is altijd je steun en toeverlaat geweest. Er is niets wat ze niet voor je zou doen.'

Opeens verscheen er een verdrietige trek op Willows gezicht. 'Nee,' zei ze zacht, 'mam zou het aan pa hebben verteld, ze zou zoiets niet voor hem hebben verzwegen. Hoe dan ook, ik zag het als mijn fout, die ik zelf moest rechtzetten. Ik wilde verder met mijn leven alsof het nooit was gebeurd. Door het aan niemand te vertellen, zelfs niet aan ma, hoopte ik dat ik mezelf kon wijsmaken dat het niet meer was geweest dan een nare droom. Dat klinkt zielig, hé? Maar ik wilde ook niet dat mensen het wisten omdat ik dan voor altijd als slachtoffer zou worden gezien, en dat wilde ik niet. Ik wilde hun medelijden niet en ik wilde ook niet dat iedereen van die schande afwist.'

'Jij hoefde je nergens voor te schamen. Jij hebt niets verkeerd gedaan. Het was niet jouw schuld. Dat heb je tot nu toe misschien niet geloofd, maar dat moet je nu wel doen. Echt.'

'Dat weet ik,' zei Willow. 'Dat zei ma gisteravond ook steeds tegen me. Ze was helemaal van streek, hè?' voegde Willow er na een korte stilte aan toe. 'Ik vind het verschrikkelijk dat ik haar dat heb aangedaan. Ik hoorde haar huilen toen ze met Ellis in bed lag. Ik geloof niet dat ze ooit zo verdrietig heeft geklonken.'

'Dat is omdat ze van je houdt.'

'Ik denk dat het voor ons ook zo is als we moeder zijn, jij niet?' Willow gooide de lappenpop opzij en legde haar handen onder het dekbed op haar buik. 'Het is eng, die enorme verantwoordelijkheid en liefde, toch? Of misschien vind jij het niet zo eng.'

Martha glimlachte. 'Ik kan je verzekeren van wel. Er is zo veel dat je al doende moet leren en er kan zo veel misgaan. Maar weet je, met vallen en opstaan lukt het ons wel, net zoals miljoenen andere moeders.'

'Nou, vallen en opstaan, daar ben ik goed in,' zei Willow.

'Je moet jezelf niet zo laag aanslaan. Je zult het fantastisch doen.' Martha was zich ervan bewust dat ze iets ging aansnijden waar haar zus misschien niet over kon praten, omdat het te persoonlijk voor haar was, dus ze koos haar woorden met grote zorg. 'Denk je weleens aan de baby die...' Ze aarzelde. '... die je niet hebt gekregen?'

'Je bedoelt de baby die ik weg heb laten halen?' zei Willow botweg.

Martha knikte. 'Ja.'

'Die heb ik destijds nooit als een echte baby gezien. Dat kan ook eigenlijk niet, want ik heb hem laten weghalen toen hij nog niet meer was dan een klontje cellen. Maar als je bedoelt of ik me in de loop der jaren ooit heb afgevraagd hoe dat kind zou zijn geworden, dan is dat inderdaad af en toe wel bij me opgekomen.' Ze draaide haar hoofd naar het raam, waarvoor de gordijnen waren opengeschoven.

Daarachter brak het zwakke ochtendlicht door indigokleurige en violette wolken. Ze bleef een tijdje naar de hemel staren, alsof ze werd afgeleid. Toen keek ze weer naar Martha en zei: 'Dit klinkt misschien egoïstisch, maar ik dacht er veel vaker aan hoe mijn leven had kunnen zijn als ik nooit naar dat feest was gegaan.'

Bij die woorden kreeg Martha een brok in haar keel. 'Dat is helemaal niet egoïstisch,' zei ze. 'Het is volkomen begrijpelijk.'

Ze had zichzelf altijd gezien als de sterkere en capabelere zus, maar dat was nu helemaal weg. Door dit helemaal in haar eentje te verwerken had Willow bewezen dat ze een kracht had waarvan Martha betwijfelde of ze die zelf bezat. Ze voelde zich heel nederig toen ze vooroverboog en Willow zo goed als mogelijk was met hun dikke buiken omhelsde, met een tederheid die ze nooit eerder voor haar had gevoeld.

57

Later die middag, toen ze terug waren van de dokter – Naomi had erop gestaan dat Willow zowel door een dokter als een verloskundige werd onderzocht – werd er aan de voordeur gebeld. Willow was zo nerveus dat ze meteen overeind schoot. Daar schrok de baby in haar buik ook van en ze leek een reeks radslagen te maken.

Dat moest Rick zijn. Hij was eindelijk hiernaartoe gereden om het uit te praten met Willow. Zoals zo vaak stond de storm op het punt los te barsten. In zekere zin was ze er blij om; het zou een opluchting zijn na al dat wachten. Misschien kwam het met haar bloeddruk dan ook wel weer in orde.

De verloskundige had gezegd dat haar bloeddruk wat verhoogd was en had haar gewaarschuwd dat ze goed voor zichzelf moest zorgen. Willow had willen zeggen dat het na de laatste vierentwintig uur een wonder was dat haar bloeddruk niet nog veel harder omhoog was geschoten. De verloskundige had ook gezien dat haar enkels wat dikker werden en hoewel dat relatief normaal was bij een vrouw die drieëndertig weken zwanger was, adviseerde ze Willow om zo veel mogelijk te rusten en haar voeten omhoog te leggen. Dat zat ze te doen in de keuken toen de deurbel ging. Door de adrenaline stond ze meteen overeind, klaar om de storm het hoofd te bieden.

'Ik ga wel,' zei Ellis. Hij liep al naar de deur.

Aan zijn bliksemsnelle reactie kon Willow merken dat ook hij verwachtte dat het Rick was. Net als alle anderen, want toen hij de keuken uit was, kwamen haar moeder, Martha en tante Geraldine om Willow heen staan alsof ze een menselijk schild wilden vormen. Ze wist dat ze haar wilden beschermen en haar wilden behandelen alsof ze van glas was na wat ze hun gisteren had verteld, bovenop wat Rick haar had aangedaan. Ze bedoelden het goed, dat wist ze ook, maar op de een of andere manier voelde ze zich er alleen maar slechter door.

Het was niet haar bedoeling geweest om iedereen te vertellen wat er met haar was gebeurd, maar nadat ze gisteren op het strand naar de pijnlijke bekentenis van haar moeder had geluisterd, had het opeens goed gevoeld om hetzelfde te doen en de leugens die ze al die jaren als een tweede huid had gedragen af te werpen. Als haar moeder het kon, waarom zij dan niet?

Maar het was niet gemakkelijk geweest om die korte periode in haar leven opnieuw te beleven; met elk woord dat ze uit die donkere plek diep in haar ziel had getrokken, had ze iets van zichzelf voelen afbrokkelen. Ze was niet langer de persoon die iedereen had gedacht dat ze was. Nu zagen ze haar zoals ze echt was, iemand die haar uiterste best had gedaan om de wereld buiten te sluiten, zodat ze in haar eigen veilige bubbel kon leven.

Ze had verwacht dat ze zich beter zou voelen nadat ze de stilte had verbroken, dat er een gewicht van haar schouders zou zijn genomen, maar dat was niet gebeurd. Ze voelde zich eerder slechter, nog meer belast met de geschoktheid en de woede van de anderen.

Het gemompel in de hal werd luider en Ellis verscheen weer in de opening van de keukendeur. Willow zag dat hij niet Rick bij zich had, maar een vrouw met kort haar in een zwart leren jasje en met een rode sjaal om haar nek. Een paar passen achter haar liep een slungelige politieman in uniform. De vrouw liet snel een soort officiële identiteitskaart zien en stelde zich voor als rechercheur Fowler. Ze voegde eraan toe dat ze deel uitmaakte van een team dat zware misdrijven moest oplossen.

Toen ze aan Willow en Martha vroeg wie van hen de verloofde van Rick Falconer was – een juffrouw Willow Miller – en vervolgens voorstelde dat ze misschien beter konden gaan zitten, welde er een enorme angst in Willow op.

Welke storm ze ook had verwacht, het was niet deze en zelfs nu, nadat haar moeder en Ellis haar naar Londen hadden gebracht, naar de afdeling Intensive Care van het ziekenhuis waar Rick de avond daarvoor was opgenomen, kon ze niet geloven wat er met hem was gebeurd.

Volgens de verklaringen die getuigen aan de politie hadden afgelegd, wilde Rick net in zijn auto stappen, die voor zijn appartement stond, toen hij had gezien dat aan de overkant een oudere vrouw door twee jongens in hoody's werd overvallen. Zonder aan zijn eigen veiligheid te denken, zeiden de getuigen, was hij de vrouw te hulp geschoten, waarna een van de aanvallers hem tegen de grond had geslagen en de andere een aantal keer op hem had ingestoken. Hij had veel bloed verloren voor de ambulance arriveerde en had in het ziekenhuis een spoedoperatie ondergaan, kreeg Willow te horen.

Het had de rechercheurs de hele nacht en ochtend gekost om haar op te sporen. Met behulp van Ricks telefoongegevens waren ze bij zijn werkgever uitgekomen en hadden ze ontdekt dat hij bij de afdeling hr Willow als contactpersoon had opgegeven. Maar ze hadden pas contact met haar kunnen krijgen nadat ze hadden uitgezocht waar zij werkte en AoK hadden benaderd. Daar stond Willows moeder nog steeds te boek als contactpersoon; het was nooit bij haar opgekomen om haar te vervangen door Rick. Die eenvoudige nalatigheid van haar kant zei veel over hun relatie en ze was bang dat dit nog lang op haar geweten zou drukken.

De dokter die haar had ontvangen, vertelde met koele efficiëntie, maar niet onvriendelijk – waarschijnlijk hield hij rekening met het feit dat ze zichtbaar zwanger was – dat Ricks toestand kritiek was. Hij was in de borst en in de hals gestoken. Nu Willow aan het voeteneind van Ricks bed stond, voelde ze iets verschuiven in haar gevoelens. Haar ogen sprongen vol tranen toen ze luisterde naar het piepen van de apparaten en naar de dokter, die Rick een held noemde omdat hij een vreemde te hulp was geschoten. 'Hij heeft onzelfzuchtig en met grote moed gehandeld,' zei de dokter. 'Niet veel mensen zouden doen wat hij heeft gedaan.'

'Nee,' wist Willow uit te brengen. 'Het was heel dapper van hem.'

De dokter keek haar scherp aan en zei: 'Mag ik vragen hoe u aan de blauwe plekken in uw gezicht komt?'

‘Het is niets,’ zei ze gegeneerd.

Hij keek haar nog scherper aan. ‘Wilt u er met iemand over praten? We hebben mensen in het ziekenhuis met wie u een informeel gesprek kunt voeren.’

‘Nee,’ zei ze vastberaden.

De dokter fronste en zei dat hij haar wat tijd alleen zou geven met Rick. ‘Praat zo normaal mogelijk tegen hem,’ zei hij voordat hij wegging. ‘Hopelijk helpt uw stem hem om naar ons terug te keren.’

‘Is hij buiten bewustzijn?’

‘Ja. Hij heeft zwaar hoofdletsel opgelopen toen hij tegen de grond werd geslagen. Maar er is een goede kans dat hij kan horen wat er om hem heen gebeurt.’

Toen ze alleen was, deed Willow voorzichtig een stap naar het bed in de irrationele angst dat ze Rick wakker zou maken en dat hij woedend zou zijn omdat ze niet eerder was gekomen.

Ze keek op hem neer en probeerde aan de hand van de informatie die ze had gekregen te begrijpen wat er was gebeurd. Had hij haar briefje en de verlovingsring gevonden en was hij zo boos – of zo van streek – geweest dat hij naar zijn auto was gerend om naar Tilsham te rijden? Als dat zo was, was het haar schuld dat hij in kritieke toestand in het ziekenhuis lag. Stel dat hij doodging. Stel dat ze moest leven met dat op haar geweten.

Via een slang in zijn mond zorgde een beademingsapparaat voor het gestage rijzen en dalen van zijn borst. Op zijn hals en borst zat dik verband en op verscheidene strategische punten op zijn bovenlichaam waren pads geplakt met snoertjes die naar de verschillende apparaten voerden. Er zat ook nog een infuus in zijn arm.

Haar eigen borstkas verstrakte, alsof ook zij hulp nodig had met haar ademhaling in de verstikkende warmte, en haar benen trilden van schrik nu ze Rick zo zag. Nog maar een paar uur geleden was ze vastbesloten geweest om hem te zeggen dat het uit was tussen hen. Ze was van plan geweest om tegen hem op te staan en te zeggen dat hij niet meer was dan een gewelddadige bullebak, een wolf in schaapskleren, een monster zelfs.

Maar zo kon hij niet echt zijn, dacht ze toen ze naar zijn weerloze lichaam keek. Hij had geprobeerd een oudere vrouw te helpen die werd overvallen. Dan moest er toch wel iets goeds in hem huizen?

Hij was niet door en door slecht, net als haar vader, veronderstelde ze.

Praat zo normaal mogelijk tegen hem, had de dokter gezegd. Maar wat was nu nog normaal? Wat moest ze in hemelsnaam tegen Rick zeggen?

Heb je me bewust gekozen als gemakkelijk slachtoffer, zoals Martha denkt, iemand die je voor je eigen zieke genoegen kon manipuleren?

Heb je er met opzet voor gezorgd dat ik zwanger raakte?

Heb je ooit echt van me gehouden?

Weet je eigenlijk wel wat liefde is?

En heb jij de kat van Lucy en Simon doodgemaakt?

Niets hiervan kon ze hardop zeggen. In plaats daarvan boog ze zich dichter naar Rick toe, zodat haar lippen bijna zijn oor raakten.

'Rick,' zei ze, 'ik ben het, Willow. Ik weet niet of je me kunt horen, maar als je dat kunt, wil ik je laten weten dat ik je vergeef. En het spijt me als het mijn schuld is dat je dit is overkomen.'

De medische staf verzekerde Willow dat het zowel voor haar als voor haar baby beter was als ze naar huis ging om eens goed te slapen. Ze beloofden haar dat ze zouden bellen als er verandering kwam in Ricks toestand. Ze had nog steeds haar telefoon niet, dus haar moeder gaf haar nummer op.

Ze waren al bijna weer in Tilsham – Willow moest er niet aan denken in Ricks flat te gaan slapen, hoewel dat veel handiger zou zijn geweest – toen ze haar buik voelde verstrakken, gevolgd door een vreemde, doffe pijn in haar onderrug. Het gebeurde nog eens toen mam de deur openmaakte en nog eens toen ze haar tanden poetste voordat ze naar bed ging. Maar ze verdrong het. Het was te vroeg voor de geboorte van de baby. Dat hield ze zich nog steeds voor toen ze om drie uur in de ochtend naar beneden sloop om iets te drinken te pakken, in de hoop dat ze daarna zou kunnen slapen.

Ze was uitgeput, zowel lichamelijk als geestelijk, maar omdat ze zich zo veel zorgen maakte om Rick kon ze zich niet genoeg ontspannen om in slaap te vallen.

Terwijl ze stond te wachten tot het water kookte, werd ze opeens overvallen door een scherpe pijn, waardoor ze dubbelsloeg en een kreet slaakte. Toen de pijn wegtrok en ze weer op adem was, zette ze de waterkoker uit en besloot dat ze beter weer naar boven kon gaan om haar moeder te waarschuwen. Ze voelde zich onnatuurlijk kalm. Helemaal niet hoe ze zich had voorgesteld dat ze zich zou voelen als de bevalling begon. Zelfs al kwam die zeven weken eerder dan verwacht. Was dit normaal? Of moest ze in paniek raken?

Nee, zei ze vastberaden tegen zichzelf. Paniek was wel het laatste wat zij en de baby konden gebruiken. Ze konden dit aan.

58

Het was hard, dat wist ze, maar na wat Rick Willow had aangedaan, en wat hij misschien was blijven doen als hij de kans had gekregen, had Naomi er moeite mee dat hij een held werd genoemd.

De aanval op Rick en zijn overlijden, acht dagen later, hadden de landelijke kranten gehaald en er werd van de burgemeester van Londen en de regering geëist dat ze voor eens en altijd een eind maakten aan het dragen van messen. De oudere vrouw die Rick had geprobeerd te helpen was door de media geïnterviewd en had met trillende stem gezegd dat zij heel goed degene had kunnen zijn die was doodgestoken als een vreemde niet zo dapper was geweest, waarvoor ze hem altijd dankbaar zou blijven. Ze deed in elk interview de moeite om haar oprechte medeleven te betuigen met Ricks diepbedroefde verloofde en familie.

Bij het onderzoek naar de heldhaftige daad waren de journalisten erachter gekomen dat Rick een zwangere verloofde had. Zo hadden ze alle ingrediënten voor een nieuwswaardig verhaal met een tragische afloop, precies wat hun lezers zou aanspreken.

Op de plek waar het was gebeurd waren bloemen gelegd met sentimentele berichtjes voor een man die niemand in de buurt echt had gekend. Een man die niemand echt had gekend, zelfs niet de mensen die met hem samenwerkten.

Maar dat gold voor hen allemaal, dacht Naomi terwijl ze voor het keukenraam haar koffie stond op te drinken en naar Willow en Ellis keek, die door de tuin liepen.

Het was nu de eerste week van december. Er waren vier weken voorbijgegaan sinds Ricks overlijden en pas in de laatste paar dagen leek Willow weer een beetje zichzelf. Tijdens die moeilijke weken had Willow zichzelf de schuld gegeven van zijn dood, ook al hadden ze allemaal gezegd dat dat onzin was. Voor zo'n gevoelig iemand was het een zware last bovenop al het andere.

Toen ze haar koffie ophad en de beker in de vaatwasser zette, hoorde Naomi het pingeltje van haar telefoon, dat aangaf dat er een appje was binnengekomen. Ze pakte hem op en zag dat het van Geraldine was. Na een lawine van berichtjes van Brian, waarin hij haar had gesmeekt om naar huis te komen, was Geraldine tot bezinning gekomen. Eenmaal thuis had ze ontdekt dat Brian een cruise naar de Galapagoseilanden voor hen had geboekt.

'Ik vind het maar niks dat hij zomaar een reis heeft geboekt zonder met mij te overleggen,' had Geraldine tegen Naomi gemopperd. Waarop Naomi tegen haar vriendin had gezegd dat ze op moest houden met klagen en gewoon blij moest zijn dat Brian eindelijk gehoor gaf aan haar wensen en een keer iets spontaans deed.

Is al bekend wanneer het vooronderzoek klaar is? had Geraldine geschreven.

Nee, nog niet, antwoordde Naomi.

Ze hadden te horen gekregen dat het een tijdje kon duren voor de sectie was verricht en de lijkschouwer tot een conclusie was gekomen. Pas daarna zou Ricks lichaam worden vrijgegeven voor de begrafenis. Omdat hij zelf geen familie had om die te regelen en Willow dus de naaste verwant was, kwam dat op haar neer. Als het zover was, zouden Naomi en Ellis haar zoveel helpen als zij toestond. Ze leek vastbesloten om Rick een zo goed mogelijk afscheid te geven, omdat ze hem dat in haar ogen verschuldigd was.

De zaak was aanvankelijk geclassificeerd als doodslag, maar later als moord, en het onderzoek werd geleid door rechercheur Fowler, maar zij gaf niet veel hoop dat de daders zouden worden gepakt. Camerabeelden hadden niet meer opgeleverd dan een paar seconden aan vage beelden.

Er was die dag dat de rechercheur en haar partner Willow waren komen vertellen dat Rick het slachtoffer was geworden van ernstige mishandeling een ongemakkelijk moment geweest. De vrouw had Willow onderzoekend aangekeken en vragen gesteld over haar kapotte lip en blauwe oog. Het had geklonken alsof ze dacht dat het te maken had met de aanval op Rick, zeker toen ze aan Willow vroeg waar ze was geweest op het moment dat die had plaatsgevonden. Naomi had die vragen snel afgekapt met de mededeling dat Willow bij hen was geweest. Daarna had Geraldine zich laten ontvallen hoe Willow aan die verwondingen was gekomen, zeer tegen de zin van Naomi. De rechercheur was meteen doorgegaan op dat stukje informatie en hoewel ze alleen maar haar werk deed, was het voor hen allemaal verschrikkelijk dat ze opeens als verdachten werden gezien, alsof ze de aanval hadden georganiseerd om wraak te nemen op de man die een familielid had mishandeld. Het was een belachelijke verdenking, die gelukkig niet hard gemaakt had kunnen worden.

Interessant genoeg was in geen van de krantenverslagen iets gezegd over dit aspect van Ricks karakter of dat hij de avond voordat hij werd aangevallen zijn zwangere verloofde had mishandeld. Dat zou natuurlijk het heldhaftige beeld dat ze van hem hadden geschetst teniet hebben gedaan. Willow had gezegd dat ze er niet mee zat en dat ze eigenlijk liever had dat niemand ooit te weten kwam dat Rick een duisterder kant had gehad. Wat had het voor nut om het bekend te maken, had ze gezegd. Bovendien moesten ze aan de baby denken. Ze wilde absoluut niet dat haar dochter ooit zoiets vreselijks te weten kwam over haar vader. Het moest een geheim blijven.

Alsof ze er daar nog niet genoeg van hadden in de familie, dacht Naomi met een hartgrondige zucht.

Maar misschien hoorde het er gewoon bij en had elke familie haar geheimen. Het laatste wat ze zelf geheimhield, dat ze Colin in de eerste jaren van haar huwelijk had bedrogen met Ellis, had haar lang dwarsgezeten, zeker nu ze zich had voorgenomen om met een schone lei een nieuw leven te beginnen. Ellis was van mening dat het niet nodig was om het te bekennen. 'Als je het aan je dochters vertelt,' had hij gezegd, 'dan moet je ze ook vertellen over Colins overspel. Hebben ze nog niet genoeg te verduren gekregen?'

Ze vond wel dat hij een punt had, dus ze had gezwegen en besloten dat ze Martha en Willow niet mocht belasten met nog meer schokkende waarheden. Het was nu meer dan ooit van belang dat ze naar de toekomst keken en niet naar het verleden. En die toekomst omvatte nu ook Naomi's eerste kleinkind, een prachtig meisje dat in de dagen na haar onverwacht vroege komst had moeten vechten voor haar leven.

Ze was een heerlijk kind en leek precies op Willow toen die een baby was geweest. De gelijkenis was gewoon griezelig en toen Naomi haar had vastgehouden, was het net alsof ze terug was in de tijd dat ze Martha en Willow voor het eerst in haar armen had gehad en genoten had van dat heerlijke gevoel van verliefdheid.

Ze was de hele bevalling bij Willow gebleven, had haar hand vastgehouden en had haar zo veel mogelijk geholpen. De afschuwelijke angst dat er iets verschrikkelijk mis zou kunnen gaan was omgeslagen in opperste vreugde toen het voorbij was en ze de baby voor het eerst zagen. Al was dat maar heel kort geweest, want ze was bijna meteen naar de couveuseafdeling gebracht.

Willows dochter was geboren met drieëndertig weken en als premature baby had ze een periode gespecialiseerde zorg nodig gehad, maar ze bleek een vechtertje en na tien dagen kon ze al zonder hulp ademen en drinken. Dat was een gedenkwaardig moment geweest.

In de weken dat de baby in het ziekenhuis lag, wilde Willow daar bijna niet weg en deed ze de verzorging van haar dochter zo veel mogelijk zelf. De anderen mochten op bezoek komen en bleven om beurten bij Willow om haar te steunen. Het verplegend personeel van het St. Richard's Hospital in Chichester was bijzonder behulpzaam en begripvol en deed zijn uiterste best om de kersverse moeder meer zelfvertrouwen te geven.

Drie dagen geleden was de baby, die nog steeds geen naam had, zover aangesterkt dat ze naar huis mocht en voorlopig was dat hier in Anchor House. Tot dusver had die overgang een positief effect gehad op zowel Willow als de baby, die allebei leken op te bloeien.

Naomi was ontzettend trots op haar jongste dochter. Na alles wat ze had doorgemaakt, inclusief het verschrikkelijke dat haar als student was overkomen, had ze blijk gegeven van een buitengewone veerkracht. Zelfs Martha had toegegeven dat ze er volgens haar niet half zo goed mee zou zijn omgegaan als haar zus.

Wat Naomi het meest raakte, was de enorme liefde die Willow aan de dag legde voor haar baby. Het deed haar denken aan het gesprek dat ze een keer met Colin had gehad, waarbij hij had gezegd dat hun jongste dochter iemand nodig had die voor haar zorgde. Naomi was het niet met hem eens geweest en had tegengeworpen dat ze juist iemand nodig had om voor te zorgen. Ze leek het absoluut bij het juiste eind te hebben gehad.

Er kwam een zacht geluidje uit de babyfoon op de keukenkast, alsof het kindje het met Naomi eens was. Ze had Willow beloofd dat ze op zou letten en haar zou roepen als er iets was, dus ze ging bij de babyfoon staan om er zeker van te zijn dat ze niets miste. Na nog een paar geluidjes werd het weer stil. Dat betekende natuurlijk dat ze naar boven moest om te controleren of alles goed was. Met een glimlach herinnerde ze zich dat ze precies hetzelfde had gedaan toen Martha en Willow klein waren.

Toen ze zo steels als een insluiper naar boven sloop, vroeg ze zich af hoe het in het buurhuis ging.

Ellis liet Willow zien wat hij had veranderd aan de benedenverdieping van het huisje en vroeg haar wat ze ervan vond.

'Wat heb je in korte tijd veel gedaan.' Ze trok haar jas uit en hing hem over de rugleuning van een stoel. 'Ik vind het mooi dat de keuken en de zithoek nu rechtstreeks toegang hebben tot de tuin. Het is net of het strand nu nog dichterbij is.'

'Dat hoopte ik ook te bereiken met die vouwdeuren.' Hij stond naast haar, zodat ze allebei naar de tuin en de zee daarachter keken. 'Wil je de bovenverdieping zien? Ik heb gisteravond de overloop geschilderd, dus je moet wel tegen de geur van verf kunnen.' Hij liet haar voorgaan op de smalle trap.

Boven nam hij haar mee naar de kleinste van de drie slaapkamers. Er stond maar één meubelstuk in en Willow keek er verbaasd naar. 'Waarom staat hier een kinderbedje?' vroeg ze.

'Omdat ik me afvroeg of je misschien hier zou willen wonen met de baby.'

Nu keek ze nog verbaasder. 'Maar dit is jouw huis. Je verbouwt het om erin te investeren. Om Lucas ervan te laten genieten, misschien.'

'Dat is waar,' zei hij, 'maar jij moet een plek hebben om te wonen en dit lijkt me perfect.'

Ze ging naar het bedje en legde haar hand op de zijkant. 'Heeft mam je gevraagd dit te doen?'

Hij glimlachte, want hij had die vraag al verwacht. Toen hij Naomi had verteld van zijn plan, had ze het fantastisch gevonden dat hij dit voor Willow wilde doen, maar vervolgens was ze bang geweest dat Willow het als liefdadigheid zou zien en nee zou zeggen. Iedereen had zijn trots en dit zou het moment kunnen zijn waarop Willow besliste dat ze zich alleen moest zien te redden.

'Je moeder wist dat je dat zou vragen,' zei Ellis, 'en het eerlijke antwoord is nee, ze heeft het me niet gevraagd. Ze werd net zo overvallen door mijn voorstel als jij. En denk alsjeblieft niet dat je moeder en ik je niet bij ons in huis willen, maar zou je niet liever je eigen plekje willen hebben? Een eigen nestje voor jou en de baby?'

Ze schudde haar hoofd en glimlachte flauw. 'Het is een leuk idee, maar ik kan de huur niet betalen.'

'Heb ik daarom gevraagd?'

Ze liep van het bedje naar het raam, dat uitzicht bood op de kleine tuin en het strand. 'Het is ongelooflijk lief van je, Ellis, maar ik kan het niet aannemen. Echt niet.'

Ellis liet zich niet uit het veld slaan. 'Jawel, hoor. Zie het gewoon als een tijdelijke oplossing, al is het maar om te voorkomen dat je moeder zich zorgen om je maakt. Het zal haar geruststellen om je in de buurt te hebben, zolang jij je daar goed bij voelt. Als je teruggaat naar Londen, zal ze zich voortdurend zorgen om je maken. En je hoeft niet bang te zijn dat we ons te veel met je zullen bemoeien; we zullen net zo veel of zo weinig helpen als je wilt.'

Ze draaide zich om van het raam en glimlachte zo triest dat hij dacht dat ze definitief zou weigeren.

'Meen je het echt, Ellis, dat je me hier wilt laten wonen?'

'Ik zou het niet hebben voorgesteld als ik het niet meende.'

'En Lucas dan? Heeft hij er niets over te zeggen?'

'Wat dan?'

'Misschien ziet hij het huis als zijn erfenis.'

'Dat doet hij niet, dat kan ik je verzekeren. Ik heb het met hem besproken en hij kan geen betere bestemming voor het huis bedenken.'

'Heeft hij dat echt gezegd?'

'Nou en of, en nog veel meer. Hij zei dat hij nooit meer tegen me zou praten als jij het aanbod niet aanneemt. Dat betekent dat ik al mijn overredingskracht en charme zal moeten inzetten om je te overtuigen.'

'Maar stel dat ik hier over een jaar nog ben.'

'Dan zullen we samen de eerste verjaardag van je kind hebben gevierd en ons weer verheugen op Kerstmis. Ik zal je even alleen laten, zodat je je er een voorstelling van kunt maken hoe het is om hier te wonen. Hoe klinkt dat?'

Willow stond nog steeds in de slaapkamer waar Ellis haar had achtergelaten te kijken naar de lichte hemel en de melkwitte, spiegelgladde zee.

In de dagen nadat haar dochter uit het ziekenhuis was gekomen, was het gaan stormen en was de zee opgezweept tot een kolkende werveling van schuimende golven. De regen en de wind hadden tegen de ramen geslagen en alleen heel dappere mensen hadden de elementen getrotseerd om een eind over het strand te lopen. Op deze uiterst rustige dag lag de bocht van het strand vol zeewier en wrakhout.

Willow had lachend tegen Martha gezegd dat het slechte weer misschien een teken was dat ze haar baby Storm moest noemen, maar ze waren het erover eens geweest dat er helemaal niets stormachtigs aan haar was. Ze was een rustige, tevreden baby, die zich heel gemakkelijk in slaap liet wiegen na de voeding. Als ze huilde, duurde dat nooit lang.

In het ziekenhuis hadden de verpleegsters Willow aangemoedigd haar baby zo vaak mogelijk aan te raken en tegen haar te praten. In het begin had ze het doodeng gevonden om zo'n kwetsbaar wezentje vast te houden, maar het had niet lang geduurd voor alle angst werd overstemd door een sterke behoefte om haar baby in haar armen te houden en haar te vertellen dat ze het meest geliefde kind ter wereld was. Als ze met haar blauwgrijze, intense ogen naar haar opkeek, zwol Willows hart zo sterk op dat het voelde alsof het tegen haar ribben drukte. Dat was de kracht van de liefde, dacht ze toen ze haar prachtige dochtertje voor zich zag, dat in Willows oude slaapkamer in het buurhuis lag te slapen, haar gezichtje een subliem voorbeeld van engelachtige sereniteit.

Haar gedachten bleven hangen bij dat beeld van haar slapende baby en toen viel haar iets in.

Serenity, hoorde ze in haar hoofd.

Ze zei het hardop.

Serenity.

Serenity Miller.

Er trok een blije glimlach over Willows gezicht. Slechts een paar dagen voordat ze haar dochter moest aangeven bij de burgerlijke stand had ze een naam voor haar bedacht, een naam die in elk opzicht volmaakt was. Het liefst was ze naar het andere huis gerend om haar dochter wakker te maken en haar het goede nieuws te vertellen.

Maar ze bedwong haar opwinding en enthousiasme, want ze moest iets belangrijks doen.

Ze liep naar beneden en haalde haar telefoon uit haar jaszak. Het was de telefoon die ze de ochtend nadat Rick haar had geslagen niet had kunnen vinden. Hij was samen met de kabel van haar laptop aangetroffen in zijn bureau toen collega's dat hadden leeggeruimd. Rick moest de telefoon en de kabel die ochtend opzettelijk hebben meegenomen, in de hoop dat ze dan geen contact zou kunnen opnemen met haar moeder en zus. Het deed Willow nog steeds pijn dat hij zo berekenend was geweest, maar ze weigerde erover na te denken hoe ver hij had kunnen gaan om haar onder de duim te houden of hoe erg hij haar uiteindelijk had kunnen mishandelen. Ze had er niets aan om daarbij stil te staan. Omwille van haar baby – omwille van Serenity – moest ze dat facet van Ricks persoonlijkheid diep wegstoppen, zodat het nooit invloed zou hebben op haar relatie met haar dochter.

Als ze aan Rick dacht, voelde ze geen diep verdriet. Hoe zou dat ook kunnen? Ze had niet van hem gehouden. Ze had om hem gegeven en haar uiterste best gedaan om van hem te houden, maar het gevoel was er gewoon niet geweest. Ze betwijfelde of hij echt van haar had gehouden. Ze was geschokt om de manier waarop hij was omgekomen. En ze voelde zich schuldig omdat zij daar misschien de oorzaak van was. Dat schuldgevoel werd langzaam minder, maar af en toe overviel het haar nog. Maar ze was vastbesloten om zich er niet door te laten overmannen.

Door haar relatie met Rick had haar leven een andere wending genomen, net als jaren geleden door de verkrachting was gebeurd, maar dit keer was het anders. De vorige keer had ze zelf een ondoordacht besluit genomen, was ze daardoor op drift geraakt en had ze niet meer geweten wat ze aan moest met haar leven, maar nu had ze een kind om voor te zorgen, een doel. Het was onduidelijk welke weg ze moest bewandelen, maar ze wist dat ze zou doen wat nodig was om haar dochter een mooi leven te geven.

Ze liep het risico om Lucas wakker te bellen, maar ze deed het toch. Hij had al vaak gezegd dat ze hem kon bellen wanneer ze maar wilde en hoewel ze de kantooruren vermeed, hadden ze elkaar heel vaak gesproken. Als ze zich zorgen maakte om de toekomst had hij altijd wel iets te zeggen dat haar aan het lachen maakte of haar hielp de dingen in perspectief te plaatsen. Ze was hun vriendschap gaan waarderen en zag hem als de broer die ze altijd graag had willen hebben. Ze hadden zelfs zo'n hechte band gekregen dat ze hem had verteld dat ze als student was verkracht.

Hij nam snel op.

'Is alles goed daar?' vroeg hij slaperig.

Ze verontschuldigde zich omdat ze hem wakker had gemaakt en vertelde waarom ze belde.

'Willow,' zei hij, 'laat mijn vader je gewoon helpen. Het zou veel voor hem betekenen. Zijn aanbod is volkomen oprecht en ik vind het persoonlijk een prima idee. Ik zie je daar al voor me en als haar oom vind ik het fantastisch voor mijn nichtje.'

Ze glimlachte omdat hij zichzelf beschouwde als de oom van haar kind en ze zag zichzelf hier ook al gelukkig zijn.

'Wat is er tegen het idee?' vroeg Lucas.

'Dat ik me schuldig voel als ik ja zeg,' zei ze. 'Ik vind dat ik het niet verdien.'

'Wat verdienen we eigenlijk wel? Jij hebt zeker niet verdiend wat Rick je heeft aangedaan of wat er als student met je is gebeurd. Dus neem Ellis' aanbod aan en kijk gewoon hoe het uitwerkt. Het geeft je de tijd om te beslissen wat je hierna wilt gaan doen.'

'Dat is juist waar ik me zorgen over maak. Ik heb op het moment geen inkomsten.'

'Daar hebben we het al eens over gehad. Rick heeft zijn dochter tot enige erfgenaam benoemd, dus als de juridische rompslomp eenmaal is afgehandeld en zijn appartement is verkocht, heb je wat financiële zekerheid.'

'Voor haar, niet voor mij,' zei ze.

Van alle dingen die Rick had gedaan verbaasde Willow zich het meest over het feit dat hij zo georganiseerd was geweest dat hij een onlinetestament had ingevuld waarin hij alles naliet aan zijn nog ongeboren kind. Wie deed dat nou? Alleen een volslagen controlfreak, had Martha gezegd. Meer nog, een controlfreak die niets wilde nalaten aan de moeder van zijn kind. Toen Willow op de hoogte was gesteld van het bestaan van het testament had het haar herinnerd aan de boosheid van Rick toen ze had gelachen over het opstellen van haar eigen testament.

'Strikt genomen heb je gelijk,' zei Lucas. 'Maar als de moeder van het kind heb je toegang tot het geld om voor haar te zorgen, dus dat is al iets. Bovendien heb je me verteld over de aandelen die je vader je heeft nagelaten en het trustfonds waar je over niet al te lange tijd toegang toe hebt. Zo nodig kun je daar geld uit halen. Beloof me nu maar dat je Ellis' aanbod accepteert, dan kan ik weer gaan slapen.'

Willow wist dat ze gek zou zijn om het aanbod af te slaan, en wat kon ze eigenlijk anders doen?

'Goed dan,' zei ze. 'Ik zal het doen. O, en voordat ik je laat slapen, ik heb een naam bedacht voor je nichtje.'

'Dat werd tijd,' zei hij goedgehumeurd. 'Hoe gaat ze heten?'

'Serenity. Wat vind je ervan?'

'Ik vind het fantastisch. Echt iets voor jou. Ga Ellis nu maar het goede nieuws vertellen.'

'Doe ik,' zei ze.

Toen ze de verbinding had verbroken, keek ze om zich heen in wat haar nieuwe thuis zou worden en ze begon voor zich te zien dat ze hier zou wonen. Het zou volmaakt zijn, dat moest ze toegeven.

59

Ricks uitvaart werd vier dagen voor Kerstmis gehouden in het crematorium van Chichester. De begrafenisondernemer had voorgesteld hem uit te stellen tot januari, maar Willow was niet van haar plan af te brengen; ze wilde het nieuwe jaar niet beginnen terwijl dit nog boven haar hoofd hing. Het was een besluit waar Martha en de rest van de familie helemaal achter stonden; ze waren het erover eens dat het beter was om dit met zo min mogelijk drukte af te handelen. Willow had er ook op gestaan dat de uitvaart in de buurt van Tilsham zou plaatsvinden in plaats van in Londen. Ze had gezegd dat ze iedereen de moeite van een deprimerende rit naar de stad wilde besparen. Als het aan Martha had gelegen, had ze Ricks lichaam in de Theems gegooid en het daarbij gelaten!

Het was een korte en sobere dienst geworden. De enige aanwezigen waren Naomi, Ellis, Martha en Willow, met Serenity diep in slaap in haar kinderwagen. Tom had niet kunnen komen, want die was die ochtend naar Yorkshire gereden om bij zijn zus te gaan logeren voordat hij terugkwam met zijn vader, die Kerstmis bij hen kwam vieren. Toms zus en haar man gingen voor de feestdagen naar Antigua.

Er waren geen hymnes gezongen en de grafrede was gelukkig kort geweest. Martha had de hele tijd de hand van haar zus vastgehouden, niet omdat ze bang was dat Willow zou gaan huilen, maar om te laten weten dat ze er voor haar was. Ze had er spijt van dat ze dat in het verleden niet had gedaan; ze had altijd te snel klaargestaan met haar oordeel over Willow en ze had gezworen dat nooit meer te doen. Willow verdiende een betere en in elk geval een loyalere zus.

Maar was het niet juist blinde, onvoorwaardelijke loyaliteit die ervoor had gezorgd dat ze oogkleppen op had gehad en bevooroordeeld was geweest met betrekking tot hun vader? En kwam het ook niet door loyaliteit dat haar moeder het periodieke geweld had verdragen om het gezin waarvan ze hield bij elkaar te houden? Kon er worden gezegd dat er te veel loyaliteit in een familie kon bestaan en dat die soms misplaatst en onverdiend was? Misschien wel.

Ze vond het vreselijk dat ze zo toegewijd en trouw aan haar vader was geweest en zo had genoten van de aandacht die hij haar had gegeven. Dat ze gewoon had geaccepteerd dat hij zo duidelijk had laten blijken dat zij zijn lievelingskind was. Niet één keer was ze ertegenin gegaan. Waarom zou ze ook als ze dacht dat het allemaal Willows schuld was omdat ze pa altijd ergerde? Maar nu werd ze misselijk van de herinnering en ze was vastbesloten om nooit het ene kind boven het andere te stellen als zij en Tom het geluk hadden om meer dan één kind te krijgen.

Al haar vijandigheid ten opzichte van Ellis was veroorzaakt doordat ze hem voortdurend had vergeleken met de man die de wereld voor haar had betekend. Ze had niet kunnen begrijpen dat haar moeder haar vader zo kon verraden. Maar geleidelijk was ze Ellis gaan waarderen, zelfs al voor de afschuwelijke onthullingen van Naomi. De laatste weken was hij een enorme steun voor hen allemaal geweest, vooral voor Willow, aan wie hij Waterside Cottage had gegeven voor zo lang ze daar wilde wonen. Ze wilde er aan het begin van het nieuwe jaar met de baby in trekken, nog een teken dat ze het verleden achter zich liet en aan een nieuw leven begon. Martha had niets dan bewondering voor Willow, iets wat ze nooit had gedacht te zullen zeggen. En hoewel ze bang was geweest dat ze het niet zou redden als moeder, deed Willow het allemaal met gemak. Maar Serenity was wel een heel lief en rustig kindje. Martha hoopte dat haar eigen dochter hetzelfde temperament zou hebben.

Officieel moest ze nog zes weken tot de bevalling, maar zowel Martha als Tom waren ervan overtuigd dat de baby eerder zou komen, al was het maar een week, puur omdat ze zo'n ontzettend dikke buik had. Iedereen zei dat de laatste weken van een zwangerschap voorbijkropen, dat elke dag wel een week leek te duren, en ze hadden gelijk. Het hielp natuurlijk niet dat ze met zwangerschapsverlof was. Martha had besloten om voor Kerstmis te stoppen met werken in plaats van voor slechts een paar weken terug te gaan.

Op haar laatste dag op kantoor hadden ze in het geheim een babyshower voor haar georganiseerd, compleet met taart en champagne. Alleen had zij het moeten doen met mineraalwater, terwijl de anderen verscheidene flessen Moët achterover sloegen. Ironisch genoeg was het afscheidscadeau een dikke cadeaucheque van Topolino, die Jason haar met veel plezier had overhandigd.

'Leuk gevonden,' zei ze tegen hem.

'Tja, nu ik weet dat je hun aanbod om voor hen te komen werken hebt afgeslagen, kan ik het me veroorloven om me ruimhartig op te stellen.'

Uiteindelijk was het niet moeilijk geweest om 'nee, bedankt' te zeggen tegen Charlotte en Topolino. Martha had die dag dat ze op het werk vast was komen te zitten in de lift ontdekt dat haar loyaliteit bij BND lag en als haar bevallingsverlof voorbij was, ging ze met alle plezier terug. Om haar aan te moedigen om te blijven had Jason, zoals hij al eerder had laten vallen, haar een speciaal bonuspakket beloofd.

Ricks kist verdween inmiddels achter de gordijnen en Naomi en Ellis, die het hele gebeuren kennelijk niet langer wilden rekken dan strikt noodzakelijk, stonden op om aan te geven dat ze hun plicht hadden gedaan en naar huis konden. De as zou op aanwijzing van Willow op een latere datum worden verstrooid in de tuin van het crematorium.

Ellis hielp Naomi met haar jas toen Martha een vrouw in haar eentje achter in de zaal zag zitten. Was ze per ongeluk bij de verkeerde uitvaart beland? In dat geval zou ze het wel een armzalige vertoning hebben gevonden.

Willow liep voorop en duwde de kinderwagen met de nog steeds vredig slapende Serenity over het pad tussen de lege stoelen, maar toen ze bij de laatste rij kwam, hees de eenzame vrouw haar handtas over haar schouder en stond op. Ze zag er timide en zorgelijk uit, alsof het leven niet makkelijk voor haar was geweest. Martha schatte haar achter in de zestig, mogelijk nog ouder. Haar korte, weerbarstige grijze haar was op een onflatteuze manier geknipt en vanuit haar bleke gezicht keken een paar waterige grijze ogen hen nerveus aan.

'Het spijt me dat ik jullie lastigval,' zei ze een beetje schor en haar blik ging naar de kinderwagen, 'maar is dat het kind van Rich… Ik bedoel, Rick?'

Martha deed een stap naar voren om ongewenste vragen af te weren, maar haar moeder was haar voor.

'Waarom wilt u dat weten?' vroeg ze. Ze zei het niet echt bot, maar ook niet bepaald vriendelijk.

De vrouw speelde met de handschoenen die ze vasthad en zei: 'Ik ben Ricks moeder.'

Toen ze de schok eenmaal te boven waren, zochten ze buiten een rustig en beschut plekje waar ze konden gaan zitten. Daarna kwamen de voor de hand liggende vragen los.

Hoe kon ze Ricks moeder zijn terwijl hij Willow had verteld dat die zelfmoord had gepleegd?

Waarom had Rick gelogen?

En wat zou er nog meer aan het licht komen?

Ze hoorden het niet ongewone verhaal van een jongen die was opgegroeid met een vader die te veel dronk. Een vader die nadat hij zijn vrouw had verlaten werd vervangen door een stiefvader die weinig belangstelling voor Rick had en alleen maar wilde dat hij gehoorzaamde.

'Ik heb mijn best met hem gedaan,' zei de vrouw, die zoals ze inmiddels wisten Eileen heette, 'maar hij is altijd een moeilijk kind geweest. Hij schaamde zich voor me. Hij zei dat ik een slappeling was omdat ik geen betere moeder was en hem niet op de eerste plaats zette. En toen begonnen de problemen.'

'Wat voor problemen?' vroeg Martha. Ze koesterde automatisch argwaan tegen deze vrouw, die uit het niets was komen opdagen. Wat kwam ze doen? Wilde ze haar rechten als grootouder opeisen?

Of wilde ze het testament van Rick aanvechten, waarin hij alles had nagelaten aan zijn kind? Vond ze dat ze recht had op een deel?

'De kat van de buren verdween en hing een week later in een boom.'

Willow hapte naar adem. Ze was overeind geschoten en wiegde de kinderwagen om Serenity te laten doorslapen, hoewel die geen kik had gegeven.

'En toen dat nog twee keer gebeurde en hij zei hoe grappig het was dat er steeds katten verdwenen en dan dood ergens weer opdoken, voelde ik aan mijn water dat hij er iets mee te maken had. Hij haatte katten; hij zei dat het sluwe beesten waren en dat je ze nooit kon vertrouwen.'

Er viel een ongemakkelijke stilte en ze keken elkaar allemaal aan. De stilte werd verbroken door Eileen, die ongestoord doorging met haar verhaal.

'Dat was heel ironisch, want zelf loog en bedroog hij net zo gemakkelijk als hij ademhaalde. Uiteindelijk, toen hij achttien was en eindexamen had gedaan, stond mijn man erop dat hij het huis uit ging. Het klinkt verschrikkelijk, maar het was een opluchting toen hij weg was. De ruzies werden steeds erger en ik was bang van hem als hij driftig werd. Hij was zo boos op het leven.'

'Is hij toen gaan studeren?' vroeg Willow. 'Hij zei dat hij op de universiteit had gezeten.'

De vrouw schudde haar hoofd. 'Dat betwijfel ik. Tenzij hij zich op de een of andere manier naar binnen heeft gepraat.'

'Maar waar is hij dan heen gegaan?' Die vraag kwam van Naomi.

'Ik weet wat jullie denken, dat ik hem in de steek heb gelaten, maar hij was zo'n moeilijke jongen. Het was echt beter dat hij wegging. Ik heb nooit zeker geweten waar hij naartoe is gegaan, maar ik nam aan dat hij in Londen zat. Het laatste wat hij tegen me zei, was dat hij nooit meer tegen me zou praten, dat hij een andere naam zou aannemen en een andere persoon zou worden.' Ze zweeg even, alsof ze op adem moest komen. 'Hij zei vaak dat hij iets wilde bereiken, dat hij niet zo'n nutteloos bestaan wilde leiden als ik of zijn stiefvader.

Ik neem aan dat zijn ouders voor hem dood waren, zoals hij jou heeft verteld. Het was zijn manier om alle banden met het verleden te verbreken.'

'Heette hij echt Rick Falconer?' wilde Martha weten. 'U noemde hem Rich toen u ons aansprak.'

'Ik noemde hem zelf altijd Rich, een afkorting van Richard. Zijn achternaam was Watson, de naam van zijn vader. En die van mij tot ik hertrouwde.'

'Hoe wist u dan dat hij dood was?' vroeg Ellis.

'Ik zag het op de tv en in de kranten. Eerst kon ik niet geloven dat hij het was, maar op een gegeven moment wist ik het gewoon. Een moeder herkent haar kind altijd, ook als hij volwassen is geworden.'

'Maar hoe wist u dan dat de uitvaart vandaag was?' hield Martha vol. Ze hadden ervoor gezorgd dat de datum en de locatie van de uitvaart niet algemeen bekend werden en op Martha kwam deze zwakke, machteloze vrouw niet over als iemand die zoiets via Google kon achterhalen.

'In een van de krantenartikelen die ik heb gelezen stond dat zijn verloofde en haar familie in West Sussex woonden, dus ik waagde het erop en belde dit crematorium. Ik zei dat ik bloemen wilde sturen.'

Opeens keek ze met een smekende blik naar Willow. 'Op het eind heeft hij iets goeds gedaan door die oude dame te helpen, toch?' Haar stem klonk zielig, alsof ze geruststelling zocht dat ze het als moeder niet helemaal verkeerd had gedaan.

'Ja,' zei Willow zonder enige aarzeling. Ze meed Martha's vragende blik. 'Wat hij gedaan heeft, was heel dapper en onzelfzuchtig. Dat is iets om trots op te zijn, toch?'

Martha had haar zus dolgraag willen tegenspreken en deze zielige vrouw willen vertellen wat voor monster ze had geschapen, maar ze hield haar mond.

'Ik heb altijd geweten dat er ergens iets goeds in hem moest schuilen,' zei Eileen. 'En ik neem aan dat hij zichzelf heeft bewezen; hij heeft niet alleen een succes gemaakt van zijn leven, maar echt iets bereikt. In de kranten stond tenslotte dat hij een held was.'

'Ja,' fluisterde Willow.

Martha voelde met haar zus mee. Dit zou Ricks moeder misschien helpen om de dood van haar zoon te verwerken en haar totale onvermogen om voor hem te zorgen te verdoezelen, maar het was wel het laatste wat Willow kon gebruiken. Ze zaten hier geen van allen op te wachten, zeker vandaag niet.

Haar moeder dacht kennelijk hetzelfde. 'Nou,' zei ze kordaat, 'het was een lange en moeilijke dag en ik denk echt dat we...'

'Waarom waren er niet meer mensen hier voor de uitvaart?' viel de vrouw haar in de rede. 'Ik zou hebben verwacht dat er meer vrienden en collega's waren gekomen.'

'Dit is wat hij wilde,' zei Willow. 'Hij hield niet van onnodige drukte.'

'Ik begrijp het.' De vrouw duwde de mouw van haar jas omhoog om op haar horloge te kijken en zei: 'Ik moet gaan om mijn trein te halen. Die mag ik niet missen. Ik moet thuis zijn voor mijn man terugkomt van het vissen. Daarom heb ik vandaag kunnen komen.'

'Hoe bedoelt u dat?' vroeg Martha.

'Hij zou er niet blij mee zijn geweest dat ik hiernaartoe ging. Dus het is beter dat hij dat niet te weten komt.'

'Moet u ver?' vroeg Naomi. Misschien was ze net als Martha bang dat de vrouw in de buurt woonde en regelmatig bij haar kleindochter op bezoek zou willen komen.

'Ik woon in Gravesend,' antwoordde ze. 'En... Nou ja, ik kom niet vaak het huis uit, dus ik vond de reis hiernaartoe wel een beetje een uitdaging. Ik moest in Londen overstappen en die trein had ik bijna niet gehaald.' Ze keek nog eens op haar horloge en dit keer leek ze opeens wat paniekerig, alsof ze enorm opzag tegen de terugreis. Ze kwam onhandig overeind en liet haar handtas vallen. 'Zou ik voordat ik wegga even naar de baby mogen kijken?' vroeg ze zenuwachtig toen de tas weer over haar schouder hing.

Bij dat verzoek gingen ze allemaal om de kinderwagen heen staan, alsof ze Serenity wilden beschermen tegen deze ongewenste vreemde.

Allemaal behalve Willow, die als de lieverd die ze was de kap van de wagen omlaagdeed zodat de vrouw de baby goed kon zien.

'Is het een jongen of een meisje?' vroeg ze.

'Een meisje,' zei Willow.

'Ze lijkt helemaal niet op Rick, hè?' zei de vrouw met een licht snifje. 'Is ze een braaf kind?'

'Ja,' zei Willow. 'Echt een engeltje.'

Toen ze de vrouw in de kinderwagen zag kijken, kwamen de haartjes in Martha's nek omhoog van vijandigheid. Waag het niet, had ze het liefst willen zeggen, je komt nooit meer bij dat kind in de buurt.

'Hoe heet ze?'

'Serenity.'

'Wat een vreemde naam.' De vrouw kwam overeind. 'Maar goed, jullie jongelui bedenken tegenwoordig allemaal van die vreemde namen, nietwaar?'

Toen niemand antwoord gaf, leek ze opeens weer aan de trein te denken die ze zo graag wilde halen. 'Ik moet gaan,' zei ze. 'Ik heb gedaan waarvoor ik ben gekomen en jullie hoeven niet bang te zijn dat ik jullie verder nog lastig zal vallen. Jullie zullen niets meer van me horen. Mijn zoon zou niet hebben gewild dat ik dit kind leerde kennen en die wens wil ik in acht nemen. Goedendag.'

Toen ze uit het zicht was verdwenen, keken ze elkaar aan alsof ze niet echt konden geloven wat er was gebeurd.

'Wat een trieste vrouw,' zei Willow zacht.

De oude, kritische Martha, die altijd haar oordeel klaar had, zou met haar tong hebben geklakt en met haar ogen hebben gerold en hebben gezegd: wat ben je toch een watje, Willow! Maar ze deed het niet. Ze sloeg een arm om haar zus heen en zei: 'Dat ben ik met je eens. Kom, we gaan naar huis.'

Ellis reed hen terug naar Anchor House. De stemming in de auto was ingetogen. Tot de laatste kilometers, toen Serenity besloot dat ze er genoeg van had om braaf te zijn en uiting gaf aan haar wens om gevoed te worden. Haar gehuil, hoe doordringend ook, was een welkome remedie tegen de volslagen troosteloosheid van de dag.

Die avond belde Tom uit Yorkshire om te vragen hoe de uitvaart was gegaan.

'Ik zou bijna medelijden met Rick krijgen,' zei hij toen Martha hem had bijgepraat. 'Die arme kerel had niet bepaald een goede start in het leven, hè? Zo kom je weer op de eeuwige vraag van nature versus nurture. Is hij slecht geboren of slecht gemaakt?'

'Dat zullen we nooit zeker weten, maar ik ben bang dat ik hem toch niet kan vergeven. En die afschuwelijke moeder van hem ook niet. Ik weet dat het tegendraads is, want ik wil haar niet in de buurt van Serenity hebben, echt niet, maar ik blijf me toch afvragen wat je voor mens moet zijn om de kans op een actieve rol in het leven van een net ontdekt kleinkind te laten schieten. Ze liep weg zonder zelfs maar achterom te kijken.'

'Maar je weet niet hoe moeilijk het voor haar is geweest om te komen. Uit je verhaal blijkt dat ze niet wilde dat haar man te weten kwam dat ze naar de uitvaart van haar zoon is geweest, dus dat betekent waarschijnlijk dat haar loyaliteit aan hem boven al het andere gaat.'

Daar was dat woord weer, dacht Martha verrast. Loyaliteit. Dit was weer zo'n geval waarin die volledig misplaatst was.

Ondanks alle vragen en vermoedens die die dag waren ontstaan, was er één vaststaand feit waar Martha heel blij om was. Dat zij en Willow het geluk hadden gehad om zo'n liefhebbende moeder te hebben.

60

Het was een prachtige dag vroeg in maart. De hemel had de kleur van boshyacinten en het heldere zonlicht schitterde op het aanzwellende water. In de verte voer een motorboot de haven in en zoals altijd hoorden ze de eeuwige kreten van de zeemeeuwen en het ritmische ruisen van de golven over het zand en de kiezels. De frisse voorjaarslucht was beladen met de geuren van zout en zeewier.

Naomi en Ellis hadden een paar minuten in kameraadschappelijk zwijgen op het strand gezeten, ieder verloren in zijn eigen gedachten, maar in het simpele genoegen van het samen zijn. Na een paar hectische dagen was het heerlijk om weer met zijn tweetjes te zijn. Niet dat Naomi er niet van had genoten om een huis vol familie en vrienden te hebben. Maar het was ook heerlijk om hier ontspannen met Ellis in de door de zon verwarmde zandduinen te zitten en te picknicken met overgebleven feestlekkernijen, waaronder twee stukken taart en een fles wijn.

De dubbele doop van Serenity en de zes weken oude Eliza, twee dagen geleden in St. Saviour's, was een vreugdevolle gelegenheid geweest. Tom had zijn zus en zwager gevraagd als Eliza's peetouders en tot Willows blijdschap hadden haar vrienden Lucy en Simon meteen ja gezegd toen ze hun had gevraagd samen met Lucas de peetouders van Serenity te worden. Hun eigen baby kwam over een paar maanden en ze hadden het onaangename incident met hun kat inmiddels achter zich gelaten. Misschien vonden ze het vanwege de manier waarop Rick was omgekomen niet gepast om nog wrok tegen Willow te koesteren.

Lucas was overgekomen om dit weekend met hen te vieren, net zoals hij Kerstmis op Anchor House had doorgebracht, en had dat gecombineerd met een meeting voor zijn werk in Londen. Hij had in Waterside Cottage gelogeerd, bij Willow en Serenity, en of hij wel of niet in de logeerkamer had geslapen, ging alleen hen iets aan. Hoe hun relatie er ook precies uitzag, Naomi en Ellis waren vastbesloten er niet naar te vragen. Voor de buitenwereld gedroegen Willow en Lucas zich als goede vrienden of broer en zus, maar zowel Naomi als Ellis wist uit persoonlijke ervaring dat een vriendschap heel gemakkelijk iets heel anders kon worden.

Brian en Geraldine hadden het weekend ook bij hen doorgebracht en het was goed geweest om ze weer opgewekt te horen kibbelen. Sommige dingen zouden nooit moeten veranderen, had Naomi tegen hen gezegd, en hun huwelijk was een van die dingen.

Beide kleinkinderen hadden zich voorbeeldig gedragen tijdens de doopdienst, hoewel Eliza leek te fronsen en een vuistje omhoogstak alsof ze wilde protesteren toen dominee Veronica Carlyle water over haar voorhoofd had laten lopen. Het was een voorteken, had Naomi met een glimlach gedacht. Toen ze later had staan kijken terwijl haar dochters selfies maakten met hun aanbiddelijke baby's had ze een golf van liefde gevoeld. Na alles wat er de laatste maanden was gebeurd en nu ze allebei moeder waren geworden, was hun band hechter dan ooit.

Martha was ervan overtuigd geweest dat ze haar uitgerekende datum niet zou halen en had gelijk gekregen toen ze met Tom aan haar zijde een week te vroeg helemaal volgens het boekje was bevallen. Tot dusver was Eliza een modelbaby en ze sliep af en toe al de hele nacht door. Iedereen had gezegd dat ze niet anders hadden verwacht. Maar ondanks Martha's capabele efficiëntie had ze tegenwoordig een nieuwe, zachtere kant. Ze kon aanvaarden dat er dingen waren waar ze geen controle over had en dat dat eigenlijk ook niet uitmaakte. Het moederschap had de scherpste randjes van haar karakter gehaald en dat was in Naomi's ogen een goede zaak.

Heel af en toe dacht Naomi aan Colin en wat hij allemaal miste. Weer een generatie Miller-meisjes, zou hij trots hebben opgeschept. Maar ze waren niet meer zijn Miller-meisjes. Ze waren zelfstandige mensen geworden, ook Naomi.

Opeens verbrak Ellis haar gedachtegang door zijn arm om haar heen te slaan en te zeggen: 'Ik realiseer me net dat het precies een jaar en twee weken geleden is dat ik hierheen ben verhuisd.'

Naomi glimlachte naar hem. 'Het is een roerig jaar geweest, niet echt wat je verwachtte toen je in het dorp kwam wonen. Je zult wel gedacht hebben dat je hier een rustig achterafplekje had ontdekt, waar je tijdelijk je tent kon opzetten totdat je iets opwindenders en blijvenders had gevonden.'

Hij trok haar dichter naar zich toe. 'Wat ik hier heb gevonden, stijgt ver uit boven alles wat ik me had kunnen indenken. En gebaseerd op dit eerste jaar met jou ben ik nieuwsgierig naar wat dit jaar zal brengen.'

'Nou, ik denk dat je een nieuw renovatieproject moet hebben om bezig te blijven, en ik heb een plannetje in mijn hoofd voor Willow als ze er klaar voor is.'

'Wat dan?'

'Ik heb zitten denken dat het misschien leuk zou zijn om mijn winkeltje in tuinspullen nieuw leven in te blazen en me meer op de onlineverkoop te richten in plaats van een winkel te huren. Ik hoop dat Willow me wil helpen en wie weet, als ze het leuk vindt, kan ik een stapje terugdoen en meer op Serenity passen terwijl zij het leeuwendeel van het werk verricht. Wat denk je ervan?'

'Ik denk dat je heel goed weet dat het een fantastisch idee is. Maar stel dat Willow weg wil uit Tilsham, terug naar Londen? Of dat ze ergens anders wil gaan wonen?'

'Dan zal ik iets anders moeten verzinnen. We zien wel.'

'Daar kan ik helemaal achter staan,' zei hij. 'We moeten erop drinken.'

Hij dook in de picknickmand om de fles wijn eruit te halen en toen hij hun glazen had bijgevuld, wilde hij net met dat van hem tegen het hare tikken toen hij opeens aarzelde.

'Maar als er iets is wat je kunt laten gebeuren in plaats van het aan het lot over te laten, wat zou dat dan zijn?' vroeg hij.

'O, dat weet ik wel,' zei ze. 'Ik zou graag willen trouwen.'

Er ging een trek van verbazing over zijn gezicht. 'Maar ik dacht dat je dat niet wilde. Ik dacht...'

'Ik ben van gedachte veranderd. Dus wat denk je ervan, wil je met me trouwen?'

De verrassing was nu van zijn gezicht verdwenen en had plaatsgemaakt voor een brede glimlach.

'Is dat een huwelijksaanzoek?'

'Ik geloof van wel,' zei ze.

'In dat geval is mijn antwoord een volmondig ja.'

Ze boog zich naar hem toe om hem te zoenen, ging weer naar achteren en tikte met haar glas tegen het zijne. 'Nou, dat is echt iets om op te drinken, vind je niet?'

'Zonder enige twijfel.' Hij sloeg zijn arm weer om haar heen en trok haar tegen zich aan.

Ze bleven in de zandduinen plannen zitten maken tot het tij opkwam en de warmte van de dag wegtrok. Toen liepen ze hand in hand naar huis, naar Anchor House.

Dankwoord

Allereerst iedereen bij HQ Stories bedankt voor de hulp met de verhuizing, in het bijzonder die twee stralende sterren van de uitgeverswereld, Kate Mills en Lisa Milton, die het allemaal mogelijk hebben gemaakt.

Anna McSweeney was zo lief om broodnodige informatie te verschaffen, net als Andrew Jackson, en ik ben jullie allebei zeer dankbaar.

Ook dit keer moet ik Sally Partington bedanken voor haar scherpe persklaarmakersogen. Ik schaam me af en toe diep, Sally!

Als laatste wil ik de fantastische boekverkopers bedanken die in onvoorstelbaar zware tijden de bordjes hooghouden. Dankzij jullie en al jullie harde werk waren de lezers juist toen het echt nodig was in staat zich te verliezen in een goed boek. Drie hoeraatjes voor jullie allemaal!